D1654233

SÄMTLICHE WERKE
DES FREIHERRN JOSEPH VON EICHENDORFF

V/4
ERZÄHLUNGEN
DRITTER TEIL

BAND V/4

JOSEPH VON EICHENDORFF

ERZÄHLUNGEN

DRITTER TEIL

AUTOBIOGRAPHISCHE FRAGMENTE

TEXT UND KOMMENTAR

HERAUSGEGEBEN VON
DIETMAR KUNISCH

MAX NIEMEYER VERLAG TÜBINGEN

Redaktion (einschließlich der Editionsmethode und Varianten-
verzeichnung) von Ursula Regener.

Die Deutsche Bibliothek – CIP-Einheitsaufnahme

Eichendorff, Joseph von:
[Sämtliche Werke]
Sämtliche Werke des Freiherrn Joseph von Eichendorff. – Historisch-kritische Ausg. / begr. von Wilhelm Kosch und August Sauer. Fortgef. und hrsg. von Hermann Kunisch und Helmut Koopmann. – Tübingen : Niemeyer.
Früher hrsg. von Wilhelm Kosch. – Teilw. im Verl. Habbel, Regensburg. – Teilw. im Verl. Kohlhammer, Stuttgart, Berlin, Köln

Bd. 5. 4. Erzählungen. – Teil 3. Autobiographische Fragmente : Text und Kommentar / hrsg. von Dietmar Kunisch 1998

ISBN 3-484-15529-9

© Max Niemeyer Verlag GmbH & Co. KG, Tübingen 1998
Das Werk einschließlich aller seiner Teile ist urheberrechtlich geschützt. Jede Verwertung außerhalb der engen Grenzen des Urheberrechtsgesetzes ist ohne Zustimmung des Verlages unzulässig und strafbar. Das gilt insbesondere für Vervielfältigungen, Übersetzungen, Mikroverfilmungen und die Einspeicherung und Verarbeitung in elektronischen Systemen. Printed in Germany.
Gedruckt auf alterungsbeständigem Papier.
Satz: mehrTEXT medienbüro/Ohlenroth, Augsburg
Druck: Gulde-Druck, Tübingen
Einband: Heinr. Koch, Tübingen

Zur Edition

Textteil

Über einen Zeitraum von nahezu dreißig Jahren wird das Projekt der eigenen Lebensbeschreibung von Eichendorff unter wechselnden Perspektiven, thematischen Schwerpunkten und literarischen Formen umkreist: Novelle, Idylle, biedermeierliches Bilderbuch, Tagebuch mit fingiertem Herausgeber, eigentliche Autobiographie mit poetischem Rahmen, kultur- und gesellschaftskritisches Zeitbild. Die Zusammenstellung in diesem Band trägt diesen fünf verschiedenen Phasen des Eichendorffschen „Memoiren-Projekts" Rechnung, indem die Texte in chronologischer Folge gruppiert präsentiert werden.

Der Textteil umfaßt Reinschriften, Fragmente und Entwürfe, Skizzen und Notizen, die bis auf wenige Ausnahmen (Texte II.4. und III.2. und teilweise V.4.) aus dem handschriftlichen Nachlaß Eichendorffs stammen.

Die Textdarbietung folgt ohne verbessernde Eingriffe und Vereinheitlichungen dem handschriftlichen Befund. Dies betrifft neben Syntax, Orthographie und Zeichensetzung allgemein auch Alternativvarianten, Arbeitsnotizen sowie die von Eichendorff verwendeten Klammerzeichen; auf eine Hervorhebung lateinischer Schrift bei Orts- bzw. Personennamen und Fremdwörtern wird allerdings verzichtet.

Schreibökonomische Abkürzungen werden genauso beibehalten wie allgemeingebräuchliche Abkürzungen der Zeit – *p.* bzw. *p. p.* für „perge", *qu.* für „quästioniert", *mut. mut.* für „mutatis mutandis", *S:* für „Siehe", *u. s. w.*, *d. h.* – und Kürzel für „oder", „aus", „und" und „durch" (s. Abkürzungsverzeichnis unter V.). Geringfügige graphische Versehen wie fehlende Abführungszeichen oder schließende Klammern werden nicht berichtigt. Dagegen werden der Geminationsstrich über *n* und *m* und die bei Eichendorff häufige Verschleifung von Endsilben durch den Gebrauch der Suspensionsschlinge aufgelöst, weil sie nur schwer im Druck darzustellen sind. Unterstreichungen und doppelte Unterstreichungen erscheinen als solche. Um typographische Irritationen zu vermeiden, wurde bei den nach Drucken wiedergegebenen Texten IV.5., V.1. und VII.4. die Kennzeichnung von Hervorhebungen durch Sperrdruck in die handschriftenübliche Unterstreichung zurückverwandelt.

Von Eichendorff nicht durch /:...:/ bzw. /.../ gekennzeichnete Alternativvarianten erscheinen im Textteil in \...\.

Am Rand des Grundtextes nachgetragener und mit Einweisungszeichen zugeordneter Text erscheint im Textteil eingerückt im Anschluß an die Passage, auf die er sich bezieht. Sternchen (*) bedeuten, daß Eichendorff die Zuordnung durch individuelle Einweisungszeichen in der Handschrift signalisiert.

In eckigen Klammern [ ] erscheinen Textpassagen, die in den Handschriften durch diagonale Streichung von Eichendorff als erledigt gekennzeichnet sind.

Konjekturen (nur in Text V.1.) sind am Fettdruck erkennbar.

Aus Gründen der Lesefreundlichkeit erscheint im Textteil Eichendorff-Text recte und Herausgebertext kursiv, im Kommentarteil hingegen Herausgebertext recte und Eichendorff-Text kursiv.

Apparatteil

Entstehung

Die einzelnen Texte werden anhand biographischer Daten möglichst genau datiert und in allen Entstehungsphasen anhand der erkennbaren Textstufen beschrieben.

Überlieferung

Zur Siglierung der Textzeugen vergleiche das Abkürzungsverzeichnis unter II.

H Die Handschriftenbeschreibung umfaßt neben den üblichen Informationen über Besitzer, Papierart, Maße (Breite × Höhe in cm), Art und Besonderheit der Schrift usw. auch Angaben

Zur Edition VII

zu Herkunft und Überlieferungsgeschichte. Auch Faksimiles gelten als Handschriften, wenn ihre Vorlage verschollen ist.

d Postume Drucke werden bei der Textherstellung nur berücksichtigt, wenn die entsprechende Handschrift verloren oder verschollen ist (Texte IV.5., V.1. und teilweise VII.4.). Ein vollständiges Verzeichnis der postum gedruckten Texte dieser Ausgabe findet sich in der Bibliographie.

Papierarten

Das weitgehend handschriftliche Material erlaubt die Unterscheidung zweier Papiergruppen, deren Vorkommen wenigstens in Schwerpunkten zeitlich klar bestimmt werden kann. Der Übergang zwischen den beiden Papierarten liegt in den vierziger Jahren; er geht einher mit dem in Deutschland etwas verspäteten Aufkommen der Stahlfeder (deren farbrikmäßige Herstellung beginnt in der 1850er Jahren) gegenüber dem Federkiel. Da aber für diesen Zeitraum wichtige Zwischenglieder, die Handschriften zum „*Idyll von Alt-Lubowitz*" und zum „*Bilderbuch aus meiner Jugend*", verschollen sind, läßt sich der Wechsel nicht genauer eingrenzen.

I. Starkes, bläulich bis blaugrau getöntes, körniges Papier ohne Wasserzeichen: zweite Hälfte der dreißiger und beginnende vierziger Jahre.

Vorkommen im Bereich der autobiographischen Werkgruppe:

Berliner Nachlaß (= BN) Bl. 96 (Text II.1.) 1. Hälfte 1830er Jahre;

BN 97 (Text II.2.) 1836–1838;

BN 98 (Text II.5. und IV.1.) 1839;

Eichendorff-Gesellschaft Ratingen-Hösel (Text II.3. und II.4.) 1838.

Der Befund wird bestätigt durch viele Gedichthandschriften aus diesen Jahren, durch die Entwurfhandschriften zum „*Incognito*" BN 51–84 (1. und 2. Fassung) 1839–1843 und die

Übersetzung der Zwischenspiele des Cervantes BN 121–153, 1840 (HKA XVI 275).

In dem gleichen Zeitraum gebraucht Eichendorff noch ein in der Beschaffenheit ganz ähnliches körniges Papier, weißlich, elfenbeinfarben bis blaßgrau getönt, das allerdings nicht häufig genug belegt werden kann. (Vgl. Text IV.2. und VI.1.; die Handschriften zu „Auch ich war in Arkadien", BN 90–95, und zur 3. Fassung des „Incognito").

II. Dünnes, weißes, meist mehr oder weniger vergilbtes, glattes Papier ohne Wasserzeichen: vierziger und vor allem fünfziger Jahre. Der Übergang zu dieser Papiersorte steht offenbar in Zusammenhang mit Fortschritten in der Papierproduktion und dem Gebrauch der Stahlfeder, der bei Eichendorff für die fünfziger Jahre angenommen werden kann (HKA XVI 253 und 321).

Vorkommen im Bereich der autobiographischen Werkgruppe:

BN 23 (Text IV.4.) 1843;

BN 99 (Text VI.2.) 1847–1849;

FDH Frankfurt a. M. Hs-13406 (Text VI.3.) 1853;

BN 105–108 (Text VI.4.) 1853/1854;

BN 32 (Text V.2.) 1854;

Johns Hopkins University, Baltimore (Text VI.5. und VII.1) 1856;

BN 100–102 (Text V.2.) 1857;

Wangen / Allgäu, Deutsches Eichendorff Museum (Text VII.3.) 1857.

Im Bereich der Lyrik werden Zeitraum und Papierart vor allem durch die Reinschriftenzusammenstellung von 1854 (HKA I/3 5–25) bestätigt (BN 37–50); die Übersetzungsversuche von Geistlichen Schauspielen des Calderón scheinen der früheste Beleg dieser Papiergruppe zu sein (BN 154–166) 1841/1842 (HKA XVI 324, vgl. allerdings 321).

Varianten und Lesarten
Zwischen Varianten und Lesarten wird bewußt unterschieden. Unter Varianten werden die Entstehungsvarianten *innerhalb* der handschriftlichen Textgenese verstanden, unter Lesarten die Überlieferungsvarianten *zwischen* handschriftlichen und gedruckten bzw. verschiedenen gedruckten Textzeugen.

1. Die Varianten werden in einem lemmatisierten Apparat erfaßt. Das Lemmazeichen] trennt das Zitat aus dem Text und die formal entsprechende(n), inhaltlich abweichende(n) Variante(n). Die folgenden, auch im Abkürzungsverzeichnis unter IV. aufgelisteten diakritischen Zeichen dienen der genetischen Variantendarstellung:

a) Sofortkorrektur (eindeutige Sofortkorrekturen erkennt man am Abbruch eines Wortes oder einer Texteinheit mit linear anschließender varianter Fortführung): *die*] [*wo*] *die*

b) Nachträgliche Ersetzung: *wunderbaren*] (1) [*schönen*] (2) *wunderbaren*

c) Nachträgliche Hinzufügung: *erwachend*] nachträgl.

d) Gleichzeitige Notiz von Alternativvarianten einer im Textteil nicht berücksichtigten Fassung: *Stern* /:*Nebelstern:*/ oder *ich kannte das Lied recht gut, u.* / *wie sie so sang: immer weiter* / (/.../ und /:....:/ = Autorklammern) bzw. *über mir* *zu Häupten*\ (\...\ = Herausgeberklammern)

e) Über den Fall einer nachträglichen Alternativvariante im Edierten Text informiert der Apparat folgendermaßen: <u>*ächten*</u> *hohen*\] *hohen* als Alternativvariante zu <u>*ächten*</u> nachgetragen

f) Teilersetzung: *versenkt*] (a) *vers*[*ezt*] (b) *vers*⌈*enkt*⌉

g) Teilkorrektur: *ein Lied*] < *Ein Laut   Schloß*] (a) [*Land*]*schloß* (b) *Schloß* [< *schloß*]

Weicht eine handschriftliche Passage stark vom Edierten Text ab, wird sie vollständig wiedergegeben, wobei überarbeitete Textpartien genetisch dargeboten werden. Zu den obengenannten diakritischen

Zeichen kommen hier noch die Trapezklammern zur Kennzeichnung von Hinzufügungen: ⌈...⌉.

Positionsangaben werden nur in besonderen Fällen verzeichnet. Auf den Gebrauch verschiedener Tinten- und/oder Federsorten wird hingewiesen.

2. Da die postumen Drucke von Texten, die in diesem Band aufgrund der Handschriften ediert wurden, irrelevant sind, werden deren Lesarten nicht verzeichnet. Bei mehrfacher postumer Überlieferung eines Textes, zu dem die Handschriften verschollen sind, werden die unterschiedlichen Lesungen dieser Textzeugen in einem lemmatisierten Apparat zusammengefaßt (Text V.1. und VII.4.). Darüber hinaus werden die von Hermann von Eichendorff veranstalteten Drucke der Texte VII.3. und VII.4. berücksichtigt. Seine Lesarten erscheinen ebenfalls in einem lemmatisierten Lesartenapparat.

Erläuterungen
Der Kommentar bietet Wort- und Sacherklärungen, Anmerkungen zur biographischen und zeitgenössischen Situation, zu historischen, literarhistorischen und geistesgeschichtlichen Bezügen, zu möglichen oder tatsächlichen literarischen Reminiszenzen und zum politischen und kulturkritischen Sprachgebrauch Eichendorffs.

Bibliographie
Alle im Kommentarteil erwähnten Quellen sind hier bibliographisch vollständig erschlossen.

Verzeichnis der Abkürzungen, Siglen und diakritischen Zeichen

I.

Abb.	Abbildung
alR	am linken Rand
arR	am rechten Rand
aoR	am oberen Rand
auR	am unteren Rand
Aufl.	Auflage
Bd.	Band
Berlin SB	Staatsbibliothek zu Berlin – Preußischer Kulturbesitz, Handschriftenabteilung
bes.	besonders
Bl.	Blatt
BN/Berliner Nachlaß	Nachlaß Eichendorff, Staatsbibliothek zu Berlin – Preußischer Kulturbesitz
cm	Centimeter
d. h.	das heißt
D:	Druck
Ebd.	Ebenda
Erl.	Erläuterungen
f. / ff.	folgende
FDH	Freies Deutsches Hochstift, Frankfurt am Main
frz.	französisch
geb.	geborene
griech.	griechisch
Hg.	Herausgeber
hg.	herausgegeben

Hs.	Handschrift
Kap.	Kapitel
lat.	lateinisch
maT	mit anderer Tinte
nachträgl.	nachträglich
Nr.	Nummer
obd.	oberdeutsch
r	recto
s.	siehe
s. o.	siehe oben
s. u.	siehe unten
sog.	sogenannte
Sp.	Spalte
Str.	Strophe
Tb.	Tagebuch, Tagebücher
u. a.	und andere
u. ö.	und öfter
usw.	und so weiter
udZ	unter der Zeile
üdZ	über der Zeile
v	verso
vgl.	vergleiche
Z.	Zeile
z. B.	zum Beispiel
z. T.	zum Teil
Zit. / zit.	Zitat / zitiert

II.

Aurora	Aurora. Ein romantischer Almanach. Oppeln 1929–1943. / Aurora. Eichendorff Almanach. Würzburg 1953–1969. / Aurora. Jahrbuch der Eichendorff-Gesellschaft. Würzburg 1970–1984; Sigmaringen 1985 ff.
Chronik	Frühwald, Wolfgang: Eichendorff-Chronik. Daten zu Leben und Werk. Zusammengestellt von W. F. München, Wien 1977.
DHA	Düsseldorfer Heine-Ausgabe, Hamburg 1973 ff.
DWB	Deutsches Wörterbuch von Jacob Grimm und Wilhelm Grimm, Leipzig 1854–1954.
Eichendorff heute	Eichendorff heute. Stimmen der Forschung mit einer Bibliographie hg. von Paul Stöcklein, 2. Aufl. Darmstadt 1966.
FBA	Frankfurter Brentano-Ausgabe. Stuttgart etc. 1975 ff.
Fink	Fink, Gonthier-Louis: L'ermite dans la littérature allemande, in: Études Germaniques 1963, S. 167–199.
Frey	Frey, Karl Otto: Eichendorffs letzte Tage in Heidelberg, in: Aurora 14, 1954, S. 74–83.
Frühwald 1976	Frühwald, Wolfgang: Der Philister als Dilettant. Zu den satirischen Texten Joseph von Eichendorffs, in: Aurora 36, 1976, S. 7–26.
H. Kunisch 1968	Kunisch, Hermann: Die Frankfurter Novellen- und Memoirenhandschriften Joseph von Eichendorffs, in: Jahrbuch des Freien Deutschen Hochstifts 1968, S. 329–389.
Häusle 1910	Häusle, Hugo: Eichendorffs Puppenspiel: Das Incognito. Eine politisch-literarische Satire aus dem Zeitalter Friedrich Wilhelms IV., Regensburg 1910.
Hdwb. d. dt. Aberglaubens	Handwörterbuch des Deutschen Aberglaubens. 10 Bände, hg. von Hanns Bächtold-Stäubli unter Mit-

	wirkung von Eduard Hoffmann-Krayer. Mit einem Vorwort von Christoph Daxelmüller, Berlin/New York: de Gruyter 1987. Unveränderter photomechanischer Nachdruck der Ausgabe, die 1927–1942 bei Walter de Gruyter & Co. erschien.
Kommentar	Hillach, Ansgar und Klaus-Dieter Krabiel: Eichendorff-Kommentar. Bd. I: Zu den Dichtungen, Bd. II: Zu den theoretischen und autobiographischen Schriften und Übersetzungen, München 1972.
Krüger	Krüger, Peter: Eichendorffs politisches Denken, Würzburg 1969.
KSA	Kritische Friedrich-Schlegel-Ausgabe, 1958 ff.
NA	Schiller-Nationalausgabe, Weimar 1943 ff.
Niggl	Niggl, Günter: Geschichte der deutschen Autobiographie im 18. Jahrhundert. Theoretische Grundlegung und literarische Entfaltung, Stuttgart 1977.
Nowack 1907	Lubowitzer Tagebuchblätter Joseph von Eichendorffs. Mit Erläuterungen herausgegeben von Alfons Nowack, Groß-Strehlitz, Verlag von A. Wilpert, 1907.
Nowack 1917	Alfons Nowack: Eichendorffs Entwürfe zum „Bilderbuch aus meiner Jugend", in: Schlesische Volkszeitung Nr. 30, 29. Juli 1917, Sonntagsbeilage, S. 181 ff.
Paul/Betz:	Hermann Paul: Deutsches Wörterbuch, 5., völlig neubearbeitete und erweiterte Auflage von Werner Betz, Tübingen 1966.
Pissin 1903	Pissin, Raimund: Otto Heinrich Graf v. Loeben, Diss. Göttingen 1903.
Pissin 1906	Pissin, Raimund (Hg.): Joseph und Wilhelm von Eichendorffs Jugendgedichte. Vermehrt durch ungedruckte Gedichte aus dem handschriftlichen Nachlaß, Berlin 1906.

Pöhlein 1929	Pöhlein, Hubert: Die Memoirenfragmente Joseph's von Eichendorff, in: Aurora 1, 1929, S. 83–116.
Pörnbacher	Pörnbacher, Hans: Joseph Freiherr von Eichendorff als Beamter. Dargestellt auf Grund bisher unbekannter Akten, Dortmund 1964.
Rehm	Rehm, Walther: Prinz Rokoko im alten Garten. Eine Eichendorff-Studie, in: Jahrbuch des Freien Deutschen Hochstifts 1962, S. 97–207.
Schivelbusch	Schivelbusch, Wolfgang: Geschichte der Eisenbahnreise. Zur Industrialisierung von Raum und Zeit im 19. Jahrhundert, München 1977.
Schulhof 1925	Schulhof, Hilda: Eichendorff und das Auswanderungsproblem, in: Der Oberschlesier, 7. Jg., August 1925, Eichendorff-Sonderheft, S. 289–299.
Sengle	Sengle, Friedrich: Biedermeierzeit. Deutsche Literatur im Spanungsfeld zwischen Restauration und Revolution 1815–1848. Bd. I. Allgemeine Voraussetzungen, Richtungen, Darstellungsmittel, Stuttgart 1971. Bd. II. Die Formenwelt, Stuttgart 1972.
Stöcklein 1963	Stöcklein, Paul: Joseph von Eichendorff in Selbstzeugnissen und Bilddokumenten, Reinbek bei Hamburg 1963 (rm 84).
Stutzer 1974	Stutzer, Dietmar: Die Eichendorffschen Güter in Oberschlesien und Mähren. Betriebsgeschichte, Betriebsaufbau und Ursachen ihres Zusammenbruches. 1630–1831, Diss. München 1974.
Stutzer 1976	Stutzer, Dietmar: Die Eichendorff-Herrschaft Tost 1791–1797, in: Aurora 36, 1976, S. 70–74.
Uhlendorff 1954	Uhlendorff, Franz: Studien um Eichendorffs Berliner Nachlaßhandschriften, in: Aurora 14, 1954, S. 21–41.
Uhlendorff 1964	Uhlendorff, Franz: Neue Eichendorffiana, in: Aurora 24, 1964, S. 21–35.

XVI Abkürzungen, Siglen und diakritische Zeichen

v. Steinsdorff   Steinsdorff, Sibylle v.: Eichendorffiana im Privatnach-
1980   laß des preußischen Kultusministers Freiherrn von
                 Stein zum Altenstein, in: Aurora 40, 1980, S. 35–51.
WA   Goethe, Weimarer Ausgabe. Weimar 1887–1919.
Wegener   Karl Hanns Wegener (Hg.): Joseph von Eichendorff.
                 Werke in 6 Teilen, Mit Einleitung und Anmerkun-
                 gen hg. von K. H. Wegener, Leipzig: Hesse u. Becker
                 ⟨1921⟩, 6. Teil.
Weichberger   Weichberger, Konrad (Hg.): Das Incognito. Ein Pup-
                 penspiel von Joseph Freiherrn von Eichendorff. Mit
                 Fragmenten und Entwürfen anderer Dichtungen nach
                 den Handschriften hg. von K. Weichberger, Oppeln
                 1901.

III.

AG   *Ahnung und Gegenwart* (HKA III).
DG   *Dichter und ihre Gesellen* (W II).
DR   *Der deutsche Roman des achtzehnten Jahrhunderts in sei-*
               nem Verhältniß zum Christenthum (HKA VIII/2).
GLD   *Geschichte der poetischen Literatur Deutschlands* (HKA IX).
GRP   *Zur Geschichte der neuern romantischen Poesie in Deutsch-*
               land (HKA VIII/1).
„*Probearbeit*" „*Was für Nachteile und Vorteile hat der katholische*
               Religionsteil in Deutschland von der Aufhebung der Lan-
               deshoheit der Bischöfe und Äbte, desgleichen von der Ent-
               ziehung des Stifts- und Klosterguts mit Wahrscheinlichkeit
               zu erwarten?" (HKA[1] X 180).
A[1]   Gedichte von Joseph Freiherrn von Eichendorff, Ber-
               lin 1837.
H   Handschrift (als Sigle); zusammengehörende, aber
               getrennt überlieferte Blätter werden mit H[a] H[b] etc.
               aufgeführt.

Abkürzungen, Siglen und diakritische Zeichen XVII

B^3	Joseph Freiherrn von Eichendorff's sämmtliche Werke, hg. von Hermann v. Eichendorff, zweite Auflage, Leipzig 1864.
	B^3I Biographische Einleitung und Gedichte.
	B^3III Novellen und erzählende Gedichte.
VS	Vermischte Schriften, hg. von Hermann von Eichendorff. Bd. 5. Aus dem literarischen Nachlasse, Paderborn: Schöningh 1866.
HKA^1	Historisch-kritische Eichendorff-Ausgabe, Regensburg 1908–1950.
HKA	Historisch-kritische Eichendorff-Ausgabe, Regensburg 1962–1970 und Stuttgart etc. 1975 ff.
D	Einzeldruck in Zeitschriften, Almanachen, Anthologien, selbständigen Buchausgaben; sind mehrere solcher Drucke überliefert, wird D^1 D^2 etc. gezählt.
d	Unautorisierter (postumer) Druck.
DKV	Joseph von Eichendorff. Werke, Frankfurt am Main: Deutscher Klassiker Verlag 1985 ff.
	DKV 1 Gedichte / Versepen. 1987.
	DKV 2 Ahnung und Gegenwart / Erzählungen I. 1985.
	DKV 4 Dramen. 1988.
	DKV 5 Tagebücher / Autobiographische Schriften / Historische und Politische Schriften. 1993.
W	Joseph von Eichendorff. Werke. Winkler-Ausgabe, München 1970–1988.
	W I Gedichte. Versepen. Dramen. Autobiographisches. 1970.
	W II Romane und Erzählungen. 1970.
	W IV Nachlese der Gedichte etc. 1980.

XVIII   Abkürzungen, Siglen und diakritische Zeichen

IV.

Diakritische Zeichen im Textteil

\ \   Von Eichendorff nicht durch /:...:/ bzw. /.../ gekennzeichnete Alternativvarianten (nur im Textteil verwendet).

[ ]   In eckigen Klammern erscheinen Textpassagen, die in den Handschriften durch diagonale Streichung von Eichendorff als erledigt gekennzeichnet sind.

⟨ ⟩   Schreibfehlerkorrekturen und Hinzufügungen durch den Herausgeber.

Einrückung   Am Rand des Grundtextes nachgetragener und mit Einweisungsungszeichen zugeordneter Text erscheint im Textteil eingerückt im Anschluß an die Passage, auf die er sich bezieht.

Fettdruck   Zur Kennzeichnung der in Text V.1. vorgenommenen Konjekturen.

Diakritische Zeichen zur Varianten- und Lesartendarstellung

(1), (2) etc.   Folge von Alternativvarianten und Substitutionen in der handschriftlichen Ausführung. Eindeutig erkennbare Sofortkorrekturen (z. B. Abbruch eines Wortes oder einer syntaktisch-grammatikalischen Einheit mit anschließender varianter Fortführung) werden n i c h t beziffert, sondern linear im Zusammenhang wiedergegeben.

(a), (b) etc.   rekonstruiert stufenweise die Genese einer Textpassage: (a) erste Stufe (mit Angabe der Streichungen für die zweite Stufe) (b) zweite Stufe (mit Angabe der Hinzufügungen) etc. Unveränderter Wortlaut wird bei lemmatisierter Darstellung in allen Stufen wiederholt, beim synoptischen ‚Kolumnen'-Modell durch die Tilde (~) ersetzt.

Abkürzungen, Siglen und diakritische Zeichen XIX

[ ]	Streichung durch Eichendorff
⌈ ⌉	Hinzufügung durch Eichendorff
[⌈ ⌉]	Hinzufügung durch Eichendorff, dann von ihm gestrichen
<	entstanden aus
[<]	entstanden aus
~	Tilde: ermöglicht die Synopse von varianten Fassungen ohne Wiederholung des unveränderten Wortlauts. Das über diesem Zeichen stehende Wort (e i n - s c h l i e ß l i c h des zugehörigen Satzzeichens) muß auf dieser Stufe mitgelesen werden.
[X], [x]	Durch Streichung oder Tilgung unlesbar gewordener Groß- bzw. Kleinbuchstabe.
〈 〉	Hinzufügung durch den Herausgeber
〈...〉	Auslassung durch den Herausgeber

V.

Von Eichendorff häufig verwendete Zeichen und Abkürzungen

/: :/, / /	Die zu Eichendorffs Zeit üblichen Längsstrichklammern bezeichnen Alternativvarianten und erläuternde Zusätze.
÷	Endezeichen
d:	durch (auch in Wortverbindungen); Ausnahme auf S. 109, Z. 1: deutschen
d. gl:	dergleichen
d. h. / d: h:	das heißt
Lub:	Lubowitz
M:	Minister
mut. mut.	mutatis mutandis

o̱ / *o̤*	oder
p.	perge (= u. s. w.)
p:	pagina
qu:	quästioniert
S: / *S.*	Siehe
scil:	scilicet (= nämlich)
u.	und
u. s. w.	und so weiter
v.	von
=	Allgemeines Bezugs- und Zuordnungszeichen Eichendorffs
*	Spezifisches Einweisungszeichen Eichendorffs, das die genaue Zuordnung einer nachträglichen Textpassage zum Grundtext ermöglicht.

Textteil

I. Das Wiedersehen

1816–1817

⟨I.⟩   Das Wiedersehen,

> (Zu vollenden. Das Wiedersehen geschieht aber in Lubowitz. Ludwig wird verrückt, da er Leonhardten aufeinmal wiedersieht etc. –)

Leonhardt und Ludwig, entfernter Verwandten Söhne wuchsen miteinander auf in der träumerischen Stille einer schönen Landschaft, die ein einsames Schloß heiter umgab, und sahen mit ihren kindisch sinnigen Augen sehnsüchtig nach den fernen blauen Bergen, wenn der Frühling wie ein zauberischer Spielmann durch ihren Garten gieng und von der wunderbaren Ferne verlokend sang.
Ihre Wünsche wurden reichlich erfüllt. Vielfache Studien und damit verbundene Reisen führten die beiden Freunde frühzeitig in die weite Welt hinaus und sie lernten viel; aber mitten in dem Glantze des großen Lebens deckte oft ein Lied, ein Vöglein das einsam vom Dache sang, und alle Jahr der Frühling die alte Heimath mit ihren gewaltigen Errinnerungen vor ihnen auf, wie ein Meer von Stille, in dem das Hertz vor Wemuth untergehen möchte.
Es giebt in dem Leben jedes tüchtigen Menschen einen Gipfel, wo die gantze Seele plötzlich vor dem Morgenroth und der unermeßlichen Aussicht umher innerlichst erjauchzt, wo sie aufeinmal erwachend liebt, dichtet, kühne Entwürfe macht und das Gröste ernstlich will, und die Welt langt ihnen überall liebend entgegen und glaubt, was sie versprechen, denn der Rausch der Jugend ist ansteckend und hinreißend.
In dieser schönsten Zeit waren die beiden Freunde angelangt. Da sie beide innerlich reich genug waren, so bildeten sie fast ohne alle anderweitige Verbindung miteinander ein eigen-

thümliches wirksames Leben in Kunst und Wißenschaft, und alle ihre Bildung war so nothwendig in einander verwachsen, daß sie, obgleich jeder tüchtig für sich, doch nur erst beide ein Gantzes auszumachen schienen. Die lange Gewohnheit des Zusammenlebens hatte sich dabei in eine unwiderstehlich gewaltige Liebe zu einander verwandelt und sie gaben sich oft feierlich das Wort, nie zu heirathen, um bis zum Tode so miteinander fortleben zu können. So innig verbunden, durch Reichthum und Adel den Höchsten gesellt, nahmen sie sich ehrlich vor etwas Rechtes zu vollbringen und der Ruhm, dieser Gespiele frischer Jugend, fieng an seine freudigen Lichter in das rastlos strebende Leben der rüstigen Freunde zu werfen.

Da erfolgte plötzlich ein Riß durch ihr gantzes Leben. Ludwigs Vater hatte durch unerwartete Unglücksfälle sein Vermögen verloren und Ludwig, dichterisch und der mildere von beiden, mußte die Residentz, wo er sich damals mit Leonhardt aufhielt, verlaßen. Beide fühlten nur ihre Trennung und wußten nicht, wie das Leben nun noch weiter dauern sollte.

Der Wagen stand vor der Thür. „Wenn wir in der Ferne einander mit der Zeit fremde würden, wie andere Leute" – sagte Leonhardt zu Ludwig, und die Thränen brachen zum erstenmale in seinem Leben unaufhaltsam aus seinen Augen. Ludwig sagte nichts, denn diese Worte hatten ihn plötzlich mit einem eiskalten Schauer erfüllt, und er stürzte fast ohne Besinnung die Stiege herab. Langsam fuhr er durch die Straßen, die er so oft an lauen Sommerabenden sinnend u. innerlichst frölich durchirrt, viele wohlbekannten Gesichter, in den täglichen Geschäften kreisend, wie ehedem in den guten Tagen, giengen gleichgültig vorbei, ein altbeliebter Platz nach dem anderen rückte vorüber. „Werde ich Dich jemals wiederse-

I. Das Wiedersehen   5

hen?" sagte Ludwig immerfort still in sich. Und als endlich
die lezten Häuser vorüberflogen und die Stadt hinter ihm in
unkenntlichen Duft versank und draußen die ersten Lerchen
ihn aus der heiteren Luft begrüßten, da weinte er aus gantzer
Seele.
<u>Vielleicht</u>: Leonhardt aber fand auf dem Tische folgendes Abschiedslied: (Zum Abschiede an Wilhelm.

Viele Jahre waren seitdem vergangen. Ludwig hatte anfangs
sehr oft geschrieben, aber mit einer innerlichen leidenschaftl:
Hast und Ungleichheit, die Leonhardten häufig betrübte.
Dann wurden seine Briefe seltner und enthielten wohl manches, das Leonhardt kaum mehr erkannte, bis sie endlich wie
das Rufen eines Wanderers, der sich verirrt und nicht wieder
nach Hause finden kann, immer ferner und ferner gar verhallten.
Leonhardt selbst bildete ruhig und fleißig fort. Gar oft, wenn
ihm in dem nun verödeten Zimmer, wo Ludwig sonst mit
ihm gewohnt, zufällig einzelne beschriebene Blätter deßelben
in die Hände fielen, mußte er vor unbeschreiblicher Wemuth
ins Freie hinauseilen, und ein nur desto tieferer Eifer folgte
dann jedes mal dieser Wemuth, treu und heilig alles auszuführen, was sie in guten Tagen miteinander beschloßen. An
Ludwig dachte er, wenn er dichtete, und schrieb aus den
Lebenskräftigen Errinnerungen ihrer Jugend meist dramatische Werke, die auf den besten Bühnen mit jenem Staunen
aufgenommen wurden, in das allemal der Blick in die unverstellte Tiefe eines reichen Gemüthes versenkt. So wurde er,
was immer Ludwigs sehnlichster Wunsch gewesen, ein Dich-

ter, ohne es selbst zu wißen oder zu achten.
Damals brach der große Befreiungs=Krieg aus, und machte plötzlich auch sein innerstes Leben frei, größer und umfaßender. Er wurde Soldat und überall ausgezeichnet, und selbst, wenn die Waffen ruhten, häufig berathen und zu bedeutenden Verhandlungen verschickt. So durchschweifte er Frankreich, England und das schöne Italien. Es glückte ihm alles und er war seines Glückes würdiger Meister. Von Ludwigen hatte er seit Jahren gar nichts mehr gehört, der Krieg hatte ihn verhindert, sich näher nach seinem Geschicke zu erkundigen und das Bild des geliebten Freundes versank immer tiefer und unkenntlicher in dem alles überbrausenden Strome der lezten Zeit.
Der Kampf war indeß beendigt, die verbündeten Heere in Paris eingezogen und Leonhardt mit ihnen. Müde des bunten Schwärmens, das ihn hier mehrere Tage hindurch im fröhlichen Sieger=Gefühle ergözt, verließ er eines Morgens früher als gewöhnlich sein Quartier, um wieder einmal nach guter alter Art im Freien von Lust und Leiden auszuruhen. Ein Paket an ihn gerichteter Briefe, das er unterweges auf der Post in Empfang genommen, schob er gleichgültig in die Tasche, und trat so durch die luftigen Säulenhallen in den Garten der Thuillerien. Es war ein heiterer Frühlingsmorgen. Der schöne Garten mit seinen Blumen, Waßerkünsten, hohen Bäumen und weiten Gängen lag noch still und leer, nur einzelne Lerchenlieder hoch in der Luft schweiften über die elysäischen Felder herüber. Er stand lange voll Gedanken in der unerwarteten Einsamkeit und wußte nicht, welche Zauberei diese Plätze über ihn übten. Endlich besann er sich, daß er vor vielen Jahren auf einer Kunstreise diese Gänge gar oft mit Ludwig

I. Das Wiedersehen

durchstrichen, voll jugendlich frischer Gedanken und die Seele noch ganz erfüllt von der Göttlichkeit der Kunstwerke, die sie damals täglich in den Museen sahen. Er mußte das Gesicht mit den Händen verdecken vor der Uebermacht, mit welcher ihn plötzlich diese Errinnerung anfiel, denn die marmornen Bildsäulen, die Gänge, die leise über den Waßerspiegel kreisenden Schwäne, alles war noch wie damals. Er warf sich endlich auf eine steinerne Bank, wo sie oft miteinander geseßen und gedachte ahndend der heut erhaltenen Briefe. Er zog sie hastig hervor und bald leuchteten ihm Ludwigs geliebte, langentbehrte Schriftzüge wirklich entgegen. Mit klopfendem Hertzen erbrach er den Brief, er war fast schon ein Jahr alt. – Aber kein Wort von seinem Thun und Treiben, seinem Aufenthalte war darin – er fand nichts als folgendes Gedicht:

   O Herbst! betrübt verhüllst du
   Strom, Wald und Blumenlust,
   Erbleichte Flur, wie füllst du
   Mit Sehnsucht mir die Brust!

   Weit hinter diesen Höhen,
   Die hier mich eng umstellt,
   Hör' ich erathmend gehen
   Den großen Strom der Welt.

   Es steigt die Erd' verwandelt,
   Aus ihrer Söhne Blut.
   In lichtem Glanze wandelt
   Der Helden heilger Muth,

Auch mich füllt' männlich Trauern
Wie Euch, bei Deutschlands We'hn -
Und muß in müß'gen Schauern
Hier Ruhmlos untergehn!

Sind das die goldnen Brücken,
Die sich mein Hoffen schlug,
Das himmlische Beglücken,
Das ich im Hertzen trug?

Spurlos und kalt verschweben
Seh' ich so Mond auf Mond –
O wildes schönes Leben
Du hast mir schlecht gelohnt!

So nimm dich recht zusammen:
Erdrück' den eitlen Schmertz,
Behüte deine Flammen,
Sei ruhig, wildes Hertz!

Das Rechte redlich wollen
Das kann der Mensch allein,
Was wir vollbringen sollen,
O Gott! das ist ja Dein!

Leonhardt war erschüttert, dieses herbstliche Hinlegen der Natur, der Jugend und aller Hertzenswünsche jezt im erwachenden Frühling und im Glantze seiner eigenen Gegenwart rührte ihn tief. Er durchsuchte noch einmal alle Seiten des Briefes, um Ludwigs Au⟨f⟩enthalt zu entdecken, aber vergebens, nur aus dem auf dem Kouvert mit rother Tinte unleser-

I. Das Wiedersehen

lich gezogenen Namen des Ortes, wo der Brief wahrscheinlich auf die Post gegeben worden, vermuthete er endlich, daß sich Ludwig in ihrer gemeinschaftlichen Heimath befinden müße. Er ließ die Arme mit dem Briefe sinken, eine alte Gegend, ein halbvergeßenes Bild nach dem anderen zog rührend durch seine Seele, und er bemerkte es nicht, wie die Sonne indeß schon hoch gestiegen, der Garten sich nach und nach mit Spazierengehenden gefüllt und die Welt hinter dem Zauberflor seiner Errinnerungen sich bunt durcheinander bewegte. Einige Pariser, die ihn durch ihre Lorgnetten unverschämt ansahen, störten ihn endlich. Er sprang schnell auf, fest entschloßen, die Heimath und seinen Ludwig wiederzusehen. – So rasch es gehen mochte, machte er sich von seinen neuen Verhältnißen los und eilte von Paris, durch Frankreich, über den Rhein.

Nach einer weiten aber schnellen Reise befand sich Leonhardt auf der lezten Station vor seiner Heimath. Mit wehmüthigem Lächeln betrachtete er das Städtchen, wo er in seiner Kindheit gar oft recht von Hertzen fröhlich gewesen, der zum Theil begrasete Markt, die Häuser, die Gaßen, alles kam ihm heut so klein, eng, einsam und ganz anders vor als damals. Er erkannte mehrere, seitdem altgewordene, Gesichter wieder, aber sie kannten ihn nicht mehr, sondern zogen vor seiner Uniform und Ordenssternen ehrerbietig den Hut und giengen vorüber. Mit Hertzklopfen erkundigte er sich auf der Post nach Ludwigen. Der Postmeister wiederholte den Namen nachsinnend mehremal vor sich; ach ja, sagte er endlich, Er lebt in B. – Hier wurde er so eben hinausgerufen. Leonhardt wußte genug. B. lag nicht weit von hier und er beschloß daher, sogleich zu Fuß hinzugehen, um seinen Freund desto vollkommener zu überraschen.

Es war nach Mittag, die Luft sommerlich still und schwül, als Leonhardt aus dem Walde trat und ein Mann, der dort auf dem Felde arbeitete, ihm das Dörfchen B: und das Pachterhaus, wo Ludwig wohnen sollte, in einiger Entfernung wies. Es lag einsam zwischen unbedeutenden, theils bebauten, theils mit Birkenbüschen bedeckten Bergen in schillerndem Sonnenscheine. Ein unbeschreibliches Stilleben war über die gantze Gegend verbreitet. Mein Gott, mein Gott, rief Leonhardt überrascht, hier hat Er so lange gelebt! und schritt schneller dem Dorfe zu.

Ziemlich ermüdet langte er endlich auf dem Pachterhofe an. Da war alles leer, die Bewohner schienen draußen in der Arbeit zu seyn, nur ein buntes Volk von Hühnern und sich brüstenden Auerhähnen spazierte durch diese Stille. Auf der Thürschwelle des Hauses saß ein Knabe mit einem frischen, blondgelockten Engelsköpfchen und spielte mit einem großen Hunde, der freundlich wedelnd vor ihm stand. Der Knabe sprang auf, als er den Fremden erblickte und sah ihn verwundert an. Leonhardt glaubte da in des Kindes großen blauen sinnigen Augen eine flüchtige Aehnlichkeit mit Ludwig zu erkennen. Er hob ihn in die Höhe und küßte ihn herzlich. Der, bald vertrauter gewordene, Knabe erzählte ihm nun, sein Vater sei bis zum Abende im nächsten Marktflecken, um Getreide zu verkaufen, die Mutter im Hofe in der Wirthschaft, reichte ihm dabei das kleine Händchen und führte ihn mit reitzender Geschäftigkeit in das Haus hinein.

Das Gebäude war klein, eng und niedrig, aber die freundliche Ordnung im Inneren verrieth überall den stillgemüthlichen

Sinn einer verständigen Hausfrau. In dem Zimmer, wohin ihn der Kleine geführt, fiel Leonhardten sogleich ein zierlich bedecktes großes Ehebett auf, eine Wiege stand daneben, in der ein Kind ruhigathmend schlief. Ein anderes, noch kleineres Bübchen wurde von einer Wärterin im Zimmer herum getänzelt, welche dem Gaste die Frau herbeizurufen versprach, sobald sie das Kind eingeschläfert haben würde. Hier schien Ludwigs Schlaf= Wohn= und Studier=Zimmer zugleich zu seyn, denn Leonhardt erblickte auch einen offenstehenden alten Schreibtisch; aber es lag nichts darin, als einige flüchtig gekrizelte Rechnungen über verkaufte Butter, Käse u. s. w., und die Tinte war, wie er lächelnd bemerkte, gar im Glase eingetrocknet. In einem Winkel entdeckte Leonhardt endlich auch eine Guitarre, an welcher er noch jeden Bug und Strich aus voriger Zeit sogleich wiedererkannte, denn Ludwig hatte sie in ihren frei herumschweifenden Tagen zauberisch gespielt. Jezt hatte sie nur noch drei Saiten, die anderen waren gesprungen und hiengen halb vermodert herab; auf dem schlanken Halse des Instruments waren naße Kinderwindeln zum Trocknen aufgehängt. Er konnte der Versuchung nicht widerstehen. Mit behutsamer Ehrfurcht, doch nicht ohne einigen Eckel, hob er mit zwei Fingerspitzen die ungewohnte Waare von der Guitarre auf den Ofen und warf dabei heimliche Blicke auf die alte Wärterin, ob sie nicht diese Junggesellen=Frechheit vielleicht übel deute. Die alte liebe gerettete Freundin im Arme, trat er nun ans Fenster und stellte sie wieder her, so gut es gehen wollte. Darüber erwachte das Bübchen in der Wiege, beide Kinder schrieen aus vollen Kehlen, die Alte schleuderte unwillige Blicke auf den Fremden, der große Hund unterm Ofen krazte sich mit großem Getöse hinter dem Ohre, ein Kanarienvogel schmetterte gellend dazwischen. – Leonhardt dachte an Ludwig und blickte unbeweglich mit einem wunderbaren Gemisch kämpfender Gefühle und einem Lächeln, das fast wie verdecktes Weinen aussah, aus dieser Arche Noäh durchs Fenster, wie da draußen die Wolken frei, kühn und leicht über das schwere Leben unten wegflogen.

Da öffnete sich die Thüre und eine unendlichfrische kräftigweibliche Gestalt in einfacher reinlicher Kleidung mit still verständigen Augen trat, vor dem unerwarteten Fremden leicht erröthend und sich verbeugend, herein. Es war Ludwigs Frau. Die Kinder lächelten und langten mit den Aermchen ihr entgegen, der Tumult legte sich plötzlich von allen Seiten, und so war sie Leonhardten wie eine ruhig beschwichtigende Zauberinn erschienen.

Als Leonhardt ihr seinen Namen genannt hatte, fehlte nicht viel, daß sie in einen lauten Freudenausruf ausgebrochen wäre, und sie sah ihn darauf, ohne sich von seinem fremden weltgewandten Weesen im geringsten stören und irren zu laßen, aus ihren klaren Augen mit einer so tiefen Freundlichkeit und doch so fest und ergründend an, daß fast er selber einer Verlegenheit nahe war. Sie gestand dann mit liebenswürdiger Freimüthigkeit, daß sie ihn lange durch die Erzählungen ihres Mannes, wie ihren eignen Bruder kenne, und daß ihr Mann oft sehnlichst den Wunsch geäußert, ihn wenigstens noch einmal vor seinem Tode wieder zu sehen. Leonhardt schwieg bei diesen Worten tief erschüttert einige Augenblicke still. – Beide wurden indeß durch dieses offene Weesen der Frau bald wie alte Bekannte. Ihre gantze Erscheinung hatte etwas unbeschreiblich vertrauliches, mildes und beruhigendes.

Sie hatte viel mit dem Kinde in der Wiege zu schaffen, er konnte daher gar noch nicht recht zum Fragen kommen, und

I. Das Wiedersehen

ach, er hatte so viel, so unendlich viel zu fragen! Er bemerkte, daß das Kind verwüstend mit einem alten Blatte spielte, worauf sich Verse von Ludwigs Hand befanden. Er bat darum. „Ich verstehe nicht viel von Gedichten und gelehrten Sachen", sagte die schöne Mutter mit einem, wie es ihm schien, schmertzlichen Lächeln, und reichte ihm das Blatt. Leonhardt freute sich innig, das Gedicht war an ihn selbst gerichtet und nach dem oben bemerkten Datum bereits bei Ausbruch des Krieges geschrieben. Er las still für sich: (Hieher das Gedicht: Abendlandschaft an Wilhelm. –)
Ein tiefer Schmertz schnitt durch seine Seele, als er ausgelesen hatte. „Welche uralte Melodie! sagte er in Gedanken versunken und halblaut, welche träumerische Verwirrung der Gedanken, wie das Bild eines müden, halbwahnsinnigen Schmertzes." – Johanna, so hieß Ludwigs Frau, sah ihn bei diese⟨n⟩ fast unwillkührlich ausgesprochenen Worten erschrocken und fragend an. „Ich bitte Sie, fuhr Leonhardt sehr gerührt fort, erzählen Sie mir recht ausführlich, wie es meinem lieben Ludwig durch die lange lange Zeit ergangen, es ist nicht möglich, es kann mir da nichts fremde seyn." – „Das Leben ist anders, als es sich die Jugend denkt", sagte Johanna und lächelte, um die Thränen wegzulächeln, von denen ihre schönen Augen feucht wurden. Darauf ordnete sie noch ruhig einiges in dem Zimmer und führte Leonhardten ins Freie. Eine angenehme Abendkühle wehte schon von den Bergen hernieder. Sie sezten sich auf die steinerne Bank vor der Hausthür und Johanna begann folgendermaßen zu erzählen:
Es war ein schöner Sommerabend, wie heute, mein Vater saß hier auf der Bank, ich stand auf der Schwelle und fütterte die Tauben, als ein fremder Herr zu Pferde in unseren Hof gesprengt kam. Ich wollte zürnen, denn er verscheuchte mir

alle Tauben, die ich mit vieler Mühe kirre gemacht und um mich her versammelt hatte. Aber ich konnte nicht böse seyn, als ich ihn ansah. – Es war Ludwig. Er hatte nach seines Vaters Tode mit dem meinigen ein Geldgeschäft zu berichtigen, und wir giengen daher in das Haus hinein. Da ich verschiedenemal aus und eingehn mußte, um Obst und Wein zu holen, bemerkte ich wohl, daß Er mich allemal ansah und wenig auf die Rechnungen Acht gab, die ihm mein Vater vorlegte. Es fieng indeß an, dunkel zu werden. Ludwig kam eben vom Hofe, wo er zu seinem Pferde gesehen hatte, als auch ich von einem kleinen Gange in das Zimmer zurückkehren wollte. Ich eilte was ich konnte, da ich ihn hinter mir kommen sah, aber er holte mich an der Thüre ein. „Du bist recht schön, Schneewitchen!" flüsterte er mir leise ins Ohr. Ich antwortete vor Angst nichts, sondern trat schnell vor ihm ins Zimmer. Hier erröthete Johanna, weil sie das gesagt hatte. Sie hatte, während der Erzählung das kleinste Kind an der Brust und säugte es. Der ältere Knabe saß zu ihren Füßen eingeschlummert. Die untergehende Sonne warf ihre Rosen auf die liebliche Gruppe und gern hätte Leonhardt mit gerufen: Du bist recht schön, Schneewitchen. Sie fuhr weiter fort:

II. ⟨Kapitel von meiner Geburt⟩

1830–1838

⟨*II.1.*⟩ NB: Alles dieß hier u. umstehend nicht ausgestrichene wird in dem nächtlichen Feldlager der Spitzbubenbande erzählt; u. zwar den Anfang erzählt, als seine Geburtsgeschichte, ein junger Kavalier, der nun auch weiter – rührend = ironisch à la Brentano – seine erste Jugend in diesem stillen Lubowitz erzählt: wie sie im Schloß immer vom Kriege erzählen p., wie sie im Garten die Ohren auf den Rasen legen u. in der Ferne kanoniren hören p. Da nimmt er eines Morgens die Flinte, geht auf die Jagd in den Wald, dort trifft er fliehendes Gesindel p., so kommt er in den Krieg. |:S: F, 3te Seite: „Novelle aus dem 30jährigen Kriege!:| Ueberall wo er dabei ist, siegen die Seinigen um ein Haar, werden aber zulezt doch jedesmal geschlagen; so kommt er einmal, fliehend u. abgerißen u. verhungert, nach Lubowitz zurück, da sind die Aeltern p. lange todt, verarmt, das Schloß verbrannt, der Garten verwüstet, er selber wüst p., aber voll Zorn, sich an den Menschen zu rächen p., so geht er in Lüderlichkeit, Elend p. unter, u. ist nun zulezt unter diese Bande gerathen. –

Erstes Kapitel.

Der Winter des Jahres war so streng, daß die Schindelnägel auf den Dächern krachten, die armen Vögel im Schlaf von den Bäumen fielen, u. Rehe, Hasen u. Wölfe gantz verwirrt bis in die Dörfer flüchteten. In einer Maertz = Nacht deßelben Winters gewahrte man auf dem einsamen Landschloß zu L: ein wunderbares, geheimnißvolles Treiben u. Durcheinanderrennen Treppauf, Treppab, Lichter irrten u. verschwanden an den Fenstern, aber alles still u. lautlos, als schweiften Geister durch das alte Haus. Mein Vater gieng in dem großen, von

II. ⟨Kapitel von meiner Geburt⟩

einer Wachskertze ungewiß beleuchteten Tafelzimmer auf u. nieder, von Zeit zu Zeit horchte er bald in die Nebenstube, bald in den tiefverschneyten Hof hinaus; dann trat er unruhig ans Fenster, hauchte die prächtigen Eisblumen von den Scheiben u. betrachtete den weiten gestirnten Himmel. Die Constellation war überaus günstig. Jupiter u. Venus blinkten freundlich auf die weißen Dächer, der Mond stand im Zeichen der Jungfrau u. mußte jeden Augenblick kulminiren. Da schlug plötzlich ein Hund an tief unten im Dorf, drauf wieder einer, immer mehre u. näher, eine Peitsche knallte u. Pferdegetrappel ließ sich im Hofe vernehmen. Endlich! – rief mein Vater, eilig vor die Hausthür hinausstürzend. Eine auf Kuffen gesetzte, festverschloßene altmodische Karoße dunkelte aus dem dicken Dampf der Pferde, wie aus einem Zauberrauch, in welchem der Kutscher seine erstarrten Arme gleich Windmühlflügeln hin u. her bewegte. Bitte, Herr Doctor – sagte mein Vater, selbst den Kutschenschlag öffnend – Sie sind wohl gar drinn eingeschlafen? – Auf Ehre, ein klein wenig!, war die Antwort u. aus dem Wagen erstaunlich fix sprang zu Aller Verwunderung, anstatt des erwarteten Doctors, ein langer, schmaler Kerl den niemand kannte, in einer gantz knappen, verschoßenen Livrey, aus welcher beim hellen Mondschein sein Ellbogen gläntzte, daß einen innerlich fror, wenn man ihn ansah. Mein Vater betrachtete ihn voller Erstaunen, der Fremde nahm schnell eine Handvoll Schnee u. rieb sich damit die halberfrorene Nase, der Kutscher fluchte, der Schnee knirschte unter den Tritten, der Hofhund bellte – da wurde ich in der Stube neben dem Tafelzimmer geboren. Mein Vater, da er einen Kindesschrei hörte, blickte erschrocken nach dem Himmel: der Mond hatte so eben kulminirt! um ein Haar wäre ich zur glücklichen Stunde geboren worden, ich kam grade nur um

anderthalb Minuten zu spät, u. zwar in der Konfusion mit den Füßen zuerst, man sagt, ich habe damit ein Entrechat gemacht. *
[Ich meinerseits weiß mich nur noch dunkel so viel zu errinnern, daß ich so recht gemüthlich u. warm in der wohlgeheitzten Stube im meinem Kißen lag u. verwundert die spielenden Ringe u. Figuren betrachtete, welche die Nachtlampe an der Stubendeke abbildete. Das zahme Rothkehlchen war von dem ungewohnten Licht u. Nacht=Rumor aufgewacht, schüttelte die Federn, wie wenn es auch sein Bettchen machen wollte, setzte sich dann neugierig auf den Betthimmel vor mir u. sang gantz duse, als wollt es mir zum Geburtstag gratuliren. Meine Mutter aber neigte sich mit ihrem schönen, bleichen Gesicht u. den großen Augen freundlich über mich, daß ihre Lokken mich gantz umgaben, zwischen denen ich draußen die Sterne u. den stillen Schnee durch's Fenster hereinfunkeln sah. Seitdem, so oft ich eine klare, weitgestirnte Winternacht sehe, ist mir's immer wieder, als würde ich neugeboren.]

* Hier steht vielleicht ein alter trockner Kerl auf, u. giebt dem Kavalier eine tüchtige Ohrfeige, denn er war selbst jener Kerl in der Livrey, der, von seinem Herrn weggejagt u. ohne Unterkommen, in der qu. Kutsche eingeschlafen p. –

Daß ich aber, trotz den vortrefflichen Aspecten, die rechte Constellation verpaßt, verdrießt mich noch bis auf den heutigen Tag, wie jenen armen Jungen, der bei der Hochzeit beinah einen Kuchen bekommen hätte. Es wäre ja sonst für mich ein wahres Kinderspiel gewesen, ein reiche Frau, einen Orden, vortreffliche Konnectionen u. Protektionen, anstatt meiner dürren Figur, einen vornehmen à plomb, *

> * So aber ist der Vater erschoßen, die Mutter vor Gram gestorben, das Schloß verbrannt p. Hoho, was kümmert's mich! geb't zu trinken! – Ein Andrer |:Roher:| sagt: das ist alles gleichviel, so oder so, die

heutige Welt will Gleichheit haben, so will's die Natur.

Oho!,* * meynt der Kavalier, die

Natur ist grade erst recht unsinnig aristokratisch, stellt den Ochsen über das Kalb, den Hund über die Katze, die Katze über die Ratze, u. unter den Menschen den ächten \hohen\ Geburtsadel des Talents über das andere gemeine Pack. Ich habe immer gefunden: *

> * fiel hier ein ehemaliger Gelehrter u. Candidat der Theologie ein,

es giebt nur ein Mittel, die Gleichheit herzustellen, das ist die Liebe, womit unser Herr Jesus Christus Alle gleich gemacht vor dem Vater, indem er selbst dem durch eine fatale Constellation Unterdrückten Macht giebt über das Talent durch Tugend u. die Kraft eines heiligen Willens.

[Zweites Kapitel.]

> – Amen!, fielen hier Mehrere ein, u. trillen den Candidaten wegen seiner gelehrten Frömmigkeit, *

* da ihm doch eben eine gestohlene Wurst aus der Tasche herausgucke.

Er aber vertheidigt sich mit lateinischen Redensarten: wenn er auch noch schlecht sey, so <u>könne doch ein Schlechter eben erst recht erkennen, was gut sey</u>, u. wahrhafte Sprüche sagen, die sie alle wohl bedenken sollten, er werde sich selber noch gantz beßern, müße es aber leider noch ein wenig verschieben, bis er etwas in der Tasche hätte u. d. gl., |:nemlich: er will sich immer beßern, bereut immer sein Leben, bleibt aber doch immer ein Saufbruder –:| er bricht vielleicht zuletzt, sich selbst rührend, in Weinen aus. Aber die Andern trinken ihm zu, oder vielmehr schimpfen ihn einen feigen Frömmler, Mucker p., worüber er, dieß wieder sehr übelnehmend, gantz wüthend wird p. –

II. ⟨Kapitel von meiner Geburt⟩

⟨*II.2.*⟩ Novelle = Anfang =

Vor Tagesanbruch im Garten, Packen, Reise=Freude p. Das Schloß alt, aber alle Pracht schon verschoßen u. vergelbt, à la Don Ranudo. Neben an ein reicher Fabrikant von niedrer Herkunft. Diese wechselseitigen Reibungen des Aristokratischen u. liberalen Parvenu's, welcher letztern doch wieder beneidet u. nachahmt, was er zu verachten vorgiebt p. – Ueberhaupt diese Novelle wieder einmal d:aus: frei, scharf, tief=ironisch, schneidend=satyrisch u. doch humoristisch! – Alle meine Anstellungs=Misere, Lamprecht, Behrnauer p. keck hinstellen! –

Ein Gutsbesitzer o d. gl., deßen Sohn so eben in die weite Welt fortreitet, um auf die Universität zu gehen, oder vielmehr: um sein Glück zu versuchen |:seine fortune zu machen:|, hält an diesen seinen Sohn eine Abschiedsrede voll Lehren, wie er sich benehmen solle p.

– Nemlich der Pfarrer giebt dem Abreisenden philistros gute Lehren, salbadert mit großer Salbung p. Da reißt dem Vater die Geduld, u. er fällt mit seiner Rede immer humoristisch ein. – Der Sohn reitet wohl auf die Freyte, um eine reiche Parthie zu machen. – Ist dabei ungeheuer blöde, verlegen p. –

In dieser Rede schärft er ihm ein, er solle überall den Leuten auf die Füße treten, niemals gutmüthig, sondern immer böse seyn p., kurtz: er stellt – die Tugend p. verachtend – Alles wüthend=humoristisch auf die Spitze, zuletzt endend: u. wenn du das befolgst, wird dich die Welt erstaunt über sich stellen

u. dann der Teufel holen. – Der Sohn weint, der Vater umarmt ihn hertzlich. –
Dieser Sohn ist Uhlands: „Unstern", dem, weil er d: u. d: poetisch u. antiphilistros ist, Alles beinahe glückt u. doch Alles mißglückt. Der Vater wirkt überall, in seiner Art, <u>humoristisch</u> in die Philistereyen p. mit ein, wod: zuletzt eine allgemeine höllische Confusion entsteht, die aber überraschend am Ende in volles, wenn auch nicht weltliches, Glück des Sohnes u. Vaters ausschlägt.

= <u>Dieß mit dem halben Bogen C: verbinden, der „Held" nemlich verwirrt mich erst gantz, zieht mich in den Krieg, wie in ein Meer, zöpft mich aus p. p. –</u>

<u>Oder</u> = Ein <u>Lustspiel</u> daraus machen, in Prosa, keck u. frisch fort?! –

24   II. ⟨Kapitel von meiner Geburt⟩

⟨*II.3.*⟩ **Unstern.** Novelle. ⟨*Entwurf*⟩

[1ᵗ Kapitel: S: den hier darunterl: halben Bogen 100! –

2ᵗ Kapitel:

 Warum ich grade beschneite Gebirgszakken p. gesehen habe, kann der Leser erst im letzten Kapitel erfahren.

Eins aber habe ich doch verträumt im vorigen Kapitel, das ich hier nothwendig nachholen muß, weil es von großer Wichtigkeit für mich ist, nemlich meine Geburt. Das begab sich aber folgendermaaßen:* Der Winter des J: 1788 p. p. |:S: das hier darunterl: Blättchen Z:|. 3ᵗ Kap.:]

 S: das beil: Postpapier: „3ᵗ Kapitel"! –

Tenor des Gantzen = S: den h. Bogen 100 rechts in margine beim NB!*

 Ich habe in der That überall unmenschliches Glück, *

  * dabei – so oft ich auf eine fortüne losgehe – treibe ich das mich Poußiren mit dem größten Eifer u. Ernst, übertreibe es aber, mache zu tiefe Komplimente p., so daß schon überall der gewaltsam unterdrückte Humor d:flimmert. Im

  entscheidenden Moment aber überrumpelt mich jedesmal unwiderstehlich hinreißend mein poetisches, oder vielmehr tiefhumoristisches Naturell, das immer zur Unzeit schlagend gegen jederlei verdrehte u. versteckte Affectation der Welt heiter=wüthend, *

* plötzlich, unversehens u. fast jauchtzend

ausbricht, während mein langer Adebar |:in seiner trocknen, prosaischen Humoristik, es immer vortrefflich meynend aber immer verderbend:| alles noch toller verwickelt, so daß mir jedesmal,

zu meinem eignen Verwundern u. Nichtbegreifen,

Fortuna's Haarzopf im letzten Moment wieder entwischt u. die entrüstete Welt mich stehn läßt, worauf ich selber mich darüber liebenswürdig zum Narren habe u. häufig mit Adebar in ergötzlichen Streit gerathe.

Der Adebar ist überall mein treuer Kumpan bis an seinen Tod, alles gutmüthig=humoristisch noch mehr verwirrend. Zuletzt schlägt doch Alles zu meinem vollen, wenn auch nicht weltlichen, Glück aus, u. ich schreibe dieß nun zuletzt, als alter Mann, in Lubowitz im Garten auf den alten Jugendstellen, aber alle Jugendfreunde sind todt, auch Adebar, ihm weihe ich dieß Büchlein. – Das Gantze muß fast gar keinen Inhalt haben, bloß gantz einfachste Ereignisse? –
<u>Nemlich</u> = Ein junger Mann muß nützlich seyn, Niemand soll sein Licht unter den Scheffel stellen p. p. p. |:nemlich rasch hintereinander lauter hochtrabende Gemeinplätze u. vornehme Phrasen von der nützlichen Wirksamkeit, Men-

schenbeglücken p. p.:|. Und für allen diesen Edelmuth u. erstaunliche Aufopferungen will die bescheidene Jugend rührend nur Brodt, nichts als Brodt, Brodt, Brodt! *

* = Hier – wie die Juden in Gakelaya – dythyrambisch immer wieder dazwischen: Brodt! –

Aber ich sage Euch, ihr Edlen, wer jene ewigen Lehren zeitig befolgt, der hat auch Butter auf's Brodt – schmiere nur, junges Blut, im Alter schmeckt es gut – u. kann dereinst Diner's geben p. p., u. seinen Durst nach Menschenwohl, wenn es der Magen nicht mehr verdaut, mit Ungarwein löschen.
4^t Kapitel: Das sind alles gantz unumstößliche, ehrwürdige, u. vor Alter ordentlich schon schimmliche Erfahrungssätze, ich wollte daher, da ich in mir bereits hinreichenden Verstand verspürte, auch nicht der letzte seyn im Menschenbeglücken. Ich ließ also schnell anspannen, u. fahre mit Adebar nach der Residentz. Weitläufiger – u. doch eigentlich rührender – Abschied von dem alten Lubowitz. * –

* Die Pferde schnauben, der alte Daniel weint p. p. –

Seltsame, vorbedeutende Abenteuer auf der Reise.

indem ich romantisch einer Dame begegne p., u. in ihr Angela zu erkennen glaube. –

S: die 3^t Seite hier!

Aber in der Residentz, kaum bin ich angekommen, reißt sich
der Herr Minister ordentlich um mich, embraßirt mich, denn
mein verst: Vater, was ich gar nicht wußte,

|:o̱ was mir vorher gar nicht eingefallen war:|,

war ein alter Jugendfreund des Herrn Ministers, sie hatten
zusammen in Halle studirt p., unmenschliches Glück: ich muß
gleich zu Tische bleiben, sitze neben dem Fräulein Tochter
des Herrn M: *

    * es ist die Dame, die ich auf der Herreise begegnet:
    Angela, eine

große Vase mit Blumen auf der Tafel vor mir p., wer ist der
feine junge Mann?, heißt es p., ich werde vorgestellt rechts u.
links, sponsire mit dem Fräulein p., *

    * bringe ihr im Champagner überzierliche Gesundheiten p.,

aber ich bin schon hier überall humoristisch=übertrieben in
meinen Komplimenten p:. Nun stirbt *

    * bei der Tafel selbst plötzlich

zum Glück unverhofft ein Rath o̱ dergl., der bei eben diesem
Diner zuviel Austern gegeßen p., großer Rumor, der Minister
deutet sogleich an, daß ich die Stelle haben soll, u. empfiehlt
mich dem anwesenden betreffenden Präsidenten. – Ich begleite
nun als Leidtragender den verstorbenen Rath zu Grabe, ent-

setzliche Floskeln, u. Lobhudeleien über die erstaunlichen, unsterblichen Verdienste des Dahingeschiedenen, *

> * die Andern trinken tüchtig Wein im Leichenhause, weil es kalt, u. erwärmen sich ordentlich hertzlich für den Verstorbenen,

meine humoristischen Gedanken über Tod p. bei diesem Leichenkonduct, bei dem ich irgendwie Confusion mache |:vielleicht gar selber eine humoristische Rede am Grabe halte! * –:|. –

> * wobei ich das Leben des Verewigten mit einer stillen Auster vergleiche, die ruhig in sich saugt p.

Nun eile ich zu dem betreffenden Präsidenten, habe schon eigne Auftritte im Antichambre, mache wieder übertriebene Komplimente p. Der Präsident ist höchstpedantisch, ein großmäuliger Beamten=Aristokrat, der mir imponiren will mit Phrasen p., da fährt mir endlich plötzlich der Humor aus: ordentlich dythyrambisch spreche ich immerfort, mitten d: meine eignen hohlen Floskeln, u. immerfort nur von Brodt, Brodt!, so daß der Präsident mich entrüstet stehn läßt, die in der Antichambre, die vorhin kriechend gegen mich, jetzt vornehm die Nasen rümpfen, *

> * hier flüchtiges Gespräch zwischen diesen u. mir, wo ich ihnen meine Protection zusichere p. p. –

u. die gantze prächtige Anstellung, zum Verdruß des Herrn M:, mir an der Nase vorbeigeht. – Aber mich tröstet die offenbare Liebe des Fräulein Tochter des Herrn Ministers. Nun wollte ich aber – da ich unmenschlich reich bin – edelmüthig bloß um meiner selbst willen |:um des eignen kahlen Ichs willen:| von ihr geliebt seyn, u. verbreite überall, daß ich d: Unglücksfälle p. plötzlich verarmt sey. Da wendet sich ergötzlich Alles von mir in meinem Incognito,

alles verachtet mich gründlich,

so daß ich, voll humoristischer Lust, meinen Adebar als reich angebe u. ausstatte, dem nun überall gehuldigt wird. *

* <u>Oder</u> vielleicht: Die Leute |:weil sie zufällig die Wahrheit wißen,:| bleiben sich gleich gegen mich zu meinem Erstaunen, ich schimpfe auf die Schufte von Misantropen u. Satyrikern, die alles mit ihrer eignen Galle anschwärtzen u. das Menschengeschlecht in schlechten Ruf bringen. Die Hochzeit mit dem Fräulein wird schon gerüstet p., da werde ich plötzlich wirklich arm – großer Rumor p. Ich habe vielleicht ein Duell deshalb, muß fliehen p.

Das Fräulein jedoch – |:weil sie die Sache beßer weiß:| – bleibt mir immerfort treu, scheint nur immer verliebter in mich, u. als ich daher – nachdem ich die unerwartete Nachricht bekommen, daß ich <u>wirklich</u> verarmt – Hochzeit machen will, schlägt die Gunst des Fräuleins u. des Herrn M: plötzlich um, u. ich muß mit Schimpf bei Nacht u. Nebel Reißaus nehmen. –

II. ⟨Kapitel von meiner Geburt⟩

Nun schreib ich, als alter Mann, dieses wieder in dem alten Lubowitz, dort alles todt u. wehmüthig verwandelt; fremde Leute im Garten p. p., ich aber mache doch, glücklich, ein großes Glück dort, wenngleich kein weltliches, sondern ein höheres.

Oder: Adebar hat das große Loos gewonnen, hat Lubowitz für mich erstanden, alles dort beim Alten erhalten, mich erwartend. Wie ich arm, als Bettler zurükkomme, ist er schon irr vor Alter, erkennt mich aber, wird vor Freude plötzlich wieder gescheut u. stirbt. –

Oder Ich gehe nun d: die Residentz nach Ostindien, entdecke ein Land, das schon früher entdeckt ist, erwerbe ungeheueres Geld, werde aber, scheiternd auf dem Rückwege, allein *

    * mit allen meinen ungeheuren Schätzen

auf eine wüste Insel verschlagen. Dort schreibe ich, als Eremit, *

    * der Bart ist mir wie ein Mantel tief heruntergewachsen, antiquitätisch, lächerlich. – alles dieses nieder u. gebe es einem vorüberfahrenden Schiffe mit. – Ich schwanke schon, ob ich doch nicht mitfahren soll, da fängt der Schiffskapitain von Literatur, Morgenblatt p. zu schwatzen an – da bekomme ich einen tiefen Ekel: ich bleibe hier, sage ich. Ich wollt das Gold mitgeben, dann aber that mir die Mannschaft so tief leid, daß der Teufel Gold unter sie fahren sollte, ich sagte nichts davon, ich ließ sie fahren: *

* sie sollten mir nur die arme Angela grüßen, wenn sie noch lebe –

Ade für immer! –

<u>Jedensfalls</u> zu Ende irgend etwas Tiefes, wahrhaft=erschütterndes, so daß das Gantze ein grandioses Ende nimmt! –

Ich fahre nemlich wirklich aus, um eine brillante Anstellung zu suchen in der Residentz, weil mir das Landleben, die ewigen singenden Lerchen, Waldesrauschen p. p. schon gantz langweilig sind. (Die gantze entworfene Anstellungsgeschichte mit dem Präsidenten, Minister p. p., fällt nun weg!) Dagegen = Auf dieser Reise nun geht es mir gantz wunderbar: nemlich erst versammeln sich – zu meinem Verdruß, weil sie mir überall die singenden Lerchen u. die schöne Natur vertreten – überall wo ich fahre Gruppen von neugierigen Bauern, grüßen sehr unterthänig, ich danke höflich u. stelle als Edelmann Betrachtungen an über die Vortrefflichkeit u. Naturgemäßheit des Aristokratismus u. der Nichtgleichheit an |:S: das inl: A u. X! *:|.

* NB: Hierbei: hinter „Individualiter" sogleich: „Außerdem p. p." S: dort das Rothangestrichene unten! Sodann: „Es giebt nur Ein Mittel p. p. p. –

Ich fahre – nicht ohne Verwunderung – d: einen Triumphbogen p in ein Städtchen, der Burgemeister u. Rath empfängt mich am Thore, ich halte aus dem Wagen eine humoristische Anrede *

* an sie, vielleicht darüber: wie eigentlich Alle u. Jeder auf Erden eigentlich nur incognito lebt p. – *

* o̱ ich deute an, daß ich eigentlich innerlich tyrannische Gesinnungen hege, Lobrede der Tyranney p. –

o̱ vielmehr: Rede über die verschiedenen Arten von Komplimenten: stoltzes Kompl: p. p. –

Als ich fertig war, sah ich den Magistrat in so tiefem Kompliment vor dem Wagen, daß ich tief zwischen Nacken u. Kragen ihnen hineinsehen konnte. Der Postillon knallte, das Volk schrie Vivat!, so flog ich weiter. –

Unterweges begegne ich, auch auf romantische Weise, einer prächtigen jungen Dame zu Pferde nur gantz flüchtig u. glaube in ihr – Angela zu erkennen. Nun geht es, anstatt nach der Residenz, nach einem entfernten Landschloß, vergebens verwundere ich mich, ich kann's nicht hindern, die Relais sind überall schon vorausbestellt. Wem gehört das Schloß? – ruf ich, endlich das prächtige Landpalais erblickend. Der Gräfin Angela, heißt es. – Prächtiges Leben auf diesem Zauberschloß u. Garten voll Goldfasanen p. p. Ich werde überall Graf |:was ich auch wirklich bin:| genannt, aber wie ein König oder Printz behandelt. *

II.3. Unstern. Novelle ⟨Entwurf⟩

* Meine Beobachtungen u. Betrachtungen hier auf einem Balle über die verschiedenen Arten von Täntzern: wie der eine beide Arme hebt als wollt' er zu fliegen versuchen, der andere zierlich trippelt, der dritte keck fort ohne allen Takt d: dick u. dünn, u. bei Jedem dabei sein innerster, geheimster Narr herauskommt. – *

* Diese erste Gesellschaft dort vielleicht verbinden mit einem halben Bogen: „Zur Novelle", wie ich gantz blöde bin. p. p. p. –

Ich bin sterblich, noch aus der alten lubowitzer Zeit, verliebt in die Angela, die wunderschön, aber gantz weltlich, ordinair u. voller Eitelkeit ist. Sie scheint mich in ihrer Art zu lieben, es wird schon insgeheim alles zur Hochzeit gerüstet, ich soll also unversehens eine ungeheuerlich gute Parthie machen. Unterdeß aber ist, fast gleichzeitig mit mir, ein junger, unscheinbarer Kavalier dort angekommen mit vielen andren Gästen. Der verfolgt mich seltsam überall, ist oft verdrießlich, launisch u. manchmal plötzlich gantz stolz u. ausfahrend gegen mich. *

* Vielleicht gleich nach der ersten Gesellschaft dort, wo ich so blöde bin p. |:S: die 3^t Seite hier rechts:|, werde ich dythryambisch=humoristisch; schlage mich d: die Antichambres, versichere meine Protection p. p. |:S: die 2^t Seite hier das Rothangestrichene mut. mut.:|. Da bekomme ich mit dem fremden Kavalier |:Prinz:| Händel. Nemlich:

wir gerathen im Halbdunkel zufällig dicht aneinander. Er wirft mir einen veràchtlichen o tödtlichen Blick zu – ich werfe ihm wieder einen zu – nu, sagt er – he, sagt' ich – so giengen wir stolz, jeder nach einer andren Seite voneinander. –

NB: Ich mache hier auf dem Schloße – humoristisch= parodirend u. übertreibend – unerhörte Komplimente: ein Minister besucht mich, ich begleite ihn an den Wagen herunter, er, gantz betroffen, begleitet mich wieder die Treppen herauf, ich ihn abermals herunter, er will's nicht leiden, wir rempeln u. stoßen u. p. uns ordentlich vor Höflichkeit, dabei glitschen wir aus, der Minister verliert seine Perrücke p. p., darüber versäumen wir den Anfang des Festes im Schloß, wo man uns schon ungeduldig erwartet, u. kommen gantz verstört dorthin p. – Ein andermal, wo Angela nach einem Leuchter greift, u. alles hinzuspringt, um ihn zu holen, greife ich auch noch hastig zu, verwickele Alle p., so daß Angela gar nicht zu dem Leuchter kommt p. – Komplimente an der Thür, wer zuerst herausgehn soll p. –

Ich fange humoristisch Händel mit ihm an, indem ich humoristisch die Offizier p.=Ehre parodire, u. will mich duelliren. Da kommt es plötzlich heraus, daß dieser junge Kavallier ein Printz des Nachbarstaates ist, der – sentimental, hypochondrisch u. d:s Leben gelangweilt – um sich selbst willen von der reichen Gräfin Angela, um die er freyt, geliebt seyn will, u. daher im Incognito |:das aber überall ruchbar wurde:| hierherkam u. für den ich auf meiner Reise u. hier bisher gehalten

wurde. Nun schlägt aufeinmal – ohne daß ich u. der Leser jetzt noch den Grund wißen – Angela u. Alles hier gegen mich um, ich muß bei Nacht u. Nebel Reißaus nehmen*. – Nun gerathe ich mitten in die Vaterländerey u. Patriotismus c/a die Franzosen, erweise mich übertrieben patriotisch in abenteuerlicher Tracht p. |:wie anno 7 in Königsberg:| mit Helmen, Schwerdt, Dolch p. p., habe großes Glück, erobere eine Festung p. |:S: h!:|, da ist plötzlich Friede |:1809:|, ich muß fliehen – komme arm u. zerlumpt nach Lubowitz, das – weil ich gegen die Franzosen zog – konfiszirt u. dem obigen Printzenbräutigam zugewiesen ist.
Dort ist eben Angela's Hochzeit,* der alte Diener irre p. p. p. |:S: hier 2^t Seite gantz unten, u. h!:|. – Ich gehe nach Ostindien – mein gemüthliches, ausführlich zu beschreibendes Leben mit Büchern p. p. auf der wüsten Insel p. p. |:S: hier 3^t Seite u. h!:|.

* Oder vielmehr = Es ist dort in Lubowitz nicht Hochzeit, sondern der qu. Printz mit seiner Gemahlin Angela ist grade dort auf kurtze Zeit zur Jagd, nachdem sie schon lange verheirathet sind. Das Laub ist schon gelb u. fällt, alles herbstlich im Garten u. im Hasengarten. |:Hierbei gantz speziell Lubowitz beschreiben! –:|. Ich d:streife den Garten p., Angela, prächtig, reichgeschmückt, in vollem Glantze, erblickt mich flüchtig, kennt mich nicht mehr, aber sieht doch dabei etwas nachdenklich aus, die schönen Lokken aus der Stirn schüttelnd. Ich begegne im Garten einem lichten Kinde mit blonden Lokken – es ist mir wie im Traum, als wäre ich gar nicht weggewesen – das Kind, Angelas kleine Tochter, glich ihr auf ein Haar, ich küße es, das Kind schreyt erschrocken, ich entfliehe

in den Hasengarten. Dort begegne ich im tiefen Abendroth dem alten Diener, noch aus der alten Zeit, er schnei-
det Stöcke im Garten für mich zum Vogelstellen, ein
geistliches Lied dazu singend in der Einsamkeit, wie da-
mals |:der alte Daniel –:|. Ich rede ihn an, er erkennt mich
gleich an der Stimme mit hertzinniger Freude, verwundert sich aber gar nicht, nach u. nach merke ich erst, daß
der Alte irre – ich durchstreife mit ihm die gantze Nacht
hind: wunderbar=phantastisch alle alten Jugendplätze,
da stirbt er vielleicht vor Freude, im Garten einschla-
fend. Der Tag graut schon, ich wecke rasch einen Jäger,
übergebe ihm den Todten, nehme ein Jagdhorn

⟨*II.4. Unstern. Novelle. Fragment*⟩

Erstes Kapitel.

Das erste Kapitel will ich lieber gantz übergehen, ich habe zu viel zu thun u. den Kopf zu voll von den prächtigen Abenteuern, die ich, zur großen Freude der geneigten Leser, beschreiben muß. Und gleich hier kann man wahrlich Gottes Langmuth nicht genug bewundern, der recht gut wußte, wie genial wir endlich in gegenwärtiger Zeit werden würden, u. doch die gantze Geschichte, die Flegeljahre des Mittelalters, über die Alongenperücken u. Haarbeutel fort bis zu den Preußischen Gardezöpfen durchkomponirt hat! Ich wär's nicht im Stande, mir wächst schon diese kleine Geschichte hier mit Gewalt aus den Windeln, ich kann sie nicht halten. Was gehn auch den Leser meine Kinderjahre an! Ja von dem einen – es wundert mich überhaupt nur, daß er mich noch liest – kann ich mir durchaus nicht vorstellen, daß er jemals ein Kind gewesen seyn sollte, sondern glaube bestimmt, daß er sogleich in Hosen u. Frack zur Welt gekommen ist. Für diesen würdigen Mann aber hege ich eine gantz eigne Ehrerbietung u. versinke öfters unwillkührlich in eine weitläufige Betrachtung seiner erstaunlichen Eigenschaften, dieser ernsten Haltung, schmeichelhaften Herablassung, vornehmgebogenen Nase. – Ich empfehle mich ihm gantz gehorsamst u. dedizire ihm diese Novelle, er braucht sie darum nicht zu lesen.

Eigentlich wollte ich in diesem Kapitel, gleichsam spielend, neue Gedanken über die Kindererziehung hinwerfen, einen tiefen Blick in die Schulen thun u. so unvermerkt mich zu den Universitäten wenden. Darüber war ich aber eingeschlafen. Da träumte mir, ich säße auf der Schwelle von meines

Vaters Haus u. blätterte in Bertuchs Bilderbuch, der Schnee tröpfelte fleißig vom Dach, die Sonne schien warm durch die Fenster über den getäfelten Fußboden der Zimmer hinter mir, drinn hörte ich die Flötenuhr das alte Stückchen spielen. Seitwärts aber sah ich den alten Daniel, den Diener des Hauses, bis an die Brust im Morgennebel stehn u. Haselstöcke schneiden, im mittelsten Gange des Gartens gieng mein Vater schweigend auf u. nieder, es fiel keinem auf, daß ich wieder vor der Thür saß, als wär' ich gar nicht fortgewesen. Nun erblickte ich tiefer im Garten auch unser schönes Nachbarskind mit den langen, langen blonden Lokken, sie saß am Bergeshang im laublosen Wipfel der Linde, von mir abgewendet, u. sang u. sang, ich kannte das Lied recht gut, u. wie sie sang, gieng aufeinmal ein Frühlingsschauer durch den gantzen Garten u. immer weiter, die Nebel zerrißen, ich sah den Fluß im Grund, die ferne Stadt, die blauen Berge dahinter. – Angela! rief ich, das Kind wandte schnell das Köpfchen – da wacht' ich auf.

Als ich verwirrt in meinem Zimmer umhersah, war das Licht tief heruntergebrannt, von draußen sah ein fremdes Land mir schneeflimmernden Gebirgszacken durch die Fenster herein, die Heimath war so fern, mein Haar ergraut, Vater u. Mutter lange todt. – Das könnte einen toll machen – ich fange daher ohne weiteres mit dem

Zweiten Kapitel

an, denn warum ich beim Aufwachen grade schneebedeckte Gebirgszacken erblickt, kann der wißbegierige Leser erst im letzten Kapitel erfahren. Eins aber habe ich im vorigen doch

verträumt, das ich hier nothwendig nachholen muß, weil es von großer Wichtigkeit für mich ist, nemlich meine Geburt. Das trug sich aber folgendermaaßen zu:
Es war eine tiefe, stille, klare Winternacht des Jahres 1788, die Constellation war überaus günstig, Jupiter u. Venus blinkten freundlich auf die weißen Dächer, der Mond stand im Zeichen der Jungfrau u. mußte Schlag Mitternacht kulminiren. Da gewahrte man auf dem einsamen Landschloß zu L. ein wunderbares, geheimnißvolles Treiben u. Durcheinanderrennen Treppauf, Treppab, Lichter irrten u. verschwanden an den Fenstern, aber alles still u. lautlos, als schweiften Geister durch das alte Haus. Schade, daß ich damals nicht aus dem Fenster sehen konnte, weil ich noch nicht geboren war, denn die Gegend unten hatte feierlich ein schneeweißes Gewand angethan u. der Mond flimmernde Juwelen darüber geworfen, die Bäume im Garten standen festlich gepudert vom Reif in stiller Erwartung, nur die schlanken Pappeln konnten es nicht erwarten u. verneigten sich im Winde immerfort ehrerbietig gegen das Schloß u. die weißen Schornsteine streckten sich verträumt, um zu sehn was es gäbe, denn hoch über sie fort gieng ein nächtlicher Wanderzug wilder Gänse, an die Flucht der Stunden mahnend, u. manchmal schlug ein Hund an fern im Dorf: bau bau nicht auf Sicherheit, bau, schau, wie fliegt die Zeit! – Tiefer im Garten aber sah man lauernd zwischen den Bäumen ein verworrenes Häuflein dunkler Männer im dicken Dampf des eignen Brodems wie in einem Zauberrauch, in welchem sie ihre erstarrten Arme gleich Windmühlflügeln hin u. her bewegten, während Andre von Zeit zu Zeit eine Handvoll Schnee nahmen u. sich die halberfrornen Nasen rieben.

Jetzt knirschten aufeinmal Fußtritte draußen über den verschneyten Hof, eine vermummte Gestalt schlich vorsichtig dicht an den Mauern dem Hinterpförtchen zu. Der alte Daniel war's, den der geneigte Leser schon aus meinem Traume kennt, er begab sich eilig zu dem dunklen Häuflein im Garten. – Dort hatten sich nemlich Koch, Jäger u. der Organist mit Trompeten u. Pauken versammelt, um mich, sobald ich das Licht der Welt erblickt, feierlich anzublasen. Daneben standen einige geladene Böller, womit Daniel den Takt dazu schlagen wollte, die Hebamme sollte mit einem weißen Tuch aus einem der Fenster das Signal geben. Aber die hatte jetzt gantz andre Dinge im Kopf, sie war eine resolute Frau u. mit den Mägden so eben in großen Zank gerathen; in der Wuth warf sie eine Windel, die ihr zu schlecht dünkte, ohne weiteres zum Fenster hinaus. Das schimmerte weit durch die Nacht – da löste Daniel unverzüglich den ersten Böller, der Organist mit dem Tusch gleich hinterdrein, darüber aber erschrak meine Mutter dergestalt, daß sie plötzlich in eine Ohnmacht fiel.

Nun donnerte draußen unaufhaltsam Böller auf Böller, die Trompeten schmetterten, die Schloßuhr schlug gantz verwirrt Zwölfe dazwischen – alles umsonst: die Riechfläschchen für meine Mutter waren nicht so schnell herbeigeschafft, die Constellation, trotz den vortrefflichen Aspecten, war verpaßt, ich wurde grade um anderthalb Minuten zu spät geboren. Eine lumpige Spanne Zeit! u. doch holt sie Keiner wieder ein, das Glück ist einmal im Vorsprung, er im Nachtrab, u. es ist schlecht traben, wenn man vor lauter Eile mit der einen Hand in den falschen Aermel gefahren, u. mit der andern, um keine Zeit zu verlieren, sich die Beinkleider halten muß. Um ein Haar ist er überall der erste, um ein Haar macht er die brillantesten Parthien im Lande, um ein Haar bekommt er einen Lorbeerkrantz im Morgenblatt u. Orden mit Eichenlaub, Bändern u. Schleifen wie ein Festochs; kurtz: er findet überall ein Haar, bis er selber keins mehr auf dem Kopfe hat.

Drittes Kapitel

Nachher kannst du wieder anständig seyn nach Hertzenslust, jetzt aber, verehrungswürdiger Leser, rasch beide Rockschöße zusammengerafft, den Hut fest auf den Kopf gedrückt, einen kurtzen Anlauf genommen u. einen ungeheueren Satz gemacht mit mir – hopp! blick' im Fluge schnell nach unten, aber schwindle nicht: blitzende Kirchthurmspitzen, Morgenröthe, Vogelschall, Glokkenklang u. Waldesrauschen mährchenhaft durcheinander – so, nun stehn wir drüben auf dem historischen Boden des Jünglingsalters, wirf noch ein verächtliches Auge zurück auf das übersprungene Ammenmärchen meiner Kinderjahre, stopfe dir eine neue Pfeife u. danke Gott, daß du schon so lang u. gescheut bist.

Ich kann leider nicht wißen, geneigter Leser, wie du aussiehst, wenn du nicht etwa ein berühmter Mann bist, die man bekanntlich als Deserteurs, welche aus ihrem Zeitalter zur Zukunft überlaufen, überall im Bildniß aufhängt. Da aber die Meisten erst berühmt u. gehaun u. gestochen werden |:ich meyne: in Marmor u. Kupfer:|, wenn sie schon alt u. häßlich sind, so benutze ich die Zeit, während du dir Feuer anpinkst, um aus Rücksicht für die Damen, in deren Augen kein Lorbeer die Glatze entschuldigt, in aller Geschwindigkeit mein Porrtrait gantz so hinzuwerfen, wie ich in diesem Kapitel aussah; dann kann ich lachen u. in aller Ruhe berühmt werden.

II. ⟨Kapitel von meiner Geburt⟩

Ich war also schlank, von edler Statur u. Nase |:diese um ein wenig zu spitz:|, hatte ein allerliebstes Grübchen im Kinn, das mir sehr schelmisch stand, im Auge so ein gewißes Etwas, Schwärmerisches u: s: w:, das Haar leicht aufwärts toupirt, von der guten alten Zeit noch, wie wenn man über einen Spiegel haucht, leise mit Puder angeblasen |:nur bis gegen Mittag gewöhnlich schon etwas windschief u. verschoben:|, einen Frack von gelbem Nankin, der mir niemals recht sitzen wollte, eben solche Beinkleider, dicht anliegend, an den Knöcheln mit Maschen zierlich gebunden, von denen mir aber die eine oder andre alle Augenblick aufgieng, in der rechten Hand ein Spatzierstöckchen, die linke mit einem langen seidenen Schnupftuch nachläßig fächelnd – *

* in dieser Beschreibung recht das Pyramidalische, von den breiten Schößen nach oben spitz zulaufende meiner Gestalt hervorheben u. mit: – „o hochanstrebende Jugendzeit!" beendigen. / Man sieht wohl, das war keine Figur, um sie unter den Scheffel zu stellen. Mir wurde es zu eng u. langweilig auf dem Lande, die ewigen Lerchenlieder p., dazu kam, daß grade damals ein groß Geschrei von nützlicher Wirksamkeit u. Menschenbeglückung war. Ich wollte daher Vert:

auch nicht der letzte seyn beim Menschenwohl, u. ließ eines Morgens schnell anspannen, um in der Residenz gleichsam vor der Staatskantzley des Ruhmes vorzufahren. Da flimmerte es nur so vor meinen Augen: blitzende Kirchthurmspitzen, Morgenröthe, Vogelschall, Glokkenklang u. Waldesrauschen, alles mährchenhaft durcheinander wie ein wunderbares, unermeßliches Reich, das ich mir erobern sollte. Jetzt donnerte

ich über eine Brücke, der Fluß darunter machte die Gräntze des fremden Staats, zwei verschiedene Adler blickten einander an als wollten sie sich die Augen aushacken, aber die andern Vögel flogen, wie die Gedanken, zollfrei darüber weg, die Wälder rauschten hüben wie drüben.
In dem fremden Staate aber gieng es mir sehr schmeichelhaft. Gleich auf der ersten Station stand schon ein Postzug von vier Schimmeln bereit, der Postillon das Horn am Mund, der Postmeister den Hut in der *

* Hand. Wer hat mir das gethan? frage ich gantz verwundert – nichts als ein geheimnißvolles Lächeln des Postillons, eine tiefe Verbeugung des Postmeisters, der Postmeister trieb, der Postillon schwang sich auf, u. nun gieng's erst recht los. Da

hiengen alle Chaußeebäume voll Jungens, die Fenster voll Damen, die Hecken voll Schuljugend, die Jungen schrieen, die Damen warfen mich mit Blumensträußen, die Schulkinder meynten's gut u. sangen schlecht, u. Aller Augen schoßen ordentlich nach mir, so daß ich einen Augenblick schon glaubte, ich wäre in der Eile mit der Nachtmütze u. im Schlafrock ausgefahren, der, wie ich wohl wußte, ein großes Loch am Ellbogen hatte.
So fliege ich unversehens in ein altes Stadtthor hinein, der Postillon hält plötzlich an, ich schaue ringsumher, da *

* ist's rechts u. links gantz schwartz vor lauter

Magistrat, Alles Ein ungeheueres Kompliment, u. eh' ich mich noch besinne, redet der eine mich schon an: „schon eilte die

fröhliche Kunde voraus" – Unmöglich!, fiel ich ein, ich flog
ja wie eine Kanonenkugel über die Gräntze –*

* Mir wurde aufeinmal gantz fürstlich zu Muthe, Er
aber, in voller Begeisterung seiner Rede: Erhabener! noch
schmücket Dich der Jugend Glantz, ha, greif' dir die
Adler im Flug – <u>Ich</u>: den schwartzen p. p. p. |:S: den
halben Bogen „Regenten = Spiegel" rechts in margine!:|
Ich

winkte dem Postillon, der Postillon knallte, das Volk schrie
Hurrah, *

* alles war entzückt von mir,

u. ich flog zum anderen Thore wieder hinaus.
Als ich aber draußen im Freien war, *

* überlegte ich erst alles: ich stammte aus einer reichs-
gräfl: Familie, hatte schon eintzelne Gedichte drucken
laßen p., – es war gar nicht unwahrscheinlich, daß man
mich so feyern wollte. Da

lehnte ich mich mit großer Befriedigung im Wagen zurück,
kreutzte die Arme über der Brust u. sagte zu mir selbst: Ich
habe es immer gesagt, nichts als Narrenspoßen mit dieser
Gleichheit. Das soll naturgemäß seyn! Als wäre die Natur nicht
grade erst recht aristokratisch, stellt den Ochsen über das Kalb,
den Hund über die Katze, die Katze über die Ratze, u. unter
den Menschen den hohen Geburtsadel des Genie's über das
andre gemeine Pack. Außerdem, setzte ich mit großer Selbst-

zufriedenheit hinzu, wird es auch, solange nicht allgemeine Barbarei wiederkehrt, immerfort zwei verschiedene Racen der Gesellschaft geben, die gebildete u. die ungebildete, die niemals miteinander fraternisiren können, weil sie sich wechselseitig genieren, u. das Genie mit keiner von beiden, denn es heißt eben Genie, weil es sich niemals genirt, sondern nur alle andern, u. also –

Hier that es plötzlich einen widerlichen Schrei – es war ein Pfau, der vor mir auf einem Gitterthor, mit dem Schweif das Rad schlagend, mir grade die Kehrseite seiner Pracht zeigte. Da bemerkte ich erst, daß er eigentlich hier den Portier vorstellte u. ich unaufhaltsam in einen prächtigen Park hineinfuhr.

⟨II.5.⟩ ⟨Ich denke = die Lubowitzer Erinnerungen, Gruppen u. Bilder wohl in freyer Prosa, in eintzelnen Bildern p., |wie die historischen Phantasien im Morgenblatt|, wobei ich dann auch die Kraftstellen aus meinem Anfange der humoristischen Novelle, *

  * namentlich das gantze Kapitel von meiner Geburt,

so wie Grimm, Satyre, Ernst u. Wehmuth frei mit anbringen kann! – Ja! Ja!

III. Ein Mährchen |:in Prosa:|

1839

⟨III.⟩ Ein Mährchen |:in Prosa:| =

    ich wandre in der Nacht, Hunde bellen in der Ferne, es ist mir alles so bekannt, ich erkenne Lubowitz, im Schloße Ein Fenster noch erleuchtet p. –

5 Wie ich wieder in Lubowitz bin, Alles geht zurück u. wird so still, ich bin wieder ein Kind, wie damals: *

    * ich sitze auf dem Vogelheerd p. –

das <u>alte</u>, stille, schöne Lubowitz! – *

    * Ade! Ade! |:Leser p. –:|.

IV. ⟨Idyll von Lubowitz⟩

1839–1844

⟨*IV.1.*⟩ Novelle = Winterabend in Lubowitz, große Kälte draußen, heimlichwarm p. im Tafelzimmer p. Da bellen draußen die Hunde, es knirscht der Schnee, es kommt ein fremder Reiter Wittowski oder der französ: Officier S: hier links, oder der Postbote von Ratibor mit Zeitungen p. – Oder vielmehr: an diesem schönen, heimlichen Winterabend – wo der Papa aus den eben angekommenen Zeitungen von dem fernen Kriege erzählt u. Alles sich freut, hier so im Sichern zu seyn – erzählt Einer eine Gepenstergeschichte – da spukt es wirklich im Schloß, Niemand kann es sich erklären, der Erzähler jener Gepenstergeschichte wird unheimlich, als wär' er selbst ein Gespenst p. – Diese Heimlichkeit ist der Tenor der Novelle! –

Vielleicht dieß in die qu: Idylle? –

Diese Novelle wohl durchaus aus lauter Selbsterlebtem aus Lubowitz u. dem Kriege 1813, wie wir von der Slawikauer Windmühle die Canonade von Cosel sehen p. p – *

* Hierbei ist das qu. Fräulein sehr lustig, der Papa aber meynt, dieß Feuer dort werde noch Alle verzehren |:prophetisch –:|, das Fräulein schauert heimlich, aber sie lacht, da kommt der qu. französ: Officier angesprengt zum erstenmale p. –

Vielleicht: wie ein schöner französischer Chasseur = Offizier ein Landfräulein in Oberschlesien ihrer sehr deutschgesinnten Familie entführt, mit Zustimmung des Fräuleins p. – *

IV. ⟨Idyll von Lubowitz⟩

* Verwickelung dad:, daß die Eltern des qu: Fräuleins heimlich den flüchtenden Wittowski bei sich versteckt haben, der französische Officier heimlich ankommt, Entsetzliche Angst des Fräuleins jenem Versteck auf die Spur kommt, Entdeckung p. u. alles nur an Einem Haar hängt – große, wachsende Spannung! – Freundlicher, versöhnender Schluß, wo alles gut u. fröhlich endigt. (Vielleicht hierzu eine uralte Novelle vom H. v. L. benutzen! –) – Eine Novelle: wo der Sohn vom Schloße heimlich die Müllertochter liebt. – Das Schloßleben u. das stille Leben auf der Mühle |:Windmühle?:| immer para⟨ll⟩e⟨l⟩ nebeneinander fortlaufend. –

⟨*IV.2.*⟩ <u>Zu dem Idyll von Lubowitz.</u> |:in Hexametern:|
<u>Einleitung</u>:

> = NB: Dieß gantze Idyll wohl nicht in Hexametern,
> sondern in freien, vielleicht ungereimten, <u>Jamben</u>,
> in das Gantze eine d:gehende, einfache, idyllische
> <u>Handlung</u> einflechtend! –

Müde von Lust u. Wandern u. Noth, verirrt in der Fremde,
War ich entschlummert, da träumt' mir, ich stünd' auf der
                steinernen Schwelle
Wieder vor meines Vaters Haus; es dämmert' noch alles:
Büsche, Thäler u. Dorf u. des Gartens dunklere Gänge
Traumhaft im kühlen Schatten der Nacht, nur drinnen im
                Schloße
Flötet' die Spieluhr, wie eh'mals, ihr Liedchen, als säng' sie
                im Schlafe,
|Weiter im Thale| Tiefer im Garten erwachend gab eine
                Nachtigall Antwort,
Alles dann wieder still. – Ich blickte durch's zitternde
                Weinlaub
Schweigend in's Fenster hinein, der Mond schien hell
                durch das Zimmer
Ueber die alten Schränke u. ⟨*Textlücke*⟩ rings an den
                Wänden,
Mich selber sah ich als Kind ruhen im Bettchen
                |träumend von künftigen Liedern,
Das Rothkehlchen eingeschlafen über mir \zu Häupten\,
                die Wachteln, die Wanduhr pickte p.
Mein Gott; wo bin ich so lange gewesen!

20 Hier wohl bloß: wie der Mond den glänzenden,
getäfelten Boden u. die alten Bilder p.
an den Wänden bescheint! –

Dacht' ich, u. mußte mich wenden, so einsam war es da
drinnen.
Da hört' ich draußen schon eine Lerche hoch in den
Lüften verloren p. p. p.   S: das beil: Blatt α!

25 Jetzt auch freudig erschrocken erblickt' ich tiefer im Garten
Unser schönes Nachbarkind mit den goldenen Lokken;
Abgewendet von mir am Rande des Springbrunnens
saß sie,
Sang u. sang – ich kannte recht gut noch die Weise –
u. wie sie
So in der Einsamkeit sang: immer weiter über den Himmel
30 Flog ein leiser Hauch, u. unten die dämmernde Gegend
Athmete tief u. erröthet', wie eine Jungfraue, die der
Liebste im Schlummer belauscht \geküßt\, von dem sie die
Nacht durch geträumet. *

* Da hört' ich eine Lerche, hoch in den Lüften verloren,
Und unten, wie ein Schiffer im Meer, allmählich aus
der Dämmerung
35 sah ich die Stadt p. p. steigen u. die blauen Berge
dahinter –
Angela rief ich, sie wandte sich p. –

Ein Morgenschauer gieng d: den Garten, die Nebel
zerrißen p. p. p.

Angela! rief ich, sie wandte sich lächelnd herum – da erwacht' ich.
Als ich verwirrt umhersah, war das Licht tief heruntergebrannt p. p. p. Aber im Auge schimmerte mir noch blendend das Morgenroth u. klang noch das Lied immer fort im Hertzen, u. ich sang von den alten fröhlichen Zeiten.

———·———

|:S: über alles dieß das hier darunterl. Blättchen u.
p: 1 der angefangenen Novelle! –:|

———

Wie im Herbst die Wandervögel in der Nacht über den Garten ziehn, d: den ungewißen, unermeßlichen Himmelsgrund fort nach den fernen, seeligen Inseln. –

⟨IV.3.⟩ Zu dem |umstehenden| Idyll von Lubowitz:
|:o̲ Lied in Reimen? –:|

NB: Dieß gantze Idyll wohl nicht in Hexametern, sondern in freien, vielleicht ungereimten, Jamben, in das Gantze eine durchgehende, einfache, idyllische Handlung einflechtend! –

Kindisch lag ich im Lubowitzer Garten am Lusthause im Schatten in der Mittagsschwüle u. sehe die Wolken über mir u. denke mir dort Gebirge mit Schluchten Inseln p. |:o̲ im Frühling im Garten u. sehe in's Thal hinab, es ist so ein wunderlicher Abend, die Sonne ist schon untergegangen, aber der Strom leuchtet noch p.:| Da geht unsichtbar ein leises Rauschen d: den Garten |:o̲ d: die Felder:| die Blumen o̲ die Aehren neigen sich leise, mich schauert – es war die Muse, die lächelnd vorübergieng, Garten u. Thäler beleuchtend, ich war ihr noch zu kindisch p., u. ich schlummerte ein, träumend von künftigen Liedern. ÷ *

* Hoch auf einem Berge stand ein Schloß |:Tost:| halbverfallen mit 4 Thürmen in jeder Ecke, Gallerieen,

Wie oft stand ich dort am Fenster u. sah die Wälder, die Dammhirsche weiden u. unten den Ziergarten p. –

Säle mit den 7 Kurfürsten an der Decke, rings an den Seiten des Berges war Wald, wo Dammhirsche weideten, u. unten lag der Ziergarten, gezirkelt p. Da in diesem

IV.3. Zu dem |umstehenden| Idyll von Lubowitz

<u>Toster</u> Ziergarten gehe ich einmal als Kind allein in der Sommermittags=Schwüle, alles wie verzaubert u. versteinert, die Statüen, seltsamen Beete u. Grotten; da, bei einer Biegung, sah ich eine prächtige Fee eingeschlummert über der Zitter –
es ist wieder die Muse – ich entschlief o dergl., schauerte – da rief man mich ab – aber ich konnte nicht schlafen die Nacht, das Fenster stand offen, es gieng die gantze Nacht ein Singen d: den Garten: ein Lied, das ich nimmer vergeßen;

Jetzt aber ist der Garten verwüstet, das Schloß |:<u>Tost</u>:| abgebrannt, die Hirsche sind verlaufen in alle Welt, nur manchmal bei stiller Nacht noch weidet einer zwischen den wildverwachsenen Trümmern. ** ÷

    ** Aber das Lied jener Nacht, ich konnt' es nimmer vergeßen, <u>Alt nun bin ich geworden, doch</u>

so alt ich bin: es erwacht noch oft als rief' es mich in Mondschein=Nächten und versenkt mich in Wemuth. ÷

⟨*IV.4.*⟩ In ungereimten Jamben u. eintzelnen Kapiteln o̲ Gesängen meine Kindheit u. Jugend im uralten Lubowitz einfach=
idyllisch |Dichtung u. Wahrheit| beschreiben, einfache Handlung hineinwebend, wie in Vossens Louise. – (S: die älteren
Entwürfe hierzu! –)

⟨*IV.5.*⟩ Idyll von Alt=Lubowitz und meiner Kindheit
in ungereimten Jamben.

Beschreibung des Lubowitzer Gartens und der Aussicht auf
die Oder, die Wälder, Ratibor, und die blauen Berge.
Frühlingssehnsucht: Wenn der Schnee tröpfelt vom Dache,
drinn die Spieluhr spielt, die Oder ausgetreten, Schneeglöckchen.
Sommerschwüle am Lusthause (die Goldammer), der alte Pfarrer geht in den hohen Getreidefeldern spazieren, der Zeitungsbote kommt aus Ratibor. ––––
Herbst: Die Vögel kommen in den Garten, Meise=Kästchen
und Vogelherd usw. Der alte Daniel.
Winter: St. Nikolaus, in der Weihnachts=Mitternacht in der
Kirche, heimlichwarmes Tafelzimmer, die Kanarienvögel
schmettern usw. usw.
Tost:
In dies alles einen epischen Geschichtsfaden hineinbringen.
Wie wir im Konvikt in Halle sind zur Vakanz kommen, usw.
die alten Gestalten, Papa, Mama, Großpapa, (glücklich im
Lusthause), Großmama, (betend), H. Heinke, Ratiborer Kürassieroffizier, lebenstreu! –
Zum Schlusse: Nun sind sie alle tot, in Lubowitz, fremde Leute,
Tost abgebrannt usw. usw.

V. ⟨Bilderbuch aus meiner Jugend⟩

1843–1854

⟨*V.1.*⟩ Bilderbuch aus meiner Jugend.
Auch (?) Bilder aus meiner Jugend. In gereimten Versen!

I. Lubowitz:
1. Das uralte Lubowitz – Lage des Schlosses und Gartens, Hasengarten, Tafelzimmer usw. mit Spieluhr, Allee, Buxbaumgänge, Kaiserkronen, Nelken usw. Aussicht über die Oder nach den blauen Karpathen, und in die dunklen Wälder links. – Damalige Zeit und Stilleben. Wie der Papa im Garten ruhig spazieren geht, der Großpapa mit keinem König tauschen möchte. Erwarten den Postboten am Lusthause, während draußen – in Frankreich – die Revolution schon ihre Tour beginnt usw.

von der sie sprechen usw.

Dies Tal lag noch wie eine selige Insel, unberührt vom
Sturm der neuen Zeit. Der Garten und das Schloß aber
von Lubowitz, der im Garten spazierende Großvater usw.
Oft seh' ich alter Mann noch in Träumen
Schloß, Garten (usw.) verklärt von Abendscheinen
und muß aus Herzensgrunde weinen.

Jetzt, recht objektiv, wie die Großmama, dazwischen betend, die alte Zeit vertritt, gegen den neumodischen Dr. Werner, (dramatisch als **Gespräch**) –

Hier wohl mitten bei einem großen Diner, im Großen
Saale, wo die alte Zeit (Großmama) und die moderne
Gesinnung gegen einander fechten, während draußen
ein Gewitter vorüberzieht, kommt plötzlich die Nach-

richt von der Hinrichtung Ludwig XVI. Tragischer Eindruck mitten im Nachtgewitter, die Donner verrollen, alles wird still und einsam, in der Nacht usw. Mich aber schauerte, als ich durchs Bogenfenster hinausblickte. – – – – –

Wie wir im Walde Kaffee kochen, Feuer usw.

Wer wär nicht einst auch Robinson gewesen.
In uns'rer gedruckten Bücher Zeit,
Wir alle sind, was wir gelesen,
und das ist unser größtes Leid.

Da kommt von Ratibor zwischen den Kornfeldern ein Büntingscher Offizier hergeritten, und bringt die Nachricht von der Hinrichtung Ludwig XVI. Tragischer Eindruck. Ich aber sah nach den Karpathen wie in Ahnung der neuen Zeit. Da draußen rast die neue Zeit usw., hier spaziert der Papa ruhig im Garten, usw. usw. Aber der Garten von Lubowitz:

Der Knabe war ich, die Lustwandelnden meine Eltern und Schloß und Garten: Lubowitz, wo ich geboren.

(Zu Lubowitz:)
Bloß Beschreibung des Gartens, Lusthauses, Blumen, Allee, Aussicht. Wie der Papa in den Gängen lustwandelt, der Postbote erwartet wird, während in der schwülen Ferne Gewitter aufsteigen und ich im hohen Grase liege, als wie in einem Walde usw.

Kurz: die gute alte Zeit. (Siehe das Vorhergesagte über Lubowitz.)

2. Ich mit Wilhelm reite von Campe zu Claudius, bringe ihm Grüße von Overbeck. usw.

> Garten, Bäume erzählen dem jungen Dichter
> heimlich Geschichten,
> die er dann muß wieder weiter dichten.

Von ferne ziehen Gewitter (die rasende neue Zeit). – Aber es regnet, der Friedensbogen steht über der stillen Gegend. –

Jetzt aber ist alles anders dort, fremde Leute gehen in dem alten Garten, es kennt mich dort keiner mehr.
(Nachsatz.) Irgendein idyllisches usw. Faktum usw.

II. <u>Tost</u>:
Wie ich vor Tagesanbruch aufstehe, den gestirnten Himmel staunend durchsuche, usw., denn es geht nach Tost. – Karawane. Alte Karosse mit 4 Rappen usw. usw.
Beschreibung des alten gespensterhaften Schlosses, wie ein Märchen aus alter Zeit, Die Damhirsche grasen im Mondenschein, usw., das Schloß ist abgebrannt. Das ist das Schloß, von dem ich oft gesungen, wo die Elfen tanzen auf dem Waldesrasen, die Rehe im Mondschein grasen, usw. Nun ists verbrannt, es existiert nur in Liedern und Träumen.
In Tost endlich bricht das drohende Gewitter, (die neue Zeit) herein. usw. . . . . .

III. Breslau:
Erste tiefe Wehmut im Konvikte. Wie die Krähen über der alten Kirche schwärmen. In Kleinburg und Höfchen. Muthwillige Schülerstreiche. Theater. Die Jagd von Weiße, Kotzebuaden. Theater im Konvikt. Wie ich den Brief an S. abgebe, die ich dann nach vielen Jahren im Palais royal prächtig wiedersehe. Vacanzen, Vogelherd.

IV. Halle:
Getreues lebendes Bild des damaligen Studentenlebens. Steffens. Auf dem Giebichenstein lese ich zum erstenmal Tiecks Sternbald.

V. Heidelberg:
Görres, Arnim, Brentano.

VI. Paris:
Der verödete Garten und Palast von Versailles. Wie der Wind auf den Schilden des Monsieur X klappernd spielt.

Napoleons welthistorische Bedeutung.

VII. Wien:

VIII. Der Krieg:
Lützowsches Corps und Jahn. Mein Abenteuer in Meiselheim, Lübbenau und Lübben. Die zerstreuten Freunde: Veit, **Biester**, Ström besonders anreden. Mein **Bivouac** auf dem Pont=neuf.

⟨V.2.⟩ **Lubowitz.**

I.

An |Durch| blumger Wiesen duftger Schwüle,
Verborgner Dörfer Schattenkühle,
|Vorüber mancher einsamen Mühle|,
An weithinwogenden Aehrenfeldern
Anmuthig hingeschwungen,
Umrauscht von Buchenwäldern,
Von tausend Lerchen übersungen,
Rauscht der heitern Oder Lauf.
Man sieht noch wenig Segel drauf,
Sie ist noch frisch u. bergesjung
Und weiß der Märchen noch genung
Von ⟨Textlücke⟩ u. Klüften,
Erzählt die Mähr den Triften,
Die ihre einzutauschen;
Das ist ein Rauschen u. ein Lauschen,
Daß nächtlich von der Kunde
Ein Träumen bleibt im stillen |ganzen| Grunde.

Von allen aber, allen Hügeln,
Die in dem Strom sich spiegeln,
Bringt einer doch dem Fluß
Den schönsten Waldesgruß;
Denn d: der |D: seiner| Wipfel Dunkeln
Sieht man ein Garten funkeln
Wie eine Blütenkrone,
Als ob der Frühling droben |Lentz da droben| wohne,
Und aus den Lauben, ⟨Textlücke⟩ Reben,
In Blüten halb versunken,
Sieht man ein weißes Schloß sich heben,
Als ruht' ein Schwan dort traumestrunken.

Vor etwa sechsundsechzig |vielen, vielen| Jahren

VI. ⟨Aus den Papieren eines Einsiedlers⟩

1841–1856

⟨VI.1.⟩ <u>Tröst=Einsamkeit.</u>

Der Krieg war vorbei, aber seine ehernen Fußtapfen waren überall noch zu erkennen im Lande. Am schwersten hatte er ein schönes Schloß getroffen. Es lag auf einem Berge, der Garten breitete sich über den Berg herab. |:Lubowitz:|. Jezt stand es wüst. Das Dorf war verbrannt u. verlaßen. Vom Schloße nur noch Trümmer u. einzelne Gemächer, im Garten, wo ein Bivouak gewesen, nur noch eintzelne Päonien aus der alten Zeit in der Einsamkeit. Prächtige Aussicht. Alles ausgestorben, nur der alte Daniel, anhänglich, aber geitzig p. |:gantz portraitirt, wie er – Geld vergrabend – von dem in der guten Zeit gesparten Zwieback lebt p. –:| hat sich dort eingenistet. – Einmal in einer Mondnacht geht ein Bauer o̱ Bote dort vorüber, da sieht u. hört er spuken im alten Schloße. Er erzählt es dem nächsten Pächter. Da gehn sie Alle des Nachts hinauf – seltsame Spannung p. – da finden sie oben einen fremden Einsiedler. Niemand kennt ihn, nur der alte Daniel erkennt in ihm den Sohn seines längst verstorbenen Schloßherrens, es kommt ihm gar nicht besonders vor, als wäre alles noch beim Alten, er bedient wieder seinen ehemaligen jungen Herrn, wie in uralter Zeit, er macht ihm wieder Meisekasten p., als wäre der Einsiedler noch immer ein Knabe. Dieser war lange auf Reisen, im Kriege p. gewesen, nun ist er hier eingekehrt für immer. Wie der Einsiedler sich dort oben einrichtet in Schloß u. Garten. Erinnerungen u. Erzählungen aus seiner Jugendzeit |:mein eignes Leben in der Kindheit p. das uralte Lubowitz.:|. – Da kommen die Besuche p. aus der Ferne. – Zuletzt irgend ein dramatischer Zusammenhang unter diesen Besuchern, indem ihr weiteres Leben u. ihr Ausgang zulezt kurtz u. schlagend angedeutet wird, während der Einsiedler immer innerlich=fröhlicher forteinsiedelt u. vielleicht noch heute lebt. – Zum Schluße setze ich Abraham a St. Claras Gedicht von Antonii Fischpredigt hin, u. sage: ich bin zwar kein heil. Antonius, aber die Welt ist noch immer, wie dazumal. –

= Die Menschen, u. was ich erlebt, erscheinen mir nicht mehr als Personen, sondern nur noch als historische Maßen, als Partheien. Und so red' ich euch denn an. – Nun folgen die eintzelnen Bergpredigten, Diatriben p. p. –

= Ihr Fürsten, ihr Minister! euere Pläne, euere Thaten, es hilft euch Alles nichts, wenn Ihr es nicht um Gotteswillen gethan, d: h: nicht für den Himmel gethan nicht als Brücke ins Jenseit⟨s⟩ über das Irrdische hinweggewölbt, ernst an das Ewige geknüpft habt! – Geißeln Gottes, wie Napoleon p. p. –

Das Christenthum ist – d: die Liebe – eine Religion der Geselligkeit. Wie verhält sich hierzu die Ascese, das Kloster, der Einsiedler? –

Willst du alle Menschen als Brüder Einer Familie verstehen, so denke sie dir noch als Kinder, was sie ja Alle waren, ehe die Leidenschaft p. in ihnen das Ebenbild Gottes verzerrte u. verwischt hat. –

Ist denn der nicht der größte Held, der seinen größten Feind überwand? Also auch, der, der sich selbst überwindet; aber freilich, seine Triumphe werden erst

VI.1. Tröst=Einsamkeit 75

jenseits gefeiert, hier in der Welt bemerkt man es
kaum, ja er wird wohl noch verlacht. –

Mancher Virtuos bildet sich mehr ein u. dünkt sich
höher, als der Componist, deßen Dichtung er leidlich
abspielt. So ist auch das Verhältniß des hochmüthigen
Helden, Philosophen p. zu Gott. Es ist ein Vornehmthun gegen Gott. –

„Gottes Freund, der Pfaffen Feind" – dieß Sprüchlein
ist noch heut in der Mode. Heuchler! die Hand aufs
Hertz! nicht die Pfaffen gilt es, der <u>Kirche</u> Feinde
seid ihr, selber Pfaffen u. Fanatiker in eurer Heuchelei.
Christus, in seiner, alles Nichts durchbohrenden Klar-
heit, ist euch höchstunbequem; darum haß't Ihr seine
Kirche. Wer <u>ihn</u> liebt, wie sollte der nicht die Kirche
lieben, die ja eben Christus gestiftet?

Das Pfaffenthum in allen Confessionen u. Abschattirun-
gen. –

<u>Moderner Aberglaube</u>: Z: B: Aberglaube an Aber-
glauben, der doch Glaube ist, Z: B: der heilige Rock p.

Bei allem Ding kommt es darauf an, ob man's mit
Andacht u. Liebe, oder frivol, ansieht. Denket euch
das, nach euerem Sinne, Erhabenste, Z. B: Napoleons
Zug über den Bernhard. Da setzt ihm plötzlich der
ungeschlachte Wind plötzlich seinen wintzigen Drei-
stutzer schief – u. ihr lacht. – So wahr ist es, daß

zwischen dem Erhabnen u. Lächerlichen nur ein feiner Strich. –

Das alte deutsche römische Reich war eigentlich schon eine Constitution im Großen; die Reichsstände u. freien Städte bildeten die Kammern. Schon im 30 jährigen Kriege – d: Bernhard v. Weimars Schuld – wurde dieß Reich zerschlagen u. in mehrere Autocraten |:Souveraine:| aufgelöst. – Daßelbe Spiel möchten jetzt die Protestanten auch wieder mit der kathol: Kirche beginnen. Der Pabst |:Kaiser:| soll abgeschafft werden, damit die Bischöfe |:d. h. nach dem Laufe der Dinge: die eintzelnen Landesherren:| geistl: Souveraine werden. –

Die neuern Dramen sind eigentl: bloße Allegorieen, wo ein Begriff d: ziemlich willkührlich aufgegriffene historische Personen tragirt wird – politische Skelette. –

Erfahrung macht Niemand weiser, weil der Lügenteufel immer sagt: dein Fall ist anders, oder du bist ein gantz anderer, klügerer Kerl p: Im Großen zeigt sich dieß in der Geschichte. Wie ist sie verdorben d: die Leidenschaften der Menschen! Nicht auf aufgefundene Pergamente, diplomatische Korrespondentzen kommt es an, sondern auf die Unbefangenheit der Anschauung. Die Protestanten werden stets den Gustav Adolf für einen Glaubenshelden, den Hertzog Bernhard für aufrichtig, Ferdinand II für einen Tyrannen ausschreien p.

⟨VI.2.⟩ Trösteinsamkeit; aus dem Tagebuch eines Einsiedels

<u>Verschiedene Betrachtungen</u> |in Prosa| = religiös, dythirambisch, auch tiefhumoristisch *

* a la Abrah: a St: Clara! – **

Z. B: <u>Die Lüge der Welt</u>: die Selbsttäuschung aus schwächlicher Eitelkeit, wie der Staat wißentlich in seinen erkauften Artikeln lügt, gleich wie der Vogel Strauß, der den Kopf versteckt p. p. *

= NB: Die sehr Freiwilligen, die doch bloß nach heimlichem Zwange handeln – die Ultraliberalen, die bloß Freiheit predigen, um selber despotisiren zu können. p. – Ich frage dich vor Gottes Angesicht, ist das wahr? du Sünder wider den heiligen Geist! – – Viel leichter eine aktive Tugend, als die paßiven, Z: B. Geduld p. –

* <u>Die Lüge der Geschichte</u>: a) in sich, wie Gustav Adolf – b) Kunst, Z. B: protestantische Darstellung des 30jährigen Krieges, die vorgefaßten Systeme.

<u>Die Tragödie der Zukunft</u> = S: den Einbug in p. Veith! –

Diese Zeit: kein resolutes Ungewitter, sondern *
* matte, todte Gewitterschwüle, die erst die Blitze präparirt u. das freie Athmen erschwert; recht geeignet, Pietisten zu hecken. – ohne Sturm u. Blitze, welche zünden u. leuchten. –

VI. ⟨Aus den Papieren eines Einsiedlers⟩

Sehr im Irrthum sind die Pietisten, *

  * diese religiösen Pedanten,

    die nicht den Muth haben, weder zu glauben noch zu denken, u., so *

  * wie alles Halbe, unerquicklich. –

wenn sie das Leben veröden u. in Schnürleiber schnallen möchten, die jedes freie Aufathmen unmöglich machen. Rechte Freude ist eben so gut ein himmlischer Flügel, als rechte Noth u. Trauer, denn beide erheben, begeistern, regen auf. Nur das juste milieu, die indifferente Gleichgültigkeit, die in der rechten Mitte gleichgültig schwebt, ist, wie überall, vom Uebel. Warum soll ich mich nicht über schöne Gegend, Gedicht, Bild p. freuen? Dem Reinen ist alles rein, *

  * der Unschuldige macht Alles unschuldig,

sowie denn auch die frommen Alten selbst das Heiligste zum Gegenstande lebendigen Humors machten. Der Pietismus ist nichts anderes, als Prüderie, die eben im Unschuldigen erröthend das <u>eigne</u> innere heimliche Teufelchen schadenfroh herausgucken sieht. Die enorme Langweiligkeit eines englischen Sonntags ist ohne Zweifel Unheilbrütender, als die unschuldige Lust in heiterem Gespräche p., wo man einmal wieder den Arbeitsschmutz der gantzen Woche von sich kehrt u. sich innerlich stärkt. Man wende nicht die Klöster ein, die ja auch das Leben veröden. Das ist ein ander Ding; der Pietismus ist auch nur ein juste milieu, das Mönchthum, wie es sein soll, dagegen eine völlige Umkehr *

* ohne alle Concessionen,

die ohne fortdauernde Begeisterung gantz unmöglich ist. Ihr rühm't euch eurer Enthaltsamkeitsvereine, daß Ihr Thee ohne Rum trinkt u. Prätzel dazu eßt p. p. Woll't ihr nicht frisch leben: geht ins Kloster! – Woll't Ihr nicht p., geht ins Kloster! Thut Buße, Buße, Buße! – Was soll ich aber gar erst sagen zu Euch, ihr Philosophen? Das ist ein Vornehmthun gegen Gott. Ihr *

* wollt Alles beßer wißen. Wie habt Ihr's jemals bewiesen? Ihr, die Ihr nicht einmal wiß't, woher u. wohin? Elende Ignoranten! der einfachste Mönch mit seinem Köhlerglauben ahnt sicherlich mehr vom Drüben u. von dem großen Zusammenhange der Welt, als Eure Schulweisheit.

** Eigentlich wohl: Briefe o hinterlaßene Papiere eines Einsiedlers.

Eingang = Ich habe mich gantz zurückgezogen, die Natur ist meine eintzige irdische Gesellschaft mit Vogelsang p. p., von der Welt vernehme ich nur ein fernes Tosen, in welchem nur das Tiefe, Vorzügliche, Ernste noch bis zu mir herlangt, das Gemeine, Kleinliche, Eitle aber gantz verloren geht. – *

VI. ⟨Aus den Papieren eines Einsiedlers⟩

Ich werde von Neugierigen, Städtern, Narren p. besucht. –

* In diesem poetischen Rahmen eines Einsiedlers faße ich nun |:stets als: „Ich" sprechend:| gleichsam mein gantzes inneres – u. äußeres – Leben, erzähle |:Dichtung u. Wahrheit:| Szenen aus meiner Kindheit: Alt= Lubowitz, Tost, erste Versuche in der Poesie, den Feldzug unter Jahn p., dazwischen tiefernste, niederschmetternde Bergpredigten, fromme Betrachtungen, Diatribe gegen das eitle, innerlich=hohle Berliner Beamten=Leben, meine Probearbeit über die Klöster p. – auch Gedichte, Novellenbruchstücke, *

* Humoristisches,

mein Puppenspiel: „Incognito" p. p., in buntem Wechsel, wie ein Blumenkrantz auf ein Grab. – *

Ich selber klage mich noch des Hochmuths an! –

* Durch's Gantze eine Art Novelle, indem ich zulezt unter den Besuchenden eine alte, länstverheirathete Geliebte in ihren Kindern wiedererkenne p. p. –

|:S: umstehende Seite hier!:| <u>Nemlich</u> = Erzählen: wie mitten im Gebirge ein geheimnißvoller Einsiedler wohnt – sein täglicher Lebenslauf p. p. – Oder dieß doch mit: „Ich" erzählen! – Da kommen nun die Weltkinder: eitle, ehrsüchtige Beamte, Soldaten,

Staatsmänner, Pietisten, schriftgelehrte Pharisäer, lebenslustige Fante u. Spottvögel, stoltze Geldaristokraten, *

> * dieser kommt mit gläntzender Equipage, Leibjäger p. u. großem Geräusch vorgefahren, fragt vorlaut=vornehm u. ungestüm nach mir – er will mir imponiren. Diesen laße ich sehr lange auf mich warten, achte dann wenig auf seine Prahlereien u., als er eben von seinem Reichthum u. Glantz erzählt, sage ich endlich: das ist sehr schlimm! u. rathe ihm, all sein Geld den Armen zu geben u. auch Einsiedler zu werden.

Arme p. p. p. ins Gebirge zum Einsiedler, um sich von ihm Raths zu erholen. *

> * Dieß sind nemlich alles Jugendfreunde, die mit mir studirt oder den Feldzug mit mir gemacht haben u. deren Jugendleben ich kurtz u. scharf andeute |:wirkl. Bekannte! –:|.

Des Einsiedlers grandiose Antworten darauf, Bergpredigten, humoristische Reden p. p. p. *

> * Nemlich der Haupttenor = daß ich Alles ohne alle Rücksicht auf die gewöhnl: Weltmeinung u. auf das: „was wird die

Welt dazu sagen?" aus der Vogel=Perspective betrachte u. beurtheile. –

(in der Art, wie der Graf Lucanor, nur für die jetzige Zeit! –)

⟨VI.3. Errinnerungen aus der |meiner| Jugendzeit⟩

[Vorwort |:des Herausgebers:| = Ich kam auf der Eisenbahn von dem anderen Ende Deutschlands dahergeflogen. Im Coupée hörte ich von einem Einsiedler erzählen, der in der Nähe der nächsten Station hausen sollte. Die Erzählung war abenteuerlich u. offenbar übertrieben. Doch blieb noch Seltsames genug, um mich neugierig zu machen. Ich blieb daher auf di⟨e⟩ser Station zurück, u. wanderte zu Fuß nach der angeblichen Einsiedelei. *

* Ein schlichter alter Hirt zeigte mir den Weg hinauf, u. sprach von der Frömmigkeit p. des räthselhaften Eremiten. Also doch am Ende gar noch ein heiliger Einsiedler nach altem Styl! – Hier vielleicht den Anfang meiner Libertas benutzen! –

Beschreibung der lezteren. *

* Verwilderter französ: Garten, vertrocknete Springbrunnen p. = Oder vielleicht: keine eigentl. Ruine, sondern ein altes abgebranntes Schloß mitten wie in einem Zaubergarten; nemlich ein noch völlig erhaltener altfranzös: Garten, Alleen, Waßerkünste, die noch sprangen p. p. |:NB: Der Einsiedler hatte hier Alles ganz wieder so einrichten laßen, wie es in seiner Kindheit gewesen. –:| Nun, was ist denn das?, rief ich ganz verwirrt. Mir war, als schritte ich in die gute alte Zeit, ich schüttelte mehrmal mit dem Kopf, ob mir in der allgemeinen Verzauberung nicht ein Haarbeutel im Nacken gewachsen, als müßte jeden Augenblick der Herr mit Stahldegen p.

hervortreten p. (NB: Ein uralter Diener – der alte Daniel – wohnt mit droben.)

Ungeheure Einsamkeit; der Einsiedel aber ist nirgends zu finden; bloße Andeutungen deßelben p. p. *

* Bücher – Calderons Autos p. – liegen auf dem Tische p.

Endlich tritt er plötzlich hervor: Herr Je! mein liebster Kammerad vom Lützowschen Corps! Wir sprachen miteinander die halbe schöne Sommernacht. Er gab mir sein Tagebuch, das ich hier mittheile. Kritik dieses Tagebuchs = S: das beil: Blatt a!]

I.

Anfang u. Ende oder Wie ich ein Einsiedler ward. *

* = Uebergang der alten Zeit zur neuen. Daher häufige barocke Contraste: Z: B: die Ratiborschen Kuraßieroffiziere mit Zopf, Seitenlocken u. adelicher Halbbildung, deren ritterl: Junkerthum doch in der allgemeinen Meinung bereits alles Terrain verloren hatte. Den neumodischen rationalisch=altklugen Leuten gegenüber |:den Blutaussaugern:| der genialtolle Fuglar. – Mein stets heiterer Gegensatz gegen den verständigeren, kälteren Wilhelm, der etwas Tragisches hatte, noch dad: vermehrt, daß er, eben deshalb, weniger beliebt war, als ich. – Herr Heinke. – Vogelheerd. Reisen nach Tost, u. Beschreibung von Schloß, Thiergarten p. Das Gantze eine frühe Romantik.

VI.3. ⟨Errinnerungen aus der |meiner| Jugendzeit⟩ 85

Das Schloß ist abgebrannt; ich habe es seitdem nie wiedergesehen.

= Meine Kindheit in Lubowitz u. Tost; mit allem Zopf der guten alten Zeit, in deren Stille die erste französ: Revolution aus der Ferne, wie ein aufsteigendes Gewitter, hineinspielt. Brillante Familienfahrt nach Carlsbad p. p. p. – Als <u>alter</u> Mann kam ich wieder nach Lubowitz: Das Schloß |Tost| abgebrannt p., alle Alten gestorben, es kennt mich niemand mehr; aber Wald, Vögel p. dieselben; u. so blieb ich hier. Mein Bedürfniß, meinen Lebenslauf im Abendroth noch einmal zu überschauen die Welt in der Vogelperspective. p. |:S: beil: Blatt a!:|.

II.

<u>Breslau</u>: |:NB: Breslau <u>nicht</u> nennen, sondern bloß mein Leben dort beschreiben!:| Convict – Heimweh – Mangelhaftigkeit des Unterrichts, indem das Gute |Strenge| der Jesuiten gewaltsam zerstört, u. das Neue dafür noch keineswegs herausgebildet, sondern nur eine ungeschickte Nachahmung des Protestantischen war. Das merkt eine innerlich erweckte Jugend sehr bald heraus. Daher im Convicte kein rechter Gehorsam, sondern beständig geheime Revolte u. Spott, Z: B: in der geheimen Wochenzeitung. *

* Daher meine dilettantischen <u>geheimen</u> Nachtstudien des Homers in ungeheitzter Stube, u. in Folge deßen der frühe Tod meines Studienkammeraden Müller, der mich heftig erschütterte.

Kotzebues Komödien werden zu Weihnacht aufgeführt, anstatt der ehemaligen biblischen Schauspiele. <u>Daher war ich dazumal auch ein Freidenker in der Religion</u>. Dagegen ein inniges Verständniß u. Kennerschaft der Musik, d: die obligaten Tafelmusiken, Abendquartetts p. Uebel auch war der aristokratische Unterschied zwischen Fundatisten u. Pensionairs, während doch jeder Pensionair einen Fundatisten zum Mentor hatte. Allgemeine humoristische Darstellung des Convictlebens in lebendigen Hauptzügen! –

III.

<u>Halle</u>: das damalige poetischrohe Studentenleben. – Das damals noch wildschöne Gibichenstein. –- Romantischer Zauber des geheimnißvollen Reichardtschen Gartens mit seinen schönen Töchtern. – Lauchstaedt, Theater, Göthe, Mahlmann p. – Pfaffendorf u. die Harfenistin. – Halloren u. Schwimmen. – Der burschikose <u>Reil</u>. der romantische <u>Steffens</u>. <u>Wolf</u>. Die ledernen <u>Juristenprofeßoren</u>. Dazwischen <u>Kayssler</u>, ein innerlich verlorener Mann. – Der kommödienhafte <u>Gall</u> u. Sturtz, nebst <u>Göthe</u> als Staffage der qu: Vorlesungen.

= Auch hier war ich noch immer freidenkerisch. <u>Kaysler</u>, obgleich ich seine abstruse Philosophie nicht im mindesten verstand, war ein Gegenstand begeisterter Verwunderung für mich. Erst die <u>neue Romantik</u> brachte mich auf andere Wege – allgemeines Verdienst qu: der Romantiker. Denn, nach meiner Art, mußte mir alles Hohe p. nur d: das Medium der Poesie kommen.

NB: Errinnerungen aus der |meiner| Jugendzeit. Also: bloß bis zum Waffenstillstande! –

Hierzu vielleicht auch noch meine Libertas umarbeiten, das Gefährliche mehr ins Harmlose verwandelnd, u. besonders den verworrenen Schluß abändern, indem gantz einfach der Magog die Marzebille, als Libertas, bloß entführt, der Riese bloß kurtz abschneidet bei dem ganzen Handel, u. die Libertas wieder verschwindet. – *

* Den Printzen Rococco nebst seinem verzauberten Hofstaat wohl gantz weglaßen – bloß die neue materielle Industrie |Baron Pinkus| im Gegensatz gegen die Libertas, die bloß auf einer Durchreise, um eine Heimath zu suchen, Deutschland berührt u. d: ihre bloße Gegenwart die verzauberten Quellen p. befreit. Die Hauptsache ist daher die Reise des Dr. Magog mit Rüpel p. – S: Blatt d!:|

Auch die Saecularisationen |:d: die Aufklärung| – meine Probearbeit mut: mut: u. abgekürtzt! –

⟨VI.4.⟩ <u>Vorwort</u>.

An einem schönen warmen Herbstmorgen kam ich auf der Eisenbahn vom andern Ende Deutschlands mit einer Vehemenz dahergefahren, als käme es bei Lebensstrafe darauf an, dem Reisen, das doch mein alleiniger Zweck war, auf das allerschleunigste ein Ende zu machen. Diese Dampffahrten rütteln die Welt, die eigentlich nur noch aus Bahnhöfen besteht, unermüdlich durcheinander wie ein Kalleidoscop, wo die vorüberjagenden Landschaften, ehe man noch irgend eine Physiognomie gefaßt, immer neue Gesichter schneiden, der fliegende Salon immer andere Sozietäten bildet, bevor man noch die alten recht überwunden. Dießmal blieb indeß eine Ruine rechts über'm Walde ganz ungewöhnlich lange in Sicht. Europamüde vor Langerweile fragte ich, ohne daß es mir grade um eine Antwort sonderlich zu thun gewesen wäre, nach Namen, Herkunft u. Bedeutung des alten Baues; erfuhr aber zu meiner größten Verwunderung weiter nichts als grade das Unerwartetste, daß nemlich dort oben ein Einsiedler hause. – Was! so ein wirklicher Eremit mit langem Bart, Rosenkranz, Kutte u. Sandalen? – Keiner von der Gesellschaft im fliegenden Kasten konnte mir jedoch über diesen impertinenten Rückschritt genügende Auskunft ertheilen, niemand hatte den Einsiedel selbst gesehen. Einer der Herren erklärte ihn schlechtweg für einen hochmüthigen Sonderling, da er, wie er erfahren, bei der gebildeten Nachbarschaft nirgend Besuch gemacht, ja nicht einmal Visitenkarten umhergeschickt habe. Ein zweiter meinte, da stecke wohl etwas ganz anderes, eine dunkle That, ein großes politisches Verbrechen dahinter. – Ja, diese heimlichen Jesuiten!, fiel ihm ein Dritter mit einem wichtigen Augenzwick in die Rede, u. sprach nichts weiter.

Eine Berliner Dame dagegen, die eben ihre Cigarre angeraucht, versicherte lachend, das sei ohne Zweifel der letzte Romantiker, der sich vor dem Fortschritt der wachsenden Bildung in den mittelalterlichen Urwald geflüchtet. Alle stimmten endlich darin überein, daß besagter Einsiedler etwas verdreht im Kopfe sein müße.
Diese Nothwendigkeit wollte mir zwar keineswegs so unbedingt einleuchten, doch war das Wenige, das ich gehört, abenteuerlich genug, um mich neugierig zu machen. Ich beschloß daher, auf der nächsten Station zurückzubleiben, u. den seltsamen Kauz wo möglich in seinem eigenen Neste aufzusuchen.
Das war aber nicht so leicht, wie ich's mir vorgestellt hatte. In den Bahnhöfen ist eine so große Eilfertigkeit, daß man vor lauter Eile mit nichts fertig werden kann. Die Leute wußten genau, in welcher Stunde u. Minute ich in Paris, oder Triest oder Königsberg, wohin ich nicht wollte, sein könne, über Zugang u. Entfernung des geheimnißvollen Waldes aber, wohin ich eben wollte, konnte ich nichts Gewißes erfahren; ja der Befragte blickte verwundert nach der bezeichneten Richtung hin, ich glaube, er hatte die Ruine bisher noch gar nicht bemerkt. Desto beßer!, dachte ich, schnürte mein Ränzel, u. schritt wieder einmal mit langentbehrter Reiselust in die unbestimmte Abenteuerlichkeit des altmodischen Wanderlebens hinein.
Schon war die Rauchschlange des Bahnzuges weit hinter mir in den versinkenden Thälern verschlüpft, statt der Locomotive pfiffen die Waldvögel grade ebenso, wie vor vielen, vielen Jahren, da ich mir als Student zum erstenmal die Welt besehen, als wollten sie fragen, wo ich denn so lange gewesen? So kletterte ich unter dem feierlichen Waldesrauschen auf dem stei-

len Fußsteig, den mir die Hirten verrathen, an einsamen Wiesen vorüber, wo die weidenden Kühe scheu u. neugierig nach mir aufsahen, zwischen Weißdorn u. Berberizen, die im vollen Blütenstaat jugendlichen Uebermuths auf meine grauen Haare u. abgetragene Wandertasche stichelten, siegreich immer höher u. höher hinan, bis ich mich endlich durch das Dikkicht auf die letzte Höhe herausgearbeitet hatte.
Da lag plötzlich, wie in einem Nest von hohem Gras u. Unkraut u. die Tatzen weit nach mir vorgestreckt, eine riesenhafte Sphynx neben mir, die mich mit ihren steinernen Augen fragend anglotzte. Und in der That, das unverhoffte Ungeheuer gab mir ein Räthsel auf, das mich ganz verwirrte. Denn statt der erwarteten Klüfte, wilden Quellen u. Felsen=Klausen nebst Zubehör, erblickte ich einen, freilich arg verwilderten, altfranzösischen Garten: hohe Alleen u. gradlienige Kiesgänge, rechts u. links einzelne Päonien u. Kaiserkronen, über denen bunte Schmetterlinge wie verwehte Blüten dahinschwebten, u. in der Mitte eine Fontaine, die einförmig fortplätscherte in der großen Stille; nur ein Pfau spazierte stolz zwischen den Kaiserkronen. Es war aber eben Mittagszeit u. eine fast gespenstische Beleuchtung ohne Schatten, die Sonne brannte, die Vögel schwiegen, der Wald rauschte kaum noch wie im Traume. Mir war's, als ginge ich durch irgend eine Verzauberung mitten in die gute alte Zeit, ich schüttelte mehrmal mit dem Kopf, ob mir nicht etwa unversehens ein Haarbeutel im Nacken gewachsen.
So kam ich an die Ruine, oder vielmehr an ein Schloß, das allerdings ruinirt genug war, aber offenbar weniger durch sein Alter, als durch einen gewaltsamen Brand. Der eine Theil lag malerisch verfallen, u. fraternisirte längst mit dem Frühling, der mit seinen blühenden Ranken überall an Pfeilern u. Wän-

den lustig hinaufkletterte. Nur der nach dem Garten hin gelegene Flügel, alle Fenster künstlich umschnörkelt u. durch steinerne Blumenguirlanden miteinander verbunden, sah noch sehr vornehm aus, wie eine Residenz des Printzen Roccocco. Ein Fenster unten stand offen. Ich blickte hinein u. übersah eine lange Reihe großer u. hoher Gemächer mit reichen Tapeten, parkettirten Fußböden u. prächtigen Stuckverzierungen an den Decken, überall sammtene Canapees u. Seßel, die Lehnen weißlakirt mit goldenen Leisten, große Spiegel u. Marmortische darunter. Es war so kühl da drinnen in der feierlichen Einsamkeit, aus einem der entfernteren Gemächer flötete soeben eine unsichtbare Spieluhr eine Menuett herüber, die ich noch aus meiner Kindheit zu kennen glaubte.

Jetzt hörte ich kleine, feine Stimmen hinter mir: es war ein Knabe u. ein Mädchen, die einander gejagt hatten, u. stutzig stillstanden, da sie mich erblickten. Wo ist der Zauberer – der Herr Einsiedler?, fragte ich, mich selbst verbeßernd. Der erhitzte Knabe schüttelte die Lokken aus dem hübschen Gesichtchen u. sah mich schweigend u. fast trotzig an. Das etwas ältere Mädchen aber wies nach einer Laube hin u. sagte mit einem zierlichen Knix: er betet. – Also am Ende doch wirklich ein Eremit im alten Styl!, dachte ich u. eilte der bezeichneten Geißblattlaube zu. Dort saß ein Mann, den Rükken nach mir gekehrt u., wie es schien, eifrig in einen schweinsledernen Quartanten vertieft, der auf dem steinernen Tische vor ihm lag. Aufeinmal aber, als ich schon ziemlich nahe war, fuhr ein zahmer Storch, den ich bisher gar nicht bemerkt hatte, erschrocken neben mir aus seinen Gedanken, legte den Hals hinten über, sperrte den langen Schnabel weit auf u. klapperte aus Leibeskräften. Da wandte sich der Einsiedler – Arthur!, rief ich ganz erstaunt – es war mein liebster Kriegs-

kammerad vom Lützowschen Corps!
Um des Himmels willen, was machst denn Du hier? –
Ich lese Calderon's Autos. – Aber just in dieser seltsamen
Abgeschiedenheit! – Das sind die Trümmer meiner Heimat,
entgegnete er ruhig, u. das dort die Enkel meiner Spielgesellen
aus der Kinderzeit, fügte er lächelnd hinzu, auf die beiden
Kinder weisend, die unterdeß neugierig mir gefolgt waren.
Er hatte sich inzwischen hochaufgerichtet. Er trug nichts
weniger, als eine korreckte Einsiedler=Uniform, sondern einen grünen kurtzen Jagdrock u. nur einen schönen vollen Bart,
wie ihn unsere modernen Einsiedler in den Kaffeehäusern u.
Lesekabinetten tragen. Wir hatten uns seit den Kriegsjahren
nicht mehr gesehen; nun beschauten wir einander eine Zeit
lang stillschweigend, bis wir zuletzt beide in ein lautes Lachen ausbrachen: so uralt u. ehrwürdig waren wir beide seitdem geworden; nur seine Augen waren noch immer die alten,
treuen, ich hatte ihn sogleich an dem ganz eigenthümliche⟨n⟩
Blicke wiedererkannt.

VI. ⟨Aus den Papieren eines Einsiedlers⟩   93

⟨VI.5.⟩ Nemlich = Aus den Papieren eines Einsiedlers. Dichtung u.
Wahrheit: Ich sitze hier auf den Trümmern meines Geburts-
ortes |:Lubowitz = Tost:| das Schloß ist abgebrannt; der alte
Ziergarten verwildert: einzelne Alleen, Statuen p. Aber Alles
verlaßen, still, nur die Nachtigallen schlagen noch, wie damals. *

    * Alles todt, Keiner kennt |erkennt| mich mehr. –

Dabei unermeßliche Aussicht über die Länder. p p: |:S: hier
oben mut: mut:| Mein vergangenes Leben in der Vogelperspec-
tive. |:Scenen aus meiner Jugend aus Lub:, Tost, Breslau p. p.
Dazwischen: ernste u. humoristische Predigten p. über Ruhm,
Eitelkeit, Dichterberuf, Tod p. p.; auch mit Benutzung meiner
noch ungedruckten Gedichte, u. des Paßenden aus der Libertas! – Durch das Gantze ein tragisches Gefühl von der Nichtigkeit u. Vergänglichkeit des Weltglantzes u. Lebens; Z: B: in
der plötzlichen Armuth des Einsiedlers; desgl: in seinen Studien, wie er durchaus ein großer Gelehrter p. werden will;

    Wie dieß zugegangen, weiß ich nicht. Genug – p. Liaison
    mit Adam Müller p.

desgl: in seinem Heldenthum 1813, wo der gantze Patriotismus humoristisch in das studentische Lützowsche Corps u.
die langweilig belagernde Landwehr zerplatzt; *

    * desgl: in der Freundschaft, der versauerte Wilhelm! –

desgl: in der Liebe: wie nemlich der Einsiedel schon in seinem
reichen kecken Junkerthum sein Liebchen kennen lernt, diese
aber rührend auch in seiner Armuth treu bleibt – u. nun ist

auch sie schon lange todt! p. – Alles dieß lose in mehrere Kapitel mit besonderen Titeln wie Bruchstücke eines Tagebuchs – zusammenstellen, ohne mich stricte an die Wahrheit zu kehren, oder verrathende Orts= p. Namen zu nennen; so daß es durchaus zweifelhaft bleibt, ob dieß mein Lebenslauf sei!! –

(1. Wie ich ein Einsiedler geworden – 2. Eitelkeit u. Ehre, nemlich die konventionelle u. die wirkliche Ehre p. –)

VII. ⟨Titel vielleicht: Erlebtes⟩

1856–1857

VII.1.⟩ Aus meiner Jugendzeit. |Meine Jugend|.

Manche Freunde forderten mich längst auf, meine Memoiren zu schreiben. Ich bin weit entfernt, mich u. mein Leben für so wichtig zu halten, um p. – Aber da nun mein Abend immer tiefer hereindunkelt, fühle ich ein Bedürfniß, im scharfen Abendroth noch einmal mein Leben zu überschauen, bevor die Sonne sinkt wie ein Einsiedler. – | Man tadelt an den Biographien häufig, daß sie entweder die Sentimentalität oder die Reflexion vorwalten laßen. Mir scheint: wer die eine oder die andere absichtlich sucht, fehlt ebenso, als wer sie ängstlich vermeidet. Sie wechseln beide nothwendig |beständig| im Leben; u. so will ich denn schreiben, wie sich's eben schicken u. fügen will. Und wenn auch weder meine Persönlichkeit noch meine Schicksale ein allgemeines Intereße anregen, so dürften doch manche Streiflichter dabei vielleicht eine Zeit erhellen, die uns bereits so fern liegt p. u. der Gegenwart fremd geworden.

Lubowitz. – Tost? – Breslau. – Halle – Heidelberg – Wien – Der Krieg. –

⟨*VII.2.*⟩ Titel vielleicht: Erlebtes. Ansichten, Skizzen u. Betrachtungen.

I.

Das Alter fühlt das Bedürfniß einer Ueberschau des vergangenen Lebens. Abendroth p. – Weder Sentimentales noch Reflexion ausgeschloßen p. – Ich bin weit entfernt von der Einbildung, daß meine Persönlichkeit oder meine Schicksale von allgemeinem Intereße seyn könnten, aber Streiflichter p. Man erwarte daher nicht etwa meinen Lebenslauf, aber Erlebtes: *

* Ich will nicht mein Leben beschreiben, sondern die Zeit |u. ihre Wechsel|, in der ich gelebt, mit Einem Wort: Erlebtes im weitesten Sinne. Wenn dennoch meine Person vorkommt, so soll sie eben nur der Reverbére seyn, um die Bilder p: schärfer zu beleuchten. So sind nachstehende Skizzen, Betrachtungen p: über das was ich erlebt, entstanden.

> (Die Sentimentalen u. ihre Gegner: die ritterlichen Rennomisten Spieß, Cramer p., die philosophischen Romane, u. die Humoristen. –)

die Welt in der Vogelperspective, Betrachtungen p. |:S: Blatt a!:|

II.

Ich bin |:1788:| mit der Revolution geboren, der politischen wie der geistigen, literarischen; u. die leztere habe ich mit-

VII.2. Titel vielleicht: Erlebtes 99

gemacht. – Uebergang der alten Zeit zur neuen, wie er selbst im stillen Landhausleben sich gespiegelt: die Gegensätze p. p. Damaliges Carlsbad p. – Tost p. |:S: Marg: 1 ad I, auch rechts dort!:|

= Unter dem Deckmantel der Philosophie, Loyalität p. kämpften eigentlich nur die Leidenschaften geg⟨en⟩einander, Drachen mit Lindwürmern. Die Ideen waren plötzlich Fleisch geworden, u. wußten sich nun in dem plumpen Leibe d:aus noch nicht zurechtzufinden. Sehr ehrenwerthe Männer, wie Klopstock, Stolberg Schiller p., waren begeistert davon. Allein die Revolution, da sie die materialistischen u. humanistischen Ideen bis zu ihren lezten Consequenzen auf die äußerste Spitze trieb, vernichtete sich selbst. Es war der tollgewordene Rationalismus. – *

* Das Alte war eingerißen, u. auch der Faden, der es mit dem Mittelalter, wenn auch nur lose, verband, war zerrißen. Es mußte also nothwendig etwas ganz Neues hervorgebracht werden. – Aber woher sollte das kommen? Daher von dieser Katastrophe ab das verzweifelte <u>Experimentiren</u> bis auf den heutigen Tag. Der uralte Bau des babylonischen Thurmes erneuerte sich mit seiner totalen Sprachverwirrung, u. theilte die Menschheit zum ersten in die neuen Völkerstämme der Liberalen, Radikalen, C. Es ist ein Irrthum, wenn man den damaligen Adel als die ausschließlich konservative Völkerschaft ansehen will. Der damalige hatte überhaupt nur noch ein schwaches Gefühl u. Bewußtsein seiner eigentl. Bedeutung u.

Bestimmung, eigentlich nur noch eine vage Tradition zufälliger Aeußerlichkeiten, u. folglich selbst keinen rechten Glauben mehr daran.

(Vielleicht die Ueberschriften: Breslau, Halle, Heidelberg, Wien u. „Der Krieg" beibehalten. – Im Kriege: lebendiges Bild des Jahns u. der Lützower, nebst meinen Fahrten in Lübbenau u Lübben p. Veit – Kersting – Biester – Ström p. – Die belagernde Landwehr – Das damalige Paris p. |:S: Blatt a unten:|

= Die damalige Aufhebung der Landeshoheit der Bischöfe u. der Klöster. |:S: meine Probearbeit!:|

= Die damal: Aufregung hatte die frappanteste Aehnlichkeit mit 48, nur mit dem Unterschiede, daß damals das Volk mit der Regierung, oder vielmehr die Regierung mit dem Volke ging. – Die Welt war trunken, u. wollte sich nicht bloß an Napoleon, sondern zugleich auch an aller miserablen Philisterei rächen, die sie bis dahin auf das tödtlichste gelangweilt hatte. Es war die lebendiggewordene Romantik, die schon in den Zügen des Herzogs v: Braunschweig, Schills, u. im Tyroler Volkskriege vorspukte. –

<u>Anfang</u> wohl: die gute alte Zeit u. die Revolution von II hier!
<u>Der Adel u. die Revolution</u> (Nro: I, als Vorwort, wohl mit römischen Ziffern paginiren!) Die alte Zopfzeit u. die darin angerichtete Revolution der Revolution recht lebendigkeck u. <u>humoristisch</u> beschreiben! *

VII.2. Titel vielleicht: Erlebtes

* Sehr alte Leute wißen sich wohl noch der sogenannten guten alten Zeit noch zu erinnern. Sie war aber eigentlich weder gut noch alt, sondern nur noch eine Karrikatur des alten Guten. * So sollte damals u. a. die Ritterlichkeit noch d: das Offizierkorps repräsentirt werden. Allein was geschah? Der alte Harnisch schrumpfte nach u. nach immer kürtzer herauf zum Küraß, der Küras zur bloßen Brustbedeckung, u. endlich zu einem kleinen handbreiten Blechschildchen zusammen,

statt der Geierflügel die Seitenlokken –

das die Offiziere, etwa wie jetzt die Orden zweiter Klaße, unter dem Halse trugen – u. „der Zopf, der hing ihnen hinten." Also ein Ritter mit dem Zopf! Und dieser Zopf hing wesentl: mit der inneren Verwandlung zusammen: anstatt der alten deutschen Ehre ein französisches point d'honneur statt Frauendienst = Liebelei p. –

Fouqués Helden sind öfters solche Gardeoffiziere in der 3^t Position. –

Kecklebendige Skizze des |Reiter| Garnisonlebens in den kleinen Städten: Bälle, Besuche auf dem Lande – Ratibor – Lubowitz. – Das Landleben der Edelleute: Fuchsjäger, die von der Biderbigkeit Metier machen p. Prätension bei Armuth à la Don Ranudo de Colibrados p. – Leichtsinnige Verschwendung p. – Der Adel ist eine Idee, wie der König; beide bedürfen des Glaubens im Volke. Der war dahin, der Adel hatte sein Terrain bereits verloren, der Sturm der Revolution hat ihn nicht gestürtzt, sondern nur den zurückgebliebenen Schutt weggeblas⟨Textverlust⟩ anstatt des alten Schwerts⟨Textverlust⟩

* Ueberdieß hatte das Neue damals noch keineswegs das Volk berührt, es war lediglich Geheimwißenschaft der sogenannten gebildeten Klaßen, u. daher häufig von Adelichen repräsentirt, wozu sie ihr sittlicher Liberalismus präparirt hatte.

Das anscheinend zahme u. friedliche vorige Jahrhundert nahm ein Ende mit Schrecken. Die Minen waren freilich längst gründlich genug gemacht |gelegt|, aber es wuchs Rasen darüber, auf dem die fetten Heerden ruhig weideten; vorsichtige Grübler wollten zwar manchmal schon heimliche Erdstöße verspürt haben, ja die Kirchen bekamen hie u. da bedenkliche Riße, aber die Nachbarn lachten, da ihre Familienhäuser u. Krämerbuden unversehrt standen; wie im Faust der Krieg in der Türkei – daher die allgemeine Ueberraschung, als endlich der innere Brand plötzlich explodirte. Man kann sich jetzt kaum mehr eine Vorstellung machen von der Verwirrung, die dieser Knall=Effect aufeinmal d: das ganze Philisterium verbreitete. Man denke sich Z: B: ein stilles Landschloß p. p. – schroffe Gegensätze p. |:S: hier oben ad II:| – Ich war damals noch zu klein u. kindisch, u. hatte Anderes zu thun. Mir ist daher nur das Liebenswürdige jener Zeit im Gedächtniß geblieben: der |ein| stiller Garten mit weiter Fernsicht in stiller Sommerschwüle, wo die Schmetterlinge über den Blumenbeeten flattern, von fern aber ein Gewitter, das wie ein wunderbar zackiges Gebirge aufsteigt, u. mit Blitzen in die Stille hereinspielt. ÷

Die Welt soll gleichsam ein Uhrwerk sein, das von selber geht. Meinethalben zugegeben! Aber zuerst muß doch irgend Jemand dieses Werk gemacht u. aufgezogen haben. Und dieser unergründliche Jemand ist eben der Gegenstand aller Philosophie. Denn wenn auch in der Welt immerhin eine Urkraft nothwendig fortwirke, so kann doch diese Urkraft unmöglich sich selbst gemacht haben! –

[* Nicht bloß das 18ᵗ Jahrhundert war ein Kampf, sondern nur der Anfang des großen Kampfes, der noch fortdauert. Die Universitäten sind die Pflanzschule dieser geistigen Miliz.

* Meine Jugendzeit war d:aus eine Zeit des Kampfes, des Werdens. Die sogenannte gute alte Zeit war d:aus überwunden. Die früheren philosophischen Kämpfe hatten sie innerlich erschüttert, u. die Revol:, u. endlich Napoleon sie auch äußerlich zerschmettert. Was sollte aber nun dafür entstehen? –]

<u>Titel vielleicht</u> = Die deutschen Universitäten, o wohl einen umfaßenderen Titel!

Es arbeiten nun zu Anfang [unseres] Jahrhunderts sofort dreierlei Elemente gegeneinander. Nemlich: <u>1</u> die alten zähen Enzyklopädisten, welche die Welt d:aus von Anfang wieder anfangen u. mit dem bloßen Verstande abstract konstruiren wollten. *

* Daher überall die neuen Gesetzbücher mit ihren Urrechten u. Menschheitsveredelungen p. Es ist daher sehr begreiflich, wie bei dieser Alles verwischenden Confusion

ohne Nationalität u. Geschichte, ein kühner Geist, wie Napoleon, den Gedanken einer ganz gleichförmigen europäischen Universalmonarchie faßen konnte. –

2ᵗ Die Romantiker, die in Religion u. Staat auf die Vergangenheit zurückgingen; also eigentlich die historische Schule. – Daraus mußte von selbst endlich 3ᵗ die Vaterlandsliebe, das Deutschthum entstehen. ÷

= ein immaginaires Deutschland, das weder recht vernünftig, noch recht historisch ist |war|.

Jetzt = | Jene 3 Elemente zeigten sich denn auch damals auf den Universitäten. Nemlich ad: 1 = die alten ledernen Juristen lauter Kantianer, die Logik u. das Naturrecht, höltzerner Schematismus p. – Zu diesen hielten die ganz prosaischen Brodstudenten, die man Bettelstudenten nennen könnte, d. h. die da sie bloß auf Brod studirten eigentl: betteln. –

Allein ad: 2ᵗ: die Universitäten hatten dabei damals noch eine gute Erbschaft von romantischem Mittelalter überkommen. Daher Tapferkeit die Orden, Landsmannschaften, Ritterthum Duelle, Uniformen, wildes Leben, Fußwanderungen p. p. *

= Die Duelle scheinen leider als Ausgleichung der Ehre dort noch nöthig, wo die Ehre nicht vom Gesetz geschützt wird. Sie sind noch eben so wenig abzuschaffen wie der Krieg, der aus demselben Grunde ein Duell zwischen Nationen ist. –

VII.2. Titel vielleicht: Erlebtes   105

„Geduld u. Gottvertrauen!" ist leicht gesagt, aber für die Jugend schwer ausführbar. Das Nichtduelliren ist ein paßives Erdulden der gemeinen Meinung, aber kein persönl. Muth, keine Tapferkeit. Wir wollen keineswegs die Duelle vertheidigen, sondern wünschen nur ein verständiges Mittel, sie wirklich zu beseitigen.

* Reichhardts Garten in Gibichenstein. Aus diesen Jünglingen gingen dann die Vaterlandsbefreier hervor p. Aber dieß Alles artete aus in die Pedanterie der Landsmannschaften p. |:S: Bohlen ad Halle!:|

| Unter diesen bildeten wieder die literarischen Romantiker, d: h: die Anhänger der neuen Romantik, eine besondere Sekte; damals noch ziemlich eine ecclesia pressa.

= Da standen überall die gewaltigen Geister auf: Schelling, Schlegel, Görres, Steffens p

Hiernach nun den Sinn u. die Intentionen jeder dieser Klaßen, ihre Tugenden, u. ihre Irrthümer, Pedanterrien u. Karikaturen speziell nachweisen! Insbesondere auch den großen Impuls der Romantik auf alle Lebensverhältniße! Alle bedeutendere Jugend hing der Romantik an. Die Führer der Romantik |:auch Görres, Arnim, Brentano p:| persönlich in lebendigen Bildern vorführen p.

= Der Einfluß des Steffens

VII. ⟨Titel vielleicht: Erlebtes⟩

[liest bei Abend, seine schöne Gestalt, die funkelnden Augen, der intereßante |pikannte| ausländische Accent p.]

in Halle, des <u>Görres</u> Arnim u. Brentano |gegen Voss| in Heidelberg, des <u>Fichte</u> u. <u>Schelling</u> in Jena, des <u>Fr: Schlegel</u> u. <u>Ad: Müller</u> in Wien. Daraus: die <u>heimliche</u>, gegen die Franzosen gerichtete Begeisterung der Vaterlandsliebe p. –

NB: hier auch den Einfluß der Romantik auf die Religiosität im Allgemeinen, u. speziell bei den lauen u. verrotteten Katholischen, die jetzt, zu ihrem eigenen Erstaunen, auf die Schönheit ihrer Religion aufmerksam wurden, u. auf diesem Wege sich vielfach bekehrten. –

= Dabei aber auch Extravaganzen der Romantik p., wie Z: B: Löben p. –

(NB: (Kunst = Veit p.) <u>Schlegel u. Ad: Müller wohl für die deutschen u. namentlich Wiener Zustände vor dem Kriege aufsparen</u>! –)

<u>Ad: 3.</u> Die späteren, aus 1 u. 2 wunderlich komponirten, Universitäten = Politische Färbung, Deutschthümelei, Burschenschaften p. einerseits, u. andrerseits Pietisimus. *

Auch die Burschenschaft, in ihrem Ursprunge vortrefflich, artete in politischen Pedantismus aus p. |:S: Bohlen ad Halle!:|

VII.2. Titel vielleicht: Erlebtes 107

* Hier die Abhandlung über das Duell p. |:S: <u>hier</u> weiter oben rechts!:|

Die <u>großen</u> Städte, Z. B: Berlin, haben die ganze alte Bedeutung der Univers: verwischt, u. sie in das Philisterium frühzeitig eingefangen p. –

Ob die Jugend dabei gewonnen? p. |:S: meine hier inliegenden älteren Notaten ad: Pedanterie der Jugend u. Universitäten!:| – <u>Zum Schluß vielleicht</u>: liebe Jugend, sei jung! – <u>Predigt</u> |:von der Pedanterie der Jugend:| Thema = O liebe Jugend, sei jung! –

[<u>Jetzt</u> = Wir wollen keinesweges in Abrede stellen, daß die großen Städte mit ihren Kunstschätzen, Museen, industriellen Anstalten u. geselligen Verkehr, eine wahre Umschau u. Unversitas alles Wißenswürdigen bieten. |bilden|. Auch werden dort die Studenten gewiß polizeigemäßer u. manierlicher seyn, als in kleinen abgelegenen Orten. Allein es frägt sich nur, ob alle diese Vortheile nicht etwa d: andre Nachtheile wieder neutralisirt, ja überwogen werden? Es kommt auf der Univers: weniger auf das Lernen, als vielmehr auf Erweckung der Lust zu lernen u. auf Orientirung in dem Labyrinth der neuen Bildung an. In den großen Stapelplätzen der Kunst u. Wißenschaft aber erdrückt u. verwirrt die überwältigende Maße des Verschiedenartigsten, u. namentlich die großen Bibliotheken kann nur erst der Gelehrte, der sich bereits für ein bestimmtes Studium entschloßen u. gehörig vorbereitet hat, mit Nutzen gebrauchen. Jeder Reisende ja fühlt das, wenn er solche Museen d:laufen hat, u. zuletzt selbst nicht mehr weiß, was er gesehen. –

– Bei der Jugend ist ein erwartungsvoller Schauer der Ahnung p. *

* S: a den 1ᵗ Absatz in der Mitte

Durch die Residenz aber wird die Jugend blasirt. Auch in sittlicher Hinsicht hat man wenig |nur illusorisch| gewonnen. Die Studenten werden gewiß polizeigemäßer |zivilisirter| u. manierlicher sein. Aber in den kleinen Städten war die Liederlichkeit so roh u. abschreckend, daß sich ernstere Gemüther davon abwandten. In den großen Städten aber sind die moralischen Pestgruben so schön übertüncht u. ä⟨s⟩thetisirt, daß die Gefahr desto größer wird. – Die Univers: sind endlich eine Art p. p. |:S: hier links das Unausgestrichene! –

Die Univers: sind eine Art Republik: Brüderlichkeit ohne Unterschied der Stände u. des Reichthums. Dieser alte Charakter u. Bedeutung der Univers. wird d: die großen Städte verwischt u. der Student frühzeitig in das Philisterium eingefangen.

= Die Jugend muß sich erst in sich selbst versenken, u. dazu thut Einsamkeit, nicht Zerstreuung, noth.

Denn was ist denn überhaupt die Jugend? Doch im Grunde p. p. |:S: a, 1ᵗ Absatz!:|.

Jetzt = Die d: Univers: sind endlich bisher überall eine Art von Republik gewesen: Brüderlichkeit p. p.: |:S: hier vorstehend das Unausgestrichene!:|]

⟨VII.3.⟩ **Der Adel u. die Revolution.**

Sehr alte Leute wißen sich wohl noch einigermaßen der sogenannten guten alten Zeit zu erinnern. Sie war aber eigentlich weder gut noch alt, sondern nur noch eine Karrikatur des alten Guten. Das Schwert war zum Galanteriedegen, der Helm zur Zipfel=Perrücke, aus dem Burgherrn ein pensionirter Husarenoberst geworden, der auf seinem öden Landsitz, von welchem seine Vorfahren einst die vorüberziehenden Kaufleute gebrandschatzt hatten, nun seinerseits von den Industriellen belagert u. immer enger eingeschloßen wurde. Es war mit Einem Wort die mürb u. müdegewordene Ritterzeit, die sich puderte, um den bedeutenden Schimmel der Haare zu verkleiden; einem alten Gecken vergleichbar, der noch immer selbstzufrieden die Schönen umtänzelt, u. nicht begreifen kann u. höchstempfindlich darüber ist, daß ihn die Welt nicht mehr für jung halten will.

Der Adel in seiner bisherigen Gestalt war ganz u. gar ein mittelalterliches Institut. Er stand durchaus auf der Lehenseinrichtung, wo, wie ein Planetensystem, die Centralsonne des Kaiserthums von den Fürsten u. Grafen, u. diese wiederum von ihren Monden u. Trabanten umkreißt wurden. Die wechselseitige religiöse Treue zwischen Vasall u. Lehnsherrn war die bewegende Seele aller damaligen Weltbegebenheiten, u. folglich die welthistorische Macht u. Bedeutung des Adels. Aber der dreißigjährige Krieg, diese große Tragödie des Mittelalters, hatte das leztere, das ohnedem schon längst an menschlicher Altersschwäche litt, völlig gebrochen u. beschloßen. Indem er die Idee des Kaisers, wenigstens faktisch, aus der Mitte nahm oder doch weesentlich verschob, mußte nothwendig der gantze strenggegliederte Bau aus seinen Fugen gerathen. Die Stelle der idealen Treue wurde sofort von der materiellen Geldkraft eingenommen; die mächtigeren Vasallen kauften Landsknechte u. wurden Raubritter im Großen; die Kleineren, die in der allgemeinen Verwirrung oft selbst nicht mehr wußten wem sie verpflichtet, folgten dem größerem Glücke oder beßerem Solde. Und als endlich die Wogen sich wieder verlauffen, bemerkte der erstaunte Adel zu spät, daß er sich selbst, aus dem großen Staatsverbande heraus, auf den ewigbeweglichen Triebsand gesetzt hatte: aus dem freien Lehensadel war unversehens ein Dienstadel geworden, der zu Hofe ging, oder bei den stehenden Heeren sich einschreiben ließ.

So war denn namentlich auch die Ritterlichkeit zuletzt fast ausschließlich an die modernen Offizierkorps gekommen. Auf diese warf nun der siebenjährige Krieg noch einmal einen wunderbaren Glanz, Ruhmbegier, kecke Lust am Abenteuer, Tapferkeit, aufopfernde Treue u. manche der anderen Tugenden, die das Mittelalter groß gemacht, schienen von neuem aufzuleben. Allein es war kein in sich geschloßenes Ritterthum im alten Sinne mehr, sondern nur das Aufleuchten einzelner bedeutender Persönlichkeiten, die eben deshalb wohl ihre Namen, nicht aber den Geist des Ganzen unsterblich machen konnten. Auch hier giebt schon das Kostüm, das niemals willkürlich oder zufällig ist, ein charakteristisches Signalement dieses neuen Ritters. Die Eisenrüstung war ihm allmählich zum Küraß, der Küraß zum bloßen Brustharnisch, u. dieser endlich gar zu einem handbreiten Blechschildchen zusammengeschrumpft, das er gleichsam zum Andenken an die entschwundene Rüstung, wie etwa jetzt der Orden zweiter Klaße, dicht unter dem Halse trug, die Rechte, der die Manschette nicht fehlen durfte, ruhte auf einem stattlichen spanischen

Rohr, das gepuderte Haupt umschwebten zu beiden Seiten, anstatt der alten Geierflügel, zwei wurstähnlich aufgerollte Lokken, u. „der Zopf der hing ihm hinten". Ein Ritter mit dem Zopf ist aber durchaus eine undenkbare Mißgeburt, was die armen Bildhauer, welche die Helden des siebenjährigen Krieges darstellen sollen, am schmerzlichsten empfinden. Und dieser fatale Zopf war in der That das mystische Symbol der verwandelten Zeit: alles Naturwüchsige, als störend u. abgemacht, hinter sich geworfen u. mumienhaft zusammengewickelt, bedeutete er zugleich den Stock, die damalige Centripetalkraft der Heere.

Die jungen Kavaliere jener Zeit dienten in der Regel, nicht um einen Krieg, sondern um einen galanten Feldzug gegen die Damen solange mitzumachen, bis sie die Verwaltung ihrer Güter antreten konnten, oder, wenn sie keine hatten, bis sie mit der glänzenden Uniform eine Schöne oder auch Häßliche erobert, die ihre vielen Schulden zu bezahlen bereit u. im Stande war. Vom Ritterweesen hatten sie einige verworrene Reminiscenzen ererbt u. auf ihre Weise sich zurechtgemacht: vom ehemaligen Frauendienst die fade Liebelei, von der altdeutschen Ehre einen französischen point d'honneur, vom strengen Lehnsverbande einen capriciösen Esprit de corps, der nur selten über den ordinairsten Standes=Egoismus hinauslangte. Es war die hohe Schule des Junkerthums, an die selbst Fouqué's Recken mit ihren Gardereiter=Positionen u. ausbündig galanten Redensarten noch zuweilen erinnern.

Der Adel überhaupt aber zerfiel damals in drei sehr verschiedene Hauptrichtungen. Die zahlreichste, gesündeste u. beiweitem ergötzlichste Gruppe bildeten die, von den großen Städten abgelegenen kleineren Gutsbesitzer in ihrer fast insularischen Abgeschiedenheit, von der man sich heutzutage, wo

VII.3. Der Adel u. die Revolution

Chaußeen u. Eisenbahnen Menschen u. Länder zusammengerückt haben u. zahllose Journale, wie Schmetterlinge, den Blütenstaub der Civilisation in alle Welt vertragen, kaum mehr eine deutliche Vorstellung machen kann. Die fernen blauen Berge über den Waldeswipfeln waren damals wirklich noch ein unerreichbarer Gegenstand der Sehnsucht u. Neugier, das Leben der großen Welt, von der wohl zuweilen die Zeitungen Nachricht brachten, erschien wie ein wunderbares Märchen. Die große Einförmigkeit wurde nur durch häufige Jagden, die gewöhnlich mit ungeheuerem Lärm, Freudenschüßen u. abenteuerlichen Jägerlügen endigten, sowie durch die unvermeidlichen Fahrten zum Jahrmarkt der nächsten Landstadt unterbrochen. Die lezteren insbesondere waren seltsam genug, u. könnten sich jetzt wohl in einem Carnevalszuge mit Glück sehen laßen. Vorauf fuhren die Damen im besten Sonntagsstaate, bei den schlechten Wegen nicht ohne Lebensgefahr, unter beständigem Peitschenknall in einer, mit vier dicken Rappen bespannten altmodischen Karoße, die über dem unförmlichen Balkengestell in ledernen Riemen hängend, bedenklich hin u. her schwankte. Die Herren dagegen folgten auf einer sogenannten „Wurst", einem langen gepolsterten Koffer, auf welchem diese Haimonskinder dicht hintereinander u. einer dem andern auf den Zopf sehend, rittlings balancirten. – Am liebenswürdigsten aber waren sie unstreitig auf ihren Winterbällen, die die Nachbarn auf ihren verschneiten Landsitzen wechselweise einander ausrichteten. Hier zeigte es sich, wie wenig Apparat zur Lust gehört, die überall am liebsten improvisirt sein will, u. jetzt so häufig von lauter Anstalten dazu erdrückt wird. Das größte, schnell ausgeräumte Wohnzimmer mit oft bedrohlich elastischem Fußboden stellte den Saal vor, der Schulmeister mit seiner Bande das Orchester, wenige Lichter in den verschiedenartigsten Leuchtern warfen eine ungewiße Dämmerung in die entfernteren Winkel umher, u. über die Gruppe von Verwalter= u. Jägerfrauen, die in der offen Nebenthüre Kopf an Kopf dem Tanze der Herrschaften ehrerbietig zusahen. Desto strahlender aber leuchteten die frischen Augen der vergnügten Landfräulein, die beständig untereinander etwas zu flüstern, zu kichern u. zu necken hatten. Ihre unschuldige Koketterie wußte noch nichts von jener fatalen Prüderie, die immer nur ein Symptom von sittlicher Befangenheit ist. Man konnte sie füglich mit jungen Kätzchen vergleichen, die sorglos in wilden, u. doch graziös=anmuthigen Sprüngen u. Windungen im Frühlingssonnenscheine spielen. Denn hübsch waren sie meist, bis auf wenige dunkelrothe Exemplare, die in ihrem knappen Festkleide, wie Päonien, von allzu maßiver Gesundheit strotzten. – Der Ball wurde jederzeit noch mit dem herkömmlichen Initial=Schnörkel einer ziemlich ungeschickt ausgeführten Menuett eröffnet, u. gleichsam parodisch mit dem graden Gegentheil, dem tollen „Kehraus", beschloßen. Ein besonders gutgeschultes Paar gab wohl auch, von einem Kreise bewundernder Zuschauer umringt, den „Kosakischen" zum besten, wo nur <u>ein</u> Herr u. <u>eine</u> Dame ohne alle Touren, sie in heiter zierlichen Bewegungen, er mit grotesker Kühnheit wie ein am Schnürchen gezogener Hampelmann, abwechselnd gegeneinander tanzten. Ueberhaupt wurde damals, weil mit Leib u. Seele, noch mit einer aufopfernden Todesverachtung u. Kunstbeflißenheit getanzt, gegen die das heutige vornehm nachläßige Schlendern ein ermüdendes Bild allgemeiner Blasirtheit darbietet. Dabei schwirrten die Geigen u. schmetterten die Trompeten, u. klirrten unaufhörlich die Gläser im Nebengemach, ja zuweilen, wenn der Punsch stark genug gewesen,

stürzten selbst die alten Herren, zum sichtbaren Verdruß ihrer Ehefrauen, sich mit den ungeheuerlichsten Kapriolen mit in den Tanz; es war eine wahrhaft ansteckende Lustigkeit. Und zulezt dann noch auf der nächtlichen Heimfahrt durch die gespensterhafte Stille der Winterlandschaft unter dem klaren Sternenhimmel das seelige Nachträumen der schönen Kinder.
Die Glücklichen hausten mit genügsamem Behagen großentheils in ganz unansehnlichen Häusern |:unvermeidlich „Schlößer" geheißen:|, die selbst in der reitzendsten Gegend nicht etwa nach ästhetischem Bedürfniß schöner Fernsichten angelegt waren, sondern um aus allen Fenstern Ställe u. Scheunen bequem überschauen zu können. Denn ein guter Oekonom war das Ideal der Herren, der Ruf einer „Kernwirthin" der Stoltz der Dame. Sie hatten weder Zeit, noch Sinn für die Schönheit der Natur, sie waren selbst noch Naturprodukte. Das bischen Poesie des Lebens war, als nutzloser Luxus, lediglich den jungen Töchtern überlaßen, die denn auch nicht verfehlten, in den wenigen müßigen Stunden längstveraltete Arien u. Sonaten auf einem schlechten Klaviere zu klimpern, u. den hinter dem Hause gelegenen Obst= u. Gemüsegarten mit auserlesenen Blumenbeeten zu schmücken. Gleich mit Tagesanbruch entstand ein gewaltiges Rumoren in Haus u. Hof, vor dem der erschrockene Fremde, um nicht etwa umgerannt zu werden, eilig in den Garten zu flüchten suchte. Da flogen überall die Thüren krachend auf u. zu, da wurde unter vielem Gezänk u. vergeblichem Rufen gefegt, gemolken, u. gebuttert, u. die Schwalben, als ob sie bei der Wirthschaft mit betheiligt wären, kreuzten jubelnd über dem Gewirr, u. durch die offenen Fenster schien die Morgensonne so heiter durch's ganze Haus über die vergilbten Familienbilder u. die Messing-

beschläge der alten Möbel, die jetzt als Rococco wieder für jung gelten würden. An schönen Sommer=Nachmittagen aber kam häufig Besuch aus der Nachbarschaft. Nach den geräuschvollen Empfangskomplimenten u. höflichen Fragen nach dem werthen Befinden, ließ man sich dann gewöhnlich in der desolaten Gartenlaube nieder, auf deren Schindeldache der buntübermalte hölzerne Cupido bereits Pfeil u. Bogen eingebüßt hatte. Hier wurde mit hergebrachten Späßen u. Neckereien gegen die Damen scharmutzirt, hier wurde viel Kaffee getrunken, sehr viel Taback verraucht, u. dabei von den Getreidepreisen, von dem zu verhoffenden Aerndtewetter, von Prozeßen u. schweren Abgaben verhandelt; während die ungezogenen kleinen Schloßjunker auf dem Kirschbaum saßen u. mit den Kernen nach ihren gelangweilten Schwestern feuerten, die über den Gartenzaun in's Land schauten, ob nicht der Federbusch eines insgeheim erwarteten Reiteroffiziers der nahen Garnison aus dem fernen Grün emportauche. Und dazwischen tönte vom Hofe herüber immerfort der Lärm der Sperlinge, die sich in der Linde tummelten, das Gollern der Truthähne, der einförmige Takt der Drescher, u. all' jene wunderliche Musik des ländlichen Stilllebens, die den Landbürtigen in der Fremde, wie das Alphorn den Schweitzer, oft unversehens in Heimweh versenkt. In den Thälern unten aber schlugen die Kornfelder leise Wellen, überall eine fast unheimlich schwüle Gewitterstille, u. niemand merkte oder beachtete es, daß das Wetter von Westen bereits aufstieg u. einzelne Blitze schon über dem dunklen Waldeskranze prophetisch hin u. her zuckten.

Man sieht, das Ganze war ein etwas in's Derbe gefertigtes Idyll, nicht von Geßner, sondern etwa wie das „Nußkernen" vom Maler Müller. Da fehlte es nicht an manchem höchstergötzlichen Junker Tobias oder Junker Christoph von Bleichenwang, aber eben so wenig auch an tüchtigen Charakteren u. patriarchalischen Zügen. Denn diese Edelleute standen in der Bildung nur wenig über ihren „Unterthanen", sie verstanden daher noch das Volk, u. wurden vom Volke wieder begriffen. Es war zugleich der eigentliche Tummelplatz der jezt völlig ausgestorbenen Originale, jener halb eigensinnigen halb humoristischen Ausnahme=Naturen, die den stagnirenden Strom des alltäglichen Philisteriums mit großem Geräusch in Bewegung setzten, indem sie, gleich wilden Hummeln, das konventionelle Spinnengewebe beständig durchbrachen. Unter ihnen sah man noch häufig bramarbasirende Haudegen des siebenjährigen Krieges, u. wieder Andre, die mit einer unnachahmlich lächerlichen Mannes=Würde von einer gewißen Biderbigkeit Profeßion machten. Die fruchtbarsten in diesem Genre aber waren die sogenannten „Krippenreiter", gantz verarmte u. verkommene Edelleute, die, wie die alten Schalksnarren, von Schloß zu Schloß ritten u., als Erholung von dem ewigen Einerlei, überall willkommen waren. Sie waren zugleich Urheber u. Zielscheibe der tollsten Schwänke, Maskeraden u. Mystificationen, denn sie hatten, wie Falstaff, die Gabe, nicht nur selbst witzig zu sein, sondern auch bei Anderen Witz zu erzeugen.

Unser deutscher Lafontaine ist, bei aller sentimentalen Abschwächung, nicht ohne einige historische Bedeutung, indem er uns oft einen recht anschaulichen Prospect in jene gute alte Zeit eröffnet, deren adelicher Zopf sich noch fühlbar durch alle seine Romane hindurchzieht.

In der zweiten Reihe des Adels dagegen standen die Exclusiven, Prätentiösen, die sich u. Andere mit übermäßigem Anstande langweilten. Sie verachteten die erstere Gruppe, u. wurden von dieser eben so gründlich verachtet; beides sehr natürlich, denn diese hatten die frischere Lebenskraft, die Jene als plebejisches Krautjunkerthum bemitleideten, die Exclusiven aber eine zeitgemäßere Bildung voraus, welche von Ersteren nicht verstanden, oder als affectirte Vornehmthuerei zurückgewiesen wurde. Bei diesen Vornehmen war nun die gantze Szenerie eine andre. Sie bewohnten wirkliche Schlößer, der Wirthschaftshof, deßen gemeine Atmosp⟨hä⟩re besonders den Damen ganz unerträglich schien, war in möglichste Ferne zurückgeschoben, der Garten trat unmittelbar in den Vordergrund. Und diese Gärten müßen wir uns hier nothwendig etwas genauer ansehen. Denn diese Adelsklaße, wie bereits erwähnt, ambitionirte sich durchaus, mit der Zeitbildung fortzuschreiten; u. obgleich sie in der Regel nichts weniger als Literaten waren, so konnten sie doch nicht umhin, den Geist der jedesmaligen Literatur wenigstens äußerlich, als Mode, in ihrem Luxus abzuspiegeln. Die Gartenkunst aber, wie alle Künste untereinander, hängt mit den wechselnden Phasen namentlich der eben herrschenden poetischen Literatur jederzeit weesentlich zusammen.

Es ist leider hinreichend bekannt, daß wir einst das große poetische Pensum, das uns der Himmel aufgegeben, ungeschickterweise vergeßen hatten, u. daher zu gerechter Strafe lange Zeit in der französischen Schule nachsitzen mußten, wo die Muse, sie mochte nun muthwillig oder tragisch sein, nur in Schnürleib u. Reifrock erscheinen durfte. Und der abgemeßenen Architectonik dieser Schule entspricht denn auch zunächst der feierliche Curialstyl unserer damaligen geradlienigen Ziergärten:

VII.3. Der Adel u. die Revolution

Es glänzt der Tulpenflor, durchschnitten von Alleen,
Wo zwischen Taxus still die weißen Statuen stehen,
Mit goldnen Kugeln spielt die Waßerkunst im Becken,
Im Laube lauert Sphynx, anmuthig zu erschrecken.

Die schöne Chloe da spazieret in dem Garten,
Zur Seit' ein Cavalier, ihr höflich aufzuwarten,
Und hinter ihnen leis Cupido kommt gezogen,
Bald duckend sich im Grün, bald zielend mit dem Bogen.

Es neigt der Cavalier sich in galantem Kosen,
Mit ihrem Fächer schlägt sie manchmal nach dem Losen,
Es rauscht der taftne Rock, es blitzen seine Schnallen,
Dazwischen hört man oft ein art'ges Lachen schallen.

Jetzt aber hebt vom Schloß, da sich's im West will röthen
Die Spieluhr schmachtend an, ein Menuett zu flöten,
Die Laube ist so still, er wirft sein Tuch zur Erde
Und stürtzet auf ein Knie mit zärtlicher Geberde.

„Wie wird mir, ach, ach, ach, es fängt schon an zu dunkeln –"
„So angenehmer nur seh' ich zwei Sterne funkeln –"
„Verwegner Cavalier!" – „Ha, Chloe, darf ich hoffen? –"
Da schießt Cupido los u. hat sie gut getroffen.

So ungefähr sind uns diese, ganz bezeichnend <u>französisch</u> benannten, Lust= u. Ziergärten jederzeit vorgekommen. Wir konnten uns dieselben niemals ohne solche Staffage, diese Chloe's u. galanten Kavaliere nicht ohne solchen Garten denken; u. insofern hatten diese Paradegärten allerdings ihre vollkommene Berechtigung: sie sollten eben nur eine Fortsetzung

u. Erweiterung des Conversations=Salons vorstellen. Daher mußte die zudringlich störende Natur durch hohe Laubwände u. Bogengänge in einer gewißen ehrerbietigen Ferne gehalten werden, daher mußten Götterbilder in Allongeperücken überall an den Salon u. die französirte Antike erinnern; u. es ist nicht zu läugnen, daß in dieser exclusiven Einsamkeit, wo anstatt der gemeinen Waldvögel nur der Pfau courfähig war, die eintzigen Naturlaute: die Tag u. Nacht einförmig fortrauschenden Waßerkünste, einen um so gewaltigeren, fast tragischen Eindruck machten. Allein solche weesentlich architectonische Effecte sind immer nur durch große würdige Dimensionen erreichbar, wozu es bei den deutschen Landschlössern gewöhnlich an Raum u. Mitteln fehlte. Ueberdieß war das Gantze im Grunde nichts weniger als national, sondern nur eine Nachahmung der Versailler Gartenpracht; jede Nachahmung aber, weil sie denn doch immer etwas Neues u. Appartes aufweisen will, geräth unfehlbar in das Uebertreiben u. Ueberbieten des Vorbildes. Und so erblicken wir denn auch hier, besonders von Holland her, sehr bald u. nicht ohne Entsetzen die Mosaikbeete von bunten Scherben, die Pyramiden u. abgeschmackten Thiergestalten von Buxbaum, die vielen schlechten, zum Theil hölzernen Götterbilder, mit Einem Wort: die Carricatur; u. auf diesen Plätzen promenirte der alte Gottsched als Printz Rococco mit seinem Gefolge.

Aber dem feierlichen Profeßor trat fast schon auf die Ferse die bekannte literarische Rebellion gegen das französische Regime, zum Theil durch Franzosen selbst. Roußeau, Diderot, Leßing, jeder in seiner Art, vindicirten der Natur wieder ihr angebornes Recht. Da brach aufeinmal auch das Prachtgerüst jener alten Gärten zusammen, die lang abgesperrte Wildniß kletterte hurtig von allen Seiten über die Buxwände u. Scherbenbeete herein, die Natur selbst war ihnen noch nicht natürlich genug, man wollte wo möglich bis in den Urwald zurück, u. ein wüstes Gehöltz mit wenigen Blumen u. vielen ärgerlichen Schlangenpfaden, auf denen man nicht vom Fleck u. zum Ziele gelangen konnte, mußte den neuen Park bedeuten. Dazu kam noch die in Deutschland unsterbliche Sentimentalität in beständigem Handgemenge mit dem Terrorismus einer groben Vaterländerei, Lafontaine u. Iffland gegen Spieß u. Cramer, u. über Alle hinweg schritt der stoltze, kein Vaterland anerkennende Kosmopolitismus. Und sofort finden wir denn dieselbe Anarchie auch in dem neuen Garten wieder: idyllische Hütten u. Thränenurnen für immaginaire Todte neben schauerlichen Burgruinen, Heiligenkapellen neben japanischen Tempeln u. chinesischen Kiosks; u. damit in der totalen Konfusion doch Jeder wiße, wie u. was er eigentlich zu empfinden habe, wurden an den Bäumen, als gefühlvolle Wegweiser, Tafeln mit Sprüchen u. sogenannten schönen Stellen aus Dichtern u. Philosophen ausgehängt. – Jeder wahre Garten aber, sagt Tieck irgendwo ganz richtig, ist von seiner eigenthümlichen Lage u. Umgebung bedingt, er muß ein schönes <u>Individuum</u> sein, u. kann also nur einmal existiren.

Und eben dieß war auch das Geschick, oder vielmehr Ungeschick der damaligen Bewohner jener Schlößer. Sie waren, wie ihre Gärten, nicht eigenthümlich ausgeprägte Individuen, hatten auch keine National=Gesichter, sondern nur eine gantz allgemeine Standes=Physiognomie; überall, bis zur tödtlichsten Langweiligkeit, dieselbe Courtoisie, dieselben bannalen Redensarten, Liebhabereien u. Abneigungen. Sie waren die Acteurs der großen Weltbühne, die nicht den Zeitgeist <u>machten</u>, sondern den Zeitgeist <u>spielten</u>; das Decorationsweesen der Repräsentation war daher ihr eigentliches Fach u. Studium, u. bühnengerecht zu sein, ihr Stoltz. Die alten Kavaliere nebst Haarbeutel u. Stahldegen waren nun freilich von der Bühne verschwunden, die neuen hatten aber von ihnen die pedantische Cultur des <u>Anstandes</u> als heiligstes Familien= Erbstück überkommen. Allein der, an sich löbliche, Anstand ist doch nur der <u>Schein</u> deßen, was er eigentlich bedeuten soll, u. so ging ihnen denn auch ihr Dasein lediglich in einer traditionellen Aesthetik des Lebens auf. Ihre Ställe verwandelten sich in Prachttempel, wo mit schönen Pferden u. glänzenden Schweitzerkühen ein fast abgöttischer Cultus getrieben wurde, im Innern des Schloßes schillerte ein blendender Dilettantismus in allen Künsten u. Farben, die Fräuleins musizirten, malten, oder spielten mit theatralischer Grazie Federball, die Hausfrau fütterte seltene Hühner u. Tauben, oder zupfte Goldborten, u. Alle thaten eigentlich gar nichts. Sie hatten sich gleichsam die Prosa des Lebensdrama⟨s⟩ in ein prächtiges Metrum transferirt, u. das ist ihre große negative Bedeutsamkeit, daß sie dadurch allerdings langehin das absolut Gemeine u. Rohe unterdrückten u. abwehrten. Aber Metrik ist noch keine Poesie, u. den Gehalt des Lebens konnten sie dadurch nicht veredeln.

Die dritte u. beiweitem brillantste Gruppe endlich war die extreme. Hier figurirten die ganz gedankenlosen Verschwender, jene „im Irrgarten der Liebe herumtaumelnden Kavaliere", welche zugleich den Zug frivoler Libertinage repräsentirten, der sich wie eine narkotische Liane durch die damalige Literatur schlang. Zu diesem Berufe wurden die jungen Herren schon frühzeitig mit der sogenannten „guten Conduite" ausgerüstet, d: h: sie mußten bei meist sehr zweideutigen u. abenteuernden Strolchen tantzen, fechten, reiten u. französisch sprechen lernen. Die Aeltern hatten vor lauter feiner

VII.3. Der Adel u. die Revolution

Lebensart u. gesellschaftlichen Pflichten weder Zeit noch Lust, sich um die langweilige Pädagogik zu kümmern, die eigentliche Erziehung war vielmehr gewöhnlich gewißenlosen oder unwißenden Ausländern von armer u. geringer „Extraction" überlaßen, die natürlich von ihren vornehmen Zöglingen in aller Weise düpirt wurden. Eine Anekdote aus dem Leben mag vielleicht am anschaulichsten andeuten, wie cavallierement sich dieses Verhältniß oft gestaltete. Einer dieser Jünglinge hatte einen zwar gewißenhaften, aber sehr pedantischen Mentor, der wohl nicht ohne Grund nächtliche Ausflüge argwöhnen mochte u. daher, wenn er Nachts im Garten eine ungewöhnliche Bewegung wahrnahm, jedesmal sich vorsichtig zum Fenster hinauszulehnen pflegte, um seinen Zögling zu belauern. Das war dem letztern schon längst störend u. verdrießlich gewesen; er machte daher einmal in seinem nächtlichen Versteck absichtlich ein verdächtiges Geräusch. Kaum aber hatte der Mentor den Kopf wieder aus dem Fenster gestreckt, als zwei, unten bereitstehende, als Spukgeister vermummte Lakaien ihm, ihrer Instruction gemäß, einen hölzernen Bogen über den Nacken warfen u. den Erschrockenen damit am Fensterbrett festklemmten, während ein Dritter ihm, zum großen Ergötzen der Schälke, mit einem langen Pinsel das gantze Gesicht einseifte.

Nach dergleichen Studien wurden dann die „jungen Herrschaften" mit ihrem automaten Hofmeister auf Reisen geschickt, um insbesondere auf der hohen Schule zu Paris sich in der Praxis der Galanterie zu vervollkommen. Da sie jedoch, bei Strafe der socialen Excommunication, nirgends mit dem Volke, sondern wieder nur in den Kreisen von Ihresgleichen verkehren durften, die sich damals überall zum Erschrekken ähnlich sahen, so ist es leicht begreiflich, daß sie auf allen ihren Fahrten nichts erfuhren u. lernten, u. regelmäßig ziemlich blasirt zurückkehrten. Und eben so natürlich machten sie nun zu Hause, um nur die unerträgliche Langeweile loszuwerden, die verzweifeltsten Anstrengungen, fuhren mit Heiducken, Laufern u. Kammerhusaren zu Besuch, rißen ihre alten Schlößer ein u. bauten sich lustig moderne Trianons. Allein das forcirte Lustspiel nahm gewöhnlich ein tragisches Ende, dem kurtzen Rausche folgte der moralische u. finanzielle Katzenjammer. So ein Lebenslauf verpuffte rasch wie ein prächtiges Feuerwerk mit Gepraßel, leuchtenden Raketen u. sprühenden Feuerrädern, bis zuletzt plötzlich nur noch die halbverbrannten dunklen Gerüste dastanden; u. das verblüffte Volk rieb sich die Blendung aus den Augen u. lachte auseinanderlauffend über den närrischen Spaß. – Der Spaß hatte jedoch auch seine sehr ernste Kehrseite, u. grade diese Gruppe hat dem Adel am empfindlichsten geschadet, wie denn überall liebenswürdiger Leichtsinn u. Unverstand gefährlicher ist als abstoßende Bosheit. Denn sie waren es vorzüglich, die nicht nur ihren eigenen Stand in schlimmen Ruf brachten, sondern auch in den unteren Schichten der Gesellschaft, die damals noch gläubig u. bewundernd zum Adel aufblickten, die Seuche der Glantz= u. Genußsucht verbreiteten. Sie haben zuerst die schöne Pietät des von Generation zu Generation fortgeerbten Grundbesitzes untergraben, indem sie denselben in ihrer beständigen Geldnoth durch verzweifelte Güterspeculationen zur gemeinen Waare machten. Und so legten sie unwillkürlich mit ihrem eigenen Erbe den Goldgrund zu der von ihnen höchst verachteten Geldaristocratie, die sie verschlang u. ihre Trianons in Fabriken verwandelte.

Glücklicherweise aber läßt sich das menschliche Walten nicht in einzelne Kapitel u. Paragraphen einfangen. Es versteht sich daher von selbst, daß die Gräntzen aller jener Gruppen, die hier nur des klareren Ueberblicks wegen so concentrirt u. scharf gesondert wurden, im Leben häufig ineinanderliefen. Am isolirtesten standen wohl die Prätentiösen durch ihre außerordentliche Langweiligkeit, die sie aller Welt als guten Geschmack aufdringen wollten. Am leichtesten dagegen sympathisirten die erste u. dritte Gruppe miteinander, denn die unbefangenen Landjunker besaßen eben noch hinreichenden Humor, um sich an dem Muthwillen u. den tollen Luftsprüngen ihrer extremen Standesgenoßen zu ergötzen, während die letzteren beständig das Bedürfniß immer neuer u. frappanterer Amüsements verspürten, u. sich von dem ewigen Nectar nach derberer Hausmannskost sehnten; es bestand zwischen Beiden ein stillschweigender Pact wechselseitiger Erfrischung. In allen Klaßen aber gab es noch Familien genug, die, gleichsam mit einem traditionellen Instinct, den alten Stammbaum frommer Zucht u. Ehrenhaftigkeit in den Stürmen u. Staubwirbeln der neuen Ueberbildung, wenn auch nicht zu regeneriren, doch wacker aufrechtzuhalten wußten; so wie eintzelne merkwürdige u. alle Standesschranken hoch überragende Charaktere, auf die wir weiterhin noch besonders zurückkommen wollen.

So ungefähr standen die Sachen in den letzten Decennien des vorigen Jahrhunderts. Es brütete, wie schon gesagt, eine unheimliche Gewitterluft über dem ganzen Lande, jeder fühlte, daß irgend etwas Großes im Anzuge sei, ein unausgesprochenes banges Erwarten, man wußte nicht von was, hatte mehr oder minder alle Gemüther beschlichen. In dieser Schwüle erschienen, wie immer vor nahenden Katastrophen, seltsame Gestalten u. unerhörte Abenteuerer, wie der Graf St: Germain, Cagliostro u. a:, gleichsam als Emißaire der Zukunft. Die ungewiße Unruhe, da sie nach außen nichts zu thun u. zu bilden fand, fraß immer weiter u. tiefer nach Innen; es kamen die Rosenkreutzer, die Illuminaten, man improvisirte allerlei private Geheimbünde für Beglückung u. Erziehung der Menschheit, wie wir sie Z:B: in Goethes „Wilhelm Meister" auf Lothario's Schloße sehen; albern u. kindisch, aber als Symptome der Zeit von prophetischer Vorbedeutung. Denn der Boden war längst von heimlichen Minen, welche die Vergangenheit u. Gegenwart in die Luft sprengen sollten, gründlich unterwühlt, man hörte überall ein spukhaftes unterirdisches Hämmern u. Klopfen, darüber aber wuchs noch lustig der Rasen, auf dem die fetten Heerden ruhig weideten. Vorsichtige Grübler wollten zwar schon manchmal gelinde Erdstöße verspürt haben, ja die Kirchen bekamen hin u. wieder bedenkliche Riße, allein die Nachbarn, da ihre Häuser u. Krämerbuden noch ganz unversehrt standen, lachten darüber, den guten Leuten im „Faust" vergleichbar, die beim Glase Bier vom fernen Kriege, weit draußen in der Türkei, behaglich discurriren.

Man kann sich daher heutzutage schwer noch einen Begriff machen von dem Schreck u. der ungeheuren Verwirrung, die der plötzliche Knalleffekt durch das ganze Philisterium verbreitete, als nun die Mine in Frankreich wirklich explodirte. Die Landjunker wollten gleich aus der Haut fahren u. den Pariser Drachen ohne Barmherzigkeit spießen u. hängen. Die Prätentiösen lächelten vornehm u. ungläubig, u. ignorirten den impertinenten Pöbelversuch, Weltgeschichte machen zu wollen; ja es galt eine geraume Zeit unter ihnen für plebejisch, nur davon zu sprechen. Die Extremen dagegen, die ohnedem zu Hause damals nicht viel mehr zu verlieren hatten, erfaßten die Revolution als ein ganz neues u. höchstpikantes Amüsement, u. stürtzten sich häufig kopfüber in den flammenden Krater. – Es ist überhaupt ein Irrthum, wenn man den Adel jener Zeit als die ausschließlich konservative Parthei bezeichnen will. Er hatte, wie wir gesehen, damals nur noch ein schwaches Gefühl u. Bewußtsein seiner ursprünglichen Bedeutung u. Bestimmung, eigentlich nur noch eine vage Tradition zufälliger Aeußerlichkeiten, u. folglich selbst keinen rechten Glauben mehr daran. Ueberdieß war das Neue in Deutschland noch keineswegs bis zum Volke gedrungen, es war lediglich eine Geheimwißenschaft der sogenannten gebildeten Klaßen, u. daher häufig von Adelichen vertreten. Unter ihnen befanden sich viele ernste u. hochgestimmte Naturen, die überall zuletzt den Ausschlag geben; aber grade diese, da sie die Unrettbarkeit des Alten einsahen, waren dem Neuen zugewandt. Und diese hatten den schlimmsten Stand. Den Landjunkern waren sie zu gelehrt u. durchaus unverständlich, den Prätentiösen zu bürgerlich, den Extremen zu schulmeisterlich; sie wurden von allen ihren Standesgenoßen als Renegaten desavouirt, was sie denn freilich in gewißem Sinne auch wirklich waren. Aus diesen Sonderbündlern sind später, als die Revolution zur That geworden, einige höchstdenkwürdige Charaktere hervorgegangen. So der rastlos unruhige Freiheitsfanatiker Baron Grimm, unabläßig wie ein Sturmwind die Flammen schürend u. wendend, bis sie über ihm zusammenschlugen u. ihn selbst verzehrten. So auch der berühmte Pariser Einsiedler, Graf Schlabrendorf, der in seiner Klause die gantze sociale Umwälzung wie eine große Welttragödie unangefochten, betrachtend, richtend u. häufig lenkend, an sich vorübergehen ließ. Denn er stand so hoch über allen Partheien, daß er Sinn u. Gang der Geisterschlacht jederzeit klar überschauen konnte, ohne von ihrem wirren Lärm erreicht zu werden. Dieser prophetische Magier trat noch jugendlich vor die große Bühne, u. als kaum die Katastrophe abgelauffen, war ihm der greise Bart bis an den Gürtel gewachsen.

Wenn auf den unwirthbaren Eisgipfeln der Theorie die Lawine fertig u. gehörig unterwaschen ist, so reicht der Flug eines Vogels, der Schall eines Wortes hin, um, Felsen u. Wälder entwurzelnd, das Land zu verschütten; u. dieses Wort hieß: Freiheit u. Gleichheit. Das Alte war in der allgemeinen Meinung aufeinmal zertrümmert, der goldene Faden aus der Vergangenheit gewaltsam abgerißen. Aber unter Trümmern kann niemand wohnen, es mußte nothwendig auf anderen Fundamenten neugebaut werden, u. von da ab begann das verzweifelte Experimentiren der vermeintlichen Staatskünstler, das noch bis heut die Gesellschaft in beständiger fieberhafter Bewegung erhält. Es wiederholte sich abermals der uralte Bau des Babylonischen Thurmes mit seiner ungeheueren Sprachenverwirrung, u. die Menschheit ging fortan in die verschiedenen Stämme der Conservativen, Liberalen u. Radikalen auseinander. Es waren aber vorerst eigentlich nur die Leidenschaften, die unter der Maske der Philosophie, Humanität oder sogenannten Unterthanentreue, wie Drachen mit Lindwürmen, auf Tod u. Leben gegen einander kämpften; denn die Ideen waren plötzlich Fleisch geworden, u. wußten sich in dem ungeschlachten Leibe durchaus noch nicht zurechtzufinden.

Faßen wir jedoch diesen Kampf der entfeßelten u. gährenden Elemente schärfer in's Auge, so bemerken wir den der Religion gegen die Freigeisterei, als das eigentlich bewegende Grundprinzip, offenbar im Vordertreffen, denn die Veränd-

VII.3. Der Adel u. die Revolution

rungen der religiösen Weltansicht machen überall die Geschichte. Hier aber war der Kampf zunächst ein sehr ungleicher. Der kleine Landadel trieb großentheils die Religion nur noch wie ein löbliches Handwerk, u. blamirte sich damit nicht wenig vor den weitausgreiffenden Fortschrittsmännern. Die vermeintlich gebildeteren Adelsklaßen dagegen, denen die Lächerlichkeit jederzeit als die unverzeihlichste Todsünde erschien, hatten, schon längst mit den freigeisterischen französischen Autoren heimlich fraternisirend, die neue Aufklärung als nothwendige Mode= u. Anstandssache, gleichsam als moderne Gasbeleuchtung ihrer Salons, stillschweigend bei sich aufgenommen, u. erschraken jetzt zu spät vor den ganz unanständigen Consequenzen, da ihre Franzosen plötzlich Gott abschafften u. die nackte Vernunft leibhaftig auf den Altar stellten. Wie aber sollten sie, so halbhertzig u. nachdem sie die rechte Waffe selbst aus der Hand gegeben, sich nun den ungestümen Drängern entgegenstemmen? Es konnte nicht anders sein: die neue Welt schritt über ihre gantz verblüfften Köpfe hinweg, ohne nach ihnen zu fragen. Christus galt fortan für einen ganz guten, nur leider etwas überspannten Mann, dem sich jeder Gebildete wenigstens vollkommen ebenbürtig dünkte. Es war eine allgemeine Seeligsprechung der Menschheit, die durch ihre eigene Kraft u. Geistreichigkeit kurtzweg sich selbst zu erlösen unternahm; mit Einem Wort: der vor lauter Hochmuth endlich tollgewordene Rationalismus, welcher in seiner praktischen Anwendung eine Religion des Egoismus proklamirte.

Hatte man aber hiermit Alles auf die subjektive Eigenmacht gestellt, so kam es natürlich nun darauf an, diese Eigenmacht auch wirklich zu einer Weltkraft zu entwickeln; u. daraus folgte von selbst der gewaltige Stoß der neuen Pädagogik gegen die alte Education. Diese war bisher weesentlich eine partikuläre Standeserziehung gewesen, das Individuum ging in seinem bestimmten Stande, alle Stände aber in der allgemeinen Idee des Christenthumes auf. Jetzt dagegen sollte auch hier die bloße Natur frei walten, jeder Knabe sollte seine subjektive Art oder Unart ungenirt herausbilden, gleichsam spielend sich selbst erziehn, man wollte lauter Roußeausche Emile, das Endziel war der „starke Mensch". Diese Emanzipation der Jugend vom alten Schulzwange hatte zunächst Basedow in die derbe Faust genommen, von deßen Deßauer Philanthropie Herder sagte: „Mir kommt Alles schrecklich vor; man erzählte mir neulich von einer Methode, Eichwälder in zehn Jahren zu machen; wenn man den jungen Eichen unter der Erde die Hertzwurtzeln nähme, so schieße Alles über der Erde in Stamm u. Aeste. Das gantze Arkanum Basedow's liegt, glaub' ich, darin, u. ihm möchte ich keine Kälber zu erziehen geben, geschweige Menschen." – Basedow war ein revolutionairer Rennommist, sein Nachfolger Campe ein zahmer Philister; jener hat diesen Realismus aufgebracht, Campe hat ihn für die Gebildeten zurechtgemacht u. Göthe das ganze Treiben in seinen „Wanderjahren" köstlich parodirt.

Allein solcher Umschwung macht sich nirgend so plötzlich, als die sich überstürzenden Pädagogen es wollten u. erwarteten. Namentlich die Gymnasien waren noch keineswegs nach der neuen Schablone zugeschnitten, u. es dauerte eine geraume Zeit, ehe hier der moderne Realismus neben dem alten Klaßizismus freundnachbarlich Platz nehmen konnte. Sie waren noch weit davon entfernt, jene Musterkarte von Vielwißerei zu bieten, die nur das eingebildete Halbwißen erzeugt, indem sie das fröhliche Argonautenschiff der Jugend, über seine natürliche Tragfähigkeit, mit einer ganz disparaten Ausrüstung belastet, von der dann gewöhnlich die Hälfte als unnützer Ballast wieder über Bord geworfen wird. Die protestantischen Gymnasien jener Zeit basirten noch weesentlich auf der Reformation, welche die Philologie als eine Weltmacht hingestellt hatte. Sie litten daher allerdings jetzt an einer, fast nur für künftige Profeßoren oder Theologen berechneten, philologischen Starrheit; haben aber in dieser einseitigen Gründlichkeit Außerordentliches geleistet u. eine Menge namhafter Gelehrten in die Welt gesandt. – Daßelbe kann man von den damaligen katholischen Gymnasien nicht rühmen. Diese befanden sich früher größtentheils in den Händen der Jesuiten, die eine mehr allgemeine Bildung mit einer gewißen klösterlichen Zucht u. Strenge gar wohl zu vereinigen wußten. Jetzt aber, nach Aufhebung des Ordens, sahen sie sich plötzlich von allen Seiten den Anfechtungen des tumultuarischen Zeitgeistes, u. zwar wehrlos, ausgesetzt. Denn die übriggebliebenen Exjesuiten, u. mit ihnen ihre alten Erziehungstraditionen, waren allmählich ausgestorben, u. die neuen Lehrkräfte, wie sie die veränderte Zeit durchaus erforderte, noch keineswegs herangebildet. Es entstand daher, bevor man sich nur erst einigermaßen orientirt hatte, nothwendig ein augenblicklicher Stillstand, eine sehr fühlbare hin u. her schwankende Unsicherheit u. schüchterne Nachahmung des protestantischen Weesens, die natürlich Anfangs ziemlich ungeschickt ausfallen mußte. Nur das fortdauernde Bedürfniß eines feierlichen Gottesdienstes erhielt hier noch lange Zeit eine ernste u. gründliche musikalische Schule, aus der mancher berühmte Künstler hervorgegangen ist. Die Schüler veranstalteten zwar noch immer zur Weihnachtszeit theatralische Vorstellungen, aber statt der früheren, mit aller würdigen Pracht ausgestatteten Aufführung geistlicher Schauspiele, wo man nicht selten kühn auf die Meisterwerke Calderons zurückgegriffen hatte, wurden jetzt alberne Stücke aus dem Kinderfreund, ja sogar Kotzebueaden gegeben. Auch ihre sogenannten Convicte bestanden noch, wirkten jedoch häufig störend durch den aristokratischen Unterschied zwischen den armen Freischülern |:Fundatisten:| u. den reichen Pensionairs, die fast ausschließlich dem Adel angehörten. Denn auch der Adel mußte nun, wenn er nicht von der Zukunft excludirt sein wollte, dem allgemeinen Zuge folgen. Das nach dem neuen Maaßstabe durchaus unzureichende Hauslehrer=Unwesen, sowie die Pariser Reisestudien hatten fast ganz aufgehört, der Offizierdienst reduzirte sich immer mehr erblich von Generation zu Generation auf bestimmte unbegüterte Militairfamilien, die jungen Kavaliere gingen auf die Gymnasien, wie die Andern. Ihre Erziehung war also keine spezifisch adeliche mehr, sondern mehr oder minder in die Volksschule aufgegangen.

Fast noch unmittelbarer berührte jedoch den Adel der gleichzeitig zur Herrschaft gelangte Kosmopolitismus, jener seltsame „Ueberall u. Nirgends", der in aller Welt, u. also recht eigentlich nirgend zu Hause war. Aus allen möglichen u. unmöglichen Tugenden hatte man für das gesammte Menschengeschlecht eine prächtige Bürgerkrone verfertigt, die auf alle Köpfe paßen sollte, als sei die Menschheit ein bloßes Abstractum u. nicht vielmehr ein lebendiger Föderativstaat der verschiedensten Völker=Individuen. Alle Geschichte, alles Nationale u. Eigenthümliche wurde sorgfältigst verwischt, die Schulbücher, die Romane u. Schauspiele predigten davon; was Wunder, daß die Welt es endlich glaubte! Der Adel aber war durchaus historisch, seine Stammbäume wurtzelten grade in dem Boden ihres speziellen Vaterlandes, der ihnen nun plötz-

lich unter den Füßen hinwegphilosophirt wurde. Diese barbarische Gleichmacherei, dieses Verschneiden des frischen Lebensbaumes nach Einem eingebildeten Maaße war die größte Sklaverei; denn was wäre denn die Freiheit anderes, als eben die möglichst ungehinderte Entwickelung der geistigen Eigenthümlichkeit?
Hiermit hing wesentlich auch das politische Dogma zusammen, wonach alle Laster, wie etwa jetzt den Jesuiten, dem Adel, alle Tugenden den niederen Ständen zugewiesen wurden. Wer erinnert sich nicht noch aus den damaligen Leihbibliotheken u. Theatern der falschen Minister, der abgefeimten Kammerherren, der Schaaren unglücklicher Liebender, die vom Ahnenstoltz unbarmherzig unter die Füße getreten werden, sowie andrerseits der edelmüthigen Eßighändler, biederen Förster u.s:w:, wovon Z:B: Schillers „Kabale u. Liebe" ein geistreiches Resümée giebt. Allein in der Wirklichkeit verhielt es sich anders als in den Leihbibliotheken; es war, nur unter verschiedenen Formen u. Richtungen, der Eine eben nicht beßer u. nicht schlimmer als der Andre. Der Bauernstoltz ist sprüchwörtlich geworden, u. die Bauern sind noch heutzutage die letzten Aristokraten vom alten Styl. Der Bürgerstand aber hatte längst dieselbe retrograde Bewegung gemacht, wie der Adel. Seine ursprüngliche Bedeutung u. Aufgabe war die Wiederbelebung der allmählich stagnirenden Gesellschaft durch neue bewegende Elemente, mit Einem Wort: die Opposition gegen den verknöcherten Aristokratismus. In seiner frischen Jugend daher, da er noch mit dem Ritterthum um die Weltherrschaft gerungen, athmete er wesentlich einen republikanischen Geist. Die Städte regierten u. vertheidigten sich selbst, ihre strenggegliederten Handwerker=Innungen waren zugleich eine kriegerische Verbrüderung zu Schutz u.

Trutz, u. die Handelsfahrten in die ferne Fremde erweiterten ihr geistiges Gebiet weit über den beschränkten Gesichtskreiß der einsam lebenden Ritter hinaus; da war überall ein rüstiges Treiben, Erfinden, Wagen, Bauen u. Bilden, wovon ihre Münster, sowie ihre welthistorische Hansa ein ewig denkwürdiges Zeugniß geben. Nachdem aber draußen die Burgen gebrochen u. somit die bewegenden Ideen der zu erobernden Reichsfreiheit abgenutzt u. verbraucht waren, fingen sie nach menschlicher Weise an, die materiellen Mittel, womit ihre jugendliche Begeisterung so Großes geleistet, als Selbstzweck zu betrachten; gleichwie sie ja auch in der Kunst nun die handwerksmäßigen Reimtabulaturen ihres Meistergesanges für Poesie nahmen. Und mit dieser gemeinen Herabstimmung hatten sie auch sich selbst schon aufgegeben, denn ihre Stärke war die Korporation, die Korporation aber ist nur stark durch den beseelenden Geist, der Alle dem Gantzen unterordnet u. keinen Egoismus duldet. Da aber, wie gesagt, dieser strenge Geist ihnen im Siegesrausch abhanden gekommen, so mußten nun wohl ihre großartigen Vereine in ihre eintzelnen Bestandtheile auseinanderfallen, u. jeder Theil in seinen bloßen Schein umschlagen; von ihrer lebendigen Gliederung blieb nur die pedantische Schablone, von ihrem fröhlichen Volksliede nur die Reimtabulatur übrig, ihre Stadtwehr wurde zur geputzten Schützengülde, die nach gemalten Feinden schoß, der alte Welthandel zur Kleinkrämerei. In ihrer schönen Jugendzeit hatten sie die Buchdruckerkunst um der Wißenschaft willen ersonnen, u. um Gottes willen Kirchen gebaut, an deren kühnen Pfeilern u. Thürmen die heutigen Geschlechter schwindelnd emporschauen. Jetzt bauten sie Fabricken u. Arbeiterkasernen, erfanden klappernde Maschinen zum Spinnen u. Weben, u., es ist offenbar, die Industrie wuchs zusehends weit u. breit. Aber wir dürfen uns keine Illusionen machen. Die Industrie an sich ist eine ganz gleichgültige Sache, sie erhält nur durch die Art ihrer Verwendung u. Beziehung auf höhere Lebenszwecke Werth u. Bedeutung.

So hatte also der Bürgerstand – deßen Seele die geistige Bewegung, oder wie wir es jetzt nennen würden: das Prinzip des beständigen Fortschritts war – sich kampfesmüde auf den goldnen Boden des Handwerks gelegt, u. die Städte waren allmählich aus einer Weltmacht eine Geldmacht geworden. Allein hierin war ihnen der Adel im Allgemeinen durch seinen großen Landbesitz noch immer bedeutend überlegen; sie hatten sich mit ihm auf denselben materiellen Boden gestellt, auf dem sie ihn unmöglich innerlich bewältigen konnten. Sie suchten daher nun äußerlich mit ihm zu rivalisiren, sie wollten nicht bloß frei u. reich, sondern auch vornehm sein. Das ist aber jederzeit ein höchstmißliches Unternehmen, denn um vornehm zu erscheinen, muß man, wie Göthe irgendwo sagt, wirklich vornehm, d: h: durch die allgemeine Meinung irgendwie bereits geadelt sein. Das forcirte Vornehmthun macht grade den entgegengesetzten Effect: „man merkt die Absicht, u. ist verstimmt"; wogegen das wirklich Vornehme sich durchaus bequem u. paßiv zeigt, als ein natürliches bloßes Ablehnen des Gemeinen bei völliger Unbekümmertheit um eine höhere Geltung, die sich ja schon ganz von selbst versteht. Es ist demnach sehr begreifflich, daß jene kleinliche Rivalität der Bürgerlichen, da sie auf der neuen Bühne die ihnen noch mangelnde Routine durch feierlichen Pathos zu ersetzen strebten, Anfangs noch ziemlich ungeschickt ausfallen mußte, u. daß der Adel seinerseits diese gewaltsamen u. pompösen Anstrengungen der „Ellenreiter" mit einer gewißen Schadenfreude belächelte.

Beides indeß, dieses Lächeln sowie jenes Großthun, nahm plötzlich ein Ende mit Schrecken, als gegen den Schluß des vorigen Jahrhunderts aufeinmal die ganze Aufklärung, die ächte u. die falsche, aus den Bücherschränken in alle Welt ausgefahren. Es handelte sich nun nicht mehr um dieß u. jenes, sondern um die gesammte Existenz, Satan sollte durch Beelzebub ausgetrieben werden, es war ein Krieg Aller gegen Alle. Der grobe Materialismus rang mit körperlosen Abstracten, die zärtliche Humanität fraternisirte mit der Bestialität des Freiheitspöbels, die dickköpfige Menschheit wurde mit Bluthunden zu ihrer neuen Glückseeligkeit gehetzt, u. Philosophie u. Aberglauben u. Atheismus rannten wild gegeneinander, so daß zuletzt in dem rasenden Getümmel niemand mehr wußte, wer Freund oder Feind. – Und in dieser ungeheueren Konfusion that der Adel grade das Allerungeschickteste. Anstatt die im Sturm umherflatternden Zügel kraft höherer Intelligenz kühn zu erfaßen, isolirte er sich stoltzgrollend u. meinte durch Haß u. Verachtung die eilfertige Zeit zu bezwingen, die ihn natürlich in seinem Schmollwinkel sitzen ließ. Aber nur die völlige Barbarei kann ohne Adel bestehen. In jedem Stadium der Civilisation wird es, gleichviel unter welchen Namen u. Formen, immer wieder Aristokraten geben, d: h: eine bevorzugte Klaße, die sich über die Maßen erhebt, um sie zu lenken. Denn der Adel |:um ihn bei dem einmal traditionell gewordenen Namen zu nennen:| ist, seiner unvergänglichen Natur nach, das ideale Element der Gesellschaft; er hat die Aufgabe, alles Große, Edle u. Schöne, wie u. wo es auch im Volke auftauchen mag, ritterlich zu wahren, das ewig wandelbare Neue mit dem ewig Bestehenden zu vermitteln u. somit erst wirklich lebensfähig zu machen. Mit romantischen Illusionen u. dem bloßen eigensinnigen Festhalten des Längstverjährten ist also hierbei gar nichts gethan. Dahin aber scheint der heutige Aristokratismus allerdings zu zielen, dem wir daher zum Valet wohlmeinend zurufen möchten:

> Printz Rococco, hast dir Gaßen
> Abgezirkelt fein von Bäumen,
> Und die Bäume scheeren laßen,
> Daß sie nicht vom Wald mehr träumen.
>
> Wo sonst nur gemein Gefieder
> Ließ sein bäurisch Lied erschallen,
> Muß ein Papagei jetzt bieder:
> Vivat Printz Rococco! lallen.
>
> Quellen, die sich unterfingen,
> Durch die Waldesnacht zu tosen,
> Läßst du als Fontainen springen
> Und mit goldnen Bällen kosen.
>
> Und bei ihrem sanften Rauschen
> Geht Damöt bebändert flöten,
> Und in Rosenhecken lauschen
> Daphnen frommentzückt Damöten.
>
> ———
>
> Printz Rococco, Printz Rococco,
> Laß' dir rathen, sei nicht dumm!
> In den Bäumen, wie in Träumen,
> Gehen Frühlingsstimmen um.

VII. ⟨Titel vielleicht: Erlebtes⟩

Springbrunn in dem Marmorbecken
Singt ein wunderbares Lied,
Deine Taxusbäume recken
Sehnend sich aus Reih u. Glied.

Daphne will nicht weiter schweifen
Und Damöt erschrocken schmält,
Können beide nicht begreifen,
Was sich da der Wald erzählt.

Laß' die Wälder ungeschoren,
Anders rauscht's, als du gedacht,
Sie sind mit dem Lenz verschworen,
Und der Lenz kommt über Nacht.

VII.4.⟩ <u>Halle und Heidelberg.</u>

Das vorige Jahrhundert wird mit Recht als das Zeitalter der Geisterrevolution bezeichnet. Allein damals wurden nur erst Parole u. Feldgeschrei ausgetheilt, es war nur der erste Ausbruch des großen Kampfes, der sich unter wechselnden Evolutionen an das neunzehnte Jahrhundert vererbt hat, u. noch bis heut nicht ausgefochten ist. Die deutschen Universitäten aber sind die Werbeplätze u. Uebungslager dieses von Generation zu Generation sich erneuernden Kriegsheeres. Von Wittenberg ging einst die Reformation aus, von Halle die Wolfsche Lehre, von Königsberg die Kantsche, von Jena die Fichtesche u. Schellingsche Philosophie; lauter unsichtbare Gedanken=Katastrophen, die einen wesentlichen u. entscheidenderen Einfluß auf das Gesammtleben ausgeübt haben, als sich die Staatskünstler träumen ließen.
Bekanntlich ist unser Jahrhundert unter dem Gestirn der Aufklärung geboren. Kant hatte soeben die philosophische Arbeit seiner Vorgänger streng geordnet u., da er dieselbe in seiner großartigen Wahrheitsliebe für das Ganze als unzureichend erkannte, die Welt lieber sogleich in zwei Provinzen getheilt: in die durch menschliche Erfahrung wahrnembare, die er sich glorreich eroberte, u. in die terra incognita des Unsichtbaren, die er mit der, nur dem Genie eigenen heiligen Scheu auf sich beruhen ließ. Seine Schüler aber wollten klüger sein als der Meister, u. <u>Alles</u> aufklären; eine Art chinesischer Schönmalerei ohne allen Schatten, der doch das Bild erst wahrhaft lebendig macht. Sie setzten daher nun ihren lichtseligen Verstand ganz allgemein als alleinigen Weltbeherrscher ein; es sollte fortan nur noch einen Vernunftstaat, nur Vernunftreligion, Vernunftpoesie u.s:w: geben. Da jedoch

jene zweite dunkle Provintz höchstunvernünftig mit ihrer Phantasie, mit ihrem Glauben, ihren Volksgefühlen u. Traditionen gegen dieses usurpirte Regiment, zu rebelliren unternahm, so machten sie sich's bequem, indem sie das Geheimnißvolle u. Unerforschliche, das sich durch das ganze menschliche Dasein hindurchzieht, ohne weiteres als störend und überflüssig negierten. Kein Wunder demnach, daß das deutsche Leben und das deutsche Reich, das grade auf diesen unsichtbaren Fundamenten vorzugsweise geruht, sich nun nach allen Seiten hin bedenklich senkte und zuletzt so lebensgefährliche Risse bekam, daß es von Polizei wegen abgetragen werden mußte. Und so war denn in der Tat der ganze alte Bau schon im Anfange unseres Jahrhunderts in sich zusammengebrochen; der Sturm der französischen Revolution und der nachfolgenden Fremdherrschaft hat nur den unnützen Schutt auseinandergefegt.
Allein auf freiem Felde können dauernd nur Wilde wohnen, über die man sich bei aller Naturvergötterung doch so unendlich erhaben fühlte. Das begriffen alle, und so entstand damals sofort ein unerhörtes Treiben, Klopfen, Hämmern und Richten, als wäre alle Welt plötzlich Freimaurer geworden. Aber der Neubau förderte nicht, weil sie über Fundament, Grund= und Aufriß fortwährend untereinander zankten. Am geschäftigsten und vergnügtesten nämlich zeigten sich zunächst die alten zähen Enzyklopädisten, die jetzt auf dem völlig kahlgefegten Bauplatze endlich ganz freie Hand hatten. Diese wußten wirklich nicht, daß seit Erschaffung der Erde schon mancherlei Bemerkenswertes darauf sich zugetragen; sie wollten daher schlechterdings die Welt ganz von neuem anfangen und abstrakt konstruieren. Als Material hierzu trockneten sie vorerst alle Seelenkräfte auf, um sie in ihren philosophischen

Herbarien gehörig zu klassifizieren, und daraus gingen damals die zahllosen neuen Gesetzbücher mit ihren Urrechten und Menschenveredelungen hervor. Sie waren, was sie freilich am wenigsten sein wollten, eigentlich gutmütige Phantasten, wie ja jederzeit grade bei den Nüchternsten das bißchen defekte Phantasie am häufigsten überschnappt, welches der gesunden nicht leicht begegnet. Es ist hiernach auch sehr begreiflich, daß in dieser alles verwischenden Gleichmacherei ohne Nationalität und Geschichte ein kühner Geist, wie Napoleon, den Gedanken einer ganz gleichförmigen europäischen Universalmonarchie fassen konnte.

Aber diesen Transzendentalen gegenüber oder vielmehr direkt entgegen arbeiteten gleichzeitig ganz andere Bauleute: die Freischar der Romantiker, die in Religion, Haus und Staat auf die Vergangenheit wieder zurückgingen; also eigentlich die historische Schule. Das deutsche Leben sollte aus seinen verschütteten geheimnisvollen Wurzeln wieder frisch ausschlagen, das ewig Alte und Neue wieder zu Bewußtsein und Ehren kommen. – Da jedoch beide Parteien einander keineswegs hinreichend gewachsen waren, so nahm bei solchem Stoß und Gegenstoß späterhin die ganze Sache eine diagonale Richtung. Es entstand die aus beiden widerstrebenden Elementen wunderlich komponierte moderne Vaterländerei; ein imaginäres Deutschland, das weder recht vernünftig, noch recht historisch war.

Alle diese verschiedenen Richtungen waren natürlich vorzugsweise und in möglichster Konzentration auch auf den deutschen Universitäten repräsentiert. Namentlich in dem ersten Dezennium unseres Jahrhunderts bildeten dort die obenerwähnten Abstrakten, meist halbverkommene Kantianer, durchaus noch die tonangebende Majorität. Die Philosophen setzten in ihrer Logik, wie wenn man beim Lesen erst wieder buchstabieren sollte, umständlich auseinander, was sich ganz von selbst verstand; die Theologen lehrten eine elegante Aufklärungsreligion; die Juristen ein sogenanntes Naturrecht, das nirgends galt und niemals gelten konnte. Nur etwa die Lehrer des römischen Rechts machten hie und da eine auffallende Ausnahme, weil der Gegenstand sie zwang, sich in das Positive einer großartigen Vergangenheit zu vertiefen. Es ist bekannt, wie Bedeutendes Thibaut auf diesem Felde geleistet und wie der mild=ernste Savigny, der überdies niemals in dieser Reihe gestanden, grade damals sich überall neue Bahnen gebrochen hat. Jene halbinvaliden und philosophischen Handwerker dagegen, da sie an sich so wenig Anziehungskraft besaßen, suchten nun mit allerlei schlauen Kunststücken zu werben; die Derbsten unter ihnen durch zum Teil sehr schmutzige Witze und Späße, die alljährlich bei demselben Paragraphen wiederkehrten; die vornehmeren, zumal wenn sie heiratslustige Töchter hatten, durch intime Soireen und Plaudertees, um die bärtigen Burschen zu zivilisieren. Und das gelang auch ganz vortrefflich, denn zu ihnen hielt in der Tat beiweitem die Mehrzahl der jungen Leute, nämlich alle die unsterblichen Bettelstudenten, wie man sie billigerweise nennen sollte, da sie bloß auf Brot studieren. Es war wahrhaft rührend anzusehen, wie da in den überfüllten Auditorien in der schwülen Atmosphäre der entsetzlichsten Langeweile Lehrer und Schüler um die Wette verzweiflungsvoll mit dem Schlummer rangen, und dennoch überall die Federn unermüdlich fortschwirrten, um die verschlafene Wissenschaft zu Papier zu bringen und in sauberen Heften gewissenhaft heimzutragen.

VII.4. Halle und Heidelberg

Allein nebenher ging auch noch ein anderer geharnischter Geist durch diese Universitäten. Sie hatten vom Mittelalter noch ein gut Stück Romantik ererbt, was freilich in der veränderten Welt wunderlich und seltsam genug, fast wie Don Quixote, sich ausnahm. Der durchgreifende Grundgedanke war dennoch ein kerngesunder: der Gegensatz von Ritter und Philister. Stets schlagfertige Tapferkeit war die Kardinaltugend des Studenten, die Muse, die er oft gar nicht kannte, war seine Dame, der Philister der tausendköpfige Drache, der sie schmählich gebunden hielt, und gegen den er daher, wie der Maltheser gegen die Ungläubigen, mit Faust, List und Spott beständig zu Felde lag; denn die Jugend kapituliert nicht und kennt noch keine Konzessionen. Und gleichwie überall grade unter Verwandten – weil sie durch gleichartige Gewohnheiten und Prätensionen einander wechselseitig in den Weg treten – oft die grimmigste Feindschaft ausbricht, so wurde auch hier aller Philisterhaß ganz besonders auf die Handwerksburschen (Knoten) gerichtet. Wo diese etwa auf dem sogenannten breiten Steine (dem bescheidenen Vorläufer des jetzigen Trottoirs) sich betreten ließen, oder gar Studentenlieder anzustimmen wagten, wurden sie sofort in die Flucht geschlagen. Waren sie aber vielleicht in allzu bedeutender Mehrzahl, so erscholl das allgemeine Feldgeschrei: Burschen heraus! Da stürzten, ohne nach Grund und Veranlassung zu fragen, halbentkleidete Studenten mit Rappieren und Knütteln aus allen Türen, durch den herbeieilenden Sukkurs des nicht minder rauflustigen Gegenparts wuchs das improvisierte Handgemenge von Schritt zu Schritt, dichte Staubwirbel verhüllten Freund und Feind, die Hunde bellten, die Häscher warfen ihre Bleistifte (mit Fangeisen versehene Stangen) in den verwickelten Knäuel; so wälzte sich der Kampf oft mitten in der Nacht durch Straßen und Gäßchen fort, daß überall Schlafmützen erschrocken aus den Fenstern fuhren und hie und da wohl auch ein gelocktes Mädchenköpfchen in scheuer Neugier hinter den Scheiben sichtbar wurde.

Die damaligen Universitäten hatten überhaupt noch ein durchaus fremdes Aussehen, als lägen sie außer der Welt. Man konnte kaum etwas Malerischeres sehen, als diese phantastischen Studententrachten, ihre sangreichen Wanderzüge in der Umgebung, die nächtlichen Ständchen unter den Fenstern imaginärer Liebchen; dazu das beständige Klirren von Sporen und Rappieren auf allen Straßen, die schönen jugendlichen Gestalten zu Roß, und alles bewaffnet und kampfbereit wie ein lustiges Kriegslager oder ein permanenter Mummenschanz. Alles dies aber kam erst zu rechter Blüte und Bedeutsamkeit, wo die Natur, die ewig jung, auch am getreusten zu der Jugend hält, selber mitdichtend studieren half. Wo, wie z. B. in Heidelberg, der Waldhauch von den Bergen erfrischend durch die Straßen ging und nachts die Brunnen auf den stillen Plätzen rauschten, und in dem Blütenmeer der Gärten rings die Nachtigallen schlugen, mitten zwischen Burgen und Erinnerungen einer großen Vergangenheit; da atmete auch der Student freier auf und schämte vor der ernsten Sagenwelt sich der kleinlichen Brotjägerei und der kindischen Brutalität. Wie großartig im Vergleich mit anderen Studentengelagen war namentlich der Heidelberger Kommers, hoch über der Stadt auf der Altane des halbverfallenen Burgschlosses, wenn rings die Täler abendlich versunken, und von dem Schlosse nun der Widerschein der Fackeln die Stadt, den Neckar und die drauf hingleitenden Nachen beleuchtete, die freudigen Burschenlieder dann wie ein Frühlingsgruß durch die träumerische Stille hinzogen und Wald und Neckar wunderbar mitsangen. – So

VII.4. Halle und Heidelberg

war das ganze Studentenwesen eigentlich ein wildschönes Märchen, dem gegenüber die übrige Menschheit, die altklug den Maßstab des gewöhnlichen Lebens daran legte, notwendig, wie Sancho Pansa neben Don Quixote, philisterhaft und lächerlich erscheinen mußte.

In jener Zeit brütete äußerlich noch ein unheimlicher Frieden über Deutschland, aber die prophetischen Gedanken, die den Krieg bedeuten, arbeiteten gebunden in jeder Brust, und suchten sich überall in wunderlichen Geheimbünden Luft zu machen. Auch auf den Universitäten bestanden dergleichen Ordensverbindungen, noch ohne speziell politischen Beischmack, bloß auf allgemeine humanistische Zwecke gerichtet, mit allerlei abenteuerlichen Symbolen, furchtbaren Eiden und rasselndem Heldenschmuck, wie man es damals in den vielen Ritterromanen fand. Bestand auch ihr Hauptreiz eben nur in ihrer Heimlichkeit, die Sache war doch ehrlich, bitterernst und für die ganze Lebenszeit gemeint. Als aber jene humanistischen Ideen nach und nach abgenutzt, und alle Lebensverhältnisse immer matter wurden, da trat auch hier an die Stelle der strengen Orden die laxere Observanz der Landsmannschaften. Wie man draußen in der Philisterwelt nun mit dem Anstand statt der Tugend sich begnügte, so gingen auch diese Landsmannschaften eigentlich nur auf den Schein des Seins, auf den bloßen „Komment". Gegen eine nähere Verbrüderung der speziellen Landsleute, obgleich im allgemeinen beengend und einseitig, ließ sich im Grunde nicht viel einwenden. Allein dies war nicht einmal der Fall bei ihnen, sie warben eifersüchtig auch aus anderen Provinzen und verfolgten die eigenen Landsleute, wenn sie sich ihrem Zwange nicht unterwerfen mochten. Und da mithin hier die rechte sittliche Grundlage fehlte, dieses Treiben vielmehr, wie schon der selbstgewählte fade Name „Kränzchen" andeutet, sich lediglich auf der Oberfläche geselliger Verhältnisse bewegte; so artete das Ganze sehr bald in bloßes Dekorationswesen, in ein pedantisches Systematisieren der Jugendlust aus; Mut, Fröhlichkeit, Tracht, Trinken, Singen, alles hatte seine handwerksmäßige Tabulatur, das unwürdige Prellen und Pressen der „Füchse" war ein löbliches Geschäft, Sittenlosigkeit und affektierte Roheit eine besondere Auszeichnung, und es ist hiernach leicht erklärlich, daß grade ihre Matadore im späteren Leben oft die stattlichsten Philister wurden. Mit der inneren Hohlheit aber wuchs die Prätension, sie knechteten die akademische Freiheit, indem jeder nur auf ihre Weise frei sein sollte, und so währte noch langehin ein gewaltiges Ringen zwischen ihnen und den alternden Orden; ein Kampf, der in einzelnen Fällen mit einer heroischen Aufopferung geführt wurde, die wohl eines größeren Zieles würdig gewesen wäre. So faßte z. B. einst ein hervorragendes Ordensmitglied den kühnen Gedanken sich unerkannt mitten in das feindliche Lager zu begeben, um durch Überredung, Rat und Tat die Gegenpartei zu den Seinigen herüberzuführen. Er hatte sich auch wirklich bereits zum Senior einer Landsmannschaft heraufgeschwungen, und der abenteuerliche Plan wäre fast geglückt, als feiger Verrat alles zu früh aufdeckte, und er nun in zahllosen Zweikämpfen sich durch sämtliche Landsmannschaften wieder herausschlagen mußte, was allerdings ein Kampf auf Tod und Leben war. Das mag uns in gesetzteren Jahren jetzt unnütz und kindisch erscheinen; es war aber immerhin eine Vorschule bedeutender Charaktere, die, wie wir wissen, zur Zeit der Not und als es höhere Dinge galt, sich als tüchtig bewährt haben.

So war in der Tat auf den Universitäten eine gewisse mittelalterliche Ritterlichkeit niemals völlig ausgegangen und selbst in jener Verzerrung und Profanation noch erkennbar. Unter allen diesen Jünglingen aber bildeten die eigentlichen, die, <u>literarischen</u> Romantiker wiederum eine ganz besondere Sekte. – Die allgemeine Stimmung oder vielmehr Verstimmung war schon seit langer Zeit so prosaisch geworden, daß jeder romantische Anflug für ein Sakrilegium gegen den gesunden Menschenverstand gehalten und höchstens als ein barocker Jugendstreich noch toleriert wurde. Der schwere Proviantwagen der Brotwissenschaften bewegte sich langsam in dem hergebrachten Geleise eines hölzernen Schematismus, die Religion mußte Vernunft annehmen und beim Rationalismus in die Schule gehn, die Natur wurde atomistisch wie ein toter Leichnam zerlegt, die Philologie vergnügte sich gleich einem kindisch gewordenen Greise mit Silbenstechen und endlosen Variationen über ein Thema, das sie längst vergessen, die bildende Kunst endlich brüstete sich mit einer sklavischen Nachahmung der sogenannten Natur. Die Kraftgenies in den achtziger Jahren des vorigen Jahrhunderts hatten durch ihre Übertreibung und lärmende Renommisterei das Übel eigentlich nur noch schlimmer und unheilbarer gemacht, indem sie in vollem Burschenwichs ohne weiteres aus der Universität in die Welt hinaussprengten und Leben und Literatur burschikos einrichten wollten, was natürlicherweise einen allgemeinen Landsturm der Gelehrten gegen die Freibeuter auf die Beine brachte. Zwar hatten Lessing, Hamann und Herder nach den verschiedensten Richtungen hin schon Blitze und Leuchtkugeln dazwischengeschleudert. Allein Lessings kritische Blitze waren nur kalte Schläge, und da sie nicht zündeten, meinte jeder, es gelte den Nachbar, und hielt ihn getrost für den Seinigen. Herder dagegen trug aus aller Welt herrliche Bausteine zusammen, als es aber ans Bauen kam, war er inzwischen alt und müde geworden, sein Leben und Wirken blieb ein großartiges Fragment; und Hamanns Geisterstimme verklang unverstanden in den Wolken. Auch in der Poesie hatten Goethe und Schiller bereits den neuen Tag angebrochen, aber sie hatten noch keine Gemeinde. Das Wetterleuchten dieser Genien, obgleich den Frühling andeutend und vorbereitend, blendete und erschreckte vielmehr im ersten Augenblick die Menge; man hörte überall die Sturmglocken gehn, niemand aber wußte, ob und wo es brennt, die einen wollten löschen, die anderen schüren, und so entstand die allgemeine Konfusion, womit das neunzehnte Jahrhundert debütierte.

Da standen unerwartet und fast gleichzeitig mehrere gewaltige Geister in bisher ganz unerhörter Rüstung auf: Schelling, Novalis, die Schlegels, Görres, Steffens und Tieck. <u>Schelling</u> mit seiner kleinen Schrift über das akademische Studium, worin er den geheimnisvollen Zusammenhang in den Erscheinungen der Natur sowie in den Wissenschaften andeutete, warf den ersten Feuerbrand in die Jugend; gleich darauf suchten andere diese pulsierende Weltseele in den einzelnen Doktrinen nachzuweisen: Werner in der Geologie, Creuzer im Altertum und dessen Götterlehre, Novalis in der Poesie. Es war, als sei überall, ohne Verabredung und sichtbaren Verein, eine Verschwörung der Gelehrten ausgebrochen, die auf einmal eine ganz neue wunderbare Welt aufdeckte.

Am auffallendsten wohl zeigte sich die Verwirrung, welche diese plötzliche Revolution anrichtete, auf der damals frequentesten Universität: in <u>Halle</u>, weil dort das heterogenste Material auch den entschiedensten Kampf provozierte. Hier trennte sich alles in zwei Hauptlager: in das stabile der Halbinvaliden, und das bewegliche des neuen Freikorps, während das letztere wieder in mehrere verschiedenartige Gruppen zerfiel, welche aber von der Jugend, die noch nicht so ängstlich sondert, unter den Begriff der Romantik zusammengefaßt wurden. An der Spitze der Romantiker stand <u>Steffens</u>. Jung, schlank, von edler Gesichtsbildung und feurigem Auge, in begeisterter Rede kühn und wunderbar mit der ihm noch fremden Sprache ringend, so war seine Persönlichkeit selbst schon eine romantische Erscheinung, und zum Führer einer begeisterungsfähigen Jugend vorzüglich geeignet. Sein freier Vortrag hatte durchaus etwas Hinreißendes durch die dichterische Improvisation, womit er in allen Erscheinungen des Lebens die verhüllte Poesie mehr divinierte, als wirklich nachwies. Am unmittelbarsten mußte diese Naturphilosophie begreiflicherweise die Mediziner berühren, unter denen die besseren Köpfe sich jetzt von der bisherigen Empirie zu dem ritterlichen <u>Reil</u> und zu <u>Froriep</u> wandten, die überall auf das geheimnisvolle Walten höherer Naturkräfte hindeuteten. – Eine andere Gruppe wieder bildeten die jungen Theologen, welche sich um <u>Schleiermacher</u> scharten. Dieser merkwürdig komponierte Geist schien, seiner ursprünglichen stachelichten Anlage nach zum Antipoden der Romantik geeignet; und doch hielt er wacker zu ihr, und hat auf demselben platonischen Wege der Theologie, die damals zum Teil in toten Formeln, zum Teil in fader Erfahrungsseelenlehre sich erging, wieder Gemüt erobert; eine Art von geharnischtem Pietismus, der mit scharfer Dialektik alle Sentimentalität männlich zurückwies. – Am entferntesten wären vielleicht die Philologen geblieben, hätte nicht <u>Wolf</u>, obgleich persönlich nichts weniger als Romantiker, hier wider Wissen und Willen die Vermittelung übernommen durch den divinatorischen Geist, womit er das ganze Altertum wieder lebendig zu machen wußte, sowie durch eine geniale Humoristik und den schneidenden Witz, mit dem der stets Streitlustige gegen Schütz und andere, welche die Alten noch immer mumienhaft einzubalsamieren fortfuhren, fast in dramatischer Weise beständig zu Felde lag. – Zwischen diese Gruppen klemmte sich endlich noch eine ganz besondere Spezies von Philosophen herein, die den unmöglichen Versuch machte, die Kantsche Lehre ins Romantische zu übersetzen. Hierher gehörte Professor Kayßler, ein ehemaliger katholischer Priester, der geheiratet, und nun, gleichsam zur Rechtfertigung dieses abenteuerlichen Schrittes, sich eine noch abenteuerlichere Philosophie erfunden hatte. Er hatte es indes als doppelter Renegat mit den Kantianern wie mit den Romantikern verdorben; seine trockenen, abstrusen Vorträge fanden fast nur unter seinen schlesischen Landsleuten geringen Anklang, und wir wollten ihn hier bloß nennen, um das Bild der damaligen elementarischen Gärung möglichst zu vervollständigen. – Gegenüber allen diesen neuen Bestrebungen lag aber die breite schwere Masse der Kantschen Orthodoxen und der Stockjuristen, sämtlich von dem wohlfeilen Kunststück vornehmen Ignorierens fleißig Gebrauch machend; unter den letzteren einerseits Schmaltz, der nachherige Geheimrat der Demagogenjäger, der die Kantsche Philosophie, die er vor kurzem sich in Königsberg geholt, auf seine faselige Weise elegant zu machen suchte; andrerseits Dabelow, König, Woltaer u. a., die von der Philosophie überhaupt nichts wußten.

Übrigens stand Halle, so unfreundlich auch die Stadt und ein großer Teil ihrer Umgebung ist, in jener Zeit noch in mancherlei lokalem Rapport mit der romantischen Stimmung. Der

VII.4. Halle und Heidelberg

nahe Gibichenstein mit seiner Burgruine, an die sich die Sage von Ludwig dem Springer knüpft, war damals noch nicht modern englisiert und eingehegt, wie jetzt, und bot in seiner verwilderten Einsamkeit eine ganz artige Werkstatt für ein junges Dichterherz. Wer als Jüngling von dieser Höhe hinabgeblickt, und sie im Alter nach vielen Jahren wiedersieht, dem wird vielleicht dabei ungefähr zu Mute sein, wie dem Autor nachstehenden Liedchens:

> Da steht eine Burg über'm Tale
> Und schaut in den Strom hinein,
> Das ist die fröhliche Saale,
> Das ist der Gibichenstein.
>
> Da hab' ich so oft gestanden,
> Es blühten Täler und Höh'n,
> Und seitdem in allen Landen
> Sah ich nimmer die Welt so schön!
>
> Durchs Grün da Gesänge schallten,
> Von Rossen, zu Lust und Streit,
> Schauten viel' schlanke Gestalten
> Gleichwie in der Ritterzeit.
>
> Wir waren die fahrenden Ritter,
> Eine Burg war noch jedes Haus,
> Es schaute durchs Blumengitter
> Manch schönes Fräulein heraus.
>
> Das Fräulein ist alt geworden,
> Und unter Philistern umher

Zerstreut ist der Ritterorden,
Kennt keiner den andern mehr.

Auf dem verfallenen Schlosse,
Wie der Burggeist, halb im Traum,
Steh' ich jetzt ohne Genossen
Und kenne die Gegend kaum.

Und Lieder und Lust und Schmerzen,
Wie liegen sie nun so weit –
O Jugend, wie tut im Herzen
Mir deine Schönheit so leid.

Völlig mystisch dagegen erschien gar vielen der am Gibichenstein ⟨g⟩elegene Reichhardsche Garten mit seinen geistreichen und schönen Töchtern, von denen die eine Goethesche Lieder komponierte, die andere sogar Steffens' Braut war. Dort aus den geheimnisvollen Bosketts schallten oft in lauen Sommernächten, wie von einer unnahbaren Zauberinsel, Gesang und Gitarrenklänge herüber; und wie mancher junge Poet blickte da vergeblich durch das Gittertor, oder saß auf der Gartenmauer zwischen den blühendn Zweigen die halbe Nacht, künftige Romane vorausträumend. – Nicht allzu fern davon aber, um auch in dieser Beziehung die Gegensätze zu vervollständigen, bewohnte Lafontaine ein idyllisches Landhaus. Man erzählte von ihm, daß er selbst an seinen schlechten Romanen eigentlich am wenigsten schuld sei, daß ihn vielmehr seine Verleger von Zeit zu Zeit nach Berlin verlockten und dort so lange gleichsam eingesperrt hielten, bis er einen neuen dikken Roman fertig gemacht; was er denn, um nur wieder freizukommen, jedesmal mit unglaublicher Geschwindigkeit

VII.4. Halle und Heidelberg

besorgt habe. Und hiemit stimmte in der Tat auch seine ganze äußere Erscheinung. Es war ein bequemer, freundlicher, lebensfroher Mann, der jetzt, da die Zeit seine Sentimentalität quiesziert hatte, sich getrost auf das Übersetzen alter Klassiker verlegte, und wie ein harmloser Revenant unter der verwandelten Generation umherging.

Von nicht geringer Bedeutsamkeit war auch die Nähe von Lauchstädt, wo die Weimarschen Schauspieler während der Badesaison Vorstellungen gaben. Diese Truppe war damals in der Tat ein merkwürdiges Phänomen, und hatte unter Goethes und Schillers persönlicher Leitung wirklich erreicht, was späterhin andere, z. B. Immermann in Düsseldorf, vergeblich anstrebten, nämlich das Theater zu einer höheren Kunstanstalt und poetischen Schule des Publikums emporzuheben. Sie hatten allerdings, und wir möchten fast hinzufügen: glücklicherweise, keine eminent hervorragenden Talente, die durch das Hervortreten einer übermächtigen Persönlichkeit so oft die Harmonie des <u>Ganzen</u> mehr stören als fördern, gleichwie die sogenannten schönen Stellen noch lange kein Gedicht machen. Aber sie hatten, was damals überall fehlte, ein künstlerisches Zusammenspiel. Denn eben jener höhere Aufschwung der waltenden Intentionen hob alle gleichmäßig über das Gewöhnliche und schloß das Gemeine oder Mittelmäßige von selbst aus; jeder hatte ein intimeres Verständnis seiner Kunst und seiner jedesmaligen Aufgabe, und ging daher mit Lust und Begeisterung ans Werk. Und so durften sie wagen, was den berühmtesten Hoftheatern bei unverhältmäßig größeren Kräften damals noch gar nicht in den Sinn kam. Mitten in der allgemeinen Misere der Kotzebueaden und Iffländerei eroberten sie sich kühn ganz neue Provinzen; gleichsam die Tragweite der Kunstwerke und des Publikums nach allen Seiten hin prüfend, brachten sie Calderon auf die Bühne, gaben den Alarcos und den Jon der Schlegel, Brentanos Ponce de Leon usw. – Man kann leicht denken, wie sehr dieses Verfahren grade das empfänglichste und dankbarste Publikum der Studenten enthusiasmieren mußte. Die Komödienzettel kamen des Morgens schon, gleich Götterboten, nach Halle herüber, und wurden, wie später etwa die politischen Zeitungen und Kriegsbulletins, beim „Kuchenprofessor" eifrigst studiert. War nun eines jener literarischen Meteore oder ein Stück von Goethe oder Schiller angekündigt, so begann sofort eine wahre Völkerwanderung zu Pferde, zu Fuß, oder in einspännigen Kabriolets, nicht selten einer großen Retirade mit lahmen Gäulen und umgeworfenen Wägen vergleichbar, niemand wollte zurückbleiben, die Reicheren griffen den Unbemittelten mit Entrée und sonstiger Ausrüstung willig unter die Arme, denn die Sache wurde ganz richtig als eine Nationalangelegenheit betrachtet. In Lauchstädt selbst aber konnte man, wenn es sich glücklich fügte, Goethe und Schiller oft leibhaftig erblicken, als ob die olympischen Götter wieder unter den Sterblichen umherwandelten. Und außerdem gab es dort auch vor und nach der Theatervorstellung, in der großen Promenade noch eine kleine Weltkomödie, in welcher, wenigstens in den Augen der jüngeren Damen, die Studenten selbst die Heldenrollen spielten. Diese fühlten sich hier überhaupt wahrhaft als Musensöhne, es war ihnen zu Mute, als sei dies alles eigentlich nur ihretwegen veranstaltet; und sie hatten im Grunde Recht, da sie vor allen andern das rechte Herz dazu mitbrachten.

Dieses althallesche Leben aber wurde im Jahre 1806 beim Zusammensturz der preußischen Monarchie unter ihren Trümmern mit begraben. Die Studenten hatten unzweideutig Miene gemacht, sich in ein bewaffnetes Freikorps zusammenzutun. Napoleon, dem hier zum ersten Male ein Symptom ernsteren Volkswillens gleichsam prophetisch warnend entgegentrat, hob daher zornentbrannt die Universität auf, die Studenten wurden mit unerhörtem Vandalismus plötzlich und unter großem Wehgeschrei der Bürger nach allen Weltgegenden auseinandergetrieben und mußten, ausgeplündert und zum Teil selbst der nötigen Kleidungsstücke beraubt, sich einzeln nach Hause betteln. – Wunderbarer Gang der Weltgerichte! Dieselben vom übermütigen Sieger in den Staub getretenen Jünglinge sollten einst siegreich in Paris einziehen.

Der Geist einer bestimmten Bildungsphase läßt sich nicht aufheben, wie eine Universität. Was wir vorhin als das Charakteristische jener Periode bezeichnet: die Opposition der jungen Romantik gegen die alte Prosa war keineswegs auf Halle beschränkt, sondern ging wie ein unsichtbarer Frühlingssturm allmählich wachsend durch ganz Deutschland. Insbesondere aber gab es dazumal in Heidelberg einen tiefen, nachhaltenden Klang. Heidelberg ist selbst eine prächtige Romantik; da umschlingt der Frühling Haus und Hof und alles Gewöhnliche mit Reben und Blumen, und erzählen Burgen und Wälder ein wunderbares Märchen der Vorzeit, als gäb' es nichts Gemeines auf der Welt. Solch' gewaltige Szenerie konnte zu allen Zeiten nicht verfehlen, die Stimmung der Jugend zu erhöhen und von den Fesseln eines pedantischen Komments zu befrein; die Studenten tranken leichten Wein anstatt des schweren Bieres, und waren fröhlicher und gesitteter zugleich als in Halle. Aber es trat grade damals in

Heidelberg noch eine ganz besondere Macht hinzu, um jene glückliche Stimmung zu vertiefen. Es hauste dort ein einsiedlerischer Zauberer, Himmel und Erde, Vergangenheit und Zukunft mit seinen magischen Kreisen umschreibend – das war <u>Görres</u>.
Es ist unglaublich, welche Gewalt dieser Mann, damals selbst noch jung und unberühmt, über alle Jugend, die irgend geistig mit ihm in Berührung kam, nach allen Richtungen hin ausübte. Und diese geheimnisvolle Gewalt lag lediglich in der Großartigkeit seines Charakters, in der wahrhaft brennenden Liebe zur Wahrheit und einem unverwüstlichen Freiheitsgefühl, womit er die einmal erkannte Wahrheit gegen offene und verkappte Feinde und falsche Freunde rücksichtslos auf Tod und Leben verteidigte; denn alles Halbe war ihm tödlich verhaßt, ja unmöglich, er wollte die <u>ganze</u> Wahrheit. Wenn Gott noch in unserer Zeit einzelne mit prophetischer Gabe begnadigt, so war Görres ein Prophet, in Bildern denkend und überall auf den höchsten Zinnen der wildbewegten Zeit weissagend, mahnend und züchtigend, auch darin den Propheten vergleichbar, daß das „Steiniget ihn!" häufig genug über ihm ausgerufen wurde. Drüben in Frankreich hatte er bei den Banketten der bluttriefenden Revolution, hier in den Kongreßsälen der politischen Weltweisen das Mene Thekel kühn an die Wand geschrieben, und konnte sich nur durch rasche Flucht vor Kerker und Banden retten, oft monatelang arm und heimatlos umherirrend. – Seine äußere Erscheinung erinnerte einigermaßen an Steffens und war doch wieder grundverschieden. Steffens hatte bei aller Tüchtigkeit, etwas Theatralisches, während Görres, ohne es zu wollen oder auch nur zu wissen, schlicht und bis zum Extrem selbst die unschuldigsten Mittel des Effekts verschmähte. Sein durchaus freier

VII.4. Halle und Heidelberg

Vortrag war monoton, fast wie fernes Meeresrauschen schwellend und sinkend, aber durch dieses einförmige Gemurmel leuchteten zwei wunderbare Augen und zuckten Gedankenblitze beständig hin und wieder; es war wie ein prächtiges nächtliches Gewitter, hier verhüllte Abgründe, dort neue ungeahnte Landschaften plötzlich aufdeckend, und überall gewaltig, weckend und zündend fürs ganze Leben.
Neben ihm standen zwei Freunde und Kampfgenossen: <u>Achim von Arnim</u> und <u>Clemens Brentano</u>, welche sich zur selben Zeit nach mancherlei Wanderzügen in Heidelberg niedergelassen hatten. Sie bewohnten im „Faulpelz", einer ehrbaren aber obskuren Kneipe am Schloßberg, einen großen luftigen Saal, dessen sechs Fenster mit der Aussicht über Stadt und Land die herrlichsten Wandgemälde, das herüberfunkelnde Zifferblatt des Kirchturms ihre Stockuhr vorstellte; sonst war wenig von Pracht oder Hausgerät darin zu bemerken. Beide verhielten sich zu Görres eigentlich wie fahrende Schüler zum Meister, untereinander aber wie ein seltsames Ehepaar, wovon der ruhige mild=ernste Arnim den Mann, der ewig bewegliche Brentano den weiblichen Part machte. Arnim gehörte zu den seltenen Dichternaturen, die, wie Goethe, ihre poetische Weltansicht jederzeit von der Wirklichkeit zu sondern wissen, und daher besonnen <u>über</u> dem Leben stehen und dieses frei als ein Kunstwerk behandeln. Den lebhaften Brentano dagegen riß eine übermächtige Phantasie beständig hin, die Poesie ins Leben zu mischen, was denn häufig eine Konfusion und Verwickelungen gab, aus welchen Arnim den unruhigen Freund durch Rat und Tat zu lösen hatte. Auch äußerlich zeigte sich der große Unterschied. Achim von Arnim war von hohem Wuchs und so auffallender männlicher Schönheit, daß eine geistreiche Dame einst bei seinem Anblick und Na-

men in das begeisterte Wortspiel: „Ach im Arm ihm" ausbrach; während Bettina, welcher, wie sie selber sagt, eigentlich alle Menschen närrisch vorkamen, damals an ihren Bruder Clemens schrieb: „Der Arnim sieht doch königlich aus, er ist nicht in der Welt zum zweiten Mal." – Das letztere konnte man zwar auch von Brentano, nur in ganz anderer Beziehung sagen. Während Arnims Wesen etwas wohltuend Beschwichtigendes hatte, war Brentano durchaus aufregend; jener erschien im vollsten Sinne des Worts wie ein Dichter, Brentano dagegen selber wie ein Gedicht, das, nach Art der Volkslieder, oft unbeschreiblich rührend, plötzlich und ohne sichtbaren Übergang in sein Gegenteil umschlug und sich beständig in überraschenden Sprüngen bewegte. Der Grundton war eigentlich eine tiefe, fast weiche Sentimentalität, die er aber gründlich verachtete, eine eingeborene Genialität, die er selbst keineswegs respektierte und auch von andern nicht respektiert wissen wollte. Und dieser unversöhnliche Kampf mit dem eigenen Dämon war die eigentliche Geschichte seines Lebens und Dichtens, und erzeugte in ihm jenen unbändigen Witz, der jede verborgene Narrheit der Welt instinktartig aufspürte und niemals unterlassen konnte, jedem Toren, der sich weise dünkte, die ihm gebührende Schellenkappe aufzustülpen, und sich somit überall ingrimmige Feinde zu erwecken. Klein, gewandt und südlichen Ausdrucks, mit wunderbar schönen, fast geisterhaften Augen, war er wahrhaft zauberisch, wenn er selbstkomponierte Lieder oft aus dem Stegreif zur Gitarre sang. Dies tat er am liebsten in Görres einsamer Klause, wo die Freunde allabendlich einzusprechen pflegten; und man könnte schwerlich einen ergötzlicheren Gegensatz der damals florierenden ästhetischen Tees ersinnen, als diese Abendunterhaltungen, häufig ohne Licht und brauch-

VII.4. Halle und Heidelberg 159

bare Stühle, bis tief in die Nacht hinein: wie da die Dreie alles Große und Bedeutende, das je die Welt bewegt hat, in ihre belebenden Kreise zogen, und mitten in dem Wetterleuchten tiefsinniger Gespräche Brentano mit seinem witzsprühenden Feuerwerk dazwischenfuhr, das dann gewöhnlich in ein schallendes Gelächter zerplatzte.

Das nächste Resultat dieser Abende war die Einsiedlerzeitung, welche damals Arnim und Brentano in Heidelberg herausgaben. Das selten gewordene Blatt war eigentlich ein Programm der Romantik; einerseits die Kriegserklärung an das philisterhafte Publikum, dem es feierlich gewidmet und mit dessen wohlgetroffenen Porträt es verziert war; andrerseits eine Probe= und Musterkarte der neuen Bestrebungen: Beleuchtung des vergessenen Mittelalters und seiner poetischen Meisterwerke, sowie die ersten Lieder von Uhland, Justinus Kerner u. a. Die merkwürdige Zeitung hat nicht lange gelebt, aber ihren Zweck als Leuchtkugel und Feuersignal vollkommen erfüllt. Übrigens standen ihre Verfasser in der Tat einsiedlerisch genug über dem großen Treiben und Arnim und Brentano, obgleich sie neben Tieck, die einzigen <u>Produzenten</u> der Romantiker waren, wurden doch von der Schule niemals als vollkommen zünftig anerkannt. Sie strebten vielmehr, die Schule, die schon damals in überkünstlichen Formen üppig zu luxurieren anfing, auf die ursprüngliche Reinheit und Einfachheit des Naturlauts zurückzuweisen. In diesem Sinne sammelten sie selbst auf ihren Fahrten und durch gleichgestimmte Studenten überall die halbverschollenen Volkslieder für „des Knaben Wunderhorn", das, wie einst Herders Stimmen der Völker, durch ganz Deutschland einen erfrischenden Klang gab.

Auch <u>Creuzer</u> lebte damals in Heidelberg und gehörte, wiewohl dem genannten Triumvirat persönlich ziemlich fernstehend, durch seine Bestrebungen diesem Kreise an. Seine mystische Lehre hat, z. B. später in Lobeck, sehr tüchtige Gegner gefunden, und wir wollen keineswegs in Abrede stellen, daß die phantastische Weise, womit er die alte Götterlehre als ein bloßes Symbolum christlich umzudeuten sucht, gar oft an den mittelalterlichen Neuplatonismus erinnert und am Ende zu einer gänzlichen Auflösung des Altertums führt. Allein in Kriegszeiten bedarf ein grober Feind auch eines gewaltsamen Gegenstoßes. Erwägt man, wie geistlos dazumal die Mythologie als ein bloßes Schulpensum getrieben wurde, so wird man Creuzers Tat billigerweise wenigstens als eine sehr zeitgemäße und heilsame Aufregung anerkennen müssen. – Noch zwei andere, höchst verschiedene Heidelberger Zeitgenossen dürfen hier nicht unerwähnt bleiben; wir meinen: <u>Thibaut</u> und <u>Gries</u>. In solchen Übergangsperioden ist die sanguinische Jugend gern bereit, den Spruch: „Wer nicht mit uns ist, ist gegen uns" gelegentlich auch umzukehren und jeden für den ihrigen zu nehmen, der nicht zum Gegenpart hält; und in dieser Lage befand sich <u>Thibaut</u>. Schon seine äußere Erscheinung mit den langherabwallenden, damals noch dunkelen Locken, was ihm ein gewisses apostolisches Ansehen gab, noch mehr der eingeborene Widerwillen gegen alles Kleinliche und Gemeine unterschied ihn sehr fühlbar von dem Troß seiner eigentlichen Zunftgenossen, und mit seiner propagandistischen Liebe und Kenntnis von der Musik der alten tiefsinnigen Meister berührte er in der Tat den Kreis der Romantiker. – Bei weitem unmittelbarer indes wirkte <u>Gries</u>. Wilhelm Schlegel hatte soeben durch das dicke Gewölk verjährter Vorurteile auf das Zauberland der südlichen Poesie hingewiesen.

VII.4. Halle und Heidelberg

Gries hat es uns wirklich erobert. Seine meisterhaften Übersetzungen von Ariost, Tasso und Calderons Schauspielen treffen, ohne philologische Pedanterie und Wortängstlichkeit, überall den eigentümlichen Sinn und Klang dieser Wunderwelt; sie haben den poetischen Gesichtskreis unendlich erweitert und jene glückliche Formfertigkeit erzeugt, deren sich unsere jüngeren Poeten noch bis heut erfreuen. Auch war Gries sehr geeignet, für den Ritt in das alte romantische Land Proselyten zu machen. Er verkehrte gern und viel mit den Studenten, die Abendtafel im Gasthofe Zum Prinzen Karl war sein Katheder, und es war, da er sehr schwerhörig, oft wahrhaft komisch, wie da die leichten Scherze und Witze gleichsam aus der Trompete gestoßen wurden, so daß die heitere Konversation sich nicht selten wie ein heftiges Gezänke ausnahm.

Man sieht, die Romantik war dort reich vertreten. Allein sie hatte auch damals schon ihren sehr bedenklichen Afterkultus. Graf von Löben war in Heidelberg der Hohepriester dieser Winkelkirche. Der alte Goethe soll ihn einst den vorzüglichsten Dichter jener Zeit genannt haben. Und in der Tat, er besaß eine ganz unglaubliche Formengewandtheit und alles äußere Rüstzeug des Dichters, aber nicht die Kraft, es gehörig zu brauchen und zu schwingen. Er hatte ein durchaus weibliches Gemüt mit unendlich feinem Gefühl für den salonmäßigen Anstand der Poesie, eine überzarte empfängliche Weichheit, die nichts Schönes selbständig gestaltete, sondern von allem Schönen wechselnd umgestaltet wurde. So durchwandelte er in seiner kurzen Lebenszeit ziemlich fast alle Zonen und Regionen der Romantik; – bald erschien er als begeisterungswütiger Seher, bald als arkadischer Schäfer, dann plötzlich wieder als aszetischer Mönch, ohne sich jemals ein eigentümliches Revier schaffen zu können. In Heidelberg war er gerade „Isidorus Orientalis" und novalisierte, nur leider ohne den Tiefsinn und den dichterischen Verstand von Novalis. In dieser Periode entstand sein frühester Roman „Guido", sowie die „Blätter aus dem Reisebüchlein eines andächtigen Pilgrims"; jener durch seine mystische Überschwenglichkeit, diese durch ein unkatholisches Katholisieren, ganz wider Wissen und Willen, die erstaunlichste Karikatur der Romantik darstellend.

Er hatte in Heidelberg nur wenige sehr junge Jünger, die ihn gehörig bewunderten; aber die Gemeinde dieser Gleichgestimmten war damals sehr zahlreich durch ganz Deutschland verbreitet. Es wäre eine schwierige, ja fast unmögliche Aufgabe, jenes wunderliche Gewirr von Talent und Zopf, Lüge und Wahrheit mit wenigen Worten in einen Begriff zusammenzufassen; und doch ist dieses Treiben insofern von literarhistorischer Wichtigkeit, als dasselbe den schmählichen Verfall der Romantik vorzüglich verschuldet hat. Es sei uns daher lieber vergönnt, aus unserer frühesten Schrift (Ahnung und Gegenwart) die aus dem Leben gegriffene Darstellung der damaligen Salonwirtschaft hier einzuschalten, da sie, obgleich erfunden, und doch vielleicht unmittelbarer, als eine Definition, in den Zirkel einführen dürfte.

Es ist nämlich dort von einer Soirée in der Residenz die Rede, wobei die Gesellschaft über die soeben beendigte Darstellung eines lebenden Bildes in große Bewegung geraten. „Mitten in dieser Entzückung fiel der Vorhang plötzlich wieder, das Ganze verdeckend, herab, der Kronleuchter wurde heruntergelassen und ein schnatterndes Gewühl und Lachen erfüllte auf einmal wieder den Saal. Der größte Teil der Gesellschaft brach nun von allen Sitzen auf und zerstreute sich. Nur ein kleiner Teil von Auserwählten blieb im Saale zurück. Graf Friedrich (der Held des Romans) wurde währenddessen vom Minister, der auch zugegen war, bemerkt und sogleich der Frau vom Hause vorgestellt. Es war eine fast durchsichtig schlanke, schmächtige Gestalt, gleichsam im Nachsommer ihrer Blüte und Schönheit. Sie bat ihn mit so überaus sanften, leisen, lispelnden Worten, daß er Mühe hatte, sie zu verstehen, ihre künstlerischen „Abendandachten", wie sie sich ausdrückte, mit seiner Gegenwart zu beehren, und sah ihn dabei mit blinzelnden, fast zugedrückten Augen an, von denen es zweifelhaft war, ob sie ausforschend, gelehrt, sanft, verliebt, oder nur interessant sein sollten."

„Die Gesellschaft zog sich nun in eine kleinere Stube zusammen. Die Zimmer waren durchaus prachtvoll und im neuesten Geschmacke dekoriert, nur hin und wieder bemerkte man einige auffallende Besonderheiten und Nachlässigkeiten, unsymmetrische Spiegel, Gitarren, aufgeschlagene Musikalien und Bücher, die auf den Ottomanen zerstreut umherlagen. Friedrich kam es vor, als hätte es der Frau von Hause vorher einige Stunden mühsamen Studiums gekostet, um in das Ganze eine gewisse unordentliche Genialität hineinzubringen."

„Es hatte sich unterdes ein niedliches, etwa zehnjähriges Mädchen eingefunden, die in einer reizenden Kleidung mit langen Beinkleidern und kurzem schleiernen Röckchen darüber, keck im Zimmer herumsprang. Es war die Tochter von Hause. Ein Herr aus der Gesellschaft reichte ihr ein Tamburin, das in einer Ecke auf dem Fußboden gelegen hatte. Alle schlossen bald einen Kreis um sie, und das zierliche Mädchen tanzte mit einer wirklich bewunderungswürdigen Anmut und Geschicklichkeit, während sie das Tamburin auf mannigfache

VII. ⟨Titel vielleicht: Erlebtes⟩

Weise schwang und berührte und ein niedliches italienisches Liedchen dazu sang. Jeder war begeistert, erschöpfte sich in Lobsprüchen und wünschte der Mutter Glück, die sehr zufrieden lächelte. Nur Friedrich schwieg still. Denn einmal war ihm schon die moderne Knabentracht bei Mädchen zuwider, ganz abscheulich aber war ihm diese gottlose Art, unschuldige Kinder durch Eitelkeit zu dressieren. Er fühlte vielmehr ein tiefes Mitleid mit der schönen kleinen Bajadere. Sein Ärger und das Lobpreisen der anderen stieg, als nachher das Wunderkind sich unter die Gesellschaft mischte, nach allen Seiten hin in fertigem Französisch schnippische Antworten erteilte, die eine Klugheit weit über ihr Alter zeigten, und überhaupt jede Unart als genial genommen wurde."

„Die Damen, welche sämtlich sehr ästhetische Mienen machten, setzten sich darauf nebst mehreren Herren unter dem Vorsitz der Frau vom Hause, die mit vieler Grazie den Tee einzuschenken wußte, förmlich in Schlachtordnung und fingen an, von Ohrenschmäusen zu reden. Der Minister entfernte sich in die Nebenstube, um zu spielen. – Friedrich erstaunte, wie diese Weiber geläufig mit den neuesten Erscheinungen der Literatur umzuspringen wußten, von denen er selber manche kaum dem Namen nach kannte; wie leicht sie mit Namen herumwarfen, die er nie ohne heilige tiefe Ehrfurcht auszusprechen gewohnt war. Unter ihnen schien besonders ein junger Mann mit einer verachtenden Miene in einem gewissen Glauben und Ansehen zu stehen. Die Frauenzimmer sahen ihn beständig an, wenn es darauf ankam, ein Urteil zu sagen, und suchten in seinem Gesichte seinen Beifall oder Tadel im voraus herauszulesen, um sich nicht etwa mit etwas Abgeschmacktem zu prostituieren. Er hatte viele genialische Reisen gemacht, in den meisten Hauptstädten auf seine eigene

Faust Ball gespielt, Kotzebue einmal in einer Gesellschaft in den Sack gesprochen, fast mit allen berühmten Schriftstellern zu Mittag gegessen oder kleine Fußreisen gemacht. Übrigens gehörte er eigentlich zu keiner Partei, er übersah alle weit und belächelte die entgegengesetzten Gesinnungen und Bestrebungen, den eifrigen Streit unter den Philosophen oder Dichtern: Er war sich der Lichtpunkt dieser verschiedenen Reflexe. Seine Urteile waren alle nur wie zum Spiele flüchtig hingeworfen mit einem nachlässig mystischen Anstrich, und die Frauenzimmer erstaunten nicht über das, was er sagte, sondern was er, in der Überzeugung nicht verstanden zu werden, zu verschweigen schien."

„Wenn dieser heimlich die Meinung zu regieren schien, so führte dagegen ein anderer fast einzig das hohe Wort. Es war ein junger voller Mensch mit strotzender Gesundheit, ein Antlitz, das vor wohlbehaglicher Selbstgefälligkeit glänzte und strahlte. Er wußte für jedes Ding ein hohes Schwungwort, lobte und tadelte ohne Maß und sprach hastig mit einer durchdringenden gellenden Stimme. Er schien ein wütend Begeisterter von Profession und ließ sich von den Frauenzimmern, denen er sehr gewogen schien, gern den heiligen Thyrsusschwinger nennen. Es fehlte ihm dabei nicht an einer gewissen schlauen Miene, womit er niedrere, nicht so saftige Naturen seiner Ironie preiszugeben pflegte. Friedrich wußte gar nicht, wohin dieser während seiner Deklamationen so viel Liebesblicke verschwende, bis er endlich ihm gerade gegenüber einen großen Wandspiegel entdeckte. Der Begeisterte ließ sich übrigens nicht lange bitten, etwas von seinen Poesien mitzuteilen. Er las eine lange Dithyrambe von Gott, Himmel, Hölle, Erde und dem Karfunkelstein mit angestrengtester Heftigkeit vor, und schloß mit solchem Schrei und Nachdruck, daß er ganz blau im Gesicht wurde. Die Damen waren ganz außer sich über die heroische Kraft des Gedichts, sowie des Vortrags."

„Ein anderer junger Dichter von mehr schmachtendem Ansehen, der neben der Frau vom Hause seinen Wohnsitz aufgeschlagen hatte, lobte zwar auch mit, warf aber dabei einige durchbohrende neidische Blicke auf den vom Lesen erschöpften Begeisterten. Überhaupt war dieser Friedrich schon vom Anfang an durch seinen großen Unterschied von jenen beiden Flausenmachern aufgefallen. Er hatte sich während der ganzen Zeit, ohne sich um die Verhandlungen der andern zu bekümmern, ausschließlich mit der Frau vom Hause unterhalten, mit der er Eine Seele zu sein schien, wie man von dem süßen zugespitzten Munde beider abnehmen konnte, und Friedrich hörte nur manchmal einzelne Laute, wie: „„mein ganzes Leben wird zum Roman"" – „„überschwängliches Gemüt"" – „„Priesterleben"" – herüberschallen. Endlich zog auch dieser ein ungeheures Paket aus der Tasche, und begann vorzulesen, unter andern folgendes Assonanzenlied:

> Hat nun Lenz die silbern'n Bronnen
> > Losgebunden:
> Knie' ich nieder, süßbeklommen,
> > In die Wunder.
>
> Himmelreich, so kommt geschwommen
> > Auf die Wunden
> Hast du einzig mich erkoren
> > Zu den Wundern?

In die Ferne süß verloren
 Lieder fluten,
Daß sie, rückwärts sanft erschollen,
Bringen Kunde.

Was die andern sorgen, wollen,
 Ist mir dunkel,
Mir will ew'ger Durst nur frommen
Nach dem Durste.

Was ich liebte und vernommen,
 Was geklungen,
Ist den eignen tiefen Wonnen
Selig Wunder!

„Er las noch einen Haufen Sonette mit einer Art von priesterlicher Feierlichkeit. Keinem derselben fehlte es an irgend einem wirklich aufrichtigen kleinen Gefühlchen, an großen Ausdrücken und lieblichen Bildern. Alle hatten einen einzigen, bis ins Unendliche breit auseinander geschlagenen Gedanken, sie bezogen sich alle auf den Beruf des Dichters und die Göttlichkeit der Poesie; aber die Poesie selber, das ursprüngliche, freie, tüchtige Leben, das uns ergreift ehe wir darüber sprechen, kam nicht zum Vorschein vor lauter Komplimenten davor und Anstalten dazu. Friedrich kamen diese Poesien in ihrer durchaus polierten, glänzenden, wohlerzogenen Weichlichkeit wie der fade unerquickliche Teedampf, die zierliche Teekanne mit ihrem lodernden Spiritus auf dem Tische wie der Opferaltar dieser Musen vor. – Es ist aber eigentlich nichts künstlicher und lustiger, als die Unterhaltung einer solchen Gesellschaft. Was das Ganze noch so leidlich zusammenhält, sind tausend feine, fast unsichtbare Fäden von Eitelkeit, Lob und Gegenlob usw., und sie nennen es dann gar zu gern ein Liebesnetz. Arbeitet aber unverhofft einmal einer, der davon nichts weiß, tüchtig darin herum, so geht die ganze Spinnewebe von ewiger Freundschaft und heiligem Bunde auseinander."

„So hatte auch heute Friedrich den ganzen Tee versalzen. Keiner konnte das künstlerische Weberschiffchen, das sonst fein im Takte so zarte ästhetische Abende wob, wieder recht in Gang bringen. Die meisten wurden mißlaunisch, keiner konnte oder mochte, wie beim babylonischen Baue, des anderen Wortgepräng verstehen, und so beleidigte einer den andern in der gänzlichen Verwirrung. Mehrere Herren nahmen endlich unwillig Abschied, die Gesellschaft wurde kleiner und vereinzelter. Die Damen gruppierten sich hin und wieder auf den Ottomanen in malerischen und ziemlich unanständigen Stellungen. Friedrich bemerkte bald ein heimliches Verständnis zwischen der Frau vom Hause und dem Schmachtenden. Doch glaubte er zugleich an ihr ein feines Liebäugeln zu entdecken, das ihm selber zu gelten schien. Er fand sie überhaupt viel schlauer, als man anfänglich ihrer lispelnden Sanftmut hätte zutrauen mögen; sie schien ihren schmachtenden Liebhaber bei weitem zu übersehen und selber nicht so viel von ihm zu halten, als sie vorgab und er aus ganzer Seele glaubte."

Als aber Friedrich späterhin, noch ganz entrüstet, dieses Abenteuer einem Freunde erzählt, erwidert dieser: „Ich kann dir im Gegenteil versichern, daß ich nicht bald so lustig war, als an jenem Abende, da ich zum ersten Male in diese Teetaufe oder Traufe geriet. Aller Augen waren prüfend und in erwartungsvoller Stille auf mich neuen Jünger gerichtet. Da ich die ganze heilige Synode, gleich den Freimaurern mit Schurz und Kelle, so feierlich im poetischen Ornate dasitzen sah, konnt' ich mich nicht enthalten, despektierlich von der Poesie zu sprechen und mit unermüdlichem Eifer ein Gespräch von der Landwirtschaft, von Runkelrüben usw. anzuspinnen, so daß die Damen wie über den Dampf von Kuhmist die Nasen rümpften und mich bald für verloren hielten. Mit dem Schmachtenden unterhielt ich mich besonders viel. Er ist ein guter Kerl, aber er hat keine Mannesmuskel im Leibe. Ich weiß nicht, was er gerade damals für eine fixe Idee von der Dichtkunst im Kopfe hatte, aber er las ein Gedicht vor, wovon ich trotz der größten Anstrengung nichts verstand und wobei mir unaufhörlich des simplizianisch=deutschen Michels verstümmeltes Sprachgepränge im Sinne lag. Denn es waren deutsche Worte, spanische Konstruktionen, welsche Bilder, altteutsche Redensarten, doch alles mit überaus feinem Firnis von Sanftmut verschmiert. Ich gab ihm ernsthaft den Rat, alle Morgen gepfefferten Schnaps zu nehmen, denn der ewige Nektar erschlaffe nur den Magen, worüber er sich entrüstet von mir wandte. – Mit dem vom Hochmutsteufel besessenen Dithyrambisten aber bestand ich den schönsten Strauß. Er hatte mit pfiffiger Miene alle Segel seines Witzes aufgespannt und kam mit vollem Winde der Eitelkeit auf mich losgefahren, um mich Unpoetischen vor den Augen der Damen in den Grund zu bugsieren. Um mich zu retten, fing ich zum Beweise meiner poetischen Belesenheit an, aus Shakespeares „Was ihr wollt" wo Junker Tobias den Malvolio peinigt, zu rezitieren. „Und besäße ihn eine Legion selbst, so will ich ihn doch anreden." Er stutzte und fragte mich mit herablassender Genügsamkeit und kniffigem Gesichte, ob vielleicht gar

Shakespeare mein Lieblingsautor sei? Ich ließ mich aber nicht stören, sondern fuhr mit Junker Tobias fort: „Ei Freund, leistet dem Teufel Widerstand, er ist der Erbfeind der Menschenkinder." Er fing nun an, sehr salbungsvolle, genialische Worte über Shakespeare ergehen zu lassen, ich aber, da ich ihn sich so aufblasen sah, sagte weiter: „Sanftmütig, sanftmütig! Ei, was machst du, mein Täubchen? Wie geht's, mein Puthühnchen? Ei, sieh doch, komm, tuck tuck!" – Er schien nun mit Malvolio zu bemerken, daß er nicht in meine Sphäre gehöre, und kehrte sich mit einem unsäglich stolzen Blicke, wie von einem, unerhört Tollen, von mir. Das Schlimmste war aber nun, daß ich dadurch demaskiert war, ich konnte nicht länger für einen Ignoranten gelten; und die Frauenzimmer merkten dies nicht so bald, als sie mit allerhand Phrasen, die sie da und dort ernascht, über mich herfielen. In der Angst fing ich daher nun an, wütend mit gelehrten Redensarten und poetischen Paradoxen nach allen Seiten um mich herumzuwerfen, bis sie mich, ich sie, und ich mich selber nicht mehr verstand und alles verwirrt wurde. Seit dieser Zeit haßt mich der ganze Zirkel und hat mich als eine Pest der Poesie förmlich exkommuniziert." – –

Es ist sehr begreiflich, daß dieses prätentiöse Unwesen von den Gedankenlosen und Schwachmütigen für die wirkliche Romantik gehalten, von den Hämischen aber gern benutzt wurde, den neuen Aufschwung überhaupt zu verketzern. Vergebens verspottete Tieck selbst in den wenigen Nummern seines „Poetischen Journals" jene falsche Romantik, vergebens zogen Arnim und Görres mitten durch den Lärm neue leuchtende Bahnen; das Gekläff der Wächter des guten Geschmacks, die den Mond anbellen und bei Musik heulen, war einmal unaufhaltsam erwacht. Es erschien ein „Klingkling=Almanach", der die Lyrik der Romantiker parodisch lächerlich machen sollte, aber durch ein stupides Mißverständnis des Parodierten nur sich selbst blamierte. Der Däne Baggesen schrieb einen „Faust", eine Komödie, worin Fichte, Schelling, Schlegel und Tieck die lächerlichen Personen spielen; an Witzlosigkeit, Bosheit und Langweiligkeit, etwa Nicolais „Werthers Leiden" vergleichbar. Garlieb Merkel endlich trommelte in seinem „Freimütigen" ein wahres Falstaffsheer zusammen, allerdings freimütig genug, denn die armutselige Gemeinheit lag ganz offen zutage. In Heidelberg selbst aber saß der alte Voß, der sich bereits überlebt hatte, und darüber ganz grämlich geworden war. Mitten in dem staubigen Gewebe seiner Gelehrsamkeit lauerte er wie eine ungesellige Spinne, tückisch auf alles Junge und Neue zufahrend, das sich unvorsichtig dem Gespinste zu nähern unterfing. Besonders waren ihm, nebst dem Katholizismus, die Sonette verhaßt. Daher konnte Arnim, obgleich er anfangs aus großmütiger Pietät mit dem vereinsamten Greise friedlich zu verkehren suchte, dennoch zuletzt nicht umhin, ihm zu Ehren in der Einsiedlerzeitung in hundert Sonetten den Kampf des Sonetts mit dem alten Drachen zu beschreiben.

Und auf ähnliche Weise hatte sich die Romantik überhaupt ihren Gegnern gegenübergestellt, indem sie – wie in Tiecks verkehrter Welt, im Zerbino und gestiefelten Kater, in Schlegels Triumphpforte für den Theaterpräsidenten Kotzebue, in Mahlmanns Hussiten vor Naumburg – jenes hämische Treiben heiter als bloßes Material nahm und humoristisch der Poesie selbst dienstbar zu machen wußte.

Aber die Romantik war keine bloß literarische Erscheinung, sie unternahm vielmehr eine innere Regeneration des Gesamtlebens, wie sie Novalis angekündigt hat; und was man später die romantische Schule nannte, war eben nur ein literarisch abgesonderter Zweig des schon kränkelnden Baumes. Ihre ursprüngliche Intentionen, alles Irdische auf ein Höheres, das Diesseits auf ein größeres Jenseits zu beziehen, mußten daher insbesondere auch das ganze Gebiet der Kunst gleichmäßig umfassen und durchdringen. Die Revolution, die sie in der Poesie bewirkt, ist schon zu vielfach besprochen, um hier noch besonders erörtert zu werden. Der Malerei vindizierte sie die Schönheit der Religion als höchste Aufgabe, und begründete durch deutsche Jünglinge in Rom die bekannte Malerschule, deren Führer Overbeck, Philipp Veit und Cornelius waren. Derselbe ernstere Sinn führte die Tonkunst vom frivolen Sinnenkitzel zur Kirche, zu den altitalienischen Meistern, zu Sebastian Bach, Gluck und Händel zurück; er weckte auch in der Profanmusik das geheimnisvolle wunderbare Lied, das verborgen in allen Dingen schlummert, und Mozart, Beethoven und Karl Maria von Weber sind echte Romantiker. Die Baukunst endlich, diese hieroglyphische Lapidarschrift der wechselnden Nationalbildung, war grade in das allgemeine Stadium der damaligen Literatur mit eingerückt: kaserniertes Bürgerwohl mit heidnischen Substruktionen, die Antike im Schlafrock des häuslichen Familienglücks. Da erfaßte plötzlich die erstaunten Deutschen wieder eine Ahnung von der Schönheit und symbolischen Bedeutung ihrer alten Bauwerke, an denen sie so lange gleichgültig vorübergegangen. Der junge Goethe hatte zuerst vom Straßburger Münster den neuen Tag ausgerufen, sich aber leider dabei so bedeutend überschrien, daß er seitdem ziemlich heiser blieb. Besonnener und gründlicher wies Sulpice Boisserée auf den Riesengeist des Kölner Domes hin, der bekanntlich noch bis heut sein mühseliges Auferstehungsfest feiert. – Das augenfälligste Bild

VII.4. Halle und Heidelberg

dieser Umwandlung aber gibt die Geschichte der Marienburg, des Haupthauses des deutschen Ritterordens in Preußen. Dieser merkwürdige Bau hatte nicht einmal die Genugtuung, in malerische Trümmer zerfallen zu dürfen, er wurde methodisch für den neuen Orden der Industrieritter verstümmelt und zugerichtet. Die kühnen Gewölbe wurden mit unsäglicher Mühe eingeschlagen, in den hohen luftigen Sälen drei niedrige Stockwerke schmutziger Weberwerkstätten eingeklebt; ja um den letzten Prachtgiebel des Schlosses waren bereits die Stricke geschlungen, um ihn niederzureißen, als ein Romantiker, Max von Schenkendorf, ganz unerwartet in einer vielgelesenen Zeitschrift Protest einlegte gegen diesen modernen Vandalismus, den der damalige Minister von Schrötter, ein sonst geistvoller und für alles Große empfänglicher Mann, im Namen der Aufklärung als ein löblich Unternehmen trieb. Jetzt veränderte sich plötzlich die Szene. Schrötter, da er seinen wohlgemeinten Mißverstand begriff, hieß, fast erschrocken darüber, sofort alle weitere Zerstörung einstellen, die Weber wurden ausgetrieben, Künstler, Altertumsfreunde und Techniker stiegen verwundert in den rätselhaft gewordenen Bau hinab, wie in einem Bergwerke dort ein Fenster, hier einen verborgnen Gang oder Remter entdeckend, und je mehr allmählich von der alten Pracht zutage kam, je mehr wuchs, erst in der Provinz dann in immer weiteren Kreisen der Enthusiasmus, und erweckte, soviel davon noch zu retten war, das wunderbare Bauwerk aus seinem jahrhundertelangen Zauberschlaf.

Ein ähnliches Bewandtnis beinah hatte es mit dem Einfluß der Romantik auf die religiöse Stimmung der Jugend, indem sie gleichfalls den halbvergessenen Wunderbau der alten Kirche aus seinem Schutte wieder emporzuheben strebte. Allein was dort genügte, konnte hier unmöglich ausreichen, denn die Romantiker, wenn wir Novalis, Görres und Friedrich Schlegel ausnehmen, taten es nicht um der Religion, sondern um der Kunst willen, für die ihnen der Protestantismus allzu geringe Ausbeute bot; ein Grundthema, das in „Sternbalds Wanderungen", in Tiecks „Phantasien" und in den „Herzensergießungen eines kunstliebenden Klosterbruders" durch die ganze Klaviatur der Künste hindurch auf das anmutigste variiert ist. Wir wollen daher auf die Konversion einiger, durch die Musik, die Pracht des äußeren Gottesdienstes u. dgl. m. bekehrter protestantischer Jünglinge keineswegs ein besonderes Gewicht legen. Der ganze Hergang aber erinnert lebhaft an Schillers Grundsatz von der ästhetischen Erziehung des Menschengeschlechts; wir meinen die indirekte Macht, welche diese katholisierende Ästhetik auf die katholische Jugend selber ausgeübt. Es ist nicht zu leugnen, ein großer Teil dieser, fast überall protestantisch geschulten Jugend ist in der Tat durch die Vorhalle der Romantik zur Kirche zurückgekehrt. Die katholischen Studenten, die überhaupt etwas wollten und konnten, erstaunten nicht wenig, als sie in jenen Schriften auf einmal die Schönheit ihrer Religion erkannten, die sie bisher nur geschmäht oder mitleidig belächelt gesehen. Der Widerspruch, in den sie durch diese Entdeckung mit der gemeinen Menge gerieten, entzündete ihren Eifer, voll Begeisterung brachten sie die altneue Lehre von der Universität mit nach Hause, ja sie kokettierten zum Teil damit in der Philisterwelt, wo man über die jungen Zeloten verwundert den Kopf schüttelte; mit einem Wort: Das Katholische wurde förmlich Mode. Die Mode ging nach Art aller Mode bald vorüber, aber der einmal angeschlagene Ton blieb und hallte in immer weiteren Kreisen nach, und daraus entstand im Verlauf der immer ernster werdenden Zeiten endlich wieder eine starke katholische Gesinnung, die der Romantik nicht mehr bedarf.

* * *

So war die Romantik bei ihrem Aufgange ein Frühlingshauch, der alle verborgenen Keime belebte, eine schöne Zeit des Erwachens, der Erwartung und Verheißung. Allein sie hat die Verheißung nicht erfüllt, und weil sie sie nicht erfüllte, ging sie unter, und wie und warum dies geschehen mußte, haben wir bereits an einem anderen Orte ausführlich nachzuweisen versucht. Als jedoch auf solche Weise die Ebbe kam und jene Springfluten zurücktobten, wurde auch der alte Boden wieder trocken gelegt, den man für neuentdecktes Land hielt. Der zähe Rationalismus, die altkluge Verachtung des Mittelalters, die Lehre von der alleinseligmachenden Nützlichkeit, wozu die sublime Wissenschaft nicht sonderlich nötig sei; all das vorromantische Ungeziefer, das sich unterdes im Sande eingewühlt, kam jetzt wieder zum Vorschein und heckte erstaunlich. Dennoch war aber der bloßgelegte Boden nicht mehr ganz derselbe. Die Romantik hatte einige unvertilgbare Spuren darauf hinterlassen; sie hatte durch ihr beständiges Hinweisen auf die nationale Vergangenheit die Vaterlandsliebe, durch ihren Experimental=Katholizismus ein religiöses Bedürfnis erweckt. Allein diese Vaterlandsliebe war durch die abermalige Trennung vom Mittelalter ihres historischen Bodens und aller nationalen Färbung beraubt, und so entstand aus dem alten abstrakten Weltbürgertum die ebenso abstrakte Deutschtümelei. Andrerseits konnte das wiederangeregte religiöse Gefühl natürlicherweise weder von dem romantischen Katholisieren, noch von dem wiedererstandenen Rationalismus befriediget werden, und flüchtete sich daher bei den Protestanten zu dem neuesten Pietismus.

Von diesen veränderten Zuständen mußten denn auch zunächst die Universitäten wieder berührt werden; sie verloren allmählich ihr mittelalterliches Kostüm und suchten sich der modernen Gegenwart möglichst zu akkommodieren. Das deutsche Universitätsleben war bis dahin im Grunde ein lustiger Mummenschanz, in exzeptioneller Maskenfreiheit die übrige Welt neckend, herausfordernd und parodierend; eine Art harmloser Humoristik, die der Jugend, weil sie ihr natürlich ist, großenteils gar wohl anstand. Jetzt dagegen, durch die halbe Schulweisheit und Vielwisserei aufgeblasen, und von der epidemischen neuen Altklugheit mit fortgerissen, begnügten sie sich nicht mehr, sich an den dünkelhaften Torheiten der Philisterwelt lachend zu ergötzen; sie wollten sich über die Welt stellen, sie meistern und vernünftiger einrichten. Dazu kam, daß sie in den Befreiungskriegen wirklich auf dem Welttheater rühmlich mitagiert hatten, und nun auch das Recht beanspruchten, die übrigen Akte des großen Weltdramas mit fortzuspielen, mit einem Worte: Politik zu machen. Das war aber höchst unpolitisch, denn auf dieser komplizierten Bühne fehlte es glücklicherweise der Jugend durchaus an der unerläßlichen Kenntnis, Erfahrung und Routine. Die Burschenschaften, die zunächst aus jener inneren Umwandlung der Universitäten hervorgingen, waren ohne allen Zweifel ursprünglich gut und ernst gemeint und mit einem nicht genug zu würdigenden moralischen Stoizismus gegen die alte Roheit und Sittenlosigkeit gerichtet. Anstatt aber nur erst sich selbst gehörig zu befestigen, wollten sie sehr bald im leicht erklärlichen Eifer des guten Gewissens auch die kranken Staaten durch utopische Weltverbesserungspläne regenerieren, die man am füglichsten als unschädliche Donquixotiaden hätte übersehen sollen, wenn sich nicht, wie es scheint, nun die wirklichen Politiker mit darein gemischt, und die jugendliche Unbefangenheit für ihre ehrgeizigen und unlauteren Zwecke gemißbraucht hätten. Und so wurden die Studenten, die solange heiter die Welt düpiert hatten, nun selber von der undankbaren Welt düpiert.

Als ein anderes Symptom der neuesten Zeit haben wir vorhin den bei den Protestanten wiedererwachten Pietismus bezeichnet. Man könnte ihn, da er wesentlich auf der subjektiven Gefühlsauffassung beruht, füglich die Sentimentalität der Religion nennen. Daher der absonderliche Haß der Pietisten gegen das strenge positive Prinzip der Kirche, die von einem subjektiven Dafürhalten und Umdeuten der Glaubenswahrheiten nichts weiß. Dieser moderne Pietismus ist jetzt auf den deutschen Universitäten sehr zahlreich vertreten, nicht eben zum sonderlichen Heile der Jugend. Denn der nackte Rationalismus war an sich so arm, trocken und trostlos, daß er ein tüchtiges Gemüt von selbst zur resoluten Umkehr trieb. Der weichliche, sanft einschmeichelnde Pietismus dagegen, zumal wenn er Mode wird und zeitliche Vorteile in Aussicht stellt, erzeugt gar leicht heuchlerische Tartüffe, oder, wo er tiefer gegriffen, einen geistlichen Dünkel und Fanatismus, der das ganze folgende Leben vergiftet. Eine Sekte dieser Pietisten gefällt sich darin, grundsätzlich allen Zweikampf abzulehnen, und sich dies als einen Akt besonderen Mutes anzurechnen. Allein dieser passive Mut, die gemeine Meinung zu verachten und gelassen über sich ergehen zu lassen, ist noch sehr verschieden von der persönlichen Tapferkeit, die jeden Jüngling ziert. Es ist ganz löblich, aber noch lange nicht genug, das Unrechte hinter dem breiten Schilde der vortrefflichsten Grundsätze von sich selber abzuwehren; das Böse soll direkt bekämpft werden. Überhaupt aber darf hierbei nicht übersehen werden, daß dem Zweikampf ein an sich sehr ehrenwertes Motiv zum Grunde liegt: das der gesunden Jugend eigentümliche, spartanische Gerechtigkeitsgefühl, das sich ohne innere Einbuße nicht unterdrücken läßt. Es gibt fast unsichtbare Kränkungen, infam, perfid und boshaft, die bis in das innerste Mark verwunden, und doch, eben weil sie juridisch ungreifbar sind, vom Gesetz nicht vorgesehen werden können. Dies ist der eigentliche Sitz des Übels, der Kampfplatz, wo der Zweikampf, wie früher die Gottesgerichte, ausgleichend eintritt. Dasselbe gilt im großen auch von den Kriegen, diesen barbarischen Völkerduellen um Güter, die das materielle Staatsrecht nicht zu würdigen und zu schützen vermag, und zu denen wir namentlich die Nationalehre rechnen. – Demungeachtet sind wir weit entfernt, die ganz unchristliche Selbsthilfe des Zweikampfs irgendwie verteidigen zu wollen, wünschen vielmehr vorerst nur eine genügende Vermittelung und Beseitigung seines tieferen Grundes, ohne welche, nach menschlichem Ermessen, alle Verbotsgesetze dagegen stets illusorisch bleiben werden.

Mit der neuen Umwandelung des Zeitgeistes hängt auch der Grundsatz wesentlich zusammen, die Universitäten möglichst in die großen Residenzstädte zu verlegen. Wir wollen keineswegs in Abrede stellen, daß die großen Städte mit ihrem geselligen Verkehr, mit ihren Kunstschätzen, Bibliotheken, Museen und industriellen Anstalten eine sehr bequeme Umschau, eine wahre Universitas alles Wissenswürdigen bieten. Allein es frägt sich nur, ob dieser Vorteil nicht etwa durch Nachteile anderer Art wieder neutralisiert, ja überwogen wird?

VII.4. Halle und Heidelberg

Uns wenigstens scheint das alles mehr für die Professoren, als für die Studenten geeignet zu sein. Es kommt für die letzteren auf der Universität doch vorzüglich nur auf eine Orientierung in dem Labyrinth der neuen Bildung an. Auf jenen großen Stapelplätzen der Kunst und Wissenschaft aber erdrückt und verwirrt die überwältigende Masse des Verschiedenartigsten, gleichwie schon jeder Reisende, wenn er eine reiche Bildergalerie hastig durchlaufen hat, zuletzt selbst nicht mehr weiß, was er gesehen; und namentlich die großen Bibliotheken kann nur der Gelehrte, der sich bereits für ein bestimmtes Studium entschieden und gehörig vorbereitet hat, mit Nutzen gebrauchen. Wie aber soll der, für alles gleich empfängliche Jüngling mitten zwischen den nach allen Seiten auslaufenden Bahnen sich wahrhaft entscheiden, wo jedes natürliche Verhältnis zwischen Lehrer und Schüler, wie es in kleinen Universitätsstädten stattfindet, durch den betäubenden Lärm und die allgemeine Zerfahrenheit der Residenz ganz unmöglich wird? Auch hier also droht abermals ein vager Dilettantismus und der lähmende Dünkel der Vielwisserei. Bei der Jugend ist eine kecke Wanderlust, sie ahnt hinter dem Morgenduft die wunderbare Schönheit der Welt; sie sich selbsttätig zu erobern ist ihre Freude. In den großen Städten aber fängt die Jugend gleich mit dem Ende an: aller Reichtum der Welt liegt in der staubigen Mittagsschwüle schon wohlgeordnet um sie her, sie braucht ihren Fauteuil nur gähnend da oder dorthin zu wenden, sie hat nichts mehr zu wünschen und zu ahnen – und ist blasiert. Und auch in sittlicher Hinsicht ist der Gewinn nur illusorisch. In den kleinen Universitätsstädten herrscht allerdings oft eine arge Verwilderung, und die Studenten werden in den großen Städten gewiß ruhiger und manierlicher sein. Allein dort erscheint die Liederlichkeit in der Regel so handgreiflich, bestialisch roh und abschreckend, daß jedes gesunde Gemüt von selbst ein Ekel davor überkommt, während hier die schön übertünchten und ästhetisierten Pestgruben wohl auch die Besseren mit ihrem Gifthauch betäuben. – Unsere Universitäten sind endlich bisher eine Art von Republik gewesen, die einzigen noch übrig gebliebenen Trümmer deutscher Einheit, ein brüderlicher Verein ohne Rücksicht auf die Unterschiede der Provinz, des Ranges oder Reichtums, wo den Niedriggeborenen die Überlegenheit des Geistes und Charakters zum Senior über Fürsten und Grafen erhob. Diese uralte Bedeutung der Universitäten wird von der, in ganz andern Bahnen kreisenden Großstädterei notwendig verwischt, die Studenten werden immer mehr in das allgemeine Philisterium eingefangen und frühzeitig gewöhnt, die Welt diplomatisch mit Glacéhandschuhen anzufassen.

Dies halten wir aber, zumal in unserer materialistischen Zeit, für ein bedeutendes Unglück. Denn was ist denn eigentlich die Jugend? Doch im Grunde nichts anderes, als das noch gesunde und unzerknitterte, vom kleinlichen Treiben der Welt noch unberührte Gefühl der ursprünglichen Freiheit und der Unendlichkeit der Lebensaufgabe. Daher ist die Jugend jederzeit fähiger zu entscheidenden Entschlüssen und Aufopferungen, und steht in der Tat dem Himmel näher, als das müde und abgenutzte Alter; daher legt sie so gern den ungeheuersten Maßstab großer Gedanken und Taten an ihre Zukunft. Ganz recht! denn die geschäftige Welt wird schon dafür sorgen, daß die Bäume nicht in den Himmel wachsen und ihnen die kleine Krämerelle aufdrängen. Die Jugend ist die Poesie des Lebens, und die äußerlich ungebundene und sorgenlose Freiheit der Studenten auf der Universität die bedeutendste Schule dieser Poesie, und man möchte ihr beständig zurufen: sei nur vor allen Dingen <u>jung</u>! Denn ohne Blüte keine Frucht.

Kommentarteil

I. Das Wiedersehen

Das Wiedersehen (S. 3–14)

Entstehung

Am 15. Juni 1816 schreibt Eichendorff an Fouqué: *Ich habe durch langes, nur zu oft scheinbar zweckloses, Umtreiben im Leben einen weiten Umkreis von Aussichten gewonnen, aus deren Gemisch von Zauber, lächerlicher Dummheit, Freude und Schmertz ich mich manchmal kaum herausfinden kann, und eine unwiderstehliche Lust dabei, grade nur das alles, was ich gesehen, gehört und durchlebt, einmal recht keck und deutlich zu frommer Ergötzung wieder darzustellen.* (HKA XII 68) Empfänger und Zeitpunkt des Briefes machen es wahrscheinlich, daß sich Eichendorff hier auf dichterische Vorhaben – Novellen für Fouqués „Frauentaschenbuch" etwa – bezieht.

Als novellistische Dichtung konzipiert, ist „*Das Wiedersehen*" doch im Bild der Freunde Ludwig und Leonhardt in ungewöhnlicher Weise mit dem Leben Eichendorffs und dem seines Bruders verbunden. Die Erinnerung an die Heimat, an die gemeinsame Jugend- und Studentenzeit, die getragen und überhöht wurde durch die Idee der Freundschaft und Poesie, bilden den biographischen Hintergrund, der in poetischen Bildern schon zu dieser Zeit zum formelhaften Bestand der Dichtung Eichendorffs gehört (vgl. die fast gleichlautende Erzählung Florios von seiner Heimat am Anfang des „*Marmorbild*s").

Die weitere Geschichte der Freunde – Abschied, Kriegserlebnisse, getrennte Lebensbahnen, Spuren der Entfremdung – bezieht sich unverkennbar auf die unterschiedlichen Erfahrungen der Brüder Eichendorff in den Freiheitskriegen nach ihrer schmerzlichen Trennung am 5. April 1813 in Wien. Die für die Entstehung des Fragments unmittelbar vorauszusetzenden Ereignisse verweisen aber auf die Zeit nach Eichendorffs Rückkehr aus dem letzten Feldzug nach Schlesien Anfang Februar 1816. In einem Brief an Loeben schildert er die neuen Lebensumstände: *Ein fröhlich sinniges Kind (geb. von Larisch) meine Landsmännin in aller Bedeutung und geistreiche Genoßin meiner schönsten Erinnerungen an Jugend und Heimath, ist meine Frau und empfiehlt sich Dir bestens. Erst vor Kurtzem sah ich sie wieder, da ich auch den letzten Feldzug mitgemacht und mich bis Januar d. J. in Frankreich (Compiegne, Noyon etc.) herumgetrieben habe. Im Monat April o. Mai werde ich wahrscheinlich nach Breslau gehen, um dort in die Regierung einzutreten. Doch bleibt meine Adresse vor der Hand noch immer die bewußte, nemlich Lubowitz bei Ratibor etc. Gedichtet habe ich neuerdings gar nicht, aber in mir gebildet mancherlei, das vielleicht sobald Gott wieder einmal Zeit und Lust schenkt, aufgeschrieben wird.* (Pogrzebin, d. 20. Maertz 1816., HKA XII 65).

Das Schwanken zwischen einer Tätigkeit *auf dem Lande* und einer *Civil-Anstellung* (am 29. Januar 1816 an Fouqué HKA XII 63), vor allem das *Stilleben* seiner jungen Familie, das Eichendorff in Pogrzebin, dem Gut der Schwiegereltern, vorfindet, und das Wesen Luise von Larischs (die wenigen überlieferten Zeugnisse über Eichendorffs Frau stammen von 1816; vgl. Erl. zu 12,13–14), das sich in der Figur Johannas spiegelt, sind die bestimmenden biographischen Elemente des dritten Teils des Fragments.

Noch ein Datum ist für die Entstehung der Erzählung und für ihre Nähe zu Selbsterlebtem aufschlußreich: es ist das Wiedersehen Eichendorffs mit seinem lange totgeglaubten Bruder Wilhelm in Lubowitz zwischen August und Anfang Oktober 1817 (Pörnbacher 17). Nach dem letzten, nachträglichen Eintrag des Dichters in der Handschrift (3,2–4), der sich auf diese langersehnte Begegnung bezieht, sollte die Novelle „*Das Wiedersehen*" nun symbolisch den inneren Abschied von seinem Bruder gestalten. Das Manuskript ist nicht datiert, doch verweisen die oben dargestellten biographischen Bezüge und die Parallele zum „*Marmorbild*" als frühesten Entstehungszeitraum auf die Monate nach dem 20. März 1816. Die erkennbaren Arbeitsspuren der Hs. bestätigen dies und erlauben eine noch genauere zeitliche Bestimmung ihrer Niederschrift.

Anhand der drei Lieder, die in das „*Wiedersehen*" aufgenommen werden sollten (Erl. zu 5,7, 7,14, 13,9–10), läßt sich ein paralleler, zunehmend mit der Novelle verflochtener Arbeitsvorgang beobachten. Zwei an den Bruder Wilhelm gerichtete Gedichte von 1813/14 (das erste und dritte der Novelle), die im Manuskript nicht im Wortlaut erscheinen, werden vielleicht schon zwischen Februar und Juni 1816 (Eichendorff am 15. Juni 1816 an Fouqué: *Zugleich wage ich wieder einige Gedichte für das nächste Frauentaschenbuch beizufügen.* HKA XII 67–68), wahrscheinlich aber im Frühjahr 1817 zur Veröffentlichung im „Frauentaschenbuch" für das Jahr 1818 überarbeitet und an Fouqué gesandt. Trotz der literarisierenden Eingriffe äußert Eichendorff in seinem Begleitbrief vom 15. März 1817 an Fouqué Bedenken, ob nicht einige der übersandten Lieder *vielleicht durch zu persönliche und örtliche Beziehung dunkel seyn* könnten (HKA XII 71). Dagegen wird ein weiteres Gedicht (das zweite der Novelle, gleichfalls an den Bruder gerichtet und 1814 entstanden), das nicht im „Frauentaschenbuch" erscheint, im Wortlaut in den Text aufgenommen und durch Überarbeitung der dritten Strophe dem inhaltlichen Zusammenhang angepaßt.

Graphische und inhaltliche Befunde verdeutlichen den Vorgang: die Notiz zur Aufnahme des ersten Gedichtes ist offensichtlich erst nachträglich eingefügt (vgl. die Variante zu 5,6–7), das zweite Gedicht ist bereits in den Erzählzusammenhang eingebunden, es wird im Manuskript der Novelle überarbeitet und durch die nachträglich erweiterte Reaktion Leonhardts verstärkt in den Text integriert (s. die Varianz zu 8,20–24). Mit der Notiz zu dem dritten Gedicht beginnt, nach Handschrift und Tinte zu urteilen, ein neuer Arbeitsabschnitt: Arbeit an Novelle und Gedicht verlaufen nun offenbar völlig parallel. Die überarbeitete, von biographischen Bezügen gereinigte Fassung geht als „*Lied*" an Fouqué, die ursprüngliche, sehr persönliche bleibt der Erzählung vorbehalten; zugleich wird ihr Gehalt mit dem Novellengeschehen verflochten (s. Erl. zu 13,9–10).

Da Eichendorff in dem genannten Brief vom März 1817 andeutet, er habe außer einer *Novelle ⟨...⟩ für das Frauentaschenbuch* (vermutlich „*Das Marmorbild*") noch *einige kleine Geschichten geschrieben und Größeres angefangen* (HKA XII 72), ist das Fragment ziemlich sicher Ende 1816 bis Anfang 1817 entstanden.

Besondere Bedeutung für Datierung und Deutung der Erzählung kommt der schon erwähnten Arbeitsnotiz auf der ersten Seite der Handschrift zu; Eichendorff vermerkt in deutlich veränderter Schrift an exponierter Stelle neben dem Titel der Novelle: *(Zu vollenden. Das Wiedersehen geschieht aber in Lubowitz ⟨...⟩)*. Diese Bemerkung geht auf die tatsächliche Begegnung der Brüder zwischen August und Anfang Oktober 1817 zurück. Wenig einleuchtend ist es, mit diesem Datum auch den Beginn der Arbeit am „*Wiedersehen*" zu verbinden und die Novelle nach dem „*Marmorbild*" und dem ersten Kapitel des „Taugenichts" anzusetzen (Chronik 81 und 82f.). Naheliegender ist folgende Entstehungsgeschichte:

Die autobiographische Novelle „*Das Wiedersehen*" wurde nach der Rückkehr aus dem Krieg und mit Beginn erneuter literarischer Produktion als eines der ersten Projekte begonnen; in zeitlicher Nähe zum „*Marmorbild*" und in engem Zusammenhang mit der Überarbeitung von Gedichten für Fouqués „Frauentaschenbuch" von 1818 ist es wahrscheinlich in der zweiten Hälfte 1816 bis Frühjahr 1817 entstanden.

Die unvollendete Novelle wird im Herbst 1817 in Lubowitz unter den dortigen Papieren vorgefunden, wahrscheinlich in Breslau (wo Eichendorff als Referendar mit seiner Familie nun lebt), nach seiner Rückkehr aus Lubowitz, also nach dem 9. Oktober 1817, wieder zur Hand genommen und unter dem erschütternden Eindruck der Wiederbegegnung mit dem Bruder die veränderte Konzeption: (⟨...⟩ *Ludwig wird verrückt, da er Leonhardten aufeinmal wiedersieht etc.* –) und der Plan ihrer Vollendung auf der Vorderseite notiert.

Datierung: 1816/1817.

Kommentar zu I. Das Wiedersehen 189

Überlieferung

H: Eichendorff-Gesellschaft Ratingen-Hösel, im Besitz der Stiftung Haus Oberschlesien.
Ursprünglich aus dem Nachlaßanteil Rudolf von Eichendorffs 1920 als Teil des sogen. Sedlnitzer Eichendorff-Fundes wiederentdeckt (vgl. Der Wächter 1921 228 und HKA¹ XXII 130); gehörte nicht zu den Beständen des Eichendorff-Museums in Neisse, zuletzt im Besitz von Dr. Anneliese Schodrok.
Vier quer und hintereinander gelegte halbe Bogen zu je vier Seiten gefaltet, (ca. 18,2×23,5cm). Der erste Halbbogen aus leicht vergilbtem eng geripptem Papier, quer zur Schrift ein Wappen mit Krone als Wasserzeichen; die folgenden Bögen dunkler im Ton, etwas faseriger in der Papierart, stark gerippt, aber ohne Wasserzeichen. Kanten unsauber, z.T. Löcher im Falz, etliche Einrisse, teilweise fleckig. Von Seite 1 (Abb. 1) bis zur Mitte von Seite 13 beschrieben, sonst leer. Paginierung vom zweiten Bogen an, beginnend mit 5. statt gestrichen [4.], 6. aus ursprünglich 5., dann 7. bis *13*.
Niederschrift der unvollendenten Novelle mit Sofortkorrekturen und Anzeichen einer späteren Überarbeitung (geringfügige Eingriffe von fremder Hand in Bleistift).
Faksimile der 1. und 10. Seite in: Aurora 25, 1965 neben S. 16.

Text: folgt H.

Varianten

3,2-4 Auf der ersten Seite aroR neben der Überschrift maT nachgetragene Notiz

3,5 *, entfernter Verwandten Söhne*] nachträgl.; das Komma in die Zeile, die Wörter üdZ geschrieben

3,5-6 *wuchsen miteinander auf*] (a) *waren miteinander auf* [*gewachsen*] (b) *wuchsen* [< *waren*] *miteinander auf*

3,6-7 *einer schönen Landschaft, die*] (a) *eines schönen* [*Gartens*]*, den* (b) *einer* [< *eines*] *schönen* ⌈*Landschaft*⌉*, die* [< *den*]

3,7 *Schloß*] (a) [*Land*]*schloß* (b) *Schloß* [< *schloß*]

3,10 *wunderbaren*] (1) [*schönen*] (2) *wunderbaren*

3,15 *in*] (1) [*aus*] (2) *in*

 Lebens] *Lebens* [*versenkte sich ihr treues Gemüth noch immer gern in die Errinnerungen an ihre Heimath, wie in ein Meer von Stille, in dem das Hertz vor Wehmu* ⟨Text bricht ab⟩]

 ein Lied] < *Ein Laut*

3,19 *Wemuth*] (1) [*Sehnsucht*] (2) *Wemuth*

3,23 *erwachend*] nachträgl.

3,24 *ihnen*] *ihnen* [*lieb* ⟨der Buchstabe *b* ist nicht vollständig ausgeführt⟩]

3,26 *der*] < *dieser*

3,27-28 *angelangt. Da*] (a) *angelangt* [*und hoben, wie zwei Stämme in* [*Einem*] *den Errinnerungen Einer Heimath wurtzelnd, die frischen Kronen brüderlich in die Himmelsluft.*] [*Die Gewohnheit des Beisammenlebens war ihnen zur Natur geworden, und da*] (b) *angelangt*⌈*.*⌉ *Da* [< *da*]

3,28-4,7 *sie beide* bis *das Wort*] alR durch senkrechten Strich hervorgehoben

3,29-4,1 *eigenthümliches*] < *eigenes*

4,1 *Wißenschaft, und*] (a) *Wißenschaft*[*en*]*.* (b) *Wißenschaft,* [< *.*] ⌈*und*⌉

4,5 *dabei*] nachträgl.

4,7 *oft*] *oft* [*das*]

 um] *um* [*nur*]

4,8 *verbunden,*] *verbunden,* [*wohlhabend,*]

4,9-10 *nahmen sich ehrlich vor, etwas Rechtes zu vollbringen*] (a) [*hatten sie den Muth,*] [*Außerordentliches*] *vollbringen* [*zu wollen*] (b)

⌜*nahmen sie sich ehrlich vor etwas Rechtes*⌝ ⌜*zu*⌝ *vollbringen*

4,11 *fieng an*] (1) [*übergl*] [*warf*] (2) *fieng an*

4,20–21 *wir in der Ferne einander*] (a) *wir* [*einander*] *in der Ferne* (b) *wir in der Ferne* ⌜*einander*⌝

4,24 *denn diese Worte*] (a) [*kein Wort,*] *denn* [*jener*] [*Gedanke*] ⟨Text bricht ab⟩ (b) *denn* ⌜*diese*⌝ *Worte*

4,26 *die*] *die* [*wohlbekannten*]

4,27 *die*] [*wo*] *die*

4,27–28 *u. innerlichst frölich*] nachträgl. arR mit Einweisungszeichen

4,28 *viele*] [*ein* unsichere Lesung] *viele*

4,29 *kreisend*] [*wie immer*] *kreisend*

4,31 *Dich*] (a) [*Dich*] *dich* (b) *Dich* [< *dich*]

5,1 *immerfort*] nachträgl.
   sich. Und] (a) *sich* [*selbst*] *und* (b) *sich*⌜*.*⌝ *Und* [< *und*]

5,6 *Leonhardt*] [*Als*] *Leonhardt*

5,6–7 *Vielleicht* bis ⟨Abschlußstrich⟩] (1) ⟨Abschlußstrich⟩ (2) *Vielleicht* bis ⟨Abschlußstrich⟩ überschrieben auf (1)

5,9 *aber*] nachträgl. üdZ
   leidenschaftl:] nachträgl. üdZ

5,13 *das Rufen*] (1) [*die Stimmen*] (2) *das Rufen*

5,17 *ihm*] (1) [*er*] (2) *ihm*

5,18 *einzelne*] *einzelne* [*zurückgele*]

5,19 *mußte*] [*da war es ihm, als wä*] *mußte*

5,20–21 *ein nur desto tieferer Eifer folgte dann*] *ein*[*e*] *nur desto* [*kräftigerer*] ⌜*tieferer*⌝ *Eifer folgte* ⌜*dann*⌝

5,26 *in das*] [*das*] *in das*

5,27 *versenkt*] (a) *vers*[*ezt*] (b) *vers*⌜*enkt*⌝
   er] nachträgl. üdZ

5,28 *sehnlichster*] < *sehnsu*

6,3 *innerstes Leben*] [*Leben*] *innerstes Leben*

6,9 *hatte*] [*hörte*] *hatte*
 gehört,] < *gehört.*

6,11 *das Bild*] *das Bild* [*das Bild*]

6,17 *früher*] [*sehr*] *früher*

6,18 *wieder*] [*ein*] *wieder*

6,20 *er unterweges*] [*u*] *er unterweges*

6,24 *Waßerkünsten, hohen Bäumen*] (a) *Waßerkünsten* [*und*] *hohen Bäumen* (b) *Waßerkünsten*⌈,⌉ *hohen Bäumen*

7,1 *jugendlich frischer Gedanken*] *jugendlich*[*er G*] *frischer Gedanken*

7,8 *oft*] [*oft*] *oft*

7,10 *hastig*] nachträgl.

7,11 *wirklich*] nachträgl.

7,14 *darin* –] < *darin,*

7,23–26 *Es steigt* bis *heilger Muth,*]:
    2. 2. 2 2
    In lichtem Glanze wandelt
    2 2. 2
    Der Helden [*lichter*] ⌈*heilger*⌉ *Muth,*
    1. 1. 1.
  (1) [*Um Deutschland wird verhandelt*]
  (2) *Es* [*schauert*] ⌈*steigt*⌉ *die Erd' verwandelt,*
       1. 1.
  (a) [*Die Freiheit blüht aus*] *Blut.*
  (b) ⌈*Aus ihrer Söhne*⌉   ~

Durch überschriebene Zahlen (*1.* über Z. 3 u. 4 sowie *2.* über Z. 1 u. 2) hat Eichendorff die Versabfolge geändert.

8,9 *verschweben*] < *verweh*

8,20 *O*] [*Das*] *O*

8,21   *erschüttert*] ⌈*tief* ⌉ *erschüttert*
8,21-22   *der Natur, der Jugend*] (a) *der Natur* [*und*] *der Jugend* (b) *der Natur*⌈,⌉ *der Jugend*
8,24   *noch einmal*] *noch einmal* [*vergebens*]
8,25   *Au⟨f⟩enthalt*] *Auffenthalt*
9,1   *des Ortes*] [*eines*] *des Ortes*
9,6-7   *wie die Sonne indeß*] *wie* [*sich*] *die Sonne* ⌈*indeß*⌉
9,13   *gehen mochte*] [*sich thun ließ*] *gehen mochte*
9,22   *mehrere, seitdem*] (a) *mehrere* [*Gesichter*] (b) *mehrere*⌈,⌉ *seitdem*
9,27   *nachsinnend mehremal*] [*mehreremal*] *nachsinnend mehremal*
9,28   *Leonhardt*] [*Aber*] *Leonhardt*
10,9-10   *in schillerndem Sonnenscheine.*] (1a) , *der* [*mit hohen*] (1b) [, ⌈*nur*⌉ *der Kirchhof mit seinen hohen Linden ragte* [*über die anderen Häuser hervor*] *in der Mitte des Dorfes über die anderen Häuser hervor*] (2) ⌈*in schillerndem Sonnenscheine.*⌉
10,10   *die*] *die*[*se*]
10,11   *mein Gott,*] < *mein Gott!*
10,12   *gelebt!*] < *gelebt,*
10,15   *leer,*] [*einsam*] ⌈*leer*⌉, [*sie schienen alles*] *schienen*] *schienen* [*alle*]
10,16-17   *brüstenden*] [*bläh*] *brüstenden*
10,20   *stand*] [*saß*] *stand*
10,22   *da*] nachträgl.
10,26-27   *sei bis zum Abend im nächsten Marktflecken, um Getreide zu verkaufen*] (1) [*sei im Felde bei den Arbeitern,*] (2) ⌈aoR mit Einweisungszeichen [*bleibe*] ⌈*sei*⌉ *bis* ⌈*zum*⌉ *Abende im nächsten Marktflecken, um Getreide zu verkaufen,*⌉
10,27   *im Hofe*] [⌈*sey*⌉] *im Hofe*
10,28   *dabei*] nachträgl.

11,7   *Hier*] [*Drauß*] *Hier*

11,12 *war,*] [*war, in dem Glase*] *war,*

11,12–13 *im Glase eingetrocknet.*] [*eingetrocknet.*] *im Glase eingetrocknet.*

11,14 *an welcher*] [*die Lud*] *an* [*der*] *welcher*

11,15 *voriger Zeit*] (a) *vorigen Zeit*[*en*] (b) *voriger* [< *vorigen*] *Zeit*

11,22 *hob er*] [*faßte er die*] *hob er*

11,25–26 *gerettete Freundin*] [*Fr*] *gerettete Freundin*

11,26 *trat er*] (a) [*stellte*] *er* [*sich*] (b) ⌈*trat*⌉ *er*

11,30 *unterm Ofen*] [*krazte sich mit groß*] *unterm Ofen Getöse*] < *Ges*

12,1–2 *dachte an Ludwig und blickte unbeweglich*] (1a) *stand wie versteinert* [*und bli*] (1b) [*stand*⌈*,*⌉ *wie versteinert*⌈*,*⌉ *unbeweglich und blickte*] (2) *dachte an Ludwig und blickte unbeweglich*

12,3   *fast wie*] ⌈*fast*⌉ *wie* [*ein*]

12,4   *da*] nachträgl.

12,11 *Aermchen*] [*Arm*] *Aermchen*

12,19 *mit einer so*] [*so*] *mit einer so*

12,20 *fast er*] [*er*] *fast er*

12,24 *sehnlichst den*] [*den*] *sehnlichst den*

13,1   *so viel, so unendlich viel zu fragen!*] (a) *so viel* [*zu fragen*] (b) *so viel*⌈*,*⌉ *so unendlich viel zu fragen!*

13,3   *darum.*] (a) *darum,* [*und die*] (b) *darum.* [< *,*]

13,8   *bereits*] (1) [*schon*] (2) [*noch b*] (3) *bereits*

13,9   Ab hier mit anderer Schrift und Tinte

13,15–16 *bei diese*⟨*n*⟩ *fast unwillkührlich ausgesprochenen Worten*] (a) *bei diesem fast unwillkührlich*[*en*] [*Ausrufe*] (b) *bei diesem unwillkührlich ausgesprochenen Worten*

13,17 *fragend*] [*halb*]*fragend*

13,26 *steinerne*] [*hölzerne*] *steinerne*

13,28 *Sommerabend*] [*Fr*] *Sommerabend*

13,31–14,1 *verscheuchte mir alle Tauben*] (a) [*hatte*] *mir alle Täubchen* [*verjagt*[*e*]] (b) ⌈*verscheuchte*⌉ *mir alle Tauben* [< *Täubchen*]

14,4 *Tode*] *Tode* [*in Gelds*]

14,5 *wir*] [*beide*] *wir*

14,12 *da*] [*als*] *da*

14,14 *flüsterte*] < *füsterte*

      leise] *leise* [*und schnell*]

14,16 *gesagt*] (1) [*erzählt*] (2) *gesagt*

14,20 *Gruppe*] *Gruppe*[*n*]

Erläuterungen

3,2–3 *aber in Lubowitz*] Die Brüder Eichendorff sahen sich in Lubowitz zwischen August und Oktober 1817 nach langer Zeit wieder (s. unter Entstehung).

3,5 *Leonhardt und Ludwig*] Solche Freundes- bzw. Brüderpaare finden sich bei Eichendorff häufig: so in der „*Novelle in Versen, aus dem 30jährigen Kriege*" als *Protestantismus* und *Katholizismus* (W IV 199), im „*Allegorischen dramatischen Spiel in Versen*" als *Das alte Regime* und *Die Demagogie* (HKA VI/1 627; vgl. die Thematik von „*Robert und Guiscard*"), im „*Julian*" als Heidentum und Christentum; so in den beiden Romanen, in „*Viel Lärmen*" (Willibald – Ich-Erzähler), im „*Unstern*"-Entwurf (Adebar – Ich-Erzähler), in den „*Glücksrittern*" (Suppius – Klarinett), in der vorliegenden Novelle u. ö.; exemplarisch im „*Vorwort*" (Text VI.4., Ich-Erzähler – Eremit). Vgl. dagegen das versöhnliche Abschiedsgespräch der Freunde Faber, Leontin und Friedrich in *AG* (HKA III 327; vgl. 65), den Schluß von *DG* (W II 506f.; vgl. HKA XVIII/1 267), den Beginn des „*Marmorbildes*" (W II 526) und das Motto-Gedicht zu dem Abschnitt „*Sängerleben*" der Gedichtsammlung (HKA I/1 57) oder das Gedicht „*Die zwei Gesellen*" (1818, HKA I/1 66).

3,7 *Landschaft ... Schloß*] In dieser kurzen Formel ist auf Eichendorffs Heimat angespielt; zu Lubowitz s. Erl. zu II.1. 17,25.

3,7-11 *sahen ... sang*] Die Stelle findet sich nahezu wörtlich im etwa gleichzeitig entstandenen „*Marmorbild*" (W II 527 und 537). In *DG* heißt es: *wer einen Dichter recht verstehen will, muß seine Heimat kennen. Auf ihre stillen Plätze ist der Grundton gebannt, der dann durch alle seine Bücher wie ein unaussprechliches Heimweh fortklingt.* (W II 297; vgl. HKA XII 308, 313–314) In *AG* wird die Heimat auf Gott bezogen (HKA III 46 f.).

3,8 *kindisch*] Ursprünglich werden kindisch und kindlich fast gleichbedeutend gebraucht; erst im 18. Jahrhundert bildet sich allgemein für die Nachsilbe -isch ein abschätziger Sinn aus (DWB V, Sp. 764 ff.). Eichendorff greift jedoch auf den Wortgebrauch im Geniezeitalter und in der Romantik zurück (s. Erl. zu III. 49,6). In *AG* (HKA III) ist dieser positive, im Zusammenhang mit und der Diskussion um Volks- und Naturpoesie stehende Gebrauch mehrfach belegt: 103,8: *der frische kindische Glanz eines Buches*; 127,12-14: *Ihre Augen und Mienen ⟨...⟩ so unschuldig und kindisch*; 177,28: *mit denen er sich aber kindlich besprach*; vgl. Text IV.3. 58,7; W II 475; HKA IX 394; noch in *DR* heißt es ganz im Sinne dieser Tradition: *Alle Kinder aber sind geborene Poeten* (HKA VIII/2 194).

3,9-10 *zauberischer Spielmann*] Die Gestalt entstammt dem Venus- und Tannhäusersagenkreis, mit dem Eichendorff zu dieser Zeit durch die Thematik des „*Marmorbild*es" intensiv befaßt war. Unmittelbare Anregung erhielt er wohl durch das berühmte Lied „Der Tannhäuser" aus dem „Wunderhorn" (Des Knaben Wunderhorn, FBA 6 80–84) und vor allem durch Ludwig Tiecks „Der getreue Eckart und der Tannenhäuser" (Erstdruck 1799, wieder im „Phantasus", 1. Bd., 1812; vgl. HKA IX 363). Bei Eichendorff vgl. *DG*, W II 319 f. und 439; „*Der irre Spielmann*", HKA I/1 52, „*Der zaubrische Spielmann*", HKA I/1 402; vgl. „*Der alte Garten*", HKA I/1 368). – In literarhistorischer

Bedeutung stehen Spielmann, Sänger und Troubadour aber auch zentral in der romantischen Diskussion um Volks-, Kunst- und Naturpoesie. Vgl. Eichendorffs Gedicht „*Abend*":

> *Da kommt der Frühling gegangen,*
> *Wie ein Spielmann aus alter Zeit.*
> *Und singt von uraltem Verlangen*
> *So treu durch die Einsamkeit.* (HKA I/1 303)

Vgl. auch „*Nachklänge. 6. An meinen Bruder*", HKA I/1 261 und Wilhelm von Eichendorff, „Der durch die Luft fahrende Spielmann" (DKV 1 551). – Eine Reihe von hervorgehobenen Gestalten steht in der Tradition der Wanderdichter, Sänger und Troubadours: Friedrich in *AG*, Fortunato als Mentor Florios im „*Marmorbild*", Fortunat in *DG*, Willibald in „*Viel Lärmen*", aber auch Leontin in *AG* trägt Züge des Wanderdichters: *Leontin zog mit seiner Gitarre, wie ein reisender Spielmann aus alter Zeit von Haus zu Haus und erzählte den Mädchen Märchen, oder sang ihnen neue Melodien auf ihre alten Lieder, wobei sie still mit ihren sinnigen Augen um ihn herumsaßen.* (HKA III 200)

3,12 *Studien*] Wilhelm und Joseph von Eichendorff studierten gemeinsam in Halle: 30. April 1805 bis 31. Juli 1806, in Heidelberg: 17. Mai 1807 bis 12. Mai 1808 und in Wien: November 1810 bis 30. September 1812 (letztes Examen).

3,13 *Reisen*] Abgesehen von den Fahrten zu den Universitätsstädten machten die Brüder Eichendorff während ihrer Studienzeit nur zwei Reisen, von denen vor allem die zweite dem Typ einer „Bildungsreise" entsprach; von Halle (Fußreise durch den Harz) nach Hamburg und Lübeck: 10.–27. September 1805 (s. Tb., DKV 5 128–155), von Heidelberg aus nach Paris: 5. April bis 4. Mai 1808 (Tb. nicht erhalten). Entsprechend ihrer gesellschaftlichen Bedeutung werden diese Reisen (wie auch die erste Erziehung durch Hauslehrer und die Kriegsteilnahme) immer wieder stereotyp hervorgehoben (HKA XVIII/1

227, 476, 549; HKA XVIII/2 655 u. ö.). Die Ausfahrt des Grafen Friedrich in *AG* hatte ursprünglich den Charakter einer solchen Bildungsreise (HKA III 3, 136f., 249f.); als genialische Modeerscheinung wird das Reisen schon in diesem Roman kritisiert (143), als Standesrequisit in „*Der Adel u. die Revolution*" (VII.3. 123,24ff.).

3,15–18 *deckte ... auf*] Vgl. folgende frühe (etwa 1807?) Notiz Eichendorffs: *Es gibt gewiße Worte, die plötzlich, wie ein Blitzstrahl, ein Blumenland in meinem Innersten aufthun, gleich Errinnerungen alle Saiten der Seelen-Aeolsharfe berühren, als: Sehnsucht, Frühling, Liebe, Heymath, Göthe* (BN 11ʳ). – Vgl. auch seinen Brief vom 2. Dezember 1817 an Fouqué: *Ihre und Ihrer Frau Gemahlin Dichtungen, Herr Baron, die mir die unermessene Aussicht in meine alte Heimat von Zeit zu Zeit wieder aufschließen* (HKA XII 21); oder über den Minnesang in *GLD*: *Aber wem erwecken solche ferne Klänge, wie das Alphorn dem Schweizer, nicht noch heut ein wunderbares Heimweh nach seiner stillen harmlosen Jugendzeit, deren Erinnerung in jedem gesunden Herzen unvergänglich ist.* (HKA IX 73). Ein ebensolcher Erinnerungsvorgang wird durch die *abgebrochenen Abschiedstöne* der Vögel (HKA III 160), das *Brausen der Orgeltöne* (HKA III 321), das Lied, das Angela singt (Text II.4. 38,13–18; Text IV.2. 56,28–57,42) und das Lied der Muse (Text IV.3. 59,13–14) ausgelöst. Vgl. dagegen das Schicksal Erwins (*ich sang die besten alten Lieder, die ich wußte, aber du erinnertest dich nicht mehr daran*, HKA III 267) oder Rosas (*Ich sang immerfort ein altes Lied, das ich damals als Kind alle Tage gesungen und seitdem wieder vergessen habe. Es ist doch seltsam, wie ich es in der Nacht ganz auswendig wußte! Ich habe heut schon viel nachgesonnen, aber es fällt mir nicht wieder ein*, HKA III 215) in *AG*; Romanos in „*Viel Lärmen*" (W II 681) sowie Ottos und des Fürsten in *DG* (W II 357f. und 431).

3,18 *Meer von Stille*] Das Bild steht in der Tradition des Topos „Meerfahrt als Lebensreise"; vgl. „*Die zwei Gesellen*" (HKA I/1 66),

„*Sänger-Fahrt*" (HKA I/1 131, HKA III 250 und 320f.), „*Eine Meerfahrt*". Vgl. aber auch die Aussagen Rudolfs in *AG*: *In mir ⟨...⟩ ist es wie ein unabsehbarer Abgrund, und alles still* (HKA III 333) und Ottos in *DG*: *in der ländlichen Stille ⟨...⟩ war mir nicht anders, als säß ich viele hundert Klafter tief im Meer und hörte die Abendglocken meiner Heimat von weitem über mir. So verzehrte ich mich sichtbar selbst* (W II 357).

3,17-19 *alte Heimath ... Wemuth*] Im Entstehungszeitraum des Novellenfragments ist der Verlust von Lubowitz schon bedrohlich nahegerückt (s. HKA¹ XIII 76). In „*Ahnung und Gegenwart*" erscheint *die alte Heimath* als *eine uralte, wehmütige Zeit* (HKA III 277; vgl. 211 und 278). Vgl. auch die Gedichte „*Heimweh. An meinen Bruder*" (HKA I/1 102), besonders „*Denkst Du des Schloßes noch auf stiller Höh?*" (HKA I/3 202) und Eichendorffs Brief an Loeben vom 10. August 1814, HKA XII 38–41).

3,21 *Morgenroth*] Das Bild findet sich wiederholt in Eichendorffs Werk, vgl. etwa die *Morgenschönheit* (Friedrich in *AG*, HKA III 159), die *Morgenfrischen* (*DG*, W II 506); die Beschreibung *einer überschwenglichen Zukunft* in *AG* (HKA III 78 und 113) oder des Aufbruchs im „*Marmorbild*" (W II 564). Es wird im Zusammenhang mit dem Kampf für eine künftige, bessere Zeit gebraucht (HKA III 325,23–26; 331,17–20; 334 und W II 506; schon im Tb. findet sich die Notiz: *Politische Morgenröthe eines lichteren Tages durch die Nachricht von Siegen der Rußen ⟨...⟩ u. von deutscher Theilnahme Oesterreichs*, Tb. vom 20. Februar 1807, DKV 5 198–199) und als Gegenbild der Aufklärung (HKA IX 150), der Zaubermacht der Venus-Natura („*Marmorbild*", W II 539) und der Nacht: *Nichts ist so trüb in Nacht gestellt, Der Morgen leicht macht's wieder gut.* („*Der Morgen*" HKA I/1 36; „*Zwielicht*", HKA I/1 11; „*Meerfahrt*", W II 759). – In *AG* wird *ein großer Morgen* erwartet, *der das geheimnisvoll gebundene Leben in herrlicher Pracht lösen soll* (HKA III 140 vgl. auch „*In der Nacht*", „*Der Einsiedler*", HKA I/1 306 und 320).

3,29–4,1 *eigenthümliches*] In Eichendorffs Examensarbeit von 1819 (HKA¹ X 143 ff.) wird Eigentümlichkeit als das Lebens- und Bildungsprinzip von Volk, Staat (insbesondere des deutschen) und Einzelnem bestimmt, denn *nur das Eigentümliche ist wahrhaft lebendig und frei* (148), zugleich aber von der *Sonderung* (147) abgegrenzt, die *bis zu dem ganz Vereinzelten, Erstarrten, zur Selbstsucht* führt (151). *Alle besondere Eigentümlichkeit mag sich noch so mannigfaltig, ja widersprechend entwickeln: sie wird, wenn sie sonst echter Art und wahrhaft ist, ihre Freiheit immer nur durch ihre Beziehung auf ein über alles Besondere Erhabenes behaupten können und sich eben dadurch, je bestimmter, entschiedener sie für sich besteht, innerlich zu einem desto kräftigeren Ganzen vereinen.* (151; vgl. HKA IX 6 f., 146 u. ö.).

4,2 *Bildung ... in einander verwachsen*] Eichendorff dient der Baum als Sinnbild für den Staat, der den *inneren Lebensbaum* des Volkes entfalten soll (HKA¹ X 160; vgl. 156), die *Nationalbildung* (HKA IX 9; vgl. dagegen HKA¹ X 152), die Dichtung (HKA VIII/2 315: Drama; HKA IX 341: über Arnim) und vor allem die Religion (HKA¹ X 147).

4,3–4 *erst beide ein Gantzes auszumachen schienen*] 3,28–4,7 sind in der Hs. durch einen senkrechten Strich am Rand hervorgehoben. Die Stelle ist aufschlußreich für das Verhältnis der Brüder Eichendorff während ihrer Studienzeit (vgl. die Nachschrift Wilhelms zu dem Brief Eichendorffs an Loeben vom 27. Dezember 1812, HKA XII 25); vgl. dagegen die spätere Äußerung Eichendorffs: *der versauerte Wilhelm* (Text VI.5. 93,22). Vgl. auch die Varianten der Hs. zu dieser Stelle, die Erl. zu *Wemuth*, 3,17–19, und zu dem Gedicht „*An meinen Bruder 1813*", 5,7; weiterhin HKA III 334.

4,8 *innig verbunden*] Solche Vorstellungen kommen im Freundschaftsenthusiasmus des Sturm und Drang und der Empfindsamkeit, z. B. im Göttinger Hainbund, zum Ausdruck. Eichendorff prägten die Erfahrungen im „Eleusischen Bund" um den

Grafen Loeben, vorbildlich war vielleicht die Freundschaft zwischen Arnim und Brentano in Heidelberg, von der die gegenseitige Anrede „Herzbruder" überliefert ist (s. DWB II, Sp. 1227; Eichendorffs Briefe an Loeben, HKA XII 22 u. 38; HKA III 195; *DG*, W II 484; das Gedicht *„An meinen Bruder 1813"*, dazu Erl. zu 5,7). Bereits in *AG* wird ein solcher Freundschaftskult als genialisch-begeisterte Mode in der Nachfolge des Göttinger Hain (vgl. HKA IX 234) und des „Don Carlos" karikiert: *die Seltenen wirft ein magnetischer Zug einander an die männliche Brust, und der ewige Bund ist ohne Wort geschlossen in des Eichenwaldes heiligen Schatten, wenn die Orgel des Weltbaues gewaltig dahinbraust.* (HKA III 198, dazu *AG* Kommentar).

4,10 *etwas Rechtes zu vollbringen*] Der autobiographische Bezug dieser Redewendung ergibt sich aus einer Notiz Eichendorffs, die offenbar in engem Zusammenhang mit einem Briefentwurf an Loeben (1809; HKA XII 11 f.) steht: <u>Morgengesang</u> *Große Gedanken gehn in mir. Das Spiel der Poesie genügt mir nicht. Gott laß mich was Rechtes vollbringen ⟨...⟩. Denn die Poesie, die nicht aufs Ganze Bezug hat, ist ein leeres Spiel.* (HKA I/3 189)

4,15-16 *Vermögen verloren*] Eichendorff schreibt am 30. August 1828 in fast den gleichen Worten an Görres: *mein Vater verlor durch allerlei Mißgeschick sein gantzes großes Vermögen* (HKA XII 107; vgl. 13, 54, 68; HKA[1] XIII 49 und HKA XII 24; zum Motiv der Armut *DG*, W II 461; Text III., vor allem Text VI.5. 93,15 und 25). Der Verlust des großen Eichendorffschen Besitzes kam weder *unerwartet* noch *plötzlich*: schon 1784/85, beim Kauf von Lubowitz, sind die Gründe für die spätere Katastrophe in Ansätzen erkennbar; 1801 geriet Adolf von Eichendorff zum ersten Mal in eine konkursähnliche Situation, und zwischen 1807 und 1812 sind die Besitzungen schon so überschuldet, daß die Familie nun bereits als verarmt gelten muß. Nach dem Tod der Eltern wurden die Güter Lubowitz (1823), Radoschau (1824) und Slawikau (1831) verkauft.

4,16 *Ludwig, dichterisch*] S. Erl. zu II.2. 23,3–4. An den Rand eines Briefes seines Bruders vom 2. September 1831 notierte Eichendorff: *Ich schreibe poetisch, du lebst poetisch, wer dabei besser fährt, ist leicht zu denken.* (HKA¹ XIII 269).

4,16–17 *der mildere von beiden*] S. Erl. zu VI.3. 84,20.

4,17 *Residentz*] Wien war der letzte Studienort der Brüder Eichendorff (vgl. auch *AG*, 2. Buch); während Wilhelm zunächst in Wien bleibt, verläßt Joseph am 5. April 1813 mit Philipp Veit die Stadt, um sich bei Dr. Lange in Breslau als freiwilliger Jäger im Lützowschen Korps anwerben zu lassen (an Loeben, 8. April 1814, HKA XII 28).

4,22–23 *Thränen ... erstenmale*] Vgl. aus einem Brief der Schwester Louise an ihren Neffen Hermann von Eichendorff: „Wenn die Brüder bestraft werden sollten, soll Dein Vater um Verzeihung gebeten, geweint und Besserung versprochen haben, während sein Bruder Wilhelm stumm und starr blieb." (27. April 1858, Aurora 4, 1934 8).

5,7 *Zum Abschiede an Wilhelm*] das Gedicht wurde offenbar erst nachträglich für die Novelle vorgesehen und vorläufig nur eine entsprechende Bemerkung in die Hs. eingefügt (vgl. die Entstehungsgeschichte). Der Text lautet:

> *An meinen Bruder 1813.*
>
> *Steig' aufwärts, Morgenstunde!*
> *Zerreiß' die Nacht, daß ich in meinem Wehe*
> *Den Himmel wiedersehe,*
> *Wo ew'ger Frieden in dem blauen Grunde!*
> 5 *Will Licht die Welt erneuen,*
> *Mag auch der Schmerz in Thränen sich befreien.*
>
> *Mein lieber Herzensbruder!*
> *Still war der Morgen – E i n Schiff trug uns beide,*
> *Wie war die Welt voll Freude!*

10 *Du faßtest ritterlich das schwanke Ruder,*
Uns beide treulich lenkend,
Auf froher Fahrt nur einen Stern bedenkend.

M i c h irrte manches Schöne,
Viel reizte mich und viel mußt' ich vermissen.
15 *Von Lust und Schmerz zerrissen,*
Was so mein Herz hinausgeströmt in Töne:
Es waren Widerspiele
Von Deines Busens ewigem Gefühle.

Da ward die Welt so trübe,
20 *Rings stiegen Wetter von der Berge Spitzen,*
Der Himmel borst in Blitzen,
Daß neugestärkt sich Deutschland draus erhübe. –
Nun ist das Schiff zerschlagen,
Wie soll ich ohne D i c h die Fluth ertragen! –

25 *Auf einem Fels geboren,*
Vertheilen kühlerrauschend sich zwei Quellen,
Die eigne Bahn zu schwellen.
Doch wie sie fern einander auch verloren:
Es treffen ächte Brüder
30 *Im ew'gen Meere doch zusammen wieder.*

So wolle Gott Du flehen,
Daß er mit meinem Blut und Leben schalte,
Die Seele nur erhalte,
Auf daß wir freudig einst uns wiedersehen,
35 *Wenn nimmermehr hienieden:*
So dort, wo Heimath, Licht und ew'ger Frieden! (HKA I/1 156)

5,11 *Briefe seltner*] Dazu die biographischen Anhaltspunkte in chronologischer Folge:
6. März 1814: „Die Unruhe, welche Ihnen mein langes Stillschweigen verursacht" – Wilhelm aus Trient an die Eltern

(HKA¹ XIII 243).

8. April 1814: „Nach meinem langen Stilleschweigen, über das ich mir selbst die größten Vorwürfe mache, und das für mich gewiß am allertraurigsten war" – Wilhelm aus Trient an seinen Bruder (HKA XIII 14).

9. Juli 1814: „Dieser lange Brief wird mein bisheriges Stillschweigen entschuldigen." – Wilhelm aus Lienz in Tirol an seinen Bruder (HKA¹ XIII 49).

10. August 1814: *Aber, denke, seit dem – 10ᵗ April habe weder ich noch meine Aeltern die geringste Antwort oder Nachricht von Wilhelm* – Eichendorff aus Lubowitz an seinen Freund Loeben (HKA XII 39).

3. Oktober 1814: *unser Wilhelm lebt auch* – Eichendorff an Loeben. (HKA XII 48).

25. Dezember 1814: *Von Wilhelm habe ich seit dem 31ᵗ· August nicht die geringste Nachricht* – Eichendorff aus Berlin an Loeben (HKA XII 55).

28. Januar 1815: *unser lieber Wilhelm, von dem ich noch immer nichts höre* – Eichendorff aus Berlin an seinen Freund Philipp Veit (HKA XII 57).

Viele Jahre später spricht Louise von Eichendorff in einem Brief an ihren Neffen Hermann einmal von „der Eichendorffschen Familienkrankheit, der Scheu vor dem Briefschreiben" (Frühjahr 1871, Aurora 4, 1934 17).

5,11–12 *manches, das Leonardt kaum mehr erkannte*] Wilhelm von Eichendorff schreibt aus Lienz von seinem Berufsleben: „Es ist natürlich, daß ich mich in geschäftsfreien Augenblicken ermüdet und zu einer Art Berauschung geneigt fühle, durch die man in ein plattes Leben poetische Sprünge zu bringen hofft." (HKA¹ XIII 29; mit anderem Akzent an die Eltern, HKA¹ XIII 253); von verschiedenen Liebesabenteuern, in denen gesellschaftliche Spielerei (36) und eine tief gefährdete Gefühlswelt (42) fast willkürlich wechseln; er versucht seine tagebuchartigen Berichte, mit „Pointen" (31, 37) und „Kunstgriffen" (49, 98) zu literarisieren, etwas, was Eichendorff gerade bei seinen Geschwistern offenbar nur schwer ertragen konnte (seine Schwester schreibt 1836 an ihn: „glaube nur um Gottes willen nicht, daß es mir darum zu tun ist s c h ö n z u s c h r e i -b e n wie Du zu meiner Betrübnis in einem Deiner Briefe bemerktest", HKA¹ XIII 138); und über sein Dichten: „Die Poesie in Versen hat sich seit 3/4 Jahren von mir getrennt." (53; vgl. Chronik 88) – Während Eichendorff über das lange Schweigen seines Bruders schreibt: *Eine unbeschreibliche Wehmuth ergreift mich oft in unserem Garten, wo alle Blumen und Bäume mich nach ihm zu fragen scheinen, und es fällt mir wohl manchmal gar ein, daß er gestorben. Ich schreibe dieß mit tiefen Schauern, denn ich weiß nicht, wie ich ihn überleben soll* (an Loeben, 10. August 1814, HKA XII 39–40), bekennt Wilhelm: „Jedesmal, wenn ich einen Brief von Dir erhalte, fühle ich einen wunderbaren Schmerz der eigentlich keinen Namen hat; ich denke, ich liebe Dich nicht so wie es Deine Liebe um mich verdient und dann wird mir, wie wenn in der Nacht eine Musik aus der Ferne tönt und aus tiefem Schlaf zu einem träumenden Schlummer weckt, in den die Melodie noch ergreifender singt, und aus dem man erwacht, wenn die Töne verklungen sind. Man sucht sie, aber es ist alles finster und still" (Tagebuchbrief vom 8. Juli 1814, HKA¹ XIII 25); und später in dem gleichen Brief „Wahrhaft beschämt bin ich, daß meine Empfindung der Deinigen so wenig nachkann. ⟨...⟩ Diese Lebensart macht es, daß ich Dich zwar nie vergesse aber in dem Getöse aller dieser Dinge öfter überhöre, und daß mein Gefühl einer Quelle ähnlich wird, die zuweilen versiegt, dann aber wieder strömt" (29).

5,16 *bildete ruhig und fleißig fort*] Wortlaut der Hs.; im Erstdruck die Konjektur: *bildete* ⟨*sich*⟩ *ruhig und fleißig fort* (Aurora 25, 1965 13). Eine vergleichbare, auf Faber bezogene Äußerung Friedrichs in AG bestätigt jedoch die hs. Lesung: *Wache, sinne und bilde nur fleißig fort, fröhliche Seele* (HKA III 30; vgl. HKA¹ X 137).

5,24-25 *dramatische Werke*] Aus den Jahren, die für den Motivbestand der Novelle Bedeutung haben, sind einige dramatische Arbeiten Eichendorffs überliefert: Fragmente und Entwürfe eines Trauerspiels „*Hermann und Thusnelda*", wahrscheinlich 1811 entstanden (HKA VI/2 41–47); drei Bruchstücke zu einem Drama „*Eginhard und Emma*", vermutlich zwischen Ende 1811 und 1812 niedergeschrieben (HKA VI/2 309–315). Am 15. Juni 1816 schreibt Eichendorff aus Breslau an Fouqué: *in der neueren Zeit füllen einzig größere dramatische Arbeiten die wenige Muße, die mir bleibt.* (HKA XII 68) Auch von Wilhelm von Eichendorff sind dramatische Arbeiten bezeugt, aber nicht überliefert: um Geld zu verdienen, versuchen Ende 1812 die Brüder für *ein Trauerspiel und ein Lustspiel* Wilhelms und für *AG* durch die Vermittlung Friedrich Schlegels einen Verleger zu finden. (Eichendorff an Loeben, 27. Dezember 1812, HKA XII 24).

5,27 *Gemüthes*] Bezeichnet ursprünglich die Gesamtheit der seelischen Kräfte des Menschen; noch im 18. Jahrhundert bezeichnet die Formel „Körper und Gemüthe" den ganzen Menschen (DWB, IV/1, Sp. 3293–3328). Eichendorff steht in seinem Wortgebrauch dieser ursprünglichen Bedeutung von Gemüt nahe.

6,2 *Befreiungs=Krieg*] 28. Februar 1813: Preußisch-russisches Bündnis gegen Napoleon, 16. März 1813: Preußische Kriegserklärung an Frankreich, 12. August 1813: Österreich wird Mitglied der Koalition, 31. März 1814: Einzug der Verbündeten in Paris, 30. Mai 1814: Erster Friede von Paris. 1. März 1815: Rückkehr Napoleons nach Frankreich, 13. März 1815: Wiederaufnahme des Krieges, 7. Juli 1815: Paris wird zum zweiten Mal eingenommen, 20. November 1815: Zweiter Friede von Paris.

6,4 *Soldat*] 6,4-8 am Rand mit senkrechtem Strich hervorgehoben. Eichendorff war zunächst freiwilliger Jäger im Lützowschen Korps (Chronik, 64 ff.; 29. April bis 14. Juli 1813), dann Offizier im 2. schlesischen Landwehr-Infanterie-Regiment (Chronik 67 f.; 7. Oktober 1813 bis Ende Mai 1814); im April 1815 begibt sich Eichendorff noch einmal zur Armee nach Lüttich, er wird „Lieutenant" im 2. Rheinischen Landwehr-Infanterie-Regiment und rückt am 7. Juli mit Blüchers Truppen in Paris ein (Chronik 75 ff.; 22. April 1815 bis Januar 1816). *ausgezeichnet*] aus Eichendorffs Brief an Loeben über seine Kriegserlebnisse (8. April 1814, HKA XII 33: *Erhalte ich denn nun auch vom Vaterlande das eiserne Kreutz nicht, so habe ich doch die stoltze Freude, für das Vaterland in diesem Jahre Kreutz genug, und zwar recht eisernes, getragen zu haben.* Dieses Motiv kehrt in den dichterisch autobiographischen Fragmenten im Zusammenhang mit dem Unstern-Motiv, der verpaßten glückverheißenden Geburtsstunde wieder: Text II.1. 19,25-26; II.4. 41,1; vgl. HKA¹ XIII 28 und W IV 369.

6,5 *berathen*] befragt, um Rat gefragt werden. Paul/Betz 86a belegt diesen bei Grimm nicht verzeichneten Gebrauch als südwestdeutsch (G. Keller, C. F. Meyer).

6,6-7 *Verhandlungen ... Italien*] Wilhelm von Eichendorff nahm nicht als Soldat am Krieg teil; durch die Vermittlung Adam Müllers erhielt er eine Stellung bei der Tiroler Landeskommission in Trient und wurde als Kurier von Italien in die Schweiz und zum Hauptquartier des österreichischen Kaisers nach Frankreich geschickt. In seinen Briefen (HKA¹ XIII 14 ff., 25 ff., 243 ff.) schildert er die Strapazen der Reisen, die Greuel der verlassenen Schlachtfelder und hebt hervor, daß er dem Kaiser selbst vorgestellt worden sei.

6,7 *glückte ihm alles*] Eichendorff schreibt am 10. August 1814 an Loeben, der als Jägerleutnant „nichts als glückselige Tage verlebt" (HKA¹ XIII 20) und „das merkwürdigste Schauspiel unserer Zeit, den Einzug in Paris" (31. März 1814) miterlebt hat: *ich könnte Dich darum beneiden* ⟨...⟩ *Mir ist es nicht so gut geworden.* (HKA XII 39) Schon in dem Brief vom 8. April 1814 hatte er an Loeben geschrieben: *Es mißglückte alles* ⟨...⟩ *Freundlicher ist das Schicksal meines Bruders Wilhelm* (HKA XII 32 und 33; vgl. aus Wilhelms Briefen HKA[1] XIII 16 und 252; zu diesen Erfahrungen auch das Gedicht „*An meinen Bruder. 1815.*", HKA I/1 167).

6,14-15 *in Paris eingezogen*] Den Einzug des Zaren von Rußland und des Königs von Preußen in Paris am 31. März 1814 haben weder Wilhelm noch Joseph von Eichendorff miterlebt. Joseph rückte erst mit Blüchers Truppen in die zum zweiten Mal eroberte französische Hauptstadt ein (7. Juli 1815), Wilhelm verbrachte zwischen April und Juni 1814 als Kurier eine Woche in Paris, darauf nimmt der Novellentext Bezug; vgl. die folgende Erl.

6,17-7,7 *eines Morgens ... wie damals*] inhaltliche, z. T. wörtliche Anklänge an den Brief Wilhelms an seinen Bruder vom 8. Juli 1814 aus Lienz: „Die ersten Tage ergriff mich die bekannte imposante Verwirrung dieser Stadt, und nahm jede Erinnerung alter Zeiten gefangen. Als ich aber eines Morgens in den Garten der Tuilerien ging und nun sah, wie noch immer der alte Schwan auf dem Bassin mit gesträubten Flügeln schwamm, und dieselben Plätze noch immer mit heimlich verliebten, oder unglücklichen Spaziergängern besetzt waren, wie vor 5 Jahren, da ergriff mich die tiefste Sehnsucht nach Dir; ich konnte es noch immer nicht glauben, daß ich ohne Dich in einer so wunderbaren Stimmung auf einem Platze, wo uns gemeinschaftlich zum ersten Male mit tiefster Innigkeit, unser kräftiges Deutschland, wie das Farbendunkel einer Aussicht von Albrecht Dürer ergriff, leben konnte." (HKA[1] XIII 26)

6,23 *Thuillerien*] Palais des Tuileries, ehemaliges Schloß der französischen Könige in Paris; seit Oktober 1789 Residenz Ludwigs

XVI., später Sitz des Konvents und Napoleons I.

6,26–27 *elysäischen Felder*] Champs-Elysée, Parkanlage und Promenade in Paris, entstanden aus einem von Ludwig XV. angelegten Lustwäldchen.

6,30 *Kunstreise*] S. Erl. zu 3,13.

7,3 *Museen*] In dem Brief vom 8. Juli 1814 nimmt Wilhelm von Eichendorff auf die gemeinsamen Museumsbesuche bei ihrem Bildungsaufenthalt in Paris (April 1808) Bezug: „Die Bilder und Antiquen-Galerie war wieder wie ehmals mein genußreichster Aufenthalt." (HKA¹ XIII 27)

7,14 *Gedicht*] Erstdruck der Str. 1–4 unter dem Titel „*Unmuth*" in A¹ (1837; HKA I/1 153); entstanden November/Dezember 1814 in Lubowitz (vgl. die Anspielung auf den Beginn des Wiener Kongresses, November 1814, in den Varianten der dritten Str.). Anders als die beiden übrigen für die Novelle vorgesehenen Gedichte (vgl. Erl. zu 5,7 und 13,9–10 und die Entstehungsgeschichte) wurde die ursprüngliche achtstrophige Fassung des Gedichts im Wortlaut in den Novellentext aufgenommen und durch Bearbeitung vor allem der dritten Strophe dem Zusammenhang angepaßt, d. h. dem Kontext entsprechend vordatiert, vor den Beginn des Wiener Kongresses, in die Zeit nach der ersten Einnahme von Paris.

8,5 *goldnen Brücken*] Zur religiösen Bedeutung dieses an den Regenbogen erinnernden Bildes siehe die Gedichte „*Morgengebet*" und „*Abend*", HKA I/1 302 und 303.

9,14–15 *eilte ... Rhein*] Im Januar 1816 kehrt Eichendorff über Berlin in seine Heimat zurück.

9,18 *Städtchen*] Vermutlich Ratibor in Oberschlesien (s. Erl. zu IV.1. 53,5); 9 km nördlich, am westlichen Ufer der Oder, liegt Lubowitz.

9,28 *in B.*] Gedacht ist vermutlich an Pogrzebin, das Gut von Eichendorffs Schwiegereltern, das südöstlich von Ratibor in den

Bergen (s. 10,8–10) liegt; hier lebt seit ihrer Rückkehr aus Berlin (November/Dezember 1815; Chronik 77) Eichendorffs Frau Luise (geb. von Larisch) mit ihrem in Berlin geborenen Sohn Hermann.

10,4 *Mittag, die Luft sommerlich still und schwül*] Stärker als die anderen Tageszeiten steht die Symbolik der Mittagsstunde noch weitgehend in der Tradition der antiken Mythologie (Hdwb. d. dt. Aberglaubens IX Sp. 891): *Man sagt, die Mittagsstille / Brüt' wunderbaren Spuk* („*Der letzte Held von Marienburg*" IV/2; HKA¹ VI 345); es ist die Stunde des Pan, auch die der Venus („*Marmorbild*", W II 540) und des Spielmanns (*DG*, W II 320), *die Zeit der zauberischen Schwüle, die im Süden alles Lebendige überwältigt.* (*DG*, W II 419) – Die „Sommerschwüle" gehört zu den Grundstimmungen des Lubowitzer Idylls (Text IV.5. 61,7). – In seinem Tagebuchbrief vom 8. Juli 1814 schreibt Wilhelm von Eichendorff über eine „große Schwüle" in Lienz: „Ich denke bei diesem dunklen Gewölk, das um die Bergspitzen hängt, oft an Dich. Bist Du vielleicht schon in Lubowitz und starrst von der kahlen Höhe hinab in die blaue Luft, die in unserer Heimat von gefährlichen Geistern bewohnt wird? Denn sie lockt und zieht den Gedanken hinaus in die öde Leere, bis er in endloser Verwirrung zerreißt und der Mensch matt wie vom Fieber zusammensinkt." (HKA¹ XIII 33 f.; vgl. 49 und Aurora 4, 1934 9). Vgl. auch das Gedicht „*Sommerschwüle. 2.*" (HKA I/1 108). – Zu der politischen Bedeutung der Schwüle vgl. die Erl. zu VI.2. 77,20.

10,11–12 *Mein Gott ... gelebt*] S. Erl. zu IV.2. 55,19.

10,22–23 *des Kindes ... Augen*] In einem Briefentwurf an Wilhelm (1816, nach der Rückkehr zu seiner Familie aufgesetzt) schreibt Eichendorff: *Mein Kind, Hermann ⟨...⟩ schaut aus großen, blauen Augen curios in die Welt hinaus.* (HKA XII 66)

10,30 *klein, eng und niedrig*] Vgl. den Eindruck des heimatlichen Städtchens als *klein, eng, einsam* (9,21). Das Haus Viktors in

AG (HKA III 104–106), Walters und Ottos in *DG* (W II 293 und 417 f.) der Clairmonts in „*Robert und Guiscard*" (W I 410, 436).

11,1 *verständigen Hausfrau*] Vorbild für Johanna ist Luise von Larisch, mit der sich Eichendorff 1809 verlobte (Chronik 47), die Hochzeit war am 7. April 1815 in Breslau (s. unter Entstehung und Erl. zu 12,13–14). – In *AG* (HKA III) sind es vor allem Julie und auch ihre Tante, die so charakterisiert werden, in *DG* stehen Florentine und auch Trudchen (W II 503) in ihren allgemeineren Zügen der Gestalt der Johanna nahe.

11,16–17 *zauberisch gespielt*] In einem späteren autobiographischen Entwurf schreibt Eichendorff über die Schulzeit in Breslau: *Dagegen ein inniges Verständniß u. Kennerschaft der Musik* (Text VI.3. 86,3–4); in Heidelberg nimmt er Gitarrenunterricht (Tb. vom 3. Juni 1807, DKV 5 227), in einer Tagebuchnotiz vom 19. September 1807 äußert sich G. F. A. Strauß begeistert über sein Spiel (HKA XVIII/1 20, vgl. 26). Ausgeprägter ist „ein unbestrittenes Talent für Unterhaltung" bei Wilhelm von Eichendorff gewesen (HKA XVIII/1 28), besonders sein Gitarrespiel wird häufig gerühmt (HKA XVIII/1 26 f. HKA[1] XIII 46 u. 76); in einem aufschlußreichen Brief vom 27. Dezember 1810 schreibt Loeben an Wilhelm: „folge ja jenem Triebe, Dir Deine Lieder für Deine Laute zu schaffen, das ist Stimme der Natur, und was sie mit Dir sagen will, das sagt sie auf diese Art, indem sie Dich treibt und drängt." (HKA[1] XIII 238)

11,18 *gesprungen ... vermodert*] Im Werk Eichendorffs wird die Dichtung mit einem Saitenspiel („*Morgengebet*", HKA I/1 302) und werden die Menschen mit *närrisch gewordenen Musikanten* verglichen: *Aber die meisten fingern wirklich ganz ernsthaft auf Hölzchen ohne Saiten* ⟨...⟩ (HKA III 65).

12,5 *Wolken frei, kühn und leicht*] Vgl. *AG*: *Die Wolken flogen so niedrig über das Dach weg als sollte sich die bedrängte Seele daran hängen um jenseits ins Weite, Freie zu gelangen.* (HKA III 109; vgl. 85

und Anm., 12 und 250 sowie „*Taugenichts*", W II 613; *DG*, W II 314; „*An die Entfernte. 2.*", HKA I/1 251. – Vgl. dagegen „*Glücksritter*", W II 902; „*Taugenichts*", W II 571; *AG*, HKA III 107 und 254; *DG*, W II 316.)

12,13–14 *beschwichtigende Zauberinn*] Der Briefwechsel Eichendorffs mit seiner Frau ist nicht erhalten. Die wenigen brieflichen Zeugnisse: *und wenn mich meine brave Frau nicht noch stark, frisch und frei erhielt, wär' ich längst schon fortgelaufen* (an C. A. Schaeffer, 18. Juli 1816, HKA XII 70); *großer Kummer und das gewaltsame Herausreißen aus dem heimatlichen Boden und Sauerteig haben ihre frühere sinnlich reizende, mutwillig spielende Lebhaftigkeit in die Tiefe versenkt und in eine unendlich milde, stille, lebenskräftige Güte verwandelt* (Briefentwurf an Wilhelm aus Breslau, 1816; HKA XII 66) und wenige Gedichte verdeutlichen den biographischen Hintergrund: „*An die Entfernte. 1.*": *Denk' ich, du Stille, an dein ruhig Walten* (HKA I/1 250) und „*An Luise. 1816*" (HKA I/3 279). Die erste Strophe des letztgenannten Gedichts lautet:

Ich wollt' in Liedern oft dich preisen,
Die wunderstille Güte,
Wie du ein halbverwildertes Gemüthe
Dir liebend hegst und heilst auf tausend süße Weisen,
5 *Des Mannes Unruh und verworrnem Leben*
Durch Thränen lächelnd bis zum Tod ergeben.

Und in *AG* heißt es in dem Abschiedsgedicht Leontins bezogen auf Julie:

Wohl sah ich dort eine Zaub'rinn geh'n,
Nach Ihr nur alle Blumen und Wälder seh'n,
Mit hellen Augen Ströme und Seen,
In stillem Schaun, wie verzaubert, steh'n. (HKA III 115)

Kommentar zu I. Das Wiedersehen   213

13,9-10 *Hieher ... Abendlandschaft an Wilhelm*] Mit dieser Notiz (veränderte Schrift und Tinte) beginnt offenbar ein neuer Arbeitsabschnitt; sie bezieht sich auf die erste, noch nicht überarbeitete Fassung des Gedichts „*Abendlandschaft o Abendwehmuth. / an Wilhelm. 1814. Im August.*" (s. unter Entstehung). Entstanden ist es in Lubowitz während des Urlaubs von der Armee (Juni bis Dezember 1814) in unmittelbarem Zusammenhang mit der gegenüber Loeben geäußerten Befürchtung, daß sein Bruder gestorben sein könnte (Brief vom 10. August 1814, HKA XII 40; s. Erl. zu 5,11 und zu 5,11-12).

   Ach, daß auch wir schliefen!
   Die blühenden Tiefen,
   Die Ströme, die Auen
   So heimlich aufschauen,
5   *Als ob sie all' riefen:*
   „Dein Bruder ist todt!
   Unter Rosen roth
   Ach, daß wir auch schliefen!"

   „Hast doch keine Schwingen,
10   *Durch Wolken zu dringen!*
   Mußt immerfort schauen
   Die Ströme, die Auen –
   Die werden dir singen
   Von Ihm Tag und Nacht,
15   *Mit Wahnsinnes-Macht*
   Die Seele umschlingen."

   So singt, wie Sirenen,
   Von hellblauen, schönen
   Vergangenen Zeiten,
20   *Der Abend von Weiten*
   Versinkt dann in Tönen,
   Erst Busen, dann Mund,

Im blühenden Grund.
O schweiget Sirenen!

25   *O wecket nicht wieder!*
Denn zaub'rische Lieder
Gebunden hier träumen
Auf Feldern und Bäumen,
Und ziehen mich nieder
30 *So müde vor Weh*
Zu tiefstillem See –
O weckt nicht die Lieder!

    Du kanntest die Wellen
Des Sees, sie schwellen
35 *In magischen Ringen.*
Ein wehmüthig Singen
Tief unter den Quellen
Im Schlummer dort hält
Verzaubert die Welt.
40 *Wohl kennst du die Wellen.*

    Kühl wird's auf den Gängen,
Vor alten Gesängen
Möcht's Herz mir zerspringen.
So will ich denn singen!
45 *Schmerz fliegt ja auf Klängen*
Zu himmlischer Lust,
Und still wird die Brust
Auf kühl grünen Gängen.

    Laß fahren die Träume!
50 *Der Mond scheint durch Bäume,*
Die Wälder nur rauschen,
Die Thäler still lauschen,
Wie einsam die Räume!
Ach, Niemand ist mein!

>   *Herz, wie so allein!*
> 55   *Laß fahren die Träume!*
>
>   *Der Herr wird dich führen.*
>   *Tief kann ich ja spüren*
>   *Der Sterne still Walten.*
> 60   *Der Erde Gestalten*
>   *Kaum hörbar sich rühren.*
>   *Durch Nacht und durch Graus*
>   *Gen Morgen, nach Haus –*
>   *Ja, Gott wird mich führen.* (HKA I/1 269)

13,20–21 *Das Leben ist anders*] In *AG* heißt es: *es kam ihm* ⟨Friedrich⟩ *vor als ginge alles anders auf der Welt, als er es sich in guten Tagen vorgestellt* (HKA III 138; vgl. 249f.).

14,14 *Schneewitchen*] Unter dem Märchennamen *Schneewitchen* (Grimm: „Kinder- und Hausmärchen" 1812–1815 53: Sneewittchen) erscheint Johanna als die Zauberkundige, als die gute Fee. S. Erl. zu III. 49,1.

II. ⟨Kapitel von meiner Geburt⟩

Entstehung

Mit der Thematik der Geburt als einer das ganze spätere Leben schicksalhaft vorherbestimmenden Signatur stehen die Texte in einem größeren literarischen Zusammenhang, der im Bereich der Autobiographie von Cardano, Rousseau und Goethe bis zu Jean Paul, im Bereich des Romans vom „Dyl Ulenspiegel" und „Schelmuffsky" bis zu Sterne und E. T. A. Hoffmann reicht. Die charakteristischen Motive der bei der Geburt verpaßten optimalen Konstellation sowie des daraus resultierenden ständigen Zuspätkommens lassen sich aber vor allem auf die bekannte Ballade Uhlands und Grimmelshausens „Simplicissimus" zurückführen. In diesem *herrlichen* Buch fand Eichendorff das Selbstverständnis eines Helden gestaltet, der sich als „armer" Stern bezeichnet, eine satirische und humoristische Erzählweise, die sich in Gesellschaftskritik und Narrenrolle niederschlägt, und eine religiöse Weltüberwindung, die in der Gestalt des Einsiedlers nicht nur für den „*Unstern*", sondern auch für die späteren „*Einsiedler*"-Entwürfe vorbildlich wird.

Der Tenor des Scheiterns und der Abkehr von der Welt hat aber auch ganz reale Gründe; er wurzelt in den Lebenserfahrungen dieser Zeit, wie sie sich besonders auch in der Lyrik widerspiegeln. Die berufliche Misere (vgl. „*Der Isegrimm*", HKA I/1 92, 1837), die Erfahrung des Zuspätkommens (vgl. Erl. zu II.1. 19,1; „*Liedesmuth*", HKA I/1 91, 1837), des Altwerdens (vgl. „*Vorbei*", HKA I/1 183, 1839; „*Einwintern*", HKA I/3 221, 1839 u.a.), des Rückblicks und der Erinnerung auf *den alten Jugendstellen* (zu einer vermutlichen Reise Eichendorffs nach Schlesien im Sommer 1837 vgl. die Entstehungsgeschichte von IV.1.) sind Anzeichen einer Lebenswende (vgl. „*Dank*", HKA I/1 332, 1839), die Eichendorff in den barocken Formeln der weltlichen Fortüne und des höheren Glücks zu klären und zu deuten sucht.

II.1.
Erstes Kapitel ⟨Novellen-Fragment: *Kapitel von meiner Geburt*⟩ (S. 17–21)

Textgeschichte

1. Novellen-Fragment: *Erstes Kapitel*. Niederschrift des Anfangskapitels einer humoristisch-autobiographischen Erzählung bis zur Überschrift: *Zweites Kapitel*.

2.a. Novellen-Entwurf. Skizze einer Kriegsnovelle aus der Zeit des Dreißigjährigen Krieges, in die der Text von 1. als Geburtsgeschichte und Einleitung zu Erzählungen aus der Jugendzeit des Helden eingefügt werden sollte; entsprechende Randnotizen zum Novellenrahmen, Umarbeitung und szenische Erweiterung der ursprünglichen Fassung (s. eingerückter Text).

  b. Der Widerspruch zwischen dem glücklosen Helden und dem Glücksmotiv der Geburtsgeschichte führt zur Tilgung entsprechender Zeilen im Ms. (Text in eckigen Klammern 19,4–19).

3.a. Die Hs. wird im Rahmen eines neuen Projekts auf der Vorderseite mit X (statt gestrichen [1.]) bezeichnet, zugleich werden wichtige Passagen mit Rotstift hervorgehoben (19,25–20,2 und 21,4–5); das *Kapitel von meiner Geburt* dient nun als Vorlage für den Entwurf der Novelle „*Unstern*" (s. II.3.).

  b. Auf einem dem „*Unstern*"-Entwurf beigelegten, verschollenen Arbeitspapier, *Blättchen Z*, werden vermutlich die von der ursprünglichen Geburtsgeschichte (1.) abweichenden Partien ausgearbeitet, vor allem die ausführliche Motivation der verpaßten *überaus günstigen* Konstellation (vgl. II.3.).

  c. Aus den Blättern X und Z entsteht als zweites Kapitel des „*Unstern*" eine neue Fassung der Geburtsgeschichte (s. II.4.).

4. Der gestrichene Absatz (Text in eckigen Klammern 19,4–19, vgl. 2.b.), der weder in die Kriegsnovelle noch in den „*Unstern*" eingeht, taucht

a. 1839 in der *Einleitung* zum „*Idyll*" wieder auf (s. IV.2.) und wird
b. gleichzeitig in die Geburtsgeschichte Klarinetts übernommen, mit der das erste Kapitel der „*Glücksritter*" schließt (W II 872). Deutliche Verbindungen zu den „*Glücksrittern*" bestehen darüber hinaus im Milieu des Kriegsgesindels, wie es im 5. Kapitel der Novelle dargestellt ist. Szenische Elemente, in die die Geburtsgeschichte im Entwurf übergeht (19,20-24), sind offenbar bis in flüchtige wörtliche Anklänge hinein von einem frühen Arbeitspapier entlehnt worden, auf dem die abenteuerlichen Erzählungen Schreckenbergers im Lager der Spitzbubenbande entworfen sind (BN 97^r; s. die Textgeschichte zu II.2.).

5. Nach Aufgabe der „*Unstern*"-Pläne wird in einer ersten Projektnotiz zum „*Bilderbuch*" das „*Kapitel von meiner Geburt*", vermutlich in der Fassung des „*Unstern*"-Fragments, ausdrücklich als zentraler Bestandteil der „*Lubowitzer Erinnerungen*" benannt (s. II.5.).

Die unter 2. bis 5. aufgeführten Arbeiten stammen aus den Jahren 1838–1839; das gilt auch für die Anfänge der 1841 veröffentlichten Novelle „*Die Glücksritter*" (s. die Entstehungsgeschichte zu Text II.2. und II.3.). Papier und Schrift des Berliner Ms. verweisen eindeutig in die 1830er Jahre; genauere Anhaltspunkte zur zeitlichen Einordnung des Fragments fehlen. Die Bestimmung der Entstehungszeit kann daher – wie bei fast allen Projekten aus diesem Zeitraum – nur relativ erfolgen: Das „*Kapitel von meiner Geburt*" ist als Keimzelle zentraler sozialpsychologischer und geschichtsphilosophischer Motive ein frühes Zeugnis aus den novellistisch-autobiographischen Arbeiten in den 1830er Jahren, jedenfalls vor dem ersten Entwurf zum „*Unstern*" entstanden.

Datierung: 1. Hälfte 1830er Jahre.

II.1. Erstes Kapitel

Überlieferung

H: Berliner Nachlaß, Berlin SB, Bl. 96^{rv}: Halber Bogen 21,1 × 34,5 cm, linke Kante mit Reißspuren; senkrecht gefaltet zur Kennzeichnung eines breiten Randes rechts; Papierart I.
Recto, linke Spalte: fast korrekturlose Niederschrift des „*Kapitels von meiner Geburt*" (17,20–19,3).
Am rechten Rand die spätere Skizze einer veränderten Novellenkonzeption (s. 2. und Text II.1. 17,1-19).
Weitere Arbeitsspuren im Zusammenhang mit Punkt 2. und 3. der Textgeschichte: die ursprüngliche Seitenzählung *1.* (*2.* für die Rückseite bleibt erhalten) ist gestrichen und durch X ersetzt, der rechte Rand des Schriftblocks wird nun durchgehend rot markiert, die letzte Zeile mit diagonalen Strichen getilgt. (Abb. 2)
Verso: Fortsetzung der Niederschrift des *Ersten Kapitels* bis zur Überschrift *Zweites Kapitel*. (19,4–20,21).
Im Ausgangstext, am linken Rand und als Fortsetzung von 1. Umarbeitungen und szenische Erweiterungen, die unter Punkt 2. und 3. der Textgeschichte erläutert sind (eingerückter Text).
Weitere Arbeitsspuren: Text in eckigen Klammern (19,4–19) wird gestrichen (vgl. 2.b.), Rotstiftmarkierung links von 19,25–20,20 und in der nachträglichen Fortsetzung (21,4–5, vgl. 3.a.).

Text: folgt H.

Varianten

17,1-19 *NB:* bis *gerathen. –*] in der rechten Spalte in zwei Ansätzen nachgetragen.

17,4 *Kavalier, der*] Kavalier, [*deßen Aeltern aber im Kriege verarmt u. umgekommen, ihr Schloß verbrannt p. u. der d: Lüderlichkeit zuletzt selber unter diese Bande gerathen*] der
weiter] weiter [*erzählt*]

17,6 *im Schloß*] [*im Gart*] *im Schloß*

17,12 *siegen die Seinigen*] (a) [*werden*] *die Seinigen* [*ge*] (b) ⌈*siegen*⌉ *die Seinigen*

17,15 *nach*] [*auf se*] *nach*

17,21 *Jahres*] *Jahres* [*1788*]

17,23 *verwirrt*] unsichere Lesung

17,25 *gewahrte man*] (1) [*war*] (2) *gewahrte man*

17,26–27 *Durcheinanderrennen*] *Durcheinanderrennen*[,]

17,27 *irrten*] *irrten* [*an den Fenstern*]

18,2 *Nebenstube*] *die* [*verhangene*] *Nebenstube*

18,10 *eine Peitsche*] [*der*] *eine Peitsche*

18,11 *ließ sich im Hofe vernehmen*] (a) [*wurde*] *im Hofe vernehmbar* (b) [⌈*wird*⌉] *im Hofe vernehmbar* (c) ⌈[*läßt*] *sich*⌉ *im Hofe vernehmen* [< *vernehmbar*] (d) ⌈*ließ*⌉ *sich im Hofe vernehmen*

Endlich! –] < *Endlich! ,*

18,13 *festverschloßene*] [*gantz*] *festverschloßene*

18,15–16 *Windmühlflügeln*] *Windmühl|flügeln*

18,16 *Doctor –*] < *Doctor,*

18,22 *Mondschein sein*] (a) *Mond*[*schein den*] (b) *Mond*⌈*schein sein*⌉

18,30 *um ein Haar*] (a) [*Um*] *ein Haar* [*also*] (b) ⌈*um*⌉ *ein Haar*

19,4–19 *Ich meinerseits* bis *neugeboren*] Absatz diagonal durchgestrichen

19,6 *im meinem Kißen*] (a) *im* [*Bettchen*] (b) *im* ⌈*meinem Kißen*⌉

19,7 *spielenden*] [*wechselnden*] *spielenden*

19,12 *vor*] [*übe*] *vor*

19,15 *daß ihre Lokken mich*] *daß* [*mich*] *ihre Lokken mich*

19,16 *den*] [*die*] *den*

19,20–24 * *Hier steht vielleicht* bis *p. –*] nachträgl. in der linken Spalte mit Einweisungszeichen.

19,20 *vielleicht*] nachträgl.

19,22–23 *, von seinem Herrn weggejagt u.*] nachträgl.

19,25–20,20 *Daß ich aber* bis *Kraft eines heiligen Willens*] Text der rechten Spalte alR rot angestrichen

20,2 *à plomb,*] *à plomb,* [*oder gar im Morgenblatt einen Lorbeerkrantz zu bekommen*]

20,3–6 * *So aber* bis *So oder so, die*] nachträgl. in der linken Spalte mit Einweisungszeichen.

20,3 *erschoßen*] (1) [*todt*] (2) *erschoßen*

20,7 *heutige*] [*Die*] *heutige*

Gleichheit] [*vollkommene*] *Gleichheit*

so will's die Natur] (a) [*das soll*] *Natur*[*gemäß seyn*] (b) ⌈*so will's die*⌉ *Natur*

20,8 *Oho!, meynt der Kavalier*] (1) [*Ja, gehorsamster Diener!*] [*Die*] (2) *Oho!* * am linken Rand mit Einweisungszeichen: * *meynt der Kavalier, die*

20,11 *Ratze*] (1) [*Maus*] (2) *Ratze*

ächten *hohen*\] *hohen* als Alternativvariante zu *ächten* nachgetragen, *ächten* dann als favorisierte Variante unterstrichelt

20,14–15 *fiel hier* bis *Theologie ein,*] nachträgl. am linken Rand mit Einweisungszeichen

20,19 *Talent durch*] *Talent*[,] *durch*

20,21 *Zweites Kapitel.*] durchgestrichen

20,22–23 *Amen* bis *Frömmigkeit,*] nachträgl. in Lücke

21,1–2 *da ihm* bis *herausgucke*] nachträgl. am linken Rand mit Einweisungszeichen

21,3 *vertheidigt sich*] *vertheidigt sich*[, *meynt:* [< ,]

21,3–4 *wenn er*] [*er*] *wenn er*

21,4–5 *könne doch* bis *gut sey*] rot unterstrichen und alR angestrichen

222 Kommentar zu II. ⟨Kapitel von meiner Geburt⟩

21,4 *eben*] [*es*] *eben*
21,5 *wahrhafte*] [*ma*] *wahrhafte*
21,10-11 *sich selbst rührend, in Weinen*] [*in*], *sich selbst rührend, in* [*Weinen*] *Weinen*
21,13 *wieder sehr*] [*sehr*] *wieder sehr*

Erläuterungen

17,7-8 *im Garten ... kanoniren hören*] Bezogen auf die Belagerung von Breslau (6. 12. 1806 bis 5. 1. 1807) schreibt Eichendorff unter dem 12. Dezember 1806 ins Tagebuch: *Und die anderen Tage großes Horchen im Garten hinter der Allee in Ansehung der Canonade.* (DKV 5 188) Auch die Kanonaden um Cosel werden zwischen dem 23. Januar und 9. April 1807 im Tagebuch verzeichnet (DKV 5 195-205).

17,11-12 */:S: ... 30jährigen Kriege"!:/*] Bezieht sich vermutlich auf Vorarbeiten zur Novelle „*Die Glücksritter*".

17,24 *Maertz=Nacht*] Am 10. März 1788 wurde Karl Joseph Benedikt Freiherr von Eichendorff auf Schloß Lubowitz bei Ratibor an der Oder im preußischen Oberschlesien geboren.

17,25 *Landschloß zu L:*] Gemeint ist Lubowitz, Sitz der Familie Eichendorff und Geburtsort von Joseph von Eichendorff, 9 km von Ratibor in Oberschlesien am linken Ufer auf der Oder-Terasse gelegen. 1785 von Adolf von Eichendorff, dem Vater des Dichters, von seinen Schwiegereltern von Kloch erworben und der begonnene Neubau eines Schlosses im Stil des Rokoko zu Ende geführt (festliche Einweihung am 28. Januar 1786). Rudolf von Eichendorff, der Oheim des Dichters, schreibt in seiner fragmentarischen Selbstbiographie über das Leben in Lubowitz: „Schon bey den Schwiegereltern war es Sitte, alle Tage Gäste zu Tische zu haben, bei den jungen Eheleuten in dem neuen Schlosse vermehrte sich dies jedoch unendlich, so daß, wenn man nach Lubowitz kam, man sicher war eine gute

Speise-Tafel und viele Gäste zu finden. Es kam soweit, daß gleich im ersten Jahre nach Ausbau des Schlosses am 28ten Jänner (am Caroli Tage, so hieß der Schwiegervater und die junge Frau Caroline von Kloch jetzige Eichendorff) eine große Gasterey stattfand, wo es zugieng wie im ewigen Leben. Es fanden sich dort mehr als 100 geladene und ungeladene Gratulanten ein, um auf Regiments-Unkosten gut zu schmausen. Viele mußten in der Nacht wegfahren, weil sie keinen Platz bekommen konnten. Dies vermehrte sich von Jahr zu Jahr." (Aurora 44, 1984 152) 1823, nach dem Tode der Mutter, zwangsversteigert, 1858 im Tudorstil umgebaut, im Februar 1945 völlig zerstört. Es ist nicht geklärt, ob Eichendorff Lubowitz nach dem Verlust wiedergesehen hat (vgl. die Entstehungsgeschichte von III.).

17,29 *Vater*] Adolf Theodor Rudolf von Eichendorff (1756–1818), Premierleutnant, am 23. November 1784 Heirat mit Caroline von Kloch in der Schrotholzkirche von Lubowitz. Neben seinen für Eichendorff prägenden Zügen der Liebenswürdigkeit steht das Bild des Oekonomen Adolf von Eichendorff, der durch Güterspekulation und eine von Unsicherheiten gekennzeichnete Betriebsführung (neben Kriegseinwirkungen und wirtschaftlicher Depression) wesentlich zum Untergang des Eichendorffschen Besitzes beigetragen hat.

18,1 *Tafelzimmer*] Die Mittelachse des Schlosses zwischen Hof und Garten bildeten die Diele und das gleichgroße Tafelzimmer, das, geräumig und beheizt, der Hauptraum des Familienlebens war.

18,5-6 *Constellation*] Die Stellung der Sterne zueinander und deren vermeintlicher Einfluß auf die Schicksale der Menschen. *Die Constellation war überaus günstig*] Ironische Anspielung auf den symbolischen Anfang von Goethes „Dichtung und Wahrheit" (1. Buch): „Die Constellation war glücklich; die Sonne stand im Zeichen der Jungfrau, und culminirte für den Tag; Jupiter und Venus blickten sie freundlich an, Mercur nicht widerwärtig" (WA I,26 11). Das Motiv des Geburtshoroskops kannte Goethe aus älteren biographischen Werken, vor allem wohl aus Cardanos „De propria vita", Paris 1643.

18,8 *kulminiren*] Durch den Meridian gehen und folglich die größte Höhe erreichen.

18,20-21 *langer, schmaler Kerl*] Diese Gestalt tritt im „*Unstern*"-Entwurf (Text II.3. 25,5) wieder auf. Als Adebar gewinnt sie dort die Kontur eines humoristisch-satirischen Mentors, der das Leben des Helden verwirrend lenkend bis zum Ende begleitet.

18,22-23 *sein Ellbogen glänzte*] Kennzeichen der Landstreicher, Komödianten und poetischen Außenseiter in Eichendorffs Werk, so in W II 333, 503, 879, 894 u. ö.

19,1 *zu spät*] Das Motiv unzeitgemäßer Geburt kannte Eichendorff schon aus dem Schelmenroman, aus dem von Brentano 1804 wiederentdeckten, im Kampf gegen das Philistertum begeistert aufgenommenen „Schelmuffsky" von Christian Reuter. Darüber hinaus begegnet es ihm in Uhlands humoristischer Ballade „Unstern" von 1814 (1. Str., zit. unter Entstehung zu II.2., S. 228); hier findet sich auch der Doppelsinn von mißgünstiger Fortuna und höherem Glück vorgebildet. (Vgl. das Gedicht „*Umkehr*" (HKA I/1 89, 1836). Das in Eichendorffs Werk immer wieder zu bemerkende Motiv der Verspätung – vgl. z. B. im „*Taugenichts*": *Mir ist's nirgends recht. Es ist als wäre ich überall eben zu spät gekommen, als hätte die ganze Welt gar nicht auf mich gerechnet.* (W II 580) – tritt dem Dichter in der zeitgenössischen Kritik seit Gutzkows Rezension von *DG* (1835) immer wieder entgegen (HKA XVIII/1 263; vgl. das Begriffsregister unter „unzeitgemäß, altmodisch"); das Gefühl des Resonanzverlustes der romantischen und der eigenen Poesie wird u. a. in „*Viel Lärmen*" (vgl. W II 716) und in Gedichten wie

„*Liedesmuth*" und „*Entgegnung*" (beide HKA I/1 91, beide 1837) thematisiert.

19,2 *Entrechat*] Künstlicher Tanzsprung mit verschlungenen Füßen.

19,4-19 *Ich ... neu geboren*] Vgl. zu dieser Passage die Textgeschichte unter 2.b. und 4.a.b.

19,12 *duse*] zart, leise.

19,13 *Mutter*] Caroline von Eichendorff, geb. Freiin von Kloch (1766–1822), begegnete Adolf von Eichendorff bei einer militärischen Werbeaktion im Sommer 1781, Heirat am 23. November 1784. Sie war im Gegensatz zu ihrem Gatten eine tüchtige und resolute Frau, die die Erziehung ihrer Kinder und das Gesellschaftsleben in Lubowitz wesentlich prägte. Nach dem Zeugnis ihrer Tochter, Louise von Eichendorff, sah sie sich in der Gestalt der „Tante" in *AG* portraitiert und war deshalb beleidigt (Aurora 4, 1934 9). Ein grundsätzlicher Konflikt mit ihr entstand für Eichendorff aus seiner Heirat mit Luise von Larisch, da die Mutter in Julie Gräfin Hoverden eine reiche Erbin als Schwiegertochter ausersehen hatte.

19,13-19 *Meine Mutter ... neugeboren*] Das Bild geht vermutlich auf Novalis zurück (1. „Hymne an die Nacht" in: Novalis Schriften, hg. von Paul Kluckhohn und Richard Samuel, Darmstadt 1977 I 130–133); es erscheint ähnlich schon in *AG* (HKA III 17), dann im „*Schloß Dürande*" (W II 798) und wörtlich in den „*Glücksrittern*" (W II 872).

19,20-21,14 *Hier ... wird p. –*] Entfernte Anklänge der Dialogerweiterungen an Gespräche des Kriegsgesindels um Schreckenberger: W IV 197 f. und W II 894 ff.

19,25 *Aspecten*] Stellung der Gestirne. Ironische Anspielung auf Goethes „Dichtung und Wahrheit" (Anfang des 1. Buches): „Diese guten Aspecten, welche mir die Astrologen in der Folgezeit sehr hoch anzurechnen wußten" (WA I,26 11).

19,27 *jenen armen Jungen*] mögliche Anspielung auf „Unstern, diese⟨n⟩ guten Jungen" aus Uhlands humoristischer Ballade von 1814 (Text zit. unter Entstehung zu II.2., S. 228–229).

19,29 *eine reiche Frau*] Im Vergleich zu der reichen Erbin seines Onkels Johann Friedrich von Eichendorff, Gräfin Julie von Hoverden, die die Eltern des Dichters sich als dessen Gattin gewünscht hatten, war Eichendorffs Braut und spätere Frau, Luise von Larisch, relativ arm (s. Erl. zu II.1. 19,13). *einen Orden*] S. Erl. zu I. 6,4.

20,1 *Konnectionen u. Protektionen*] einflußreiche Verbindungen und Gönnerschaften. Über Eichendorffs Anfänge in Berlin schreibt Pörnbacher: „Viele der Räte in den Ministerien entstammten alten Berliner Beamtenfamilien. Da war es für Eichendorff als einem Fremden und Außenstehenden nicht leicht, ohne Beziehungen und Bekanntschaften in diese Reihen einzudringen." (Pörnbacher 41, vgl. Erl. zu II.2. 22,10).

20,2 *à plomb*] gerade Haltung, Sicherheit im Benehmen. Dahinter gestrichen *oder gar im Morgenblatt einen Lorbeerkranz zu bekommen*] 1820–1849 erschien als Beilage zu Cottas „Morgenblatt für gebildete Stände" ein eigenes „Literaturblatt", redigiert von Wolfgang Menzel (vgl. HKA XVIII/3 1403 und 1470f.). Hier wurde in Nr. 63 vom 8. August 1826 Eichendorffs „Taugenichts" von W⟨olfgang⟩ M⟨enzel⟩ vernichtend rezensiert (Text in HKA XVIII/1 137).

20,7 *Gleichheit*] Der gleiche Gedanke, wie auch hier in ironischer Brechung, kehrt wieder in II.3. 31,16–17 und II.4. 44,21–25. In seinen politischen Schriften geht Eichendorff ausdrücklich auf den Begriff der Gleichheit nicht ein. Er spricht nur indirekt von *mechanischer Gleichförmigkeit* (HKA^1 X 157), von *Einerleiheit* (HKA^1 X 323), von *Normaldeutschen* und *innerlich ausgewechselten Gesellen* (HKA^1 X 351) und von der Konstitution als einem *Allerweltshut* (HKA^1 X 350f.); erst später, in

Anlehnung an Schwarzenberg deutlicher, von der *revolutionären Nivellirmaschine* (HKA VIII/1 94).

20,22 *trillen*] narren, foppen, verspotten (DWB XI, Sp. 519f.).

II.2.
Novelle = Anfang (S. 22–23)

Entstehung

Die Handschrift enthält Pläne und Entwürfe zu den verschiedensten Projekten, die z. T. untereinander in Beziehung stehen oder sich in wieder anderen Vorhaben begegnen: Notizen zu Komödien und Trauerspielen, einen Entwurf zum 5. Kapitel der „*Glücksritter*" und einen Novellenplan, der zum ersten Mal zentrale Motive der eigentlichen „*Unstern*"-Novelle vereint. Die Lebensreise des Helden, der Gegensatz von philiströsem und poetischem Weltverhalten, die humoristische Konfusion und das Ende in „nicht weltlichem Glück" sind hier vorgebildet. Zugleich nennt Eichendorff in diesem ersten Entwurf die Quelle, die das gesamte „*Unstern*"-Projekt angeregt hat, deren Einfluß sich auch in Handlungsmomenten und Motiven unschwer erkennen läßt, Uhlands humoristische Ballade „Unstern":

> Unstern, diesem guten Jungen,
> Hat es seltsam sich geschickt,
> Manches wär' ihm fast gelungen,
> Manches wär' ihm schier geglückt.
> Alle Glückesstern' im Bunde
> Hätten weihend ihm gelacht,
> Wenn die Mutter eine Stunde
> Früher ihn zur Welt gebracht.
>
> Waffenruhm und Heldenehre
> Hätten zeitig ihm geblüht,
> War doch in dem ganzen Heere
> Keiner so von Muth erglüht:
> Nur als schon in wilden Wogen
> Seine Schaar zum Sturme drang,
> Kam ein Bote hergeflogen,
> Der die Friedensfahne schwang.

II.2. Novelle = Anfang

Nah ist Unsterns Hochzeitfeier,
Hold und sittig glüht die Braut;
Sieh! da kömmt ein reichrer Freier,
Der die Eltern baß erbaut.
Dennoch hätte die Geraubte
Ihn als Wittwe noch beglückt,
Wäre nicht der Todtgeglaubte
Plötzlich wieder angerückt.

Reich wär' Unstern noch geworden
Mit dem Gut der neuen Welt,
Hätte nicht ein Sturm aus Norden
Noch im Port das Schiff zerschellt.
Glücklich war er selbst entschwommen,
Einer Planke hatt' er's Dank,
Hatte schon den Strand erklommen,
Glitt zurück noch und versank.

In den Himmel, sonder Zweifel,
Würd' er gleich gekommen seyn,
Liefe nicht ein dummer Teufel
Just ihm in den Weg hinein.
Teufel meint, es sey die Seele,
Die er eben holen soll,
Packt den Unstern an der Kehle,
Rennt mit ihm, davon wie toll.

Da erscheint ein lichter Engel
Rettend aus dem Nebelduft,
Donnert flugs den schwarzen Bengel
In die tiefste Höllenkluft,
Schwebt der goldnen Himmelsferne
Mit dem armen Unstern zu,
Ueber gut' und böse Sterne
Führt er den zur ew'gen Ruh.

(Zit. nach: Ludwig Uhland: Gedichte. 2. vermehrte Aufl. Stuttgart und Tübingen 1820 304f.).

Die verschiedenen Arbeitsstufen und Textergänzungen des Novellenentwurfs lassen sich in ihrer zeitlichen Entstehungsfolge annähernd rekonstruieren:

1. Grundentwurf einer humoristisch-satirischen Novelle; erweitert durch zwei spätere Zusätze (22,1–23,9).

2. Unmittelbar anschließend eine Notiz, den gleichen Stoff alternativ für ein Lustspiel zu verwenden (23,13–14).

3. Eine Textergänzung zur Veranschaulichung der Ausgangssituation der Ereignisse (22,2–8) wird zu einem späteren Zeitpunkt erweitert zu einer auch inhaltlich veränderten, verstärkt zeitkritischen Konzeption der Novelle; sie läßt den biographischen Hintergrund des Unstern-Motivs in der *Anstellungs= Misere* nun deutlicher hervortreten (22,8–11).

4. Zwischen Grundentwurf und Lustspielplan (1. und 2.) nachträglich eingeschobene Arbeitsnotiz, die die Novellenfabel, entsprechend einer Episode aus Uhlands Ballade, mit einer Kriegshandlung in Verbindung bringt (23,10–12).

Bei der Datierung dieses Novellenplans müssen als erstes die erschließbaren Bezüge zu anderen, im gleichen Zeitraum begonnenen Projekten berücksichtigt werden. Schon Hugo Häusle hat angenommen, daß der unter 2. eingeordnete „Lustspiel-Plan" der erste Ansatz zum „*Incognito*" (früheste Fassung als „*Regenten-Spiegel*" auf BN 51^v) sein könnte (Häusle 1910). Mit dem Hinweis auf einen *halben Bogen C:* (23,10) könnte die mit *c.* bezeichnete Rückseite desselben Blattes aus dem „*Incognito*"-Konvolut gemeint sein (BN 51^v), auf der *Eine Tragikommödie wie Arnims Halle und Jerusalem* entworfen ist (Motive: Heidelberger Studentenleben, Krieg von 1813, Kriegsruhm und Liebe schlagen um in *tiefen Menschenhaß* des Helden); diese Annahme bestätigt möglicherweise der zweite, in der Handschrift unter dem Novellenentwurf notierte Plan zu einer *Tragikommödie* nach demselben Vorbild (s. die Handschriftenbeschreibung unter ⟨1⟩). Schließlich könnte sich der Rückgriff auf eine *entworfene Novelle aus dem 30jährigen Kriege* (ebenfalls unter ⟨1⟩ in der Handschriftenbeschreibung) auf die „*Glücksritter*" (vgl. die Entwürfe auf der Vorderseite der Hs.) beziehen.

Dies alles läßt sich zwar nicht ganz zweifelsfrei belegen, verweist aber doch relativ schlüssig auf den Zeitraum um 1838. Nähere Anhaltspunkte für die Datierung sind vor allem in der Nennung von preußischen Beamten, Behrnauer und von Lamprecht, in der Texterweiterung von 3. gegeben (22,11).

Behrnauer war Geheimer Regierungsrat im Kultusministerium in Berlin; in einem Brief an Eichendorff vom 25. September 1836 äußert Theodor von Schön sein Befremden über eine Mission Behrnauers nach Westpreußen: „da hätten Sie doch die Sache anders gefaßt." (HKA[1] XIII 140 f.), und Eichendorff selbst plante ein literarisches Portrait des *liberalen Behrnauer* für die *Nummernjäger* im „*Incognito*" (BN 80[r]; vgl. Häusle 1910 38).

Lamprecht war Oberregierungsrat und vortragender Rat im Kultusministerium; am 14. Januar 1837 bewirbt sich Eichendorff um dessen Stelle, wird aber mit Antwort vom 1. März 1837 wiederum – wie schon so oft – nur vertröstet. (HKA[1] XIII 144 f.) Mit diesem Bescheid ist eine verläßliche untere Datierungsgrenze gegeben, die allerdings erst für die nachträglich veränderte Konzeption von 3. gilt; der Grundentwurf ist sicherlich früher entstanden.

Datierung: 1836–1838.

Überlieferung

H: Berliner Nachlaß, Berlin SB, Bl. 97[v]: Halber Bogen, 21,1 × 34,5 cm, linke Kante mit Reißspuren, in der Mitte längs und quer gefaltet; Papierart I.
Faksimile in: Literaturwissenschaftliches Jahrbuch 1961, vor dem Titelblatt.

Recto: In mehreren Richtungen dicht beschriebenes Arbeitsblatt zum 5. Kapitel der „*Glücksritter*": <u>Geschichte des Stoltzen qu:</u> ⟨Schreckenberger⟩."
Verso: Links oben mit (deutsch) Z.) bezeichnet. Linke Spalte: Grundentwurf der Novelle (1.) und alternativer Lustspielplan (2.) auf zwei Dritteln der Spalte; zwischen diese beiden Pläne eingeschoben und in die rechte Spalte hineingeschrieben die Notiz zur Kriegsepisode (4.). Darunter, durch einen Querstrich abgehoben, wie 4. mit breiter Feder und entsprechend tintigen Schriftzügen, Pläne zu dramatischen Arbeiten von denen ⟨2⟩ wohl kaum als Vorstufe zur „*Ezelin*"-Tragödie gelten kann (vgl. HKA[1] VI 8):

⟨1⟩ <u>*Ein Lustspiel*</u> *machen aus meiner entworfenen Novelle a*⟨*us*⟩ *dem 30jährigen Kriege, keck, zierlich p. wie im Shakspeare!* –

In der rechten Spalte mit Schweifklammer zu ⟨1⟩:

<u>*Oder*</u> = *eine gantz* [<u>*freie*</u>] <u>*freie Tragikommödie wie Arnims Halle und Jerusalem!*</u> –

⟨2⟩ <u>*Zu einem Trauerspiele*</u> *p. mir a*⟨*us*⟩ *Raumers Hohen Staufen p. p., oder aus Luden /:etwa mein altes: Hermann u. Thusnelda? –:/ ein bequemes, schönes Thema aufsuchen, Z. B. von Ludwig dem Springer in Gibichenstein p.* –

Rechte Spalte: oben Ergänzungen zum Grundentwurf, darunter bis etwa zur Blattmitte in veränderter Schrift die spätere Planerweiterung (3); sonst bis auf hinübergeschriebene Zeilen von der linken Spalte aus, leer.

Text: folgt H.

Varianten

22,1 <u>*Novelle*</u>] alR mit Rotstift angstrichen

22,2–11 *Vor* bis *keck hinstellen*] nachträgl. aoR u. in der rechten Spalte

22,2   *Reise=Freude*] *Reise*[*f*]*=Freude*
22,5   *Reibungen*] *Reibungen*[,]
22,8   *wieder einmal*] nachträgl.
22,17–22 = *Nemlich* bis *verlegen p.* –] nachträgl. in der rechten Spalte
22,25 *er stellt*] [*erst*] *er stellt*
22,26 *wüthend=humoristisch*] [*humorist*] *wüthend=humoristisch*
22,27 *wird*] [*wirst*] *wird*
23,3–4 *d: u. d: poetisch u. antiphilistros*] (a) *d:*[*aus*] *poetisch* (b) *d.* ⌈*u. d:*⌉ ⌈*u. antiphilistros*⌉
23,6   *in die Philistereyen p.*] nachträgl.
23,11 *mich*] nachträgl.
23,10–12 = *Dieß* bis *p. p.* –] nachträgl. in der rechten Spalte beginnend, die zweite Zeile über die ganze Breite des Blattes eingefügt

Erläuterungen

22,4   *à la Don Ranudo*] „Don Ranudo de Colibrados", Lustspiel in 4 Akten (nach Ludwig von Holberg, 1684–1754) von August von Kotzebue. Eichendorff hat das Stück schon in Breslau gesehen (vgl. Tb. vom 23. Januar 1803, DKV 5 44).

22,6   *liberalen Parvenu's*] Diese Verbindung von Rationalismus und aufkommendem Kapitalismus hat Eichendorff später in der Gestalt des Pinkus in „*Libertas und ihr Freier*" karikiert.

22,10 *humoristisch*] Eichendorff führt den Humor auf das *religiöse Gefühl des Contrastes* ⟨...⟩ *zwischen dem Diesseits und Jenseits* zurück (HKA IX 421). Er sieht den Humor, historisch bedingt, als ein *modernes Erzeugniß*, als *eine Art von Weltschmerz, der das Leben der Gegenwart nicht als Ein abgeschlossenes Bild, sondern in seinen Widersprüchen und Dissonanzen auffaßt* ⟨...⟩ (HKA IX 248). Nicht unähnlich dem Humor bei Heine, richtet sich Eichendorffs Humorbegriff gegen die *prosaische Gegenwart*, gegen die

Unzulänglichkeit der innersten Zustände: *Wir aber möchten den Humor vielmehr die natürliche Reaction der noch gesunden Kräfte gegen die allgemeine Krankheit der Zeit nennen.* (HKA VIII/2 58) Für autobiographische Fragmente wie den „*Unstern*" etwa ist es aufschlußreich, wenn Eichendorff das *Abgebrochene und Sprunghafte*, die *raschen Streiflichter* (HKA IX 118) als erzähltechnische Momente des Humors hervorhebt. *Anstellungs=Misere*] Im Juni 1831 geht Eichendorff mit Urlaub von Königsberg nach Berlin, um dort eine Anstellung zu finden. Trotz unablässiger Bemühungen um eine geregelte Beschäftigung bleibt Eichendorff bis zu seiner Pensionierung am 30. Juni 1844 nur „Hülfsarbeiter", hauptsächlich in Altensteins Ministerium. Die folgenden Pläne für eine feste Anstellung scheitern: beim Generalpostamt (1831), im Oberzensurkollegium (1832), bei der „Historisch-politischen Zeitschrift" als hauptamtlicher Redakteur (1832), beim Ministerium für auswärtige Angelegenheiten (1834), beim Ministerium der geistlichen etc. Angelegenheiten (1835 und 1837), als Intendant der Königlichen Museen (1837). Über die heillose Ungewißheit dieser Jahre (HKA XII 168), die Angst, nach Königsberg zurückkehren zu müssen (HKA XII 121), die Befürchtung übergangen zu werden (HKA XII 139) geben die Briefe Auskunft (vgl. besonders den Brief an Altenstein vom 22. Mai 1832 HKA XII 122–124).

22,11 *Lamprecht, Behrnauer*] S. die Entstehungsgeschichte.

23,3 *Uhlands: „Unstern"*] Text zit. unter Entstehung.

23,3–4 *poetisch*] Poetisch ist für Eichendorff zunächst keine spezifisch literarische Kategorie; es meint grundsätzlicher eine Anschauung, in der *die Dinge in ihrer ganzen Tiefe* (HKA IX 5) aufgefaßt werden: *die Welt ist überall geheimnisvoll schön, wenn man sie mit poetischen Augen anzusehen vermag.* (HKA XII 337)

23,4 *antiphilistros*] gegen Philister und Philisterei gerichtet. In dem hier gemeinten Sinn stammt der Ausdruck Philister aus der Studentensprache seit dem späteren 16. Jahrhundert. Ursprünglich durchaus noch theologisch gebraucht, erweitert sich seine Bedeutung im 18. Jahrhundert zur Bezeichnung von Bürger allgemein und Nicht-Student und meint schließlich als Gegner der studentischen Jugend und Freiheit den Spießbürger, der eine verflachte Aufklärung, politische Unmündigkeit und rücksichtsloses Gewinnstreben zu seinem Prinzip machte. Eichendorff kannte den studentischen Ausdruck seit seiner Studienzeit in Halle (vgl. z. B. Tb. vom 30. April 1805, DKV 5 115 und „*Halle und Heidelberg*" 143,7 ff.). Literarisch taucht der Begriff zum erstenmal 1774 im „Werther" auf (Brief vom 26. Mai, WA I,19 18): der Philister erscheint hier als Antipode der Liebenden und des künstlerischen Genies. Seither wird der Begriff in den literarischen Auseinandersetzungen mit unterschiedlicher Wertsetzung satirisch gebraucht, vor allem von den der Heidelberger Romantik nahestehenden Autoren, so auch von Eichendorff. Seine Kritik am Philistertum, die sich z. T. mit der an der Aufklärung überschneidet, läßt die folgenden Kriterien erkennen: Sicherheits- und Nützlichkeitsdenken, trostlose Nüchternheit und Altklugheit, Pedanterie und Mittelmäßigkeit; bloße Moral, falsche Sentimentalität und Frömmigkeit; gedankenloser Patriotismus und abstraktes Weltbürgerum; gestelzte Rhetorik und dilettantische Nachahmung von Kunst. Eichendorff definiert in *DR*: Philisterei sei *die Bornirtheit für alle höheren Motive im Leben, die daher ängstlich nivellirend das Große klein zu machen sucht, damit das Kleine groß erscheine.* (HKA VIII/2 136; vgl. hier vor allem Eichendorffs dramatische Satire „*Krieg den Philistern*", W I 471 ff., bes. 533). Mit Brentanos scherzhafter Abhandlung „Der Philister vor, in und nach der Geschichte" (1799 und 1811; vgl. Eichendorffs Tb. vom 5. August 1811, DKV 5 317) rückt der Begriff ins Zentrum der romantischen Kunst- und Weltanschauung. Der Philister gilt hier als Negation des romantischen Prinzips der Vermittlung zwischen der sichtbaren Natur und der Welt des Unsichtbaren; das dabei von Brentano angesprochene „selbstische" Moment wird von Eichendorff besonders hervorgehoben; ein Philister ist, *wer die hohen Dinge materialistisch und also gemein ansieht, wer im vornehmgewordenen sublimirten Egoismus sich selbst als Goldenes Kalb in die Mitte der Welt setzt und es ehrfurchtsvoll anbetend umtanzt.* (HKA VIII/2 244)

23,8 *in volles ... Glück*] Diese Unterscheidung ist von Bedeutung für die Glücksproblematik der dreißiger Jahre; vgl. die Entstehungsgeschichte von II.3. und Text II.3. 25,16–17 und 30,4–5.

23,12 *zöpft mich aus*] obd. für zupfen in der Bedeutung von Geld abnehmen (DWB XVI, Sp. 630).

II.3.
Unstern. Novelle. ⟨Entwurf⟩ (S. 24–36)

Entstehung

Die handschriftliche Textgestalt läßt auf folgende Entstehungsgeschichte schließen:

1. Der Entwurf greift auf Vorarbeiten und Vorstufen zurück, die z. T. wesentlich früher entstanden sind. Ein Kernentwurf mit dem *Tenor des Gantzen* und das erste Kapitel sind wahrscheinlich schon 1831 in Berlin niedergeschrieben worden. Die ironische Goethe-Widmung zu Anfang der Novelle (II.4.) kann nur als Replik auf den vergeblichen Versuch Eichendorffs verstanden werden, sich durch ein positives öffentliches Urteil Goethes über sein Drama „*Der letzte Held von Marienburg*" den Weg von Königsberg nach Berlin zu ebnen; sie muß also vor dessen Tod verfaßt worden sein. Dieser frühe Ansatz wird auch dadurch bestätigt, daß das im Herbst 1832 im Druck erschienene Gedicht „*Nachklänge. 4.*" (Deutscher Musenalmanach von 1833, HKA I/1 260) mit der Traumszene und dem Erwachen des Erzählers am Schluß des ersten Kapitels weitgehend, z. T. wörtlich übereinstimmt (Text zit. unter den Erl. zu II.4. 37,28–38,23).

2. Das zweite Kapitel beruht auf der frühesten Fassung der Geburtsgeschichte aus der ersten Hälfte der dreißiger Jahre; der entsprechende Hinweis auf einen *halben Bogen* X (24,10) bezieht sich auf BN 96^{rv} (s. die Textgeschichte zu II.1.).

3. Als weitere Vorstufen aus der zweiten Hälfte des Jahrzehnts können das Gedicht „*Umkehr*" (s. o.) und der als Text II.2. wiedergegebene Novellenentwurf gelten.

4. Im ganzen muß man sich den vorliegenden Entwurf ergänzt denken durch eine ganze Anzahl beigelegter Konzept- und Arbeitsblätter, von denen einige dem gleichen Arbeitsvorgang

angehören (so das *Blättchen Z*, das *Postpapier*, vielleicht auch: *h*), andere aber schon aus früheren Jahren vorgelegen haben:

der *halbe Bogen 100: 1. Kapitel* und *Tenor des Gantzen.*

der *halbe Bogen X: Erstes Kapitel* von meiner Geburt (17,20–20,20).

Blättchen Z: Zweites Kapitel (24,10).

das *Postpapier:* „*3ʳ Kapitel*" (24,11).

das inl. A u. X: Naturgemäßheit des Aristokratismus u. der Nichtgleichheit (31,16–17).

der *halbe Bogen:* „*Zur Novelle*": *wie ich* ⟨*auf der Gesellschaft*⟩ *gantz blöde bin* (33,17–19).

h: erobere eine Festung; *der alte Diener irre*; Leben *auf der wüsten Insel* (35,12–16).

Diese Arbeitsblätter sind bis auf den *halben Bogen* X sämtlich verschollen, sie bieten daher für die Datierung keine näheren Anhaltspunkte.

5. Dennoch läßt sich der Entstehungszeitraum von Entwurf und Ausführungsfragment relativ sicher bestimmen:
   a. Text II.2.ist als Vorstufe bereits genannt worden; die dort für die nachträgliche Entwurferweiterung 3. nachgewiesene untere Datierungsgrenze von 1837 gilt auch für die „*Unstern*"-Novelle (s. Enstehungsgeschichte zu II.2.).
   b. Die Projektnotiz zu einem Lustspiel in dem gleichen Text (s. II.2. unter 2.) stellt wahrscheinlich den Ausgangspunkt für den Arbeitsbeginn am „*Incognito*" auf BN 51ʳ dar: zwischen diesem Blatt mit seinen beiden Puppenspiel- bzw. Lustspielentwürfen und den „*Unstern*"-Texten bestehen enge Beziehungen in vielen Motiven; sie sind parallel entstanden.
   c. Dies wird besonders deutlich am Ausführungsfragment (II.4.):

II.3. Unstern. Novelle. ⟨Entwurf⟩ 239

der zweite Lustspielplan in der rechten Spalte von BN 51^r, das „*Incognito*", wird gleichzeitig mit einer Überarbeitung des 3. und 4. Kapitels der Novelle niedergeschrieben.

d. Für eine in beiden Projekten, „*Incognito*" und „*Unstern*" erscheinende Passage (II.3. 26,1–8; II.4., Varianz zu 42,14–22; BN 51^r, rechte Spalte in der Mitte; „*Incognito*", 1. Fassung, W IV 323) wird im „*Unstern*"-Entwurf auf ein literarisches Vorbild verwiesen: *wie die Juden in Gakelaya* (II.3. 26,4; vgl. Erl.). Die Reminiszenz bezieht sich ungenau auf die Spätfassung von Brentanos Märchen „Gockel, Hinkel und Gakelaja", die im Herbst 1837 in Frankfurt erschien: sie ergibt eine sichere untere Datierungsgrenze.

e. Die Novelle war in dem überlieferten Zustand ausgeführt, als spätestens im Herbst 1839, mit der Entstehung neuer Projekte, ihre Vollendung wohl nicht mehr möglich schien. Zu diesem Zeitpunkt faßt Eichendorff, alternativ zu den frühesten Entwürfen zu dem „*Idyll von Lubowitz*" (Text IV.2. und IV.3.), zum ersten Mal den Plan, seine Autobiographie nicht mehr in poetischen Formen zu verwirklichen, sondern – in Prosa – als eine Folge von genrehaften historischen *Bildern*; in diese *Lubowitzer Erinnerungen* sollten nun auch die *Kraftstellen* aus seiner *humoristischen Novelle* eingehen (s. II.5.).

f. Entwurf und Ausführungsfragment der Novelle „*Unstern*" sind zwischen Mitte 1837 und Mitte 1839 entstanden; schon Hermann von Eichendorff nennt als Entstehungsjahr 1838 (B^{3}I 214).

Datierung: 1838.

Überlieferung

H: Eichendorff-Gesellschaft Ratingen-Hösel DLB 1990/68E:
1. Ein Bogen, in der Mitte quer und senkrecht gefaltet: vier Seiten in Folio-Größe, ohne Numerierung oder sonstige Kennzeichnung (21 × 34,5 cm), mit einem etwa 7,5 cm breiten ge-

falteten Außenrand, grünliches Papier, Papiergruppe I. – Inhalt:
Ausführlicher Entwurf <u>Unstern</u>. Novelle, der in zwei alternative Fassungen übergeht. Der Titel der Novelle, die vier Kapitelbezeichnungen sowie Seltsame (26,19) und 28,12–29,2 von Eichendorff mit Rotstift hervorgehoben; in den Randerweiterungen schwach sichtbare Streichungen mit Bleistift und Blaustiftmarkierungen vermutlich von fremder Hand.
2. Ein Bogen zu vier Seiten in Folio-Größe gefaltet, dazu ein an der linken Seite abgetrennter Bogen, jeweils 21 × 34,5 cm. Beide Blätter mit starker mittlerer Querfaltung und einem 7–8 cm breiten gefalteten Außenrand; fünf Seiten mit 1. bis 5. numeriert, zwei Drittel der Vorderseite und die nicht paginierte Rückseite des halben Bogens leer; Papierart I. (Faksimile der ersten beiden Seiten in: Lubowitz. Sammlung von Faksimiledrucken, im Auftrag der Dt. Eichendorff Stiftung einger. von Alfred Jahn, Einführung von Willibald Köhler, Neisse ⟨1940⟩). – Inhalt:
<u>Unstern</u>. Novelle ⟨Fragment⟩

Text: folgt H.

Varianten

24,2–10 *1ᵗ Kapitel* bis *Blättchen Z:|. 2ᵗ Kap:*] wohl in Zusammenhang mit der Ausführung des hier Konzipierten wird dieser Teil des Entwurfs mit diagonalen Strichen als erledigt gekennzeichnet

24,4–5 *Warum ich* bis *erfahren*] nachträgl.

24,6 *habe*] [h] habe

24,9 *] ohne Entsprechung in der Handschrift
   Der Winter des J:] (a) [Im] J: (b) ⌈*Der Winter des*⌉ J:

24,9–10 *das Blättchen Z:/.*] (1) den [halben Bogen X ⟨= Text II.1.⟩ bis:

„zu spät." / Der Angekommene aber war, wie ich noch heut glaube, der Adebar, der mich brachte.] (2) das [< den] ⌈Blättchen Z:/.⌉

24,11   S: das heil: Postpapier: 3ᵗ Kapitel! –] (1) [vielleicht: Jetzt bin ich schon erwachsen * ⌈arR: * u. gewähre trotz den verfehlten Aspecten einen recht angenehmen Prospect.⌉ p. p. p. – ⌈arR: Komische Beschreibung ⌈gantz neumodisch mit Manschetten, Schnurr= u. Halsbart, Spazierstöckchen p.⌉ [meines] meiner Schönheit als Jüngling. Sodann: S: hier weiter unten beim: Nemlich! –⌉] (2) arR: S: das heil: Postpapier: 3ᵗ Kapitel! –

24,14–25,13   Ich habe bis in Streit gerathe.] nachträgl. unter Ereigniße ? –

24,15–19   dabei bis d:flimmert. Im] nachträgl. arR

24,19   d:flimmert] [d:schi] d:flimmert

24,20   entscheidenden] [im] entscheidenden

25,4   plötzlich bis jauchtzend] nachträgl arR mit Einweisungszeichen

25,6   es immer] [immer] es immer

25,8   mir] [mich] mir

25,9   zu meinem eignen Verwundern u. Nichtbegreifen,] nachträgl.

25,11   entrüstete Welt] [W] entrüstete Welt

25,14   Kumpan] Kumpan[, alles gutmüthig]

25,22–23   Niemand soll sein Licht unter den Scheffel stellen] nachträgl.

26,1   p. p.:/ Und] p. p.:/ [Wer diese Lehren [befolgt] zeitig befolgt,] Und

26,2–3   will die bescheidene Jugend rührend nur Brodt,] [wollen] will die [Ju] bescheidene Jugend [nur Brodt,] ⌈rührend nur Brodt,⌉

26,4–5   = Hier – wie die Juden in Gakelaya – dythyrambisch immer wieder dazwischen: Brodt! –] nachräglich arR mit Einweisungszeichen

26,11   4ᵗ Kapitel:] nachträgl. Im Verlauf der Ausarbeitung von I. 6. diagonal durchgestrichen

26,13   hinreichenden] [den] hinreichenden

242   Kommentar zu II. ⟨Kapitel von meiner Geburt⟩

26,14 *Menschenbeglücken.*] *Menschenbeglücken*[*, denn schon als Junge, so oft ich eine* [*Butterschnitte*] ⌜*neuen Frack*⌝ [*be*] *u. eine Butterschnitte bekam, machte ich mir einen Butterfleck*[*,*] *grade recht auf der linken Brust, der Vater meynte schmuntzelnd, das sey wie ein Stern /:Nebelstern:/, u. meine Mutter ertheilte mir sogleich auch den Ritterschlag auf die rechte Wange*].

26,15 *schnell anspannen,*] (1) [*Vogelheerd p. p.*] (2) *schnell anspannen,*

26,18 *Die Pferde schnauben, der alte Daniel weint p. p. –*] nachträgl. arR mit Einweisungszeichen

26,20–21 *indem* bis *glaube.–*] nachträgl. arR

26,20 *romantisch*] nachträgl.

26,21 *glaube*] [*gl*] *glaube*

26,22 *S: die 3ᵗ Seite hier.!*] nachträgl. arR. Der Verweis bezieht sich auf den Absatz beginnend mit *Ich fahre nemlich wirklich aus* (31,6)

27,2 *Herr*] *err* als Suspensionsschlinge geschrieben

27,4 */:o was mir vorher gar nicht eingefallen war:/,*] nachträgl. arR
vorher] nachträgl.

27,5 und 8 *Herrn*] *errn* als Suspensionsschlinge geschrieben

27,9–10 *es ist die Dame, die ich auf der Herreise begegnet: Angela, eine*] nachträgl. alR versehentlich ohne Komma hinzugefügt
eine] nachträgl.

27,14 *bringe ihr im Champagner überzierliche Gesundheiten p.,*] nachträgl. alR mit Einweisungszeichen

27,17 *bei der Tafel selbst plötzlich*] nachträgl. alR mit Einweisungszeichen

27,19 *, großer Rumor,*] nachträgl.

27,20 *sogleich*] nachträgl.
u.] nachträgl.

II.3. Unstern. Novelle. ⟨Entwurf⟩ 243

27,21 *anwesenden*] nachträgl.

28,1 *Floskeln, u.*] (a) *Floskeln* [*p. über*] (b) *Floskeln*⌈*, u.*⌉

28,3–5 *die Andern* bis *Verstorbenen,*] nachträgl. alR mit Einweisungszeichen

28,8 *eine*] [*die* x] *eine*

28,10–11 *wobei ich* bis *saugt p.*] nachträgl.

28,12 *betreffenden*] *effenden* als Suspensionsschlinge geschrieben

28,12–29,2 *Nun eile ich* bis *Nase vorbeigeht. –*] alR rot angestrichen

28,12 *habe*] [*mache wieder über*] *habe*

28,14–15 *großmäuliger*] [*wei*] *großmäuliger*

28,15 *der*] [*we*] *der*
      imponiren] [*im*] *imponiren*

28,22–23 *hier flüchtiges* bis *zusichere p. p. –*] nachträgl. alR mit Einweisungszeichen

29,1 und 3 *Herrn*] *errn* als Suspensionsschlinge geschrieben

29,4–5 *edelmüthig bloß*] [*blo*] *edelmüthig bloß*

29,9 *alles verachtet mich gründlich,*] nachträgl. alR

29,10 *Lust,*] (a) *Lust* [–] (b) *Lust*⌈*,*⌉

29,12–19 * *Oder* vielleicht bis *fliehen p.*] nachträgl. alR mit Einweisungszeichen

29,21 *nur*] nachträgl.

29,24 *Herrn*] *errn* als Suspensionsschlinge geschrieben

30,2 *alles*] [*ab*] *alles*

30,4–5 *weltliches, sondern ein höheres.*] (a) *weltliches.* [—] (b) *weltliches,* [< .] ⌈*sondern ein* [*h*] *höheres.* [—]

30,6–7 *Lubowitz für mich*] [*mir*] *Lubowitz für mich*

30,14 *mit allen meinen ungeheueren Schätzen*] nachträgl. arR mit Einweisungszeichen

30,17–31,3 *der Bart* bis *Ade für immer!* –] nachträgl. arR mit Einweisungszeichen

30,17 *wie*] [e] *wie*

31,1-2 *sie sollten* bis *noch lebe* –] nachträgl. mit Einweisungszeichen

31,6–36,13 *Ich fahre nemlich wirlich aus* bis *Jagdhorn* (Schluß)] alR Zuordungszeichen, das diese Passage als Alternative zu der Passage beginnend mit *Seltsame vorbedeutenden Abenteuer auf der Reise* bis *grandioses Ende nimmt!* – kennzeichnet und an die mit *S: die 3ᵗ Seite hier!* abgebrochene 1. Überarbeitung des vorliegenden Entwurfs anschließt.

31,8 *singenden*] nachträgl.

, *Waldesrauschen p. p.*] (1) [*p.*] (2) , *Waldesrauschen p. p.*

31,10 *fällt*] [*blei*] *fällt*

31,15 *als Edelmann*] nachträgl.

31,16 *Naturgemäßheit*] [N] *Naturgemäßheit*

31,17 *an*] versehentlich nicht gestrichen

31,19–21 *NB: Hierbei* bis *Mittel p. p. p.* –] nachträgl. arR mit Einweisungszeichen

31,22 *einen*] nachträgl., *en* unsichere Lesung

31,23 *in ein Städtchen,*] [*Abends komme ich*] *in ein Städtchen* [*alle Häuser sind illuminirt*],

32,1 *aus dem Wagen eine*] [*eine*] *aus dem Wagen eine*

32,3-12 *an sie,* bis *so flog ich weiter.* –] (1) [*an sie.* –] (2) *an sie* bis *so flog ich weiter.* – nachträgl. arR mit Einweisungszeichen

32,5-6 *o ich deute* bis *Tyranney p.* –] nachträgl. arR mit Einweisungsbogen

32,5 *innerlich*] nachträgl.

32,7-8 *o vielmehr* bis *Kompl: p. p.* –] nachträgl. arR mit Einweisungsbogen

II.3. Unstern. Novelle. ⟨Entwurf⟩   245

32,7   *Arten*] [*Arten*] *Arten*

32,9–10   *in so tiefem Kompliment*] (a) *so tief* [*gebückt*] (b) ⌈*in*⌉ *so tief*⌈*em*⌉ *Kompliment*

32,16   *entfernten*] [*prä*] *entfernten*

32,18   *Wem*] [*Was*] *Wem*

32,18–19   *– ruf ich,*] – [< ,] *ruf ich*⌈,⌉

32,22   *auch wirklich*] [*w*] *auch wirklich*

33,1–6   *Meine Beobachtungen* bis *herauskommt. –*] nachträgl. arR mit Einweisungszeichen

33,3   *beide Arme*] (a) [*mit*] *beide*[*n*] *Arme*[*n*] (b) *beide Arme*

33,6   *Narr*] [xxx] *Narr*

33,7–9   *Diese erste* bis *blöde bin p. p. p. –*] nachträgl. arR über *Meine Beobachtungen* mit Einweisungszeichen

33,10   *alten lubowitzer Zeit,*] *alten* [*Zeit, ve*] *lubowitzer Zeit,*

33,20–34,5   *Vielleicht gleich* bis *voneinander. –*] nachträgl. alR mit Einweisungszeichen *Vielleicht gleich* bis *Nemlich:*] (1) [*Ich bekomme mit ihm vielleicht gantz unschuldig auf* [*dies*] *eine ähnliche, zufällige Weise Händel u. bittere Feindschaft, wie Yorick mit Phutatorius in Tr: Shandy p. 440–443. Oder vielmehr*] (2) * *Vielleicht gleich* bis *Nemlich:*

33,21   *S: die 3ᵗ Seite hier rechts*] bezieht sich auf *Meine Beobachtungen* bis *gantz blöde bin*

33,24–25   *mut. mut.*] (1) [*da*] * (2) * *mut. mut.* nachträgl. mit Einweisungszeichen   *S. die 2ᵗ Seite hier das Rothangestrichene mut. mut.*] bezieht sich auf *Nun eile ich* bis *an der Nase vorbeigeht. –*

34,1   *zufällig dicht aneinander*] [*dicht*] *zufällig dicht an*[*ein*]⌈*ein*⌉*ander*

34,3   *he*] [*nun*] *he*

34,6–21   *NB: Ich mache* bis *soll p. –*] nachträgl. alR, links mit Tintenstrich umrandet

34,11   rempel n] remp[l]eln [uns [he] ordent]
34,12   dabei] [darüber] dabei
34,24-25   ein Printz] [der Er] ein Printz
34,28   im] nachträgl.
35,3   *] Einweisungszeichen ohne Entsprechung auf dem Blatt
35,5-6   abenteuerlicher Tracht] [Kl] abenteuerlicher Tracht
35,6   7] [x] 7
35,10   obigen] [qu.] obigen
35,13   S: hier 2^t Seite gantz unten, u. h.!] Verweis auf Oder Adebar hat bis gescheut u. stirbt. – (30,6–10)
35,15-16   S: hier 3^t Seite u. h.!] Verweis auf Oder ich gehe nun bis ein grandioses Ende nimmt! – (30,11–31,5)
35,17–36,13   Oder vielmehr bis Jagdhorn] nachträgliche Schlußvariante
35,23-24   , prächtig, reichgeschmückt, in vollem Glantze, erblickt mich] (a) [sieht] mich (b) ⌈, alR mit Einweisungszeichen: prächtig, reichgeschmückt, in vollem Glantze, erblickt⌉ mich
35,25   etwas] nachträgl.
35,26   aus] als Abkürzungszeichen geschrieben
36,1-2   im tiefen Abendroth] nachträgl.
36,3   Vogelstellen] [V] Vogelstellen
36,11   rasch einen] [ein] rasch einen
36,12   alR der letzten Manuskriptzeile der Vermerk S: 0 =

Erläuterungen

24,1   Unstern] Vgl. die titelgebende Ballade von Ludwig Uhland (zit. auf S. 228–229). Eichendorff kannte das Motiv bereits aus dem „Simplicissimus" (vgl. Tb. vom vom 24. Dezember 1809, DKV 5 285). Der Simplicissimus beklagt mehrfach, daß er „wenig Stern" habe (Hans Jakob Christoffel von Grimmelshausen: Der Abentheurliche Simplizissimus Teutsch ⟨...⟩, hg. von Rolf Tarot, Tübingen 1967, 4. Buch, 13. und 22. Kap. 330 und 356; 5. Buch, 6. Kap. 393), er spricht von seinem „Unstern" (2. Buch, 6. und 31. Kap. 110 und 192; 3. Buch, 23 Kap. 279) und kommt zu der Einsicht, „daß ich nur zum Unglück geboren" (4. Buch, 14. Kap. 333); in der „Continuatio" spricht er von sich als „Ich armer Stern" (6. Buch, 20. Kap. 559).

24,2 *den halben Bogen 100*] S. die Entstehungsgeschichte unter 1. und 4.

24,12 *in margine*] lat. am Rande.

24,14 *unmenschliches Glück*] auch Schelmuffsky nennt sich den „bravsten Kerl von der Fortuna" (Christian Reuter: Schelmuffsky, Stuttgart 1964 24).

24,16 *das mich Poußiren*] sich emporschwingen, Fortschritte machen, weiterkommen.

24,17 *Komplimente*] Zu den verlogenen Konventionen, die Eichendorff immer wieder, vor allem in dieser Schelmengeschichte kritisiert, gehört auch das Komplimentieren; vgl. W I 499, W II 304 und 908, W IV 321 u. ö. Angeregt vielleicht durch den „Schelmuffsky", wo der galante Umgang in der Hamburger und Stockholmer Gesellschaft karikiert wird; vgl. auch Erl. zu 34,8–16.

24,21 *poetisches*] S. Erl. zu II.2. 23,3–4.

25,1 *tiefhumoristisches Naturell*] S. Erl. zu II.2. 22,10.

25,2–3 *gegen jederlei verdrehte u. versteckte Affectation der Welt*] Eine Parallele zum „Simplicissimus" ergibt sich aus der satirischen Grundhaltung des Helden, der sich vorgenommen hat, in seiner Narrenrolle alle Narrheit der Welt zu entlarven, „alle Thorheiten zu bereden / und alle Eitelkeiten zu straffen" (2. Buch, 10. Kap. 119; vgl. auch 6. Buch, 1. Kap. 472). *Affectation*] erzwungenes, gesuchtes Betragen, Ziererei.

Kommentar zu II. ⟨Kapitel von meiner Geburt⟩

25,5 *Adebar*] der Storch; hier in der volkstümlichen Bedeutung des Glücksbringers. In der Tradition satirisch-moralistischen Erzählens spielt diese Figur als Mentor des Helden eine Rolle.

25,10 *Fortuna's Haarzopf ... entwischt*] das gleiche Motiv in den „*Glücksrittern*" (W II 868) und im „*Incognito*" (W IV 325).

25,16–17 *zu meinem vollen ... Glück*] S. Erl. zu II.2. 23,8.

25,18 *Lubowitz*] S. Erl. zu II.1. 17,25.

25,25–26,1 *nützlichen Wirksamkeit, Menschenbeglücken*] gesellschaftliche und humane Zielsetzungen der Aufklärung. Schon in seiner „*Probearbeit*" hatte Eichendorff geschrieben: *Und zu was nützt denn am Ende überhaupt alle gepriesene Nützlichkeit, wenn sie zu dem unwandelbaren Ziele alles menschlichen Treibens, zur ewigen Seligkeit nichts nützt?* (HKA[1] X 180) und in „*Libertas*" läßt er Baron Pinkus mit solchen Nicolaischen Schlagworten auftreten. (W II 908 f.)

26,1–8 *Und für allen ... schmeckt es gut*] Diese Passage kehrt wörtlich wieder im „*Incognito*" (W IV 323), während sie im Ausführungsfragment (II.4. Apparat zu 42,14–22) gestrichen wird.

26,3 *Brodt*] Eichendorff spricht von dem herabziehenden *Gewicht von Brotstudien* (HKA[1] X 180), von der *erniedrigenden Jagd nach Brot* (HKA[1] X 188) und sieht in der borniterten Beschränkung auf eine *solide Beschäftigung, ein solides Brot* (W I 486), ein Kennzeichen des Philisters (vgl. Erl. zu II.2. 23,4). Der Narr in „*Krieg den Philistern*" verwundert sich über den Lärm *um das liebe Brot* (W I 476; vgl. auch HKA[1] X 297 und das Streitgespräch zwischen dem Amtmann und Otto in *DG*, W II 316 f.).

26,4 *wie die Juden in Gakelaya*] bezieht sich nicht auf die Urfassung des Brentanoschen Märchens (entstanden etwa 1815/1816, gedruckt bei Cotta Stuttgart/Tübingen 1847), sondern auf die zweite, erweiterte Fassung von 1838 (erschienen in Frankfurt, zur Herbstmesse 1837; vgl. die Entstehungsgeschichte unter 5.d.). Gemeint sind die drei Petschierstecher aus Brentanos

Märchen; allerdings entsprechen weder deren Ausrufe (bei Brentano rufen sie „Geld", nicht *Brodt*) noch die Märchenszene überhaupt in einleuchtender Weise dem hier entworfenen Textzusammenhang. Solche assoziativen, bereits in eigene Vorstellungen umgesetzten Bezüge sind kennzeichnend für Eichendorffs Arbeitsweise. *dythyrambisch*] dithyrambisch: hymnisch, begeistert, wild, rasend (Dithyrambus: Kultlied auf Dionysos).

26,12 *Erfahrungssätze*] Die Reihung solcher Erfahrungsweisheiten und Sprichwörter kennzeichnet schon im „*Taugenichts*" philisterhaftes Denken.

26,18 *der alte Daniel*] Der alte Diener Daniel Nickel (von Beruf Glockengießer) in Lubowitz, der mit Eichendorffs Kindheit und Jugend untrennbar verbunden ist. (Vgl. die Portraitzeichnung im Tb., DKV 5 Abb. 4 zwischen S. 920 und 921 und das Register S. 1258, ferner Nachrichten-Blatt der Eichendorff-Gesellschaft 7, 1981 5–8).

26,20 *romantisch*] hier in seiner frühen, auf Landschaften, Stimmungen und romanhafte Situationen bezogenen Bedeutung, so mehrfach in *DG*, W II 300, 350 f. (Vgl. des näheren *AG* HKA III 440 f. Erl. zu 133,6; zur späteren literarhistorischen Verwendung des Begriffs bei Eichendorff vgl. das Register von HKA VIII und IX).

26,21 *Angela*] Die Gestalt findet sich bereits in *AG*, namentlich in den beiden Jugendgeschichten Friedrichs und Rudolphs (HKA III 46 ff. und 292 ff.), sie erscheint wieder in einer idyllisch-humoristischen Episode aus „*Krieg den Philistern*" (W I 527) und schließlich in autobiographischen Fragmenten aus den dreißiger Jahren: Text II.3.; II.4. 38,17; IV.2. 56,36 und 57,38. Die Textzeugnisse legen es nahe, die Gestalt auf Kindheitserinnerungen Eichendorffs rückzuführen, doch konnten solche Vermutungen etwa anhand der Tagebücher bisher nicht verifiziert werden.

27,2 *Herr Minister*] auch in *AG* wird Friedrich in der Residenz von einem mit seiner Familie bekannten Minister empfangen; hinter dessen kalter, pragmatisch-nüchterner Fassade hat man Züge zeitgenössischer Politiker erkennen wollen, was sich jedoch auf die vorliegende Gestalt kaum übertragen läßt. (Vgl. HKA III 443, Erl. zu 136,30).

27,13 *sponsire*] den Hof machen, werben.

28,8 *humoristische Rede*] Eichendorffs Kritik an dilettantischer Rhetorik mit ihren *entsetzlichen Floskeln* (28,1) und gestelzten Formeln verdeutlicht Fabers humoristische Hochzeitspredigt in „*Viel Lärmen*" (W II 712). Im vorliegenden Fall richtet sich die Satire gegen einen Redetypus, der einem gesellschaftlichen Tabu und rhetorisch dokumentierter Standeszugehörigkeit gilt.

28,11 *Auster ... die ruhig in sich saugt*] Reminiszenz an Jean Pauls „Selbsterlebensbeschreibung" (2. Vorlesung); die scharfe soziale Kritik wird hier besonders deutlich: „Wenn ich andere Geistliche und Rittergutbesitzer und Geizige so reichlich vom Kopf bis zum Fuße ausgerüstet sehe mit Saugerüsseln, Saugestacheln und allen Einsauggefäßen, so daß sie immer an sich ziehen: so find' ich bei meinem Vater leider das äußere Einsaugsystem fast in gar siechem schwachen Zustande und er dachte ⟨...⟩ wohl an das Geben ⟨...⟩ aber kaum einmal an das Nehmen ⟨...⟩" (Sämtliche Werke. Hist.-krit. Ausgabe, hg. von der Preußischen Akademie der Wissenschaften, Weimar 1934, 2. Abt., 4. Bd. 92).

28,13 *Antichambre*] frz. Vorzimmer.

28,23 *Protection*] Vgl. Erl.: zu II.1. 20,1.

29,5 *um meiner selbst willen*] Das Motiv begegnet schon bei dem späten Wieland in der Novelle „Die Liebe ohne Leidenschaft" (in: „Das Hexameron von Rosenhain", 1805), auch die Heldin von Gaudys Novelle „Die Maske" (1838) will um ihres inneren Wertes willen geliebt werden: ein gewisser Bekanntheitsgrad muß also bei diesem empfindsamen Motiv vorausgesetzt werden. Als Quelle kommt am ehesten Kotzebues Lustspiel „Incognito" (Eine Posse in zwei Aufzügen) in Betracht, das Eichendorff in seiner Breslauer Zeit zweimal gesehen hat (vgl. Tb. vom 13. April 1804 und vom Februar 1805, DKV 5 85 und 103); hier findet sich das Motiv wörtlich und, angeregt dadurch, auch in Eichendorffs gleichnamigem späteren Lustspiel (W IV 344 und 766).

29,8 *Incognito*] Eines der beliebtesten Komödien- und Novellenmotive der Zeit. Ähnlich wie in Eichendorffs gleichnamigem Lustspiel richtet es sich gegen die Marotte der inkognito reisenden Duodezfürsten, vielleicht spielt es direkt auf die Gewohnheit des Fürsten Hermann von Pückler-Muskau an, unerkannt zu reisen. In der hier anklingenden schelmenhaften Bedeutung könnte das Motiv auch durch Christian Reuter angeregt sein: „Es lebe die vornehme Standes-Person welche unter den Nahmen Schelmuffsky seine hohe Geburth verbirget" (Schelmuffsky 17).

29,14 *Misanthropen*] Menschenfeinde.

29,15–16 *mit ihrer eignen Galle anschwärtzen*] nach der mittelalterlichen Temperamentenlehre und Humoralpathologie bestimmte die schwarze Galle den Melancholiker.

29,23 *wirklich verarmt*] S. Erl. zu VI.5. 93,15.

30,4–5 *großes Glücks ... ein höheres*] S. Erl. zu II.2. 23,8.

30,6 *das große Loos*] Dieses Handlungsmoment begegnet verschiedentlich in der Literatur, so in Nicolais „Sebaldus Nothanker" (1773–1776). Naheliegender wäre eine Reminiszenz an den Schelmenroman: auch Reuters Schelmuffsky gewinnt in Venedig in einer Glücksbude ein großes Los (Schelmuffsky 96).

30,11 *nach Ostindien*] Motiv des Reise- Abenteuer- und Schelmenromans und der Robinsonaden; z. B. „Simplizissimus" (5. Buch, 23. Kap. und 6. Buch, 24. Kap.), „Schelmuffsky" (5. Kap.),

„Insel Felsenburg" (Johann Gottfried Schnabel: Die Insel Felsenburg, hg. von Volker Meid und Ingeborg Springer-Strand, Stuttgart 1979 19).

30,13 *scheiternd*] geläufiges Motiv der Romanliteratur; z. B. „Simplizissimus" (6. Buch, 19. Kap.), „Schelmuffsky" (4. Kap.), „Insel Felsenburg" (132).

30,15 *wüste Insel*] Im Gegensatz zum „Simplizissimus" und zur „Insel Felsenburg" (dazu HKA VIII/2 63), bedingt auch zum „Robinson Crusoe", handelt es sich hier nicht um den bis ins 18. Jahrhundert hinein lebendigen Topos der „insula amoena". Ein biographischer Bezug zu Eichendorff ergibt sich aus einem Brief an Theodor von Schön vom 28. Januar 1844: *da ich hier so ziemlich wie auf einer wüsten Insel lebe, wo ich den Wellenschlag der Zeit nur als ferne Brandung vernehme. Eigentlich kein unangenehmer Zustand, da diese Zeitbewegungen in unmittelbarer Nähe oft konvulsivisch-widerwärtig sind und erst in ihren großen und maßenhaften Erfolgen wieder poetisch werden.* (HKA XII 197)

30,15-16 *als Eremit*] Dieses Motiv geht auf Grimmelshausen zurück: auch Simplicissimus schreibt seine Lebensgeschichte als Einsiedler auf einer Insel (6. Buch, 22. und 24. Kap.).

30,18 *antiquitätisch, lächerlich*] In *GLD* hebt Eichendorff an Grimmelshausens Roman das Humoristische, das *langbärtig „Antiquitätische"* des Einsiedlertums hervor. (HKA IX 119)

30,19 *einem vorüberfahrenden Schiffe mit*] Vgl. „Simplicissimus" (6. Buch, 24. und 27. Kap.).

30,21 *Morgenblatt*] S. Erl. zu II.1. 20,2.

30,23 *Gold mitgeben*] Vgl. „Simplicissimus" (6. Buch, 27. Kap.); bei Eichendorff *AG* (HKA III 332) und „*Meerfahrt*" (W II 792).

30,25-26 *ließ sie fahren*] Vgl. den Schluß des „Simplicissimus" (6. Buch, 27. Kap.).

31,8–9 *langweilig*] Schon 1819 hatte Eichendorff in seiner „*Probearbeit*" geschrieben: *Könnte nicht wirklich eine ganze Nation, selbst bei dem größten äußeren Gewerbfleiße, von einer inneren Langweiligkeit, dieser eigentlichen Heckmutter aller Laster, befallen werden?* (HKA¹ X 174)

31,9 *Anstellungsgeschichte ... fällt nun weg*] Vgl. 27,1–29,2.

31,16–17 *Naturgemäßheit ... der Nichtgleichheit*] S. Erl. zu II.1. 20,7.

31,17–18 *das in*: *A u. X*] S. die Entstehungsgeschichte unter 2. und 4.

31,20 *das Rothangestrichene*] S. II.1. 21,4–5.

32,12 *Vivat!*] den gleichen Empfang erwartet der König im „*Incognito*", W IV 321.

32,17 *Relais*] Pferdewechsel.

33,1–2 *auf einem Balle*] Wie schon im „Simplicissimus" (1. Buch, 34. Kap.; vgl. auch „Schelmuffsky" 27 ff.) wie auch in *AG* (HKA III 64 f.) wird hier die Gesellschaft in ihren hohlen Konventionen als ein Tanzsaal gesehen, in dem die Tanzenden, meist nicht ohne Zutun eines Schelmen, sich in ihrer geheimen Narrheit entlarven.

33,6 *innerster, geheimster Narr*] Vgl. *AG* HKA III 89,21–22 und VII.4. 158,20.

33,8 *halben Bogen: „Zur Novelle"*] S. die Entstehungsgeschichte unter 4.

33,9 *blöde*] zaghaft, furchtsam, schüchtern.

33,21 *3¹· Seite hier rechts*] Vgl. 33,7–9.

33,24 *das Rothangestrichene*] bezieht sich auf 28,12–29,2.

34,8–16 *ich begleite ... verstört dorthin*] Vgl. „Simplicissimus" 2. Buch, 4. Kap. 103 f.: „ja die Ehrerbietung wurde augenblicklich zwischen beiden so groß / daß der Commissarius abstieg / und zu Fuß mit meinem Herrn gegen seinem Losament fort wanderte / da wolte jeder die lincke Hand haben / ec. Ach! gedachte ich,

/ was vor ein Wunder-falscher Geist regiert doch die Menschen / in dem er je den einen durch den andern zum Narren macht.

34,23 *Ehre*] S. Erl. zu VI.5. 94,7. *duelliren*] Im „Simplicissimus" wird ein Duell (diese „aller=unsinnigste Thorheit") um die Ehre unter Soldaten ausgefochten (3. Buch, 9. Kap. 230), auch Schelmuffsky besteht in Hamburg ein Duell um die Dame Charmante und kommt in Stockholm nur knapp an einer Auseinandersetzung mit einem Nobel vorbei (Schelmuffsky 23 ff. und 39 ff.) Zu Eichendorffs eigener Einstellung zum Duell vgl. Erl. zu VII.4. 177,26.

34,26 *um sich selbst willen*] Vgl. Erl. zu 29,5.

34,28 *Incognito*] Vgl. Erl. zu 29,8.

35,4 *Vaterländerey*] Sowohl von Konservativen wie von frühliberalen Oppositionsbewegungen propagierte Legitimationsbasis des neuen Nationalgedankens bzw. der Volkssouveränität. „Vaterländerei" oder auch „Deutschtümelei" (im Gegensatz zur „Vaterlandsliebe") nennt Eichendorff den übersteigerten, abstrakt idealisierten Patriotismus, wie er aus den Freiheitskriegen hervorging und von den Burschenschaften vertreten wurde. Mit der gleichen Unterscheidung umreißt Arnim das Anliegen seiner „Zeitung für Einsiedler": „die unendliche Größe jedes Volkscharacters, und die Leerheit jeder in sich selbst pralenden Vaterlandsliebe darzustellen." (Tröst Einsamkeit, Heidelberg 1808 XIII).

35,6 *anno 7 in Königsberg*] Anfang Dezember 1806 zog sich das Königspaar in die Stadt zurück und floh am 6. Januar 1807 vor Neys Truppen weiter nach Memel; am 16. Juni 1807 wurde Königsberg von Soults Truppen besetzt. In diesem Zeitraum begeisterter patriotischer Stimmung in der Bevölkerung wurde das Beispiel des alten Nettelbeck in Kolberg öffentlich gerühmt und wurden die verteidigenden Truppen mit allen Mitteln unterstützt; am 2. April rief der Konservative von der Marwitz zur Bildung eines Freikorps auf. Derselbe patriotische Geist äußerte sich auch in den Tagen der Huldigung für das zurückgekehrte Königspaar (11.–12. Januar 1808) und in der Gründung des „Tugendbundes" (16. April 1808), der „Vaterlandsliebe und deutsche Selbstheit" pflegen und eine Erhebung vorbereiten sollte. – Eichendorff selbst war in dieser Zeit nicht im Krieg, sondern in Schlesien, seit dem 17. Mai 1807 in Heidelberg.

35,7–8 *eine Festung*] Eichendorff denkt hier vielleicht an die Festung Kolberg, die 1806/1807 bis zum Tilsiter Frieden von Gneisenau und Nettelbeck beispielhaft verteidigt wurde, oder an den späteren Versuch Schills, die Festung Magdeburg zu erobern (1809).

35,8 *S: h.!*] Vgl. die Entstehungsgeschichte unter 4. *Friede /:1809:/*] Mit dem Frieden von Schönbrunn endete am 14. Oktober 1809 die Erhebung Österreichs gegen Napoleon, die mit einem von Friedrich Schlegel und Friedrich Stadion verfaßten Aufruf des Erzherzogs Karl an die deutsche Nation im April begonnen hatte.

35,13 *2^t Seite gantz unten*] Vgl. 30,6–10.

35,15–16 *3^t Seite*] Vgl. 30,11–32,8.

35,21 *Hasengarten*] Der sich zum Steilhang der Oder hin erstreckende waldartige Teil des Schloßparks mit einem Teich, Insel und zwei Hügeln, ein Lieblingsplatz Eichendorffs in Lubowitz. Vgl. das Gedicht „*Abschied*" (Oktober 1810 entstanden, Titel der hs. Fassung: „*An den Hasengarten*"; HKA I 1/2 34) und den Brief Wilhelm von Eichendorffs an seinen Bruder vom 15. Oktober 1817 (HKA^1 XIII 75 f.).

II.4.
Unstern. Novelle. ⟨Fragment⟩ (S. 37–45)

Entstehung

In enger Anlehnung an den Entwurf II.3. entsteht 1838 das Ausführungsfragment des *„Unstern"*. Ob Eichendorff auch 1839 noch an der Novelle weiterarbeitet, läßt sich nicht nachweisen; sicher ist jedoch, daß im Verlauf dieses Jahres das Projekt endgültig aufgegeben wurde und nun mit seinen gelungenen Passagen in die frühesten Planungen zum *„Bilderbuch aus meiner Jugend"* eingehen sollte (s. die Entstehungsgeschichte zu II.3. unter 5.b–e).

Die Hs. hatte zunächst den Charakter einer Reinschrift; in diesem Stadium beginnt Eichendorff wieder mit Arbeiten an seinem in Handlung und Thematik verwandten Lustspiel und skizziert auf BN 51ʳ den zweiten Entwurf zum *„Incognito"*, für dessen zweite Szene er mehrere Stellen aus seiner Novelle übernimmt. Aus den Verweisungen geht hervor, daß die in Anlehnung an den *„Unstern"* auf BN 51ʳ entworfenen Dialoge nun wiederum zum Vorbild geworden sind für eine szenische Gestaltung im Novellentext. Die entsprechenden Umarbeitungen bilden die letzte Arbeitsschicht in der langjährigen Textgeschichte des *„Unstern"*.

Datierung: 1838.

Überlieferung

H: Eichendorff-Gesellschaft Ratingen-Hösel DLB 1990 68E, 2., s. unter Überlieferung zu „*Unstern. Novelle* ⟨Entwurf⟩", S. 240.

Text: folgt H.

Varianten

37,4 *großen*] mit Bleistift von fremder Hand gestrichen

37,5 *muß*] mit Bleistift von fremder Hand gestrichen, stattdessen *will* hinzugefügt *gleich hier kann*] (1) [*hier kann*] (2) *gleich hier kann*

37,10 *Gardezöpfen*] (1) [*Haarzöpfen*] (2) arR mit Einweisungszeichen *Gardezöpfen*

37,13 *einen*] wahrscheinlich von fremder Hand maT unterpunktiert

37,14 *mich*] [*mich*] *mich*

37,23 *lesen.*] (a) *lesen[, er weiß ja doch alles beßer*] (b) *lesen⌈.⌉*

37,27-28 *eingeschlafen*] [*unverhofft*] *eingeschlafen*

38,8 *schweigend*] nachträgl.

38,11 *langen, langen blonden*] (a) *langen blonden* (b) *langen⌈, langen⌉ blonden*

38,12 *laublosen*] nachträgl.

38,14 *sang,*] Komma wahrscheinlich von fremder Hand maT gestrichen

38,15 *weiter*] *weiter* [*durch's Land*]

38,19 *verwirrt in meinem Zimmer*] (a) [*noch gantz*] *verwirrt im Zimmer* (b) *verwirrt in* [< *im*] ⌈*meinem*⌉ *Zimmer*

39,16 *Reif*] *Reif*[,]

39,19 *Schloß*] *Schloß*[.]

40,20 *Nun donnerte*] [*Nun*] *Nun donnerte*[*n*]

40,21 *schmetterten,*] (a) *schmetterten* [*dazwischen,*] (b) *schmetterten*⌈,⌉

40,27 *ist einmal im*] (a) [*hat*] *einmal* [*den*] (b) ⌈*ist*⌉ *einmal* ⌈*im*⌉

41,1 *ein*] < *eim*

41,6-17 *Nachher kannst* bis *gescheut bist.*] arR mit Schweifklammer die Bemerkung: *Dieß bleibt wohl gantz weg!*

41,7 *rasch*] *rasch* [*mit*]

41,10 *im Fluge*] [*gesch*] *im Fluge*

41,18 *geneigter Leser,*] nachträgl. arR mit Einweisungszeichen

41,24 *dir*] *dir* [*die*]

Kommentar zu II. ⟨Kapitel von meiner Geburt⟩

41,26 *entschuldigt,*] *entschuldigt,* [*um*]
42,5 *guten alten*] [*alten*] *guten alten*
42,10 *mit Maschen zierlich*] [*zierlich*] *mit Maschen zierlich*
42,12 *die linke mit*] [*mit*] *die linke mit*
42,14–22 *in dieser Beschreibung* bis *Vert:*] (1)

⌜* [[*oh*] *O hochanstrebende Jugendzeit! Was ist das für ein Gähren, Maischen, Wettrennen, Sturmlaufen und Drängen nach nützlicher Wirksamkeit u. Menschenbeglückung! Ja, der Jugend gehört die Welt, sich*|*einzurichten*[,] ⌜*drinn,* [*ha*]⌝ ⌜*ha*⌝ *greif' dir die Adler im Flug, den schwartzen, rothen, weißen – auf* [< *nach*] ⌜*zu*⌝ *den Sternen* [*sollst du greifen*]*

⌜arR: * *es bleibt dir einer im Knopfloch hängen –*⌝

– seyd umschlungen Millionen – dieser Durst nach Menschenwohl – [*Thatkraft ist des*] *Freut Euch des Lebens – Thatkraft ist des Mannes Stoltz – wenn noch das Lämpchen glüht! – Und für allen diesen Edelmuth u. unauslöschlichen Durst will die Jugend rührend* [*nichts als*] *nur Brodt, nichts als Brodt, Brodt, Brodt! Aber ich sage Euch, Ihr Edlen, wer jene ewigen Lehren befolgt, hat auch Butter auf's Brodt,* ⌜*ja*⌝ *schmiere nur, junges Blut, im Alter schmeckt es gut!*

<u>Viertes Kapitel.</u>

Das sind alles gantz unumstößliche, ehrwürdige u. vor Alter ordentlich schon schimmliche Erfahrungssätze, ich wollte daher, da mir mein Verstand bereits ziemlich reif schien]

⌜alR neben dem letzten Absatz mit Schweifklammer *Dieß bleibt!*⌝

(2) * *Ich wollte daher* bis *Vert:* nachträgl. arR mit Einweisungszeichen

42,17 *war*] [*war*] *war*
42,27 *Glokkenklang*] *Glokkenklang*[,]
42,28 *ein*] *ein* [*ein*]

II.4. Unstern. Novelle. ⟨Fragment⟩   259

43,3 *andern*] nachträgl.

43,6 *sehr schmeichelhaft.*] [*gantz kurios* /:o] *sehr schmeichelhaft* [:/.]

43,7 *schon ein Postzug*] [, *schon zu meiner Verwunderung,*] *schon ein Postzug*

  vier] [*vier*] *vier*

43,10–14 * *Hand.* bis *los. Da*] (1) [*Hand,*] * [*unterweges aber*] (2) alR mit Einweisungszeichen * *Hand.* bis *los. Da*

43,12–13 *der Postmeister trieb*] [*Und unterweges dann*] *der Postmeister trieb*

43,15 *hiengen*] *hiengen* [⌈*gar*⌉]

43,25–26 * *ist's rechts u. links gantz schwartz vor lauter Magistrat,*] (a) [*ist nichts als*] * *Magistrat,* [*der eine wie ein halbzusammengeklapptes Taschenmesser, Dreizack,* ⌈*der*⌉ *andre schön gewölbt,* ⌈*der*⌉ *andre ordentlich in Wellenlinien,*] (b) alR mit Einweisungszeichen ⌈* *ist's rechts u. links gantz schwartz vor lauter*⌉ *Magistrat,*

43,27 *redet*] *redet*[*e*]

44,1 *voraus" –*] < *voraus".*

44,3–8 * *Mir wurde* bis *Ich*] (1)

  [*wenn das so fortgeht, fahr' ich noch ein Loch in den Horizont! – Er: daß von der günstigen Constellation der himmlischen Gestirne, wo Mars u. Venus – Ich: Das geht Niemand was an* [*!*] ⌈*,*⌉ *

  ⌈alR * *meine Herren!*⌉

  Mars, Jupiter oder Venus, das ist Privatsache. Familienangelegenheit! – Er: Lange weile! – So stellt euch meinetwegen auf die Köpfe, da giebt's Kurtzweil genug!, rief ich entrüstet über diese Anspielung auf meine Geburt aus,]

  (2) * *Mir wurde* bis *Ich* nachträgl. alR mit Einweisungszeichen

44,5 *Glantz,*] [*Glanz,*] *Glantz,*

44,11 * *alles war entzückt von mir,*] (1) alR mit Einweisungszeichen [* *alles war entzückt von mir,*] (2) alR mit Einweisungszeichen * *alles war entzückt von mir,*

44,14–17 * *überlegte ich* bis *Da*] nachträgl. alR mit Einweisungszeichen

44,24 *Menschen*] [*ho*] *Menschen*

45,2 *Racen*] < *Raxen*

45,6 *eben*] nachträgl.

nur] nachträgl.

45,8 *Hier*] [*Donnerwetter!, fuhr ich hier plötzlich empor,*] *Hier*

Erläuterungen

37,4 *geneigten Leser*] Gewählt ist eine Erzählform, wie sie von Sterne, Wieland, Jean Paul und den Frühromantikern geübt wurde. Ein solches Plaudern mit dem Leser als humoristisches Spiel mit dem Fiktionscharakter von Dichtung findet sich sonst in Eichendorffs Werk kaum.

37,9 *Alongenperücken u. Haarbeutel*] Haartrachten des 18. Jahrhunderts, des Rokoko und der sog. Zopfzeit.

37,13 *Ja von dem einen*] Gemeint ist Goethe. Parodie und Selbstparodie richten sich zugleich gegen den mit „Dichtung und Wahrheit" einsetzenden Persönlichkeitskult der Goethezeit, der bereits in der Restaurationsepoche als problematisch angesehen wurde. Daß hier auf Goethe als einen noch Lebenden angespielt wird, ist wichtiger Anhaltspunkt für die Datierung der frühesten Ansätze zu dieser Novelle (vgl. die Entstehungsgeschichte von II.3. unter 1.).

37,19–21 *weitläufige Betrachtung ... Nase*] In Halle und Lauchstädt hat Eichendorff Goethe gesehen; im Tb. vom 8. Juli 1805 notiert er: *wodurch wir in den Stand gesezt wurden, die Physiognomie dieses großen Mannes, u. die Art seines Umganges, die wir jedesmal nach geendigter Vorlesung auch beobachten konnten, unserer Seele einzuprägen* (DKV 5 121–122). In „*Viel Lärmen*" greift Eichendorff die zeitgenössische Polemik gegen *das prüde Vornehmtun jener literarischen Aristokratie* auf (W II 670), womit wiederum Goethe gemeint ist.

37,22–23 *Ich empfehle … nicht zu lesen*] Die ironische Widmung nimmt Bezug auf einen Brief Eichendorffs an Goethe vom 29. Mai 1830, mit dem er ihm sein Drama „*Der letzte Held von Marienburg*" in einem Vorzugsexemplar übersandte. Goethe hat auf diese Widmung in keiner Weise reagiert. (Vgl. die Entstehungsgeschichte von II.3. unter 1.; HKA XII 112 und Anmerkung HKA[1] XII 264 f.).

37,22 *dedizire*] zueignen, widmen.

37,28–38,23 *Da träumte mir … todt*] Weitgehende Übereinstimmung dieser Passage mit Text IV.2. Zum Teil wörtliche Anklänge an die Traumszene und das Erwachen des Dichters in dem Gedicht „*Nachklänge. 4.*", das im Herbst 1832 im Druck erschien (Deutscher Musenalmanach 1833):

Mir träumt', ich ruhte wieder
Vor meines Vaters Haus
Und schaute fröhlich nieder
In's alte Thal hinaus,
5 *Die Luft mit lindem Spielen*
Ging durch das Frühlingslaub,
Und Blüthenflocken fielen
Mir über Brust und Haupt.

Als ich erwacht, da schimmert
10 *Der Mond vom Waldesrand,*
Im falben Scheine flimmert
Um mich ein fremdes Land,
Und wie ich ringsher sehe:

> *Die Flocken waren Eis,*
> 15 *Die Gegend war vom Schnee,*
> *Mein Haar vom Alter weiß.* (HKA I/1 260)

Die Entstehung dieses Gedichts um 1832 bestätigt die frühe Datierung der ersten Ansätze zum „*Unstern*".

38,1 *Bertuchs Bilderbuch*] Friedrich Justin Bertuch (1747–1822), 1785 Mitbegründer der „Allgemeinen Literatur-Zeitung" in Jena, gab ab 1792 sein „Bilderbuch für Kinder" (12 Bände) heraus, eines der beliebtesten Kinderbücher der Zeit. (Vgl. Tb. vom 8. Juli 1805, DKV 5 122).

38,4 *die Flötenuhr*] authentisches Erinnerungsdetail aus Lubowitz, das in den autobiographischen Fragmenten wie auch im dichterischen Werk häufig wiederkehrt (IV.2. 55,12, IV.5. 61,6, V.1. 65,5, VI.4. 91,12; HKA III 100, W II 719 u. ö.).

38,5 *Daniel*] S. Erl. zu II.3. 26,18.

38,7 *mein Vater*] S. Erl. zu II.1. 17,29.

38,9–18 *Nun erblickte ... wacht' ich auf*] Die gleiche Szene findet sich angedeutet in der Jugendgeschichte Friedrichs in *AG* (HKA III 46) und ausgeführt in IV.2. 56,25–36, offenbar eine Kindheitserinnerung Eichendorffs.

38,13 *das Lied*] Das Lied Angelas ist in *AG* deren Tochter Erwine in den Mund gelegt: *es war eine alte, einfache Melodie, die er in seiner Kindheit sehr oft, und seitdem niemals wieder gehört hatte.* (HKA III 36, 101 und 266)

38,17 *Angela*] S. Erl. zu II.3. 26,21.

38,22 *ergraut*] Am 1. November 1837 schreibt Theodor von Schön aus Berlin an seine Frau: „Im Leben ist er ⟨Eichendorff⟩, wie er war, aber im Gesichte sehr gealtert." (HKA[1] XIII 278)

39,4–41,4 *Es war ... hat*] Vgl II.1. und die entsprechenden Erl. zur Geburtsgeschichte.

39,5 *Constellation ... günstig*] Die Parodie auf den Eingang von „Dichtung und Wahrheit" könnte auf Friedrich Schlegel zurückgehen; in seiner „Geschichte der alten und neuen Literatur" (als Vorlesung in Wien 1812 von Eichendorff besucht; D: 1815) schreibt er zu der neueren Sitte, die eigene Lebensbeschreibung „mit der Nativität, und mit dem astrologischen Urteil zu eröffnen": grundsätzliche Skepsis liege ihm fern, aber wenn die menschliche Freiheit durch siderische Einflüsse ausgeschaltet erscheine, dann sei „der Glauben an Astrologie ⟨...⟩ für alle Moral und Religion untergrabend", wie Schiller im „Wallenstein" gezeigt habe (KSA 6 247).

39,17-24 *Erwartung ... Zeit*] Märchenmotiv; die beseelte Natur spielt in Tiecks Märchen eine bedeutende Rolle, so auch im Ida-Märchen in *AG* (HKA III 42), eingebunden in den Erzählzusammenhang in *DG* (W II 385 f.) und in *„Viel Lärmen"* (W II 717 f.).

40,6 *Koch*] Ignatz Niedziela.

40,18-19 *in eine Ohnmacht fiel*] Auch Schelmuffskys Mutter fällt angesichts einer Ratte in eine Ohnmacht, was die frühzeitige Geburt ihres Sohnes bedingt; Dyl Ulenspiegel wird an einem Tag dreimal getauft, „ein mal im tauff, ein mal in der lachen, und eins im kessel mit warme wasser", seine angeborene Schalkheit läßt den Vater klagen: „du bist freilich in einer unglückseligen stund geborn." (Dyl Ulenspiegel, 5 und 6); Tristram Shandys Vater wird bei der Zeugung seines Sohnes von der Frage unterbrochen, ob er denn die Uhr aufgezogen habe: „it was a very unseasonable question at least, – – because it scattered and dispersed the animal spirits" (1. Buch, 1. und 2. Kap.), was sein Leben grundlegend beeinflußt; bei der Geburt Johannes Kreislers in Hoffmanns „Lebensansichten des Katers Murr" gießt sich der Vater vor Freude einen Löffel Erbsensuppe über den Bart, worüber die Wöchnerin dermaßen lacht, daß einem Lautenisten alle Saiten springen, was ihn zu dem

Schwur verleitet, der kleine Johannes werde „ein elender Stümper" in der Musik bleiben (E. T. A Hoffmann: Die Elixiere des Teufels. Lebensansichten des Katers Murr, mit einem Nachwort von Walter Müller-Seidel und Anmerkungen von Wolfgang Kron, München 1961 370). Solche humoristischen, burlesken Episoden können als Anregung für die hier gegenüber den Vorstufen erweiterte Geburtsgeschichte gedient haben (vgl. auch die Erzählung Klarinetts von seiner Geburt in den „*Glücksrittern*", W II 872).

41,21 *im Bildniß aufhängt*] Wortspiel; assoziiert werden soll die Hinrichtung „in effigie", d. h. im Bilde.

41,22 *gehaun u. gestochen*] Das gleiche Wortspiel findet sich in „*Viel Lärmen*", W II 667.

41,24 *anpinkst*] aus einem Feuerstein Funken schlagen.

41,26 *die Glatze entschuldigt*] Vgl. „*Viel Lärmen*", W II 663.

42,5 *guten alten Zeit*] Im historischen Sinn die Zopfperiode, das ständische Rokoko des ausgehenden 18. Jahrhunderts, von Eichendorff stets mit ironisch-kritischer Distanz gebraucht (vgl. VII.2. 100,24).

42,8 *Nankin*] Nanking: gelber Baumwollstoff. Vielleicht Reminiszenz an Jean Pauls „Flegeljahre", deren Hauptheld Walt auch werktags seinen Nankinganzug trägt.

42,15–16 *meiner Gestalt*] Die gleiche Selbstparodie findet sich in „*Viel Lärmen*", W II 716.

42,19 *langweilig*] S. Erl. zu II.3. 31,8–9.

42,21 *nützlicher Wirksamkeit u. Menschenbeglückung*] S. Erl. zu II.3. 25,25–26,1.

42,22 *Vert:*] „man wende um".

43,3 *als wollten sie sich die Augen aushacken*] Seit Jahn 1814 verbreitete Kritik an der kleinlichen und selbstsüchtigen Politik deutscher Kleinstaaterei.

43,18 *meynten's gut u. sangen schlecht*] Vgl. *„Incognito"* (W IV 321). Reminiszenz an Brentanos „Ponce de Leon" (1803): „Diese schlechten Musikanten und guten Leute" (FBA 12,I V/2).

43,21-22 *Loch am Ellbogen*] S. Erl. zu II.1. 18,22-23.

43,26 *Kompliment*] S. Erl. zu II.3. 24,17.

44,6 *den schwartzen p.*] Anspielung auf die drei Klassen (schwarz, rot, weiß) des preußischen Adlerordens.

44,7 *halben Bogen: „Regenten-Spiegel"*] Gemeint ist der zweite Entwurf zum *„Incognito"* auf BN 51.

44,21 *Gleichheit*] S. Erl. zu II.1. 20,7.

45,4 *fraternisiren*] Sich verbrüdern im Sinne der Forderung der Französischen Revolution.

45,5 *Genie*] Abgesehen von der historisch zutreffenden Bestimmung der Autoren des Sturm und Drang als *Starkgeister* und *Kraftgenies* (HKA VIII/1 6f., 8, 81), ist der Wortgebrauch bei Eichendorff durchaus ambivalent. Einerseits wendet er sich gegen *jene communistische Rebellion gegen die hohe Aristokratie, den Geburtsadel des Genies, der nun einmal auf diesem Gebiet von Gottes Gnaden souverain ist* (HKA IX 97), andererseits lehnt er die *Selbstvergötterung des Geniecultus* ab, wie er sie aus Klassik und Romantik hervorgehen sah (HKA VIII/1 40 und 81).

45,9 *Pfau*] Requisit des Rokokogartens; hier in seiner herkömmlichen Bedeutung der Hoffart und Eitelkeit.

II.5.
***(Ich denke = die Lubowitzer Erinnerungen* (S. 46)**

Entstehung

Der Text steht etwa in der Mitte von BN 98ᵛ (vgl. die Beschreibung der Hs. unter IV.1.); in dem zunächst freigebliebenen Raum am oberen und unteren Rand des Blattes sind Verse notiert, die als variante Texterweiterung zur Hexameter-Einleitung des „*Idylls von Lubowitz*" gehören (IV.2.). Diese hs. Verhältnisse ergeben eine obere Datierungsgrenze, denn die Hexameter-Verse – im Spätherbst 1839 entstanden – sind mit Sicherheit nach der Plannotiz niedergeschrieben worden.

Auch im Inhaltlichen findet sich ein Anhaltspunkt für die Datierung des Textes. Er enthält einen Hinweis auf das Ausführungsfragment der „*Unstern*"-Novelle, die mit ihren *Kraftstellen* in das hier skizzierte neue Projekt übernommen werden sollte. Die Bemerkung wurde also zu einem Zeitpunkt niedergeschrieben, als der Novellenplan in seiner überlieferten Form bereits aufgegeben war.
Datierung: 1839.

Überlieferung

H: Berliner Nachlaß, Berlin SB, Bl. 98ᵛ ⟨2.⟩, s. unter Überlieferung zu IV.1. „*Novelle = Winterabend in Lubowitz*", S. 276.

Text: folgt H.

Varianten

46,2 *die*] [*das*] *die*

46,5 *Novelle,*] *Novelle,*[.]

46,6 * *namentlich das gantze Kapitel von meiner Geburt,*] nachträgl. mit Einweisungszeichen

46,7 *frei*] *frei*[.]

Erläuterungen

46,1-2 *Bilder*] Die Stichworte *Gruppen u. Bilder* bzw. *in eintzelnen Bildern* beziehen sich auf die unter den zeitgenössischen Schriftstellern beliebte Form eines „Bilderbuchs". Die „freie" Verfügung über biographische Stoffe, über Formen und den Ton des Erzählens – *wobei ich dann* ⟨...⟩ *Grimm, Satyre, Ernst u. Wehmuth frei mit anbringen kann!* – spiegelt sich in einem Werktitel aus der Biedermeierzeit, der den großen Spielraum der Gattung erkennen läßt: „Kleine Wiener Memoiren, Historische Novellen, Genrescenen, Fresken, Skizzen, Persönlichkeiten und Sächlichkeiten, Anecdoten und Curiosa, Visionen und Notizen zur Geschichte und Charakteristik Wiens und der Wiener, in älterer und neuerer Zeit." (zit. nach Sengle II 788). Der Begriff ist aber auch in der jungdeutschen Literatur zwischen 1820 und 1840 weit verbreitet. – S. Text V.1. „*Bilderbuch aus meiner Jugend*".

46,2-3 *die historischen Phantasieen im Morgenblatt*] Als Rubrik-Titel im „Morgenblatt" ließ sich dieser Hinweis nicht verifizieren. Die Inhaltsverzeichnisse führen die Rubriken „Geschichtliches und geschichtliche Sagen", „Beyträge zur Sitten- und Kulturgeschichte", „Biographische Skizzen".

46,4-5 *humoristischen Novelle*] gemeint ist das Novellenfragment „*Unstern*", II.4.

46,6 *Kapitel von meiner Geburt*] Text II.1. in der „*Unstern*"-Fassung von 1838, II.4. 39,4ff.

46,7 *Wehmuth*] S. Erl. zu I. 3,17-19.

III. Ein Mährchen |:in Prosa:|

Ein Mährchen |:in Prosa:| (S. 49)

Entstehung

Der Text steht auf einem Handschriftenblatt, das im übrigen Gedichte und Gedichtentwürfe vor allem aus der letzten Entstehungsphase von *AG* enthält. Vermutlich wurde das Blatt im Zusammenhang mit Vorbereitungen für die erste Werkausgabe von 1841 wieder zur Hand genommen; es finden sich jedenfalls neben den Eintragungen aus der Zeit um 1812 auch solche von 1839, so auf der Rückseite, unmittelbar über dem Märchenentwurf, ein Gedicht „*Flucht. 1839*". In der Ausgabe von 1841 ist dieses Gedicht unter der Überschrift „*Vorwärts!*" (HKA I/1 113) zum ersten Mal gedruckt. Die Titeländerung ist über den engeren Textbezug hinaus symptomatisch für das Lebensgefühl dieser Jahre, aus dem auch der vorliegende Text hervorgegangen ist (s. die Entstehungsgeschichte von II.3.).

Das Motiv der (traumhaften) Rückkehr in die Heimat begegnet schon im ersten Kapitel des „*Unstern*" (1831) und in „*Nachklänge. 4.*" (1832, HKA I/1 260); in der zweiten Hälfte des Jahrzehnts tritt es verstärkt hervor, so in den Einleitungsversen zum „*Idyll von Lubowitz*" (IV.2.) und in einer Reihe von Gedichten, wobei es gerade hier biographisch bestimmtere Züge gewinnt (vgl. „*Vergebner Aerger*", HKA I/1 115, 1839; „*Bei Halle*", HKA I/1 181, 1840). *Ich komme nach langer Zeit wieder in die Stadt, wo ich jung gewesen*; *Ich saß wandermüde vor meines Vaters Hallen*: solche Zeilen aus Sonett-Entwürfen von 1839/1840 (vgl. HKA I/2 314 und HKA I/3 210 „*Sonett: Kaum sah ich noch den Abend schimmern*", Z. 2) wie auch der Titel einer Vorstufe des Gedichts „*Vorbei*" (HKA I/1 183) vom Oktober 1839, „*Spätes*

III. Ein Mährchen |:in Prosa:| 269

Wiedersehen" (HKA I/2 322), legen einen unmittelbar biographischen Bezug nahe

Schon 1831 und 1832 hatte sich Eichendorff bemüht, für eine *bedeutende Familien- und Vermögens-Angelegenheit* (Abschluß des Konkursverfahrens über den noch verbliebenen Familienbesitz) Urlaub zu einer Reise nach Oberschlesien zu erhalten, diese aber vermutlich nicht angetreten; wahrscheinlich ist, daß er im Sommer 1837 seine Heimat wiedergesehen hat (vgl. HKA^1 XII 56; Chronik 158; von Steinsdorff: 1980 43 f.; Schulhof 1925 347 erwähnt einen Brief Wilhelms vom 2. September 1838, an dessen Rand sich Eichendorff wohl für eine Antwort notiert: *Mein Besuch in Lubowitz*).

Vor diesem Hintergrund muß die Entwicklung des Rückkehr-Motivs und auch die Entstehung des „*Mährchens /:in Prosa:/*" gesehen werden.

Datierung: 1839.

Überlieferung

H: Eichendorff-Gesellschaft Ratingen-Hösel DLB 1996/1E: Einzelblatt, 18,2 × 23 cm, grünliches Papier ohne Wasserzeichen, oben zugeschnitten, lK gerissen. – Inhalt:
Recto, linke Spalte: „*An Maria*" (*O Mutter, lang' hab' ich geschwiegen*, HKA I/3 190) eine Strophe ausgeführt, in der rechten Spalte Fortsetzung in Prosa, jeweils alR mit Rotstift angestrichen, darunter „*Abschied von Wien*" (HKA I/3 192) mit späteren Korrekturen von 1839, links und rechts neben dem Titel mit Rotstift angestrichen bzw. angekreuzt, alR zusätzlich mit Roststift angestrichen; darunter Entwurf in Prosa „*Sonett*" (*über das schöne Waldleben der Preciosa*, HKA I/3 191); darunter „*Im Roman*" (= „*Laß das Trauern*", HKA I/1 79), wohl 1. Niederschrift, die Alternativvariante zum letzten Vers mit Rotstift von fremder Färbung durchgestrichen; darunter Nachträge zu „*Abschied von Wien*" von 1839. Rechte Spalte: „*Im Roman*" (= „*Morgenlied*", HKA I/1 87), arR ein dazugehöriger

Entwurf in Prosa mit unterstrichenen Reimwörtern: „*Sie greift rechts u. links*". (HKA I/3 Abb. 11)
Verso, linke Spalte: „*An Isidorus. Antwort*" (1. Fassung von „*An Isidorus*", *Wie heil'ge Quellen von den Felsen springen*, HKA I/3 191); darunter in der Schrift von 1839 „*Ein Mährchen /:in Prosa:/*" vor dem Titel rot angestrichen. Rechte Spalte: maT in der Schrift von 1839 „*Lied*", drei Strophen, senkrecht durchgestrichen, links neben dem Titel mit Rotstift zweifach angestrichen, diese Markierung mit Tinte zweifach durchkreuzt; unter einem Strich über die ganze Blattbreite „*Flucht. 1839*" (beides sind Vorstufen von „*Vorwärts!*", HKA I/1 113, die 2. und 3. Strophe von „*Lied*" geht in das „*Sonntagslied*", HKA I/3 199, ein), links neben der 1. Strophe und neben dem Titel mit Tinte angestrichen, beide Markierungen mit Rotstift drei- und zweifach durchgekreuzt. (HKA I/3 Abb. 12)

Text: folgt H.

Varianten

49,2-4 *ich wandre* bis *erleuchtet p. –*] nachträgl.

49,7 * *ich sitze auf dem Vogelheerd p. –*] nachträgl. mit Einweisungszeichen

49,9 * *Ade! Ade! /:Leser p. –:/.* Abschlußstrich] nachträgl. mit Einweisungszeichen

Erläuterungen

49,1 *Mährchen*] Eichendorffs Märchenbegriff steht in engem Bezug zu frühromantischen Vorstellungen, vor allem Tiecks und Novalis'. In *GLD* spricht Eichendorff von Märchen und Sage als Produkten der Volkspoesie, aus denen alle Poesie ihren Ursprung nimmt. Das Märchen, in seiner ursprünglichen und um die geschichtliche Dimension *erweiterten* Gestalt, gehört zu den poetischen Grundformen, *die die Welt bedeuten*, in dem

Sinne, daß in ihnen der Unterschied *zwischen dem Diesseits und Jenseits* aufgehoben erscheint. (HKA IX 392 ff.) Und von der Sage heißt es: in ihr *sind aber die productiven Seelenkräfte eines Volkes, Verstand, Phantasie und Gefühl, alle Blüte künftiger Bildung, wie ein Märchen, noch ungetrennt in einer gemeinsamen Knospe, wunderbar verhüllt und abgeschlossen.* (HKA IX 43)

49,3 *Lubowitz*] S. Erl. zu II.1. 17,25.

49,6 *Kind*] In *DR* schreibt Eichendorff: *Alle Kinder aber sind geborene Poeten, und mancher Dichter zehrt lebenslang an dem Schatze jener wunderbaren Zeit, wo er noch nicht wußte, daß es eine Dichtkunst in der Welt gibt.* (HKA VIII/2 194) Er greift hier zurück auf eine Tradition, in der seit Rousseau, Hamann, Herder, zum Teil unter ausdrücklicher Berufung auf christliche Überlieferung (Matth. 18,3 und Joh. 16,13), das Kindliche zur Leitvokabel einer kulturellen Bewegung wird, die sich gegen die einseitige Verstandeskultur der erstarrten Aufklärung richtet. Besonders die Romantik erhebt das Kindliche zum Urbild der Unschuld, des Ursprünglichen und Schöpferischen, der geschichtlichen Verkörperung des goldenen Zeitalters (vgl. Erl. zu I. 3,8).

49,7 *Vogelheerd*] Fangvorrichtung für Vögel mit Futter, Lockvögeln oder Lockpfeifen und einem Netz, das über ein Zuggarn betätigt wurde. Wird in den Tagebüchern mehrfach erwähnt; unter dem 15. September 1804 heißt es: *Das erste mal gevogelheerdet. N. B. Der Vogelheerd war im Garten beym Lusthaus, unter der großen Linde die Baude* (DKV 5 94).

IV. ⟨*Idyll von Lubowitz*⟩

Die Herkunft der Texte zum Idyll von Lubowitz läßt sich jeweils eindeutig nachweisen; bis auf IV.5. sind auch die Hss. erhalten. Die verfügbaren Nachlaßverzeichnisse deuten jedoch darauf hin, daß noch einige weitere ungedruckte und bis heute verschollene Entwürfe existiert haben:

- „*Idyll von Lubowitz*": Karl von Eichendorff, in: Der Wächter 1921 228.
  Der Text gehörte als Teil des Sedlnitzer Eichendorff-Fundes zum Nachlaßanteil Rudolf von Eichendorffs; er blieb vermutlich im Besitz der Familie, wird jedenfalls nicht in den Bestandslisten des Eichendorff-Museums in Neisse aufgeführt.

- „*Idyll von Lubowitz*" (Prosaentwurf und Fragment der Versausführung): HKA^1 XXII ⟨1927⟩ 131.
  Diese Texte sind vermutlich mit den hier unter IV.2. und IV.3. wiedergegebenen Fragmenten identisch.

- Notiz: <u>Meine Kindheit</u> *in versifizierten Idyllen: „Wie ich geboren wurde." Der Lubow: Garten – Tost p.* – (FDH 23437-12).
  Die Notiz findet sich am Rand der Erwähnung von Geßners Idyllen in Eichendorffs literarhistorischen Exzerpten.

- „*Lubowitzer Stilleben*": ehemals Neisse, Eichendorff-Museum H 47, Notizbuch, Seite 5^v.
  Das Notizbuch enthält vorwiegend Aufzeichnungen zu literarhistorischen Arbeiten und zu „*Robert und Guiscard*", stammt also wohl aus den 1850er Jahren.

- „Ein Idyll, komisch und parodirend, aus der alten guten Zeit des Zopfes": B^{3}I 214.

Nach Hermann von Eichendorff ist dieser unbekannte Entwurf ebenfalls in den 1850er Jahren entstanden.

Die Überlieferung setzt ein mit einer verhältnismäßig frühen idyllischen Szene, „*Winterabend in Lubowitz*" (IV.1.), die als novellistischer Rahmen für eine Binnenerzählung entworfen ist und zu einem späteren Zeitpunkt durch eine entsprechende Notiz (53,13) in Planungen zum „*Idyll von Lubowitz*" einbezogen wird. Es folgen die „*Einleitung*" in Hexametern (IV.2.), die in ihren Hauptmotiven auf Arbeiten vom Anfang des Jahrzehnts zurückgeht, sowie die Erweiterung „*Zu dem /umstehenden/ Idyll von Lubowitz*" (IV.3.) und zwei weitere damit zusammenhängende Pläne (IV.4. und IV.5.).

IV.1.
Novelle = *Winterabend in Lubowitz* (S. 53–54)

Entstehung

Die Hs. aus dem Berliner Nachlaß (BN 98^{rv}) enthält die verschiedensten, zeitlich, formal und inhaltlich auseinanderliegenden Notizen, Werkideen und Entwürfe (s. die Handschriftenbeschreibung). Da Eichendorff – wie so häufig beim Planen, Entwerfen und Überarbeiten – schon vorhandene Ansätze nicht tilgt, sondern in den neuen Zusammenhang mit einbezieht oder als Alternativen bestehen läßt, beruht auch der vorliegende Entwurf auf unterschiedlichen Werkideen und Textstufen die noch nicht zu einer in sich schlüssigen Konzeption verschmolzen sind.

1. Eine verhältnismäßig frühe idyllische Szene, *Winterabend in Lubowitz*, die als novellistischer Rahmen für eine Binnenerzählung entworfen ist, wird

2. zu einem späteren Zeitpunkt durch eine entsprechende Notiz (53,13) in Planungen zum „*Idyll von Lubowitz*" einbezogen.

3. Alternativ zu diesem Projekt wird die gleiche Skizze zum Ausgangspunkt eines neuen Novellenplans, der in enger Anlehnung an Tagebuchaufzeichnungen vom Winter 1806/1807 am linken Rand des Blattes entworfen und in zwei Zusätzen (53,14–54,13) konkretisiert wird.

Ist der thematische Bezug zwischen den beiden Entwürfen (1. und 3.) an sich schon wenig ausgeprägt – die Kriegssituation, die Lubowitzer Familienszene, die Gestalt des Vaters und der Tenor ungewisser Erwartung und drohender Veränderung sind, neben einer einzigen Korrektur im Ausgangstext (53,4) die Berührungspunkte –, so entfernen sich die nachträglichen Erweiterungen zu 3. noch weiter von dem historisch-autobiographischen Kern beider Entwürfe. Bezeichnend ist, daß nun eine Novelle von Loeben als Vorbild für Handlung und Aufbau herangezogen wird.

IV.1. Novelle = Winterabend in Lubowitz

Die Entstehungszeit des in der beschriebenen Entwurfsituation gegebenen Textes läßt sich anhand der verschiedenen Einträge auf dem Blatt eingrenzen und annähernd bestimmen.

a. Eine verläßliche untere Grenze ergibt sich aus der Schlußbemerkung zu dem Projekt einer Verserzählung „*Vielleicht: Einsiedeley*" in der unteren Hälfte von BN 98^r, die sich auf eine frühe, wohl noch unfertige Fassung der Novelle „*Eine Meerfahrt*" ausdrücklich bezieht: <u>*Vielleicht*</u> *dieß, auch mit meiner „Insel der Königin" kombiniren*. Als Entstehungszeit der „*Meerfahrt*" gelten heute allgemein die Jahre 1835/1836; der Plan zur „*Einsiedeley*" ist also um 1834/1835 anzusetzen, und man kann aufgrund der handschriftlichen Situation davon ausgehen, daß der darüberstehende Entwurf „*Winterabend in Lubowitz*" auch in dieser Zeit entstanden ist.

b. Die Projektnotiz, die eine Verbindung dieser winterlichen Familienszene mit der *Idylle* vorsieht (53,13) ist wahrscheinlich erst 1839 nachgetragen; aus diesem Jahr stammen die frühesten überlieferten Arbeiten am „*Idyll von Lubowitz*", zu dessen Hexameter-Einleitung variante Verse auf BN 98^v notiert sind.

c. Eine genauere zeitliche Bestimmung der Lubowitzer Kriegsnovelle ist nicht möglich; wir gehen jedoch davon aus, daß, ähnlich wie beim „*Kapitel von meiner Geburt*", die erneute Beschäftigung mit dem Ausgangstext (1.) zu zwei alternativen Planungen, einer idyllischen (2.) und einer novellistischen (3.) geführt hat. Nach dem handschriftlichen Befund zu urteilen, sind die Nachträge zum vorliegenden Novellen-Entwurf die letzten Einträge auf BN 98^r.

Datierung: 1839.

Überlieferung

H: Berliner Nachlaß, Berlin SB, Bl. 98: Einzelblatt, 21,3 × 17,3 cm, oK und lK mit Reißspur, die übrigen Kanten beschnitten;

grünliches, ungeripptes Papier in der Mitte quer gefaltet. – Inhalt:

Recto: ⟨1.⟩ Novellistische Szene „*Winterabend in Lubowitz*" mit der anschließenden Projektnotiz <u>*Vielleicht dieß in die qu: Idylle*</u>*?* – („*Zu dem Idyll von Lubowitz*").

⟨2.⟩ Unmittelbar darunter mit etwas breiterem Schriftspiegel 13 Zeilen zu einer Verserzählung „*Vielleicht: Einsiedeley*" (HKA I/3 222).

⟨3.⟩ Am linken und unteren Rand, den freigebliebenen Raum der Seite ganz ausfüllend, Entwürfe zu einer an ⟨1.⟩ anknüpfenden autobiographischen Novelle aus den napoleonischen Kriegen.

Verso: Rechts oben von Eichendorff mit α.) bezeichnet; links ein wechselnd breiter, freier Rand, rechts bis an die Blattkante beschrieben, enthält drei verschiedene, deutlich voneinander abgesetzte Eintragungen.

⟨1.⟩ In der unteren Hälfte, quer über die Seite, die vermutlich früheste Eintragung, eine für das Verhältnis Eichendorffs zu Theodor von Schön aufschlußreiche Notiz: *Wie thöricht, den subalternen* ⌈*dummen*⌉ *Verstand über den gantzen Menschen zu setzen /:wie Schön:/. Da wird denn freilich aus dem gantzen Leben ein ordentliches, gutes langweiliges Bureau. Statt zu sagen: wir sind jetzt zu matt geworden, um die großen Formen des Mittelalters noch zu beseelen, sagt die arrogante Gegenwart: das Mittelalter war dumm, weil wir es nicht mehr goutiren!* –

⟨2.⟩ Darüber die erste Projektnotiz zu einem Bilderbuch *Lubowitzer Erinnerungen*: (<u>*Ich denke*</u> = *die Lubowitzer Erinnerungen* (s. II.5.).

⟨3.⟩ Am oberen und äußersten unteren Rand Hexameter-Verse der *Einleitung* zu dem „*Idyll von Lubowitz*" (s. IV.2. 56,25–36 von „*Zu dem Idyll von Lubowitz*": *Jetzt auch freudig erschrocken erblickt' ich tiefer im Garten* ⟨...⟩).

Text: folgt H.

IV.1. Novelle = Winterabend in Lubowitz 277

Varianten

53,1 *Novelle* =] nachträgl.
53,4 *Wittowski oder der französ: Officier S: hier links*] nachträgl.
53,5 *von*] [*aus*] von
53,10 *Niemand*] [*der*] *Niemand*
53,11 *wird*] *wird* [*wir*]
53,12 *Tenor der*] *Tenor|der*
53,13 *Vielleicht* bis *Idylle?* –] nachträgl.
53,14–54,13 *Diese Novelle* bis *nebeneinander fortlaufend.* –] nachträgl. alR
53,17–21 *Hierbei ist* bis *zum erstenmale p.* –] nachträgl. alR mit Einweisungszeichen
54,1–54,13 *Verwickelung* bis *fortlaufend.* –] nachträgl. alR mit Einweisungszeichen
54,4 *Entsetzliche Angst des Fräuleins*] [*Große An*] *Entsetzliche Angst des Fräuleins* nachträgl. ohne eindeutiges Zuordnungszeichen
54,8 *uralte*] *uralte*[*n*]
54,12 *para*⟨ll⟩*e*⟨l⟩] *pararell*

Erläuterungen

53,1 *Lubowitz*] S. Erl. zu II.1. 17,25.
53,2 *Tafelzimmer*] S. Erl. zu II.1. 18,1.
53,4 *Wittowski*] Leutnant Andreas Iwan von Witowsky (1770–1847) schützte Ende 1806 bis Anfang 1807 Oberschlesien gegen die Einfälle polnischer Insurgenten. *hier links*] S. die nachträglichen Erweiterungen des Novellenplans am linken Rand der Hs. (53,12–54,13).
53,5 *Ratibor*] Kreisstadt in Oberschlesien, etwa 140 km südöstlich von Breslau (9 km südlich von Lubowitz), mit ihrem alten

Stadtkern links, dem Schloß rechts der Oder gelegen, um 1800 noch von Wall und Mauern umgeben, mit 3450 Einwohnern. Mit Garnison (Kürassierregiment von Bünting), Jahrmärkten, Leihbücherei, Theater und gesellschaftlichem Leben spielte die Stadt eine bedeutende Rolle in der Jugendzeit des Dichters.

53,6 *heimlichen Winterabend*] Eine vergleichbare Szene schildert Eichendorff im Tb. vom 7. Februar 1807 (DKV 5 197–198); noch 1853 schreibt er an Jegór von Sivers: *alle das Bangen, Sehnen in die Ferne hinaus und doch wieder heimisches Behagen in den wohl geheizten sichern Stuben, wenn es draußen schneit und stürmt – das alles gehört wesentlich dazu, ein rechtes Dichterherz zu vertiefen* (HKA XII 313f.; vgl. auch das Sonett „*Einwintern*", HKA I/3 221). *Papa*] S. Erl. zu II.1. 17,29.

53,7 *fernen Kriege*] Gemeint ist wahrscheinlich der vierte Koalitionskrieg, der mit dem von Gentz verfaßten Kriegsmanifest vom 9. Oktober 1806 begann und am 9. Juli 1807 mit dem Tilsiter Frieden endete. Markstein dieser Auseinandersetzung, die zum staatlichen Zusammenbruch Preußens führte, waren die Schlachten bei Saalfeld (10.10.1806), Jena und Auerstedt (14.10.1806), Preußisch Eylau (7.–8. 2. 1807) und Friedland (14.6.1807).

53,8 *im Sichern*] Reminiszenz an Goethes „Faust" (Szene: „Vor dem Tor", WA I,14 47 Vers 860–867).

53,9 *Gespenstergeschichte*] Neben Verkleidungen und Spukerei wird in den Tagebüchern häufig von Gespensterfurcht und Gespenstererzählungen berichtet: 13. September 1805; 26. November 1806; 18. November 1811; 1. März 1812 (DKV 5 135–138, 185, 334, 345). Tatsächlich gehörten Verkleidungen, Spukerei und Geistererzählungen noch zum Schul- und Studentenmilieu der Zeit; vor allem spielte in Lubowitz und auch sonst für Eichendorff das Gespenstische eine nicht unbedeutende, vergnügliche, zuweilen aber beängstigende Rolle. *Nacht-*

wandeln u. Spuken, *Große Spukkerey der Fuglars* sind Stichworte aus dem Tb., und natürlich wird, mit Vorliebe im Winter, von Gespenstern erzählt. Noch aus den letzten Lebensjahren Eichendorffs ist eine Begebenheit überliefert, die zu den wenigen Anekdoten des „alten, berühmten Dichters" zu zählen ist. Bei einem Abendessen zu Ehren Eichendorffs im Hause Franz Kuglers in Berlin (16. Februar 1854) erzählte der Dichter im Beisein von Storm, Fontane u. a. eine „wunderbare, selbsterlebte Spukgeschichte, die Storm bisweilen im engeren Kreise immer mit den notwendigen, geheimnisvollen Kunstpausen meisterhaft nacherzählte." (Gertrud Storm: Theodor Storm. Ein Bild seines Lebens, Bd. 2, Berlin 1913 19). Neben den persönlichen Erlebnissen sind literarische Einflüsse mit einiger Wahrscheinlichkeit anzunehmen. Der Motivbereich des Gespenstischen begegnet nicht nur als überstrapaziertes Requisit in Trivialliteratur und Schauerromantik, er gehört vielmehr zu den symbolisch-dichterischen Formen, in denen sich Realitätsangst und das verunsicherte Verhältnis des Menschen zur eigenen Identität darstellen ließ. Zu denken ist hier etwa an Wilhelm Meisters folgenschwere Verkleidung als Graf („Lehrjahre" 3. Buch, 10. Kap.; 7. Buch, 3. Kap.), an Kleists „Bettelweib von Locarno", an Novellen Tiecks („Abendgespräche", 1839) und E. T. A. Hoffmanns.

53,11-12 *selbst ein Gespenst*] Das Übergreifen des Gespenstischen aus der Binnenerzählung in den autobiographischen Rahmen hat am ehesten ihr Vorbild gefunden in Hoffmanns Novelle „Der unheimliche Gast" (1819).

53,15 *Kriege 1813*] Tagebücher für diesen Zeitraum gibt es nicht, Eichendorffs ausführliche Aufzeichnungen über seine Kriegserlebnisse sind verschollen; überhaupt ist es unwahrscheinlich, daß die Novelle in den Freiheitskriegen spielen sollte.

53,15-16 *Slawikauer Windmühle*] Das Gut Slawikau, hochgelegen mit einer weithin sichtbaren Kirche, Dreiviertelstunden nördlich von Lubowitz, gehörte 1795–1831 zum Besitz der Familie Eichendorff. Auf den Höhen links von der Lubowitz-Slawikauer Straße standen zwei Windmühlen. (Nowack 1907 120)

53,16 *Canonade von Cosel*] Am 2. Januar 1807 wurde die Festung Cosel gesperrt, seit dem 23. Januar wurde sie mehrere Monate lang von bayerischen Truppen unter Deroy belagert. Am 6. und 25. Februar beobachteten die Lubowitzer die Kanonade um Cosel von der Slawikauer Windmühle aus.

53,22 *Chasseur-Offizier*] frz. Jäger; leichte Reiter oder Infanterie in der französischen Armee. Nur 1807 wurden die Eichendorff-Güter von Kriegshandlungen unmittelbar berührt. Seit Ende Januar war der Raum Ratibor-Cosel von bayerischen Truppen unter General Deroy besetzt. Nur für diesen Zeitraum erscheint die Novellenhandlung auch biographisch-historisch plausibel.

54,8–9 *uralte Novelle vom H. v. L.*] Gemeint ist Otto Heinrich Graf von Loeben; eine Novelle mit einer halbwegs entsprechenden Handlung, „Die Wasser-Lilie", befand sich im Eichendorff-Nachlaß in Wiesbaden und wurde von Wilhelm Kosch veröffentlicht. Darin begegnet „ein holder Jüngling, Hespero genannt, eben wiederkommend von seinen Reisen und nun das ihm hinterlassene Schloß in Besitz nehmen wollend", in einer nahen, „sehr lieblich gelegenen Mühle" einem ebenfalls „lieblichen Wesen", Coelestine, die ihm „lächelnd und mit niedergeschlagenen Augen" eine Wasserlilie überreicht: „Das ist meine Blume, sagte sie leise, das ist alles was ich geben kann". Es entwickelt sich nun tatsächlich eine Liebesgeschichte zwischen den beiden, die mit der eines zweiten Paares verwoben wird und glücklich endet: „dem aber ist nichts unwiederbringlich verloren, der nur die Sehnsucht nicht verliert". (Wilhelm Kosch: Aus dem Nachlaß des Freiherrn Joseph von Eichendorff. Briefe und Dichtungen, Köln 1906 10 f.; Text: 94–106)

IV.2.
Zu dem Idyll von Lubowitz. Einleitung. (S. 55–57)

Entstehung

Die vorliegende „*Einleitung*" geht in ihren Hauptmotiven auf Arbeiten vom Anfang des Jahrzehnts zurück. Schon in den ersten Aufzeichnungen zum „*Unstern*" von 1831 war eine entsprechende Traumszene enthalten, sie findet sich zu einem Gedicht ausgebildet 1832 in „*Nachklänge. 4.*" und kehrt wieder als Angela-Szene im 1. Kapitel des Ausführungsfragments der genannten Novelle, auf die in der „*Einleitung*" ausdrücklich verwiesen wird (57,38–39; s. II.3. unter 1. und die Entstehungsgeschichte von III.).

1. Die Arbeitsspuren der Handschrift (H^a) verdeutlichen in vorgreifenden Versnotierungen und varianten Ansätzen die Vertrautheit des Stoffes.

2. Dies zeigt sich auch an einer Textergänzung auf einem beigelegten Blatt α (H^b = BN 98^v), deren Verse sich z. T. mit denen der früheren Fassung überschneiden. Die Überarbeitung der ersten Niederschrift macht überdies deutlich, daß das zunächst stark hervortretende regressive Moment (55,16–19) eingeschränkt werden sollte zugunsten der Angela-Szene.

3. Wahrscheinlich in Danzig, um 1843, greift Eichendorff das Projekt einer Lubowitzer *Idylle* wieder auf; die in mancher Hinsicht veränderte Konzeption, die nun stärker zur Form des bürgerlich-idyllischen Epos tendiert, wird in einer Plannotiz festgehalten (s. IV.4.) und in einer entsprechenden Bemerkung auf den *älteren Entwürfen* nachgetragen (55,3–6; IV.3. 58,3–6).

Der Text selbst ist nicht datiert, doch erlauben die Verweisungen auf den „*Unstern*" – sowohl auf H^a (57,38–39) wie auf H^b (II.5. 46,5–6) wird das Ausführungsfragment der Novelle erwähnt und damit vorausgesetzt – und die Sonett- und Liedentwürfe der Hs. eine verläßliche zeitliche Einordnung. H^a enthält neben den Texten zum „*Idyll*" auf Vorder- und Rückseite eine Anzahl von Gedichtentwürfen, die sämtlich 1839 niedergeschrieben wurden (s. unter Überlieferung). Daraus ergibt sich als Entstehungszeitraum Sommer bis Spätherbst 1839; der vermutlich letzte Eintrag des Blattes („*Sonett, o wohl auch bloß so*", HKA I/3 220) ist auf *November 1839* datiert.

Datierung: 1839.

Überlieferung

H^a: FDH Frankfurt a. M., Hs-13413: Halber Bogen, 19,8 (20,4) × 34,8 cm, in zeitgenössischem Pappumschlag (Titel der Vorderseite: „Gesammelte-Wirtschafts-Notizen". Rückseite „Belaege pro 1855 von 1 bis 18". Innen mit Notizen und Berechnungen wie bei einer Schreibunterlage, alles von fremder Hand); starkes graues Papier, quergerippt, rechte Kante beschnitten, stellenweise Tintenfraß.

Das Blatt wird zum ersten Mal in einer Zeitungsveröffentlichung von 1917 erwähnt; nach Alfons Nowack stammt es aus dem „Besitz des Majors Karl Freiherrn von Eichendorff in Wiesbaden." (Vgl. IV.3. unter d) Es gehörte wahrscheinlich zu dem Teil des Wiesbadener Nachlasses, der nach dem Tod Karl von Eichendorffs im Besitz von dessen Witwe, Antonie von Eichendorff, verblieb (vgl. Aurora 6, 1936 143). 1960 wurde die Hs. vom Freien Deutschen Hochstift im Autographenhandel erworben. (Karl & Faber, Katalog 76, Nr. 536, München 1960 98: „aus dem Besitz der Familie Eichendorff") – Inhalt:

Recto: auf drei Vierteln des Blattes: Einleitung in Hexametern „*Zu dem Idyll von Lubowitz*", Zeile 1–11 mit hellerer Tinte als das folgende, bis auf die das untere Drittel der Seite füllenden Gedichtentwürfe, die wiederum mit hellerer Tinte geschrieben sind (mit hellerer Tinte ferner ein Liedentwurf am rechten Blattrand, quer zur Seite), so daß die dazwischen stehenden

Zeilen des Idyllenentwurfs etwas später als Zeile 1–11 anzusetzen sind. Unter einem Querstrich Entwurf in Prosa: „Sonett" (*Wie wär' dir, wenn du mitten in der Jugend sterben müßtest*, HKA I/3 219); Entwurf in Prosa: „Sonett" (*Wenn einer im Kämmerlein allein inbrünstig betet*, HKA I/3 219); arR quer zur Seite Entwurf in Prosa: „Lied" (*Ich meynte der Garten rauschte*, HKA I/3 220). Über dem Querstrich und dem 1. Sonettentwurf (*Wie wär dir, wenn du mitten in der Jugend sterben müßtest*) mit dunklerer Tinte (wie Z. 12 ff. von „*Zu dem Idyll von Lubowitz*") ein nachgetragener Entwurf in Prosa: „Sonett" (*Der Sommer scheidet allmählich*, HKA I/3 219). Unter den Gedichtentwürfen und wiederum abgesetzt durch einen Querstrich das Konzept (der 1. Entwurf) zu „*Vorbei*" (HKA I/1 183): „Lied:" (*Das ist der Mond nicht mehr*, HKA I/2 322). (**Abb. 3**)

Verso: „*Der Baum. Sonett*" (HKA I/3 218), /*Oktober 1839*/ datiert, der Entwurf ist von Eichendorff insgesamt gestrichen worden; „*Zu dem /umstehenden/ Idyll von Lubowitz*"; Sonettentwurf von November 1839 „*Sonett, o wohl auch bloß so*" (HKA I/3 220), angekreuzt. Alles mit widerspenstiger, klecksender Feder geschrieben.

H^b: 56,25–36: Berliner Nachlaß, Berlin SB, Bl. 98^v ⟨3.⟩, s. unter Überlieferung zu IV.1. „*Novelle = Winterabend in Lubowitz*", S. 276.

Text: folgt H^ab.

Varianten

55,3-6 = *NB: bis einflechtend*] nachträgl.

55,7 *von*] < *vom*

Lust u. Wandern u. Noth] < *Wandern u. Lust u. Noth* durch Umnumerierung

55,8 *träumt'*] (a) *träum[e]t* (b) *träumt[']*

stünd'] (1) [säß'] (2) stünd'
55,9 Haus;] (1) [Hause xxx *] (2) Haus; [*]
55,12 eh'mals] [h] eh'mals

Schlafe,] (1) [Traume.] (2) Schlafe,
55,13 /Weiter im Thale/] als Alternativvariante zu Tiefer im Garten nachträgl.

Tiefer im Garten erwachend] (1a) Tiefer [vom] Garten [herüber] (1b) Tiefer ⌈im⌉ Garten ⌈erwachend⌉
55,16 Schränke u.] (1) [Bilder u.] (2) Schränke u.
55,17 (1) [⟨Textlücke⟩ ich mußte mich wenden, so einsam war es da drinnen.] (2) Mich selber sah ich als Kind ruhend im Bettchen /träumend von künftigen Liedern,
55,18 Das] nachträgl.

zu Häupten] als Alternativvariante zu über mir nachgetragen
56,20–22: Hier wohl bloß bis bescheint! –] nachträgl. arR hinter Schweifklammer, die 55,15–18 umfaßt
56,24 hoch] (1) [u.] (2) hoch

S: das beil: Blatt α!] nachträgl. Blatt α] = H^b 56,25–36
56,25–36 Jetzt auch bis sie wandte sich p. –)] (1) auf H^a:

[Nun auch tiefer im Garten erblickt' ich das schöne Nachbarkind, Abgewendet von mir saß sie [u. sang. u. sang] auf p. p. nun u.
       sang. u. sang, ich kannte das Lied
recht gut, u. / wie sie so sang: immer weiter / Flog es röthlich wie
      ein leiser Hauch über den Himmel [*]
[* Wie ein erröthendes Mädchen / das man im Schlummer belauschte]]

(2) auf H^b [sang u. sang. ich kannte das Lied wohl,] Jetzt auch bis sie wandte sich p. –)
56,25 freudig erschrocken erblickt' ich tiefer im Garten] (1) [tiefer im Garten erblickt' ich] (2) freudig erschrocken erblickt' ich tiefer im ⌈Garten⌉

56,26 *goldenen*] [*goldenen, wallenden*] *goldenen*

56,27 *Springbrunnens*] (1) Textlücke (2) *Springbrunnens*

56,30 *dämmernde Gegend*] (a) *träumende*[*n*] [*Thäler*] (b) [*träumende*] ⌈*Gegend*⌉ (c) ⌈*dämmernde*⌉ *Gegend*

56,31 *Athmete*] *Athmete*[*n*]
erröthet'] [*erröh*] *erröthet'*

56,32 *geküßt*] als Alternativvariante zu *belauscht* nachträgl. alR mit Einweisungszeichen
dem] (1) [*die*] (2) *dem*

56,33–36 *Da hört'* bis *sie wandte sich p. –*] nachträgl. mit Einweisungszeichen

56,34 *allmählich*] nachträgl.

56,33 vgl. 56,24

56,36 vgl. 57,38

57,39 vdZ angestrichen und die durchgestrichene Notiz [⌈*Vielleicht!*⌉]
umhersah] [*im* [*Haus*] *Zimmer*] *umhersah*

57,45 *im Herbst*] nachträgl.

57,46 *ziehn,*] *ziehn,* [*sehe*]
den] [*die*] *den*

57,47 udZ: [*(Angela! rief ich,* ⟨Textlücke⟩ *da erwacht' ich. – –).*]

Erläuterungen

55,1 *in Hexametern*] Formal orientiert sich Eichendorff an der zeitgerechtesten Form der Versepik, dem idyllischen Epos, das seit Goethe, Voß und anderen fast immer in Hexametern verfaßt wurde (Sengle II 641, 712 u.ö.).

55,7 *Müde*] Vgl.: *die armen Menschenkinder!* ⟨...⟩ *Müde da unten, verirrt in der Fremde und Nacht* (*DG*, W II 452); vgl. auch das Ende des zweiten Gesellen (HKA I/1 66), Ottos in *DG* (W II

474–476) und die Gedichte „*In der Nacht*", „*Der Einsiedler*", „*Marienlied*" (HKA I/1 306, 320, 339 u. ö.).

55,8 *da träumt' mir*] Vgl. die Entstehungsgeschichte und Erl. zu II.4. 37,28–38,23.

55,12 *Spieluhr*] S. Erl. zu II.4. 38,4.

55,19 *Mein Gott ... gewesen*] Vgl.: „*Zauberei*" (W II 522), *AG* (HKA III 45,1–2; der Kommentar verweist auf Tieck als Quelle), „*Marmorbild*" (W II 558), *DG* (W II 465 und 471), „*Entführung*" (W II 847); weitere Belege: Aurora 18, 1958 21.

56,25–57,38 *Jetzt auch ... erwacht' ich.*] Vgl. II.4. 38,9–18 und Erl.

56,36 und 57,38 *Angela*] S. Erl. zu II.3. 26,21.

57,41 *Morgenroth*] S. Erl. zu I. 3,21. *Lied*] S. Erl. zu II.4. 38,13.

57,44 *p⟨agina⟩ 1 der angefangenen Novelle*] gemeint ist die Novelle „*Unstern*", II.4. 37,28 ff.

57,47 *seeligen Inseln*] auf Hesiod zurückgehender Topos vom „goldenen Zeitalter", dem verlorenen Kindheitsparadies der Menschheit.

IV.3.
Zu dem /umstehenden/ Idyll von Lubowitz (S. 58–59)

Entstehung

Das Fragment gehört zu den Texten aus dem autobiographischen Nachlaß Eichendorffs, die in der Forschung vergleichsweise häufig berücksichtigt werden (zur Deutung des märchenhaften Vorgangs der Erweckung zum Dichter s. die Erläuterungen). Entstanden ist der vorliegende Text unmittelbar nach der „*Einleitung*" (IV.2.), im Herbst 1839. Auch dieser Text wurde als einer der *älteren Entwürfe* in die später veränderte Planung des „*Idylls*" einbezogen; die entsprechende Bemerkung findet sich im Ms. oberhalb der Überschrift. Vgl. IV.2. und IV.4.

Datierung: Herbst 1839.

Überlieferung

H: FDH Frankfurt a. M., Hs-13413ᵛ (s. unter Überlieferung zu „*Zu dem Idyll von Lubowitz*", S. 282–283).

Text: folgt H.

Varianten

58,3-6 nachträgl.

58,9 *Gebirge*] < *Gebirge*[.]

    mit Schluchten] nachträgl.

58,12 *unsichtbar*] nachträgl.

58,13 *die Blumen*] [*die Aehren*] *die Blumen*

58,18–59,16

    [2.] * [*Dann im*] <u>Toster</u> *Ziergarten gehe ich einmal als Kind allein in der Sommermittags=Schwüle,* [*da über*] *alles wie verzaubert u. versteinert, die Statüen, seltsamen Beete u. Grotten; da* [*s*]*, bei einer Biegung, sah ich eine prächtige Fee eingeschlummert*

über der Zitter – es ist wieder die Muse – ich entschlief ̯o dergl.,
⌈*schauerte – da rief man mich ab –*⌉ *aber* [*nun hört*] *ich konnte nicht schlafen die Nacht,* [*es gien*] *das Fenster stand offen, es gieng die gantze Nacht ein Singen d: den Garten: ein Lied, das ich nimmer vergeßen;*

⌈4.⌉ *so alt ich bin*[,]*: es erwacht noch oft* ⌈*als rief' es mich*⌉ *in Mondschein=Nächten und versenkt mich in Wemuth.* ——

⌈3.⌉ *Jetzt aber ist der Garten verwüstet, das Schloß* /:*Tost:*/ *abgebrannt,* [*kein*] *die Hirsche sind verlaufen in alle Welt, nur manchmal bei stiller Nacht noch weidet einer zwischen den wildverwachsenen Trümmern.* —— **

⌈1.⌉ * [*Auf*] ⌈*Hoch auf*⌉ *einem Berge stand ein Schloß* /:[*To*] *Tost:*/ ⌈*halbverfallen*⌉ *mit 4 Thürmen in jeder Ecke, Gallerieen,* ⌈*Wie oft stand ich dort am Fenster u. sah die Wälder, die Dammhirsche weiden u. unten den Ziergarten p. –*⌉ *Säle mit den 7 Kurfürsten an der Decke, rings an den Seiten des Berges war Wald, wo Dammhirsche weideten, u. unten* [*la*] *lag der Ziergarten, gezirkelt p. Da in diesem*

⌈** *Aber das Lied jener Nacht, ich konnt' es nimmer vergeßen,* <u>*Alt nun bin ich geworden, doch*</u>⌉

H

Erläuterungen

58,2 *Lied in Reimen*] Die Versepik der Biedermeierzeit gehört in die Nähe der Lyrik, denn nicht eine Differenzierung der einzelnen Gattungen, sondern der Unterschied zwischen Versdichtung überhaupt und Erzählprosa hatte fundamentale Bedeutung.

58,7 *Kindisch*] S. Erl. zu I. 3,8. *lag ich*] Vgl. das Gedicht „*Frühlingsnetz*" (D: 1837):

IV.3. Zu dem |umstehenden| Idyll von Lubowitz.

Im hohen Gras der Knabe schlief,
Da hört' er's unten singen,
Es war, als ob die Liebste rief,
Das Herz wollt' ihm zerspringen.

5 *Und über ihm ein Netze wirrt*
Der Blumen leises Schwanken,
Durch das die Seele schmachtend irrt
In lieblichen Gedanken.

So süße Zauberei ist los,
10 *Und wunderbare Lieder*
Gehn durch der Erde Frühlingsschooß,
Die lassen ihn nicht wieder. (HKA I/1 206)

Zum biographischen Aspekt vgl. den Brief der Schwester des Dichters an Hermann von Eichendorff vom 27. April 1858, Aurora 4, 1934 9. *Lubowitzer Garten*] Von der mit Nußbäumen umsäumten Terrasse aus erstreckte sich auf die Oder zu der abfallende Schloßgarten, eine Wiesenfläche, von Laubengängen flankiert und von hohen Bäumen umstanden. Die Aussicht auf das Odertal umfaßte einen Teil von Ratibor, die Höhen von Pogrzebin und die blauen Beskiden. (Nowack 1907 81 f.) In *AG* heißt es über den Schloßgarten des Herrn von A.: *Nirgends bemerkte man weder eine französische noch englische durchgreifende Regel, aber das Ganze war ungemein erquicklich, als hätte die Natur aus fröhlichem Uebermuthe sich selber aufschmücken wollen.* (HKA III 76) *Lusthause*] Im Lubowitzer Schloßgarten war ein Lusthaus mit Rasenbank und Aussicht auf die Oder angelegt (Nowack 1907 120).

58,8 *Mittagsschwüle*] S. Erl. zu I. 10,4. *Wolken*] S. Erl. zu I. 12,5.

58,16 *schlummerte ein*] In einem Gedicht-Entwurf zu *Tröst=Einsamkeit* von 1842, „*Der Schlaf*", heißt es:

> *Nemlich = 1ᵗ Der wirkliche Schlaf der Unschuld in der
> Kindheit /:in Lubowitz:/ Draußen rauscht der Garten,
> tiefer unheimlich in den Hecken, aber der Feind hat
> keine Macht, das Unheimliche geht vorüber.* – (HKA I/3 228)

58,18 *Tost*] nördlich von Gleiwitz in Oberschlesien, am Rande der Tarnowitzer Höhe, auf einem Burgberg gelegen. Die alte Kastellaneiburg wurde 1666 von dem Grafen Colonna zur barokken Residenz umgebaut, die als „Colonna-Burg" mit Gartenanlagen auch kunstgeschichtlich bedeutend war. 1791 erwarb Adolf von Eichendorff Schloß und Herrschaft Tost (16 land- und forstwirtschaftliche Betriebe); 1797 wurde der Besitz mit großem Gewinn wieder verkauft.

58,21 *Ziergarten*] Urbild des altfranzösischen Gartens in Eichendorffs Werk.

59,9–10 *abgebrannt*] Am 29. März 1811 brach in Tost ein Brand aus, der in etwa vier Wochen das Schloß völlig zerstörte.

59,16 *Wemuth*] S. Erl. zu I. 3,17–19.

IV.4.
In ungereimten Jamben (S. 60)

Entstehung

Mit dieser Notiz treten die Planungen zum „*Idyll*" in eine neue Phase, als deren wichtigster Schritt eine Annäherung an Formvorstellungen der Biedermeierkultur erkennbar ist. Inhaltliche Erweiterung und Kapiteleinleitung, Einführung einfacher Handlungselemente nach dem Vorbild von Vossens „Luise" und der freiere, fließende jambische Blankvers anstelle des eigentlich verbindlichen, klassizistisch gemäßigten Hexameter sind die Merkmale der veränderten Konzeption, die in entsprechenden Arbeitsnotizen nun auch auf den *älteren Entwürfen* nachgetragen sind (s. IV.2. und IV.3.).

Direkte Anhaltspunkte für eine Datierung des Blattes gibt es nicht. Die Jahre 1843–1844 sind jedoch durch den Beginn der Einsiedler-Entwürfe und des „*Bilderbuchs*", durch den letzten, erweiterten „*Idyllen*"-Plan, der ebenfalls ungereimte Jamben und einen „epischen Geschichtsfaden" vorsieht, vor allem auch durch die veränderten Lebensumstände (dazu des näheren unter IV.5.) als Entstehungszeit sehr wahrscheinlich.

Datierung: 1843.

Überlieferung

H: Berliner Nachlaß, Berlin SB, Bl. 23^r: Einzelblatt, 11, 4 (12) × 9,6 (8,8) cm, obere und untere Kante abgetrennt, rechts beschnitten; weißes, leicht vergilbtes, glattes und sehr dünnes Papier (ähnlich Papierart II). – Inhalt:
Recto: Plannotiz „*In ungereimten Jamben*".
Verso: In umgekehrter Schrift von unbekannter Hand: „Eine Zeitungsmappe"; sonst leer.

Text: folgt H.

Kommentar zu IV. ⟨Idyll von Lubowitz⟩

Varianten

60,1 alR mit Rotstift markiert
60,3 *beschreiben,*] < *beschreiben!*
60,4 *(S:)* < */:S:*

Erläuterungen

60,1 *eintzelnen Kapiteln*] Eine Kapiteleinteilung ist hier zum ersten Mal vorgesehen, sie wird übernommen ins „*Bilderbuch*" (V.1.) und bleibt auch für die „*Errinnerungen aus der Jugendzeit*" (VI.3.) und „*Erlebtes*" (VII.1. und VII.2.) bestimmend.

60,2 *Lubowitz*] S. Erl. zu II.1. 17,25.

60,3 *Dichtung und Wahrheit*] Goethe hat den im Vergleich zu den Memoiren größeren Spielraum der Autobiographie im deutenden Umgang mit den Einzelheiten des Lebens hervorgehoben: „In diesem Sinne nannt' ich bescheiden genug ein solches mit sorgfältiger Treue behandeltes Werk: W a h r h e i t   u n d   D i c h t u n g, innigst überzeugt, daß der Mensch in der Gegenwart ja vielmehr noch in der Erinnerung die Außenwelt nach seinen Eigenheiten bildend modele." (WA I,36 62; vgl. Goethes Brief an König Ludwig I. von Bayern vom 11. Januar 1830, WA IV,50 59–65). In diesem Sinn wird Goethes Titelwahl zum Unterscheidungskriterium auch späterer Autobiographen.

60,4 *Vossens Louise*] entstanden zwischen 1782 und 1794, die erste vollständige Ausgabe erschien in einer Zweitfassung in Königsberg 1795. – Unter den für die Geschichte der Idylle in der 2. Hälfte des 18. Jahrhunderts maßgeblichen Autoren findet nur Mahler Müller in *GLD* eine positive Würdigung. Eichendorff erwähnt die *vortrefflichen* Pfälzer Idyllen Müllers und hebt an ihnen – im Gegensatz zu der *Ueberbildung und der unwahren Geßner'schen Schäferwelt* – *die einfache Natur des Volkslebens*" hervor (HKA IX 233; vgl. Tb. vom 26. Januar 1812,

DKV 5 339). Den zweiten Vertreter der realistischen Idylle dagegen, Johann Heinrich Voß, verurteilt er in scharfem Ton (HKA VIII/1 10 und IX 243–245). Trotz seiner ebenso harschen Kritik an dessen „Luise" – *in Voß's „Louise" hat sich die Heimatlose* ⟨die Sentimentalität⟩, *der dünnen Mondscheinkost überdrüssig, bei den Fleischtöpfen der „wirthlichen Hausfrau" behaglich zur Ruhe gesetzt, und lehrt in Schlafrock und Pantoffeln salbungvoll die Philosophie des Philistertums.* (*GLD*, HKA IX 219) – dient ihm jedoch gerade dieser Text als Vorbild für die Darstellung *lebenstreuer* Erinnerungen und ihrer Verknüpfung in einer einfachen idyllischen Handlung (Text IV.4.).

60,4-5 *die älteren Entwürfe*] gemeint sind die Texte IV.2. und IV.3.

IV.5.
Idyll von Alt=Lubowitz und meiner Kindheit (S. 61)

Entstehung

Die Lebensstimmung der Jahre, in denen der Entwurf wahrscheinlich entstand, ist überschattet von einer „lebensgefährlichen Krankheit" (HKA XII 190; seit Februar 1843) und dem resignierten Rückzug Eichendorffs aus dem öffentlichen Dienst (10. August 1843 bis 1. Juli 1844; Pörnbacher 59 f.); sie ist in vieler Hinsicht auch dadurch verändert, daß die Familie Eichendorff am 7. Mai 1843 nach Danzig übersiedelt und seither mit Schwiegersohn und Tochter Therese Besserer von Dahlfingen zusammenlebt. In einem Brief an Theodor von Schön beschreibt Eichendorff sein einsiedlerisches Leben: er dankt für die mitgeteilten Nachrichten, *da ich hier so ziemlich wie auf einer wüsten Insel lebe, wo ich den Wellenschlag der Zeit nur als ferne Brandung vernehme. Eigentlich kein unangenehmer Zustand, da diese Zeitbewegungen in unmittelbarer Nähe oft konvulsivisch-widerwärtig sind und erst in ihren großen und maßenhaften Erfolgen wieder poetisch werden.* (HKA XII 197) In Danzig beginnen die eigentlichen Arbeiten am „*Bilderbuch*", die Schrift über die Marienburg wird fertig und der 1. Band Calderón-Übersetzungen, die Eichendorff immer wieder als Fluchtbereich vor der orientierungslosen, gärenden Zeit bezeichnet (HKA XII 163, 184, 185). Erst eine Reise nach Wien – 6. bis 13. Juni 1845" (Puliçar 355 f.) – durchbricht diese Zeit des Rückzugs und bringt neue, wegweisende Impulse.

Das Autographenverzeichnis des Museums in Neisse weist den Entwurf den 1840er Jahren zu. Die wenigen Anhaltspunkte, die die Beschreibung von H 46 bietet, bestätigen diesen Ansatz: die Schriftzüge der Tochter Therese auf der Rückseite des Briefbogens deuten auf die Danziger Jahre (mit einer kurzen Unterbrechung vom 7. Mai 1843 bis 21. September 1846), zum andern legt der auf der Vorderseite notierte Entwurf zu einem geistlichen Lied „Danzig" die Einordnung in diesen Zeitraum nahe.

IV.5. Idyll von Alt=Lubowitz und meiner Kindheit

Von 1843 sind Arbeiten Eichendorffs an einem Gedicht „*Nachts in Danzig /:1843:/*" überliefert, das nachträglich offenbar zu einem Tageszeiten-Zyklus erweitert werden sollte: <u>*Dantziger Lieder.*</u> <u>*1*</u>^{t} *bei Nacht.* <u>*2*</u>^{t} *Am Morgen* [*3 Abends*] ⌈*auch humoristisch! –*⌉. <u>*3*</u>^{t} *Abends.* –; ein weiterer Gedicht-Plan „*Danzig bei Nacht*" steht weiter unten auf dem gleichem Blatt (Eichendorff-Gesellschaft Ratingen-Hösel, DLB 1992/5E, Faksimile in Aurora 8, 1938 nach S. 64, alle HKA I/3 230 und 232). Zu diesen thematisch und zeitlich zusammenhängenden Arbeiten wird vermutlich auch der Gedichtentwurf auf H 46^r gehört haben, was eine relative Datierung des „*Idylls*" auf 1843/ 1844 erlaubt, Versuche, den Entwurf „um oder nach 1850" anzusetzen, erscheinen dagegen wenig begründet (Pöhlein 1929 89; H. Kunisch 1968 380; Kommentar II 126; Chronik 218).

Datierung: 1843/1844.

Überlieferung

H: ehemals Neisse Wiesbadener Eichendorff-Manuskripte H 46 (seit Kriegsende verschollen) – Inhalt ⟨laut Willi Moser⟩: Recto: *Danzig*: Entwurf: „*Geistliches Lied*" (HKA I/3 308); „*Idyll von Alt=Lubowitz und meiner Kindheit – in ungereimten Jamben*"; ein Brief an Eichendorff.
Verso: „*Jetzo sinkt die Abendröthe*" (HKA I/3 308); darunter Therese Besserer von Dahlfingens Schrift.

d: Pöhlein 1929 84–88 (Pöhlein gibt den Text in Paralleldruck mit dem „*Bilderbuch*" [V.1.] wieder; die daraus sich ergebende Textanordnung nach Kapiteln (*II. Tost, III. Halle* usw. entspricht nicht dem Idyllen-Entwurf, der nach Jahreszeiten gegliedert ist).

Text: folgt d.

Kommentar zu IV. ⟨Idyll von Lubowitz⟩

Erläuterungen

61,3 *Lubowitzer Gartens*] S. Erl. zu IV.3. 58,7.

61,4 *Ratibor*] S. Erl. zu IV.1. 53,5.

61,5 *Schnee tröpfelt*] Vgl. den Eingang des „*Taugenichts*" (W II 565) und II.4. 38,1-2.

61,6 *Spieluhr*] S. Erl. zu II.4. 38,4. *Oder ausgetreten*] Vgl. Tb. vom 20. Februar 1807 (DKV 5 198) und Erl. zu V.1. 65,7.

61,7 *Sommerschwüle*] S. Erl. zu I. 10,4. *Lusthause*] S. Erl. zu IV.3. 58,7.

61,7-8 *alte Pfarrer*] Johannes Moczygemba, Erzpriester in Seibersdorf, seit November 1788 als Pfarrer in Lubowitz; er starb am 17. Mai 1811 im Alter von 74 Jahren. (Nowack 1907 105) Anders als der Kaplan Ciupke spielt der Pfarrer, außer an den fröhlichen Ablaßtagen (vgl. Tb. vom 13. September 1807, DKV 5 239, u. ö.), in den Tb. keine bemerkenswerte Rolle.

61,11 *Vogelherd*] S. Erl. zu III. 49,7. *Daniel*] S. Erl. zu II.3. 26,18.

61,12 *St. Nikolaus*] Im Tb. vom 5. Dezember 1800 heißt es: *Ist der Wilhelm als Nikel zum allen Leuten gegangen*. (DKV 5 16).

61,13 *Tafelzimmer*] S. Erl. zu II.1. 18,1; vgl. IV.1. 53,2.

61,15 *Tost*] S. Erl. zu IV.3. 58,18.

61,17 *im Konvikt*] Die Brüder Eichendorff wohnten während ihrer Breslauer Schulzeit (Oktober 1801 bis August 1804) im St. Josephs-Konvikt. *in Halle*] Sie studierten vom Mai 1805 bis Juli 1806 in Halle und wohnten dort in der bischöflichen Residenz. Zu lesen wäre also entweder „im Konvikt, in Halle, sind" oder „im Konvikt in Breslau sind".

61,18 *Papa*] S. Erl. zu II.1. 17,29. *Mama*] S. Erl. zu II.1. 19,13. *Großpapa*] Eichendorffs Großvater mütterlicherseits Karl Wenzel von Kloch (1726–1799), von 1743 bis 1764 in der preußischen Armee, schied als Major aus dem Militärdienst, heirate-

IV.5. Idyll von Alt=Lubowitz und meiner Kindheit   297

te am 20. November 1763, lebte auf Lubowitz (vgl. Aurora 36, 1976 63 und Nowack 109 ff.).

61,19 *Großmama*] Eichendorffs Großmutter mütterlicherseits Maria Eleonore von Kloch, geb. von Hayn, verwitwete von Studnitz (1736–1809), erwarb 1765 Lubowitz und verkaufte es 1785 an ihren Schwiegersohn. Beim Tod ihres Mannes war sie offenbar schon „eine sieche und alternde Frau" (Nowack 1907 112; vgl. Erl. zu V.1. 65,20–21). *H. Heinke*] Bernhard Heinke (1768–1840), 1792 zum Priester geweiht, 1793 bis 1801 Hofmeister der Brüder Eichendorff in Lubowitz, als Zeremoniar in Breslau (1801–1808) blieb er der Familie auch weiterhin ein treuer Ratgeber (Nowack 1907 88 f.). Die vielen Hinweise im Tagebuch ergeben kein Bild seiner Persönlichkeit; hervorzuheben ist eine Eintragung vom 31. Oktober 1804 (Heinke liest mit dem sechzehnjährigen Eichendorff die „Henriade" von Voltaire), die ihn als einen aufgeklärten Mann ausweist, der der Familie auch in wirtschaftlichen Fragen beistand. Heinke war vermutlich auch das Vorbild des Hofmeisters in *AG* (HKA III 54 f.).

61,19-20 *Ratiborer Kürassieroffizier*] In Ratibor stand das Werthersche Kürassierregiment (Nr. 12), dessen Chef seit März 1804 Generalmajor Karl Wilhelm von Bünting war. Das Regiment nahm an der Schlacht bei Auerstedt (14. 10. 1806) teil (HKA[1] XI 338). Häufiger Gast in Lubowitz war der Offizier Karl von Porembsky (vgl. Tb. vom 14. 1. 1798, 4. 1. 1800 und 14. 12. 1802; DKV 5 11, 14, 42).

61,21 *fremde Leute*] Durch Zwangsversteigerung ging Lubowitz 1823 in den Besitz eines Justizrates Wilhelm Zölmer über (Stutzer 1974 113).

61,22 *abgebrannt*] S. Erl. zu IV.3. 59,9–10.

V. ⟨*Bilderbuch aus meiner Jugend*⟩

Zum „*Bilderbuch*"-Vorhaben gehören streng genommen nicht zwei, sonden drei Texte: eine frühe Plannotiz (II.5.), ein Gesamtentwurf (V.1.) und ein späteres Fragment der Ausführung in Versen (V.2.), wobei der Haupttext (V.1.) formal und inhaltlich zu früheren und späteren Plänen in Beziehung steht. Die folgenden Anhaltspunkte müssen bei der Datierung berücksichtigt werden:

a. Die in einer Plannotiz zum „*Idyll*" vorgesehene Kapiteleinteilung (IV.4., 1843: *In* ⟨...⟩ *eintzelnen Kapiteln oder Gesängen*) wird ins „*Bilderbuch*" übernommen und zum ersten Mal anhand der wechselnden Lebensstationen in Überschriften mit römischer Zählung festgelegt.

b. Die lyrisch-epische Form und das *Stilleben* der Kapitel I. und II. des Grundentwurfs bezeugen eine deutliche Nähe zu dem „*Idyll von Alt=Lubowitz*" (IV.5.), das in den Danziger Jahren, wahrscheinlich 1843/1844 entstanden ist.

c. Spätere Überarbeitung und Erweiterung des Grundentwurfs mit dramatischer Vergegenwärtigung der Auswirkungen der Revolution; von daher möglicher Bezug zu den revolutionären Ereignissen von 1848/49.

d. Denkbare Anlehnung des Titels an Justinus Kerners Autobiographie „Das Bilderbuch aus meiner Knabenzeit", Braunschweig 1849 (vgl. Rehm 118).

e. Indirekte Datierung – 1854 – des Einleitungsfragments „*Lubowitz. I.*" (V.2.) im letzten Vers: *vor etwa sechsundsechzig* ⌈*/vielen, vielen/*⌉ *Jahren*, der sich offensichtlich auf Eichendorffs Geburtsjahr 1788 bezieht.

f. Die unter c. genannte Überarbeitung und kompositorische Verdichtung der beiden ersten Kapitel könnte in Zusammenhang stehen mit dem Aufleben der eigentlichen Versepik in den 40er und 5oer Jahren, von dem Rudolf Gottschall 1854 schreibt: „Das lyrische Epos wird jetzt von einer Massenbewegung getragen." (HKA XVIII/2 962). Über Eichendorffs „*Julian*" heißt es in dieser Besprechung: „Der Stoff seiner Dichtung, der Kaiser Julian, ist in neuester Zeit mehrfach von dramatischen und lyrischen Dichtern behandelt worden, nachdem ihm Strauß die Taufe der modernen Philosophie ertheilt und ihn als Hauptrepräsentanten jener Epochen hingestellt, in denen eine alte Weltanschauung im Kampfe mit einer neuen unterliegt. Da die Gegenwart nun auch für eine solche Epoche gilt, so wurde Julian ein Lieblingsstoff der Zeitpoeten." (ebd. 958)

Der ins „*Bilderbuch*" eingearbeitete dramatische Konflikt zwischen alter und neuer Zeit könnte in genau diesem Sinne als ein für das Versepos geforderter kollidierender Weltzustand verstanden werden, die Überarbeitung und der Beginn der Versausführung stünden also in thematischer und zeitlicher Nähe zu Eichendorffs Epen „*Julian*" (1853) und „*Robert und Guiscard*" (fertiggestellt im Dezember 1854; Chronik 233), das ebenfalls einen dramatischen Stoff aus der französischen Revolution behandelt.

V.1.
Bilderbuch aus meiner Jugend (S. 65–68)

Entstehung

Die Hs. des Gesamtentwurfs ist zweispaltig angelegt: links der Grundentwurf, die rechte Spalte mit Zusätzen, die „nach Schrift und Tinte vom Text unterschieden" (Pöhlein 1929 90 Anm. 34), nicht immer leicht zu entziffern (Nowack 1917 181) und vor allem noch nicht endgültig in den Grundtext eingearbeitet ist. Eine wichtige Erweiterung steht, wiederum ohne eindeutige Zuweisung, auf einem gesonderten Blatt, das dem Entwurf beigelegt wurde (Pöhlein 1929 102 Anm. 60).

Pöhlein deutet den hs. Befund dahingehend, daß die Zusätze in der rechten Spalte und auf dem beigelegten Blatt „sicher einer späteren Zeit zuzuschreiben" sind. Im Inhaltlichen findet diese Annahme eines zeitlichen Abstands von Grundtext und Erweiterungen eine auffällige Bestätigung, so daß zwei Textstufen voneinander abgehoben werden können.

1. Grundentwurf zum *„Bilderbuch aus meiner Jugend"*: die gute alte Zeit in Lubowitz, Idyll und Revolution in dem noch undramatischen Nebeneinander von Drinnen, und Draußen. Tagebuchnahe Privatheit der Ereignisse, Vorherrschen des bildlich Gegenständlichen, der Kleinmalerei.

2. Spätere Erweiterung des ursprünglichen Entwurfs in den ersten beiden Kapiteln: vermehrte Reimnotierungen und szenische Konkretisierung; der Gegensatz von *Insel* und *Sturm* von *alter* und *neuer* Zeit tritt nun dramatisch hervor.

Die Datierung des Entwurfs ist vor allem durch den Verlust der Hs. bis heute ungesichert. Unter Hinweis auf die Einleitungsverse (V.2.), die erst 1854 niedergeschrieben wurden, nimmt Nowack eine Entstehung um 1854 an (Nowack 1907 140 Anm. 1 und 1917 181), auch Pöhlein verlegt sowohl den letzten Entwurf zum *„Idyll"* (IV.5.)

wie den zum „*Bilderbuch*"' in die Zeit nach 1850 (Pöhlein 1929 89: „vielleicht erst nach der Übersiedlung nach Neisse 1855), dagegen sieht Schulhof im „*Bilderbuch*" eine Vorstufe des „*Idylls*", allerdings ohne erkennbaren Zeitansatz. H. Kunisch (1968 380) und Hillach-Krabiel (Kommentar II 126) folgen Pöhlein, bei Kunisch mit der Einschränkung, daß „der Plan, dieses Bilderbuch in Versen abzufassen, auf eine frühere Zeit zu deuten scheint." – Nach den in der Einleitung zu V. aufgelisteten Indizien ist der Grundentwurf vermutlich in der Danziger Zeit von 1843–1846, die Erweiterung des Entwurfs ist wahrscheinlich erst 1854 zusammen mit dem datierbaren Einleitungsfragment entstanden.

Datierung: Entstehungszeitraum 1843–1854.

Überlieferung

H^a: Einzelblatt aus dem Nachlaßanteil Rudolf von Eichendorffs. Dessen Witwe, Maria von Eichendorff, überließ das Ms. dem Breslauer Archivdirektor Alfons Nowack (Nowack 1907 140, Anm. 1; ders. 1917 181), es diente noch Hubert Pöhlein 1929 als Vorlage; seither verschollen: Zweispaltig beschriebenes Blatt. In der linken Spalte offenbar der 1. Entwurf, in der rechten spätere Zusätze, die nach Schrift und Tinte verschieden sind. – Inhalt: 66,1–23 und 66,6–68,23.

H^b: Einschaltzettel: 65,23–66,5: früher gleichfalls im Besitz von Prof. Alfons Nowack, Breslau, z. Zt. verschollen. Nach Pöhlein (Aurora 1, 1929 102, Anm. 60) ein Einzelblatt.

d^1: Alfons Nowack: Lubowitzer Tagebuchblätter Joseph von Eichendorffs, Groß-Strelitz 1907 140–142: Beilage I. Grundentwurf und nachträgliche Erweiterungen als durchgehender Text; Wortlaut und Orthographie stehen der Vorlage am nächsten.

d²: Alfons Nowack: Eichendorffs Entwürfe zum „Bilderbuch aus meiner Jugend", in: Schlesische Volkszeitung Nr. 30, 29. Juli 1917, Sonntagsbeilage 181–182.
Gekürzte Fassung von d¹ mit z. T. beträchtlichen Abweichungen.

d³: Hubert Pöhlein: Die Memoirenfragmente Joseph's von Eichendorff, in: Aurora 1, 1929 84–88.
Wiedergabe des Grundentwurfs (linke Spalte von Hª) in Paralleldruck mit dem *„Idyll von Alt=Lubowitz"* (IV.5.).

d⁴: Hubert Pöhlein: Die Memoirenfragmente Joseph's von Eichendorff, in: Aurora 1, 1929 91–94.
Vollständigste Wiedergabe von Hª und Hᵇ; durch zweispaltigen Druck wird das Verhältnis von Grundentwurf und nachträglichen Zusätzen überschaubar gemacht, Orthographie modernisiert.

Text: folgt d⁴, die späteren Zusätze erscheinen eingerückt, sinntragende Konjekturen vor allem nach d¹ werden durch Fettdruck wiedergegeben.

Lesarten

A. Textfassung nach d¹:

Bilderbuch aus meiner Jugend.

(In gereimten Versen.)

I. L u b o w i t z.

1.a. *Das uralte Lubowitz. Lage des Schloßes und Gartens. Hasengarten. Tafelzimmer mit Spieluhr. Allee. Buxbaumgänge. Kaiserkronen. Nelken. Aussicht über die Oder nach den blauen Karpathen und in die dunklen Wälder links. Damalige Zeit und Stilleben. Wie der Papa im Garten ruhig spatzieren geht, der Großpapa mit keinem Könige tauschen möchte. Oft seh ich alter Mann noch in Träumen Schloß, Garten verklärt von Abendscheinen und muß aus Hertzensgrunde weinen. Erwarten des Postboten am Lusthause, während draußen in Frankreich die Revolution schon ihre Tour beginnt. Das Thal lag noch wie eine seel'ge Insel unberührt vom Sturm der neuen Zeit. Jetzt recht objektiv, wie die Großmama, dazwischen betend, die alte Zeit vertritt gegen den neumodischen Dr. Werner (dramatisch als Gespräch). Wie wir im Walde Coffé kochen. Feuer p. Da kommt von Ratibor zwischen den Kornfeldern ein Büntingscher Offizier geritten und bringt die Nachricht von der Hinrichtung Ludwig 16ten. Tragischer Eindruck. Ich aber sah nach den Karpathen wie in Ahnung der neuen Zeit.*

b. *Ich und Wilhelm reite von Campe zu Claudius, bringe ihm Grüße von Overbeck. Garten, Bäume erzählen dem jungen Dichter heimlich Geschichten, die er dann muß wieder weiter dichten. Wer wäre nicht einst auch Robinson gewesen in unserer gedruckten Bücherzeit. Wir alle sind, was wir gelesen, und das ist unser größtes Leid. Jetzt aber ist alles anders dort. Fremde Leute gehen in dem alten Garten, es kennt mich dort keiner mehr.*

Zu Lubowitz 1.a: *Bloß Beschreibung des Gartens, Lusthauses, Blumen, Allee, Aussicht. Wie der Papa in den Gängen lustwandelt, der Postbote erwartet wird, während in der schwülen Ferne Gewitter aufsteigen und ich im hohen Grase liege als wie in einem Walde, kurtz die gute, alte Zeit. (Siehe das Vorhergesagte über Lubowitz.) Der Knabe war ich, die Lustwandelnden meine Ältern und Schloß und Garten: Lubowitz, wo ich geboren.*

Zu Lubowitz 1.b: *Irgend ein idyllisches Faktum.*

I I. T o s t.

Wie ich vor Tagesanbruch aufstehe, den gestirnten Himmel staunend durchsuche, denn es geht nach Tost. Karawane: Alte Karoße mit 4 Rappen. Beschreibung des alten, gespensterhaften Schloßes. Wie ein Mährchen aus alter Zeit. Die Dammhirsche grasen im Mondschein. Das Schloß ist abgebrannt. Hier wohl mitten bei einem großen Diner im großen Saale, wo die alte Zeit (Großmama) und die moderne

Gesinnung gegeneinander fechten, während draußen ein Gewitter vorüberzieht, kommt plötzlich die Nachricht von der Hinrichtung Ludwig des 16ten. Tragischer Eindruck mitten im Nachtgewitter. Die Donner verrollen. Alles wird still und einsam im Schloß. Mich aber schauderte, als ich durchs Bogenfenster hinabblickte. In fine: Das ist das Schloß, von dem ich oft gesungen, wo die Elfen tanzen auf dem Waldesrasen, die Rehe im Mondschein grasen. Nun ist's verbrannt; es existiert nur noch in Liedern und in Träumen.

III. B r e s l a u.

Erste tiefe Wehmut im Convicte. Wie die Krähen über der alten Kirche schwärmen. In Kleinburg und Höfchen. Muthwillige Schülerstreiche. Theater. Die Jagd von Weiße, Kotzebuaden. Theater im Convict. Wie ich den Brief an S. abgebe, den ich dann nach vielen Jahren im Palais royal prächtig wiedersehe. Vacanzen. Vogelheerd.

IV. H a l l e.

Getreues, lebendiges Bild des damaligen Studentenlebens. Steffens. Auf dem Gibichenstein lese ich zum erstenmale Tiecks Sternbald.

V. H e i d e l b e r g.

Görres, Arnim, Brentano.

VI. P a r i s.

Der verödete Garten und Pallast in Versailles. Wie der Wind auf den Schilden des Monsieur X klappernd spielt. Napoleons welthistorische Bedeutung.

VII. W i e n.

VIII. D e r   K r i e g.

Lützowsches Corps und Jahn. Mein Abenteuer in Meiselheim, Lübbenau, Lübben. Die zerstreuten Freunde: Veit, Richter, Ström besonders anreden! Mein Bivouac auf dem Pont neuf.

B. Textstück zum „*Bilderbuch*" nach d², 182. Handschrift und Herkunft unbekannt, allerdings deutliche Anklänge an die Biographie Hermann von Eichendorffs, B³I 69.

S u m m i n :

Waldjagdschloß. Stiller See, ringsum Waldhügel, von denen Tag und Nacht Wald und Wind gleichförmig herabrauschen.

S p r e e w a l d :

In seiner Undurchdringlichkeit einst der letzte Zufluchtsort der alten Sorbenwenden, deren Abkömmlinge heute noch in fremdartiger Gesittung, Landestracht und Sprache dort hausen, erstreckt sich der tiefe Urwald 7 Meilen in die Länge und 2 in die Breite nördlich und südwestlich von der Stadt Lübben. Mehr als 300 Arme der Spree durchströmen ihn und setzen ihn im Frühjahr, wenn der Eisbruch die Flut höher treibt, oft genug unter Wasser, so daß die 7 Fischerdörfer des Spreewalds zusammen ein ländliches Venedig bilden, im Sommer nur auf Kähnen und im Winter auf dem Eise zugänglich. Daher hat jeder Ansiedler sein Fahrzeug, auf dem er in der Woche an die Arbeit und Sonntags zur Kirche fährt. Auf Kähnen wird die Ernte hereingebracht, auf Kähnen werden auch die Toten zu Grabe geschifft und der Anblick eines solchen wendischen Leichenzuges zu Wasser ist ganz geeignet, die Phantasie in die Vorzeit zu versetzen, deren wie durch Zauberei erhaltene Ueberreste, die weder durch Tünche der Kultur, noch durch die Einwirkung der Deutschen ihre charakteristischen Naturfarben verloren haben

d^1, d^2 und d^3 von d^4 ausgehend:

65,2 *Auch* bis *Jugend*] fehlt d^1 d^2 d^3

In gereimten Versen!] *(In gereimten Versen.)* d^1 d^3 fehlt d^2

65,4 *1.*] *1.a.* d^1 fehlt d^2 d^3

65,5 *Hasengarten,*] *Hasengarten. Insel* d^2

Allee,] *Alleen.* d²

65,9 *spazieren geht, der Großpapa*] *spazieren geht und* d³

65,10 *möchte.*] *möchte. Oft seh ich alter Mann noch in Träumem Schloß, Garten verklärt von Abendscheinen und muß aus Hertzensgrunde weinen.* d¹

den] *des* d¹ d²

65,13 *von der sie sprechen usw.*] fehlt d¹ d² d³

65,14–66,17 *Dies Tal lag noch* bis *Aber der Garten von Lubowitz:*] fehlt d³

65,14 *Dies*] *Das* d¹ d²

selige Insel,] *seel'ge Insel* d¹ *selige Insel* d²

65,15 *Zeit.*] *Zeit. Oft seh' ich alter Mann noch in Träumem Schloß, Garten (usw.) verklärt vom Abend scheinen und muß aus Hertzensgrunde weinen.* d²

65,15–16 *Der Garten und das Schloß aber von Lubowitz, der im Garten spazierende Großvater usw.*] fehlt d¹ d²

65,20–66,6 *Jetzt* bis *Feuer usw.*] fehlt d²

65,22 *Gespräch*] *Geschichte* d⁴

65,23–66,5 *Hier wohl* bis *hinausblickte. – – – – –*] in d¹ hinter *das Schloß ist abgebrannt* (3,13), in d² hinter *Mondenschein,* (67,19–20)

66,3 *in der Nacht usw.*] *im Schloß.* d¹ d²

66,4 *schauerte*] *schauderte* d¹ d²

durchs] *durch das* d²

66,5 *hinausblickte. – – – – –*] *hinabblickte.* d¹ d²

66,7–10 *Wer wär* bis *Leid.*] an späterer Stelle in d¹ d²:

Wer wäre nicht einst auch Robinson gewesen in unserer gedruckten Bücherzeit. Wir alle sind, was wir gelesen, und das ist unser größtes Leid d¹ hinter *dichten.* (67,7)

> *Wer wäre nicht einst auch Robinson gewesen*
> *In unserer gedruckten Bücherzeit.*
> *Wir alle sind, was wir gelesen,*
> *Und das ist unser größtes Leid.* d² hinter *Overbeck. usw.* (67,4)

66,11-19 *Da kommt* bis *geboren.*] fehlt d²

66,12 *hergeritten*] *geritten* d¹

66,15-17 *Da draußen* bis *Lubowitz:*] fehlt d¹

66,18-19 *Der Knabe* bis *geboren.*] hinter *Kurz: die gute alte Zeit.* (67,1) d¹ d³

66,19 *wo*] *Wie* d³

66,20 *(Zu Lubowitz:)*] *Zu Lubowitz 1.a:* d¹ fehlt d² d³

67,1-2 *Zeit. (Siehe das Vorhergesagte über Lubowitz.)*] *Zeit.* d⁴

67,3 *2.*] *b.* d¹ fehlt d² d³

    mit] *und* d¹

    reite] fehlt d³

67,4 *Overbeck. usw.*] danach *Wer wäre* bis *Leid.* d², s. Lesarten zu 67,1

67,5-12 *Garten, Bäume* bis *keiner mehr.*] fehlt d³

67,7 *wieder*] fehlt d²

    dichten.] danach *Wer wäre* bis *Leid.* d¹, s. Lesarten zu 66,7-10

67,8-10 *Von ferne* bis *Gegend. –*] fehlt d¹ d²

67,11-12 *Jetzt aber* bis *mehr.*] fehlt d³

67,11 *aber*] fehlt d²

67,12 *alten*] fehlt d²

67,13 *(Nachsatz.)*] *Zu Lubowitz 1.b:* d¹ fehlt d² d³

    Irgendein idyllisches usw. Faktum usw.] fehlt d²

67,16 *durchsuche, usw.,*] *durchsuche,* d¹ d² d³

    Karawane.] *Karawane:* d¹ d² d³

67,17 *Rappen usw. usw.*] *Rappen.* d¹ d² d³

67,19 *Zeit,*] *Zeit.* d¹ d² d³

67,19-20 *Mondenschein, usw., das*] *Mondschein. Das* d¹ d² *Mondenschein.* d³ danach: *Hier wohl* bis *hinabblickte* d² s. Lesarten zu 65,23– 66,5

67,20 *das Schloß ist abgebrannt.*] fehlt d², danach: *Hier wohl* bis *hinabblickte* d¹ s. Lesarten zu 65,23–66,5

  Das ist das Schloß,] In fine: *Das ist das Schloß,* d¹

67,21 *ich oft*] *ich so oft* d³

  , wo] *. Wo* d²

  auf] *in* d²

67,22 *, die*] *. Die* d²

  Mondschein] *Mondenschein* d³

  ists] *ist's* d¹ d²

67,23 *nur*] *nur noch* d¹ d² *nur mehr* d³

  und Träumen] *und in Träumen* d¹ d²

67,24-25 *In Tost bis herein. usw. . . . .*] fehlt d¹ d² d³

68,6 *die*] *den* d¹ d²

68,7 *Vacanzen*] *Vakampen* d²

68,9 *lebendes*] *lebendiges* d¹ d²

68,15 *von*] *in* d¹ d² d³

68,17 *Napoleons welthistorische Bedeutung.*] fehlt d¹ d² d³

68,21 *und Lübben*] *, Lübben* d¹ d²

68,21-22 *Biester*] *Richter* d¹ d³ d⁴

68,22 *Bivouac*] *Biwack* d³ d⁴ *Biwak* d²

Erläuterungen

65,1 *Bilderbuch*] Vgl. die Gedichte „*Das Bilderbuch*" (HKA I/1 68; 1837) und „*Einwintern*" (HKA I/3 221), dessen zweites Quartett lautet:

Die Wanduhr pickt, am Fenster singet leise
Rothkehlchen noch, das du im Herbst gefangen,
Ein Bilderbuch ist alles was vergangen,
Du blätterst drinn, und läßt es draußen <u>stürmen</u>.

65,4 *Lubowitz*] S. Erl. zu II.1. 17,25.   *Gartens*] S. Erl. zu IV.3. 58,7.

65,5 *Hasengarten*] S. Erl. zu II.3. 35,21.

65,5 *Tafelzimmer*] S. Erl. zu II.1. 18,1.   *Spieluhr*] S. Erl. zu II.4. 38,4.

65,7 *Karpathen*] Von Lubowitz aus sichtbar sind die Beskiden als Teil der Westkarpaten.

65,8 *Papa*] S. Erl. zu II.1. 17,29.

65,9 *spazieren geht*] in AG heißt es: *Den Herrn v. A. sah ich auf dem mittelsten Gange des Gartens hinab ruhig spazieren gehen.* (HKA III 255)   *Großpapa*] S. Erl. zu IV.5. 61,19.

65,10 *Lusthause*] S. Erl. zu IV.3. 58,7.

65,13 *von der sie sprechen*] In „*Der Adel u. die Revolution*" heißt es von der prätentiösen Gruppe der Adeligen: *ja es galt eine geraume Zeit unter ihnen für plebejisch, nur davon zu sprechen* (VII.3. 127,2–3). Interessant für das eher aufgeschlossene Klima in Lubowitz ist die Tatsache, daß der Minister für Schlesien, Graf Hoym, aus Furcht vor jakobinischen Aufständen die Anweisung gab, jeden zu verhaften, der über die Französische Revolution auch nur zu reden wagte.

65,14 *selige Insel*] Vgl. Erl. zu IV.2. 57,47. Dieser Topos begegnet schon im Tb.: *Wie auf einer seeligen Insel getrennt von der übrigen Welt durch Wäßer des Oderausgußes u. durch – Koth.* (Tb. vom 20. Februar 1807, DKV 5 198).

65,20–21 *Großmama ... alte Zeit*] S. Erl. zu IV.5. 61,19. Maria Eleonore von Kloch war offenbar eine eher strenge und dem ancien régime zugeneigte Frau, die nicht nur im Religiösen, sondern vor allem im Politischen vom Lebensgeist in Lubowitz sich unterschied (Stöcklein 1963 30 f.). Vom Winter 1806/1807 werden politische Kontroversen mit ihr berichtet, *die, wie gewöhnlich mit Schimpfreden von Seiten der Grosmama sich endigten*. (Tb. vom 17. Dezember 1806, DKV 5 198 vgl. auch den Eintrag vom 10. März 1807, DKV 5 201).

65,21-22 *Dr. Werner*] Dr. Johann Werner (1770–1829), Kreisphysikus von Ratibor, wegen seiner Verdienste um die Impfung in Militärlazaretten 1815 zum Hofrat ernannt, gestorben 1829 (Nowack 1907 123).

66,7 *Robinson*] Vgl. Tb. vom 18. September 1805 und Eichendorffs Brief an Theodor von Schön vom 9. Juni 1850 (DKV 5 144 und HKA XII 260); auch zwei Stellen in *AG* (HKA III 54 und 103; vgl. Erl.) deuten darauf hin, daß Eichendorff den „Robinson Crusoe" in seiner Jugend gelesen hat. Seine mehrfach geäußerte Kritik an Campe *als Schulmeister einer seichten Pädagogik* und an den Robinsonaden (HKA VIII/2 62 und IX 116) machen es wahrscheinlich, daß Eichendorff Campes aufklärerische Bearbeitung des Originals (1719, erste deutsche Übersetzung schon 1720), „Robinson der Jüngere" (1779–1780), kannte. Vgl. „Dichtung und Wahrheit" (WA I,26 49–51), Jean Pauls „Selbsterlebensbeschreibung": „Jetzige Kinder beneid ich wenig, welchen der erste Eindruck des kindlichen und kindischen Robinson entzogen und vergütet wird durch die neuern Umarbeiter des Mannes, welche die stille Insel in einen Hörsaal oder in ein abgedrucktes Schnepfental verwandeln und den schiffbrüchigen Robinson überall mit einem Lehrbuche in der Hand und eignen dictatis im Maule herumschicken, damit er jeden Winkel zu einer Winkelschule stifte" (Sämtliche Werke. Hist.-krit. Ausgabe, hg. von der Preußischen Akademie der Wissenschaften, Weimar 1934, 2. Abt., 4. Bd. 122) und Georg Gottfried Gervinus „Leben. Von ihm selbst. 1860" (Leipzig 1893 7–45).

66,9 *sind, was wir gelesen*] während der Taugenichts bezeichnenderweise noch keinen Roman gelesen hat (W II 644), gibt es Gestalten in Eichendorffs Werk, deren Leben *im Grunde eine bloße Nachahmung des Erdichteten und Gelesenen sein soll.* (Brief an Loeben vom 25. Dezember 1814, HKA XII 53; vgl. HKA[1] XIII 60): der Erbprinz in *AG*, Prinz Romano in „*Viel Lärmen*" (W II 663), der Fürst in *DG* (W II 351), der frühe Lothario in *DG* (W II 352). In den Robinson-Versen wird das Epigonale ähnlich wie in Hoffmanns Novelle „Die Räuber" (1822) oder in Immermanns „Epigonen" (1836) als Signum der gesamten Epoche gedeutet; ihm setzt Eichendorff in *GLD* den Begriff einer *lebendigen Tradition* entgegen: *Das gedruckte Buch hat* ⟨...⟩ *für den Geist überhaupt etwas Mumienhaftes, Stationaires und Abgemachtes, worauf sich zu jeder Zeit bequem ausruhen läßt, während die lebendige Tradition so lange sie wirklich lebendig, nothwendig in einer beständigen Fortbildung begriffen ist.* (HKA IX 96)

66,11 *Ratibor*] S. Erl. zu IV.1. 53,5.

66,12 *Büntingscher Offizier*] S. Erl. zu IV.5. 61,20–21.

66,12 *Hinrichtung Ludwig XVI.*] Der französiche König wurde vom Nationalkonvent mit nur einer Stimme Mehrheit im Sinne des „salut public", aber gegen das geltende Recht, zum Tode verurteilt und am 21. Januar 1793 hingerichtet; erst mit diesem Ereignis begannen den Deutschen die großen Erschütterungen der Französischen Revolution bewußt zu werden. Aus dem zweifachen Eintreffen der Nachricht (s. 65,26–66,1) und dem in beiden Fällen historisch ungenauen Zeitpunkt geht hervor, daß schon in diesem Entwurfstadium das kompositorische Interesse überwiegt.

66,23 *schwülen*] S. Erl. zu VI.2. 77,20. *Gewitter*] S. Erl. zu 67,8.

66,24 *im hohen Grase liege*] S. Erl. zu IV.3. 58,7.

67,1 *gute alte Zeit*] S. Erl. zu II.4. 42,5.

67,3–4 *Ich ... Overbeck*] entsprechend zu dieser Stelle heißt es in *AG*: *Ich entsinne mich, daß ich in dieser Zeit verschiedene Plätze im Garten hatte, welche Hamburg, Braunschweig und Wandsbeck vorstell-*

ten. Da eilte ich denn von einem zum andern und brachte dem guten Claudius, mit dem ich mich besonders gerne und lange unterhielt, immer viele Grüße mit. Es war damals mein größter, innigster Wunsch, ihn einmal in meinem Leben zu sehen. (HKA III 55; vgl. die Verzerrung dieses Kinderspiels in Rudolphs Schloßpark, HKA III 276 und HKA¹ X 184).

67,3 *Wilhelm*] Wilhelm Freiherr von Eichendorff (* Lubowitz, 14. September 1786, † Innsbruck, 7. Januar 1849). Der ältere Bruder des Dichters trat im November 1813 in österreichischen Staatsdienst, wurde in seiner ersten Stelle beim Landesoberkommissär von Tirol, Leopold von Roschmann, mit Kurierfahrten zum Hoflager des Kaisers bei der österreichischen Armee betraut, 1827 zum Kreishauptmann von Trient ernannt und 1848 wegen fehlender Härte in den politischen Unruhen nach Innsbruck zurückversetzt. Wilhelm war bis zum Ende der gemeinsamen Studien der vertraute Weggefährte Josephs. Eichendorff nannte ihn *Herzbruder* und sah in ihm eine Verkörperung der poetisch verklärten Jugend. (Vgl. Erl. zu I. 3,2–3; 4,2–4,8; 4,16; 5,7; 5,11; 5,11–12; 6,6–7; 6,7; 11,16–17; 13,9–10; VI.3. 84,20; VI.5. 93,22).

67,3 *Campe*] Joachim Heinrich Campe (1746–1818), Pädagoge im Geist der Aufklärung, 1776 Nachfolger Basedows am Philanthropinum in Dessau, Sprachforscher und Jugendschriftsteller („Sämtliche Kinder- und Jugendschriften", 37 Bände, 1807–1814). Eichendorff hat vermutlich dessen Robinsonbearbeitung gelesen (s. Erl. zu 66,7), durch den Hofmeister Heinke lernte er auch Campes „Kleine Kinderbibliothek" (12 Bände, 1779–1785) kennen, blieb jedoch in seinem späteren Urteil stets kritisch, das mit Stichworten wie *pädagogische Fabrik* (*AG*, HKA III 54) oder *zahmer Philister* („Der Adel u. die Revolution", VII.3. 130,21–22) recht scharf ausfiel.

67,3 *Claudius*] Matthias Claudius (1740–1815), Erzähler und Lyriker, gab 1770–1775 den „Wandsbecker Boten" heraus, seine

Schriften erschienen unter einem Pseudonym: „Asmus omnia sua secum portans, oder Sämmtliche Werke des Wandsbecker Bothen", 8 Teile, 1774–1812 (vgl. HKA¹ X 159). Die ersten *schlichten, ernsten, treuen* Lieder von Claudius lernte Eichendorff aus Campes „Kinderbibliothek" kennen (*AG*, HKA III 54 f.), seither schätzte er ihn als einen Dichter, in dem *christliche Gesinnung, große Einfachheit und tiefe Innigkeit* zu einer harmonischen Einheit verbunden sind. (vgl. HKA IX 223) Im Tb. vom 21. September 1805 schreibt Eichendorff über eine Fahrt nach Wandsbeck: *Hier wohnt der Dichter Claudius, mit dem wir uns in einer Entfernung von 120 Meilen so oft, so traulich unterhalten hatten, der uns so manche seelige Stunde schuf. – Wir freuten uns, uns in der Nähe dieses alten Freundes zu befinden.* (DKV 5 148)

67,4 *Overbeck*] Christian Adolf Overbeck (1755–1821), Senator und seit 1814 Bürgermeister von Lübeck, stand dem Göttinger Hain nahe und war mit Voß befreundet. 1781 „Frizchens Lieder", die erste Sammlung von Kinderliedern, 1794 „Sammlung vermischter Gedichte". Bis heute werden Lieder von ihm gesungen, so das „Komm, lieber Mai" nach einer Melodie Mozarts.

67,5 *Bäume erzählen*] Anspielung auf den Topos der „redenden Natur".

67,8 *Gewitter*] Das Bild des Gewitters begegnet schon in *AG* sehr häufig (HKA III, Erl. zu V,18–19), hier hat es aber eine befreiende, reinigende, eine Änderung einleitende Wirkung. Die Bedeutung von Umsturz, Revolution, elementarer Zerstörung erhält es erst später, so im *„Schloß Dürande"*.

67,9 *Friedensbogen*] hier im politischen Sinn gebraucht; als klassisch romantisches Vermittlungssymbol findet sich der Regenbogen bereits in Brentanos Philister-Satire (1799/1811) gedeutet: „wo das Licht, durch die Wolken in Farben gebrochen, ausspricht die Versöhnung des ewig Leichten, der Idee, mit dem Schweren, dem Niedergestürzten, dem Nein", wohingegen die Philister den Regenbogen „bloß für eine Beilage zur Optik, aus der man den Newton oder den Goethe widerlegen könne" halten („Der Philister vor, in und nach der Geschichte, Werke, hg. von Friedhelm Kemp, München 1963 ff. Bd. 2 973). In diesem Sinne läßt sich das Bild bei Eichendorff häufig belegen: *„Marmorbild"*, W II 561; *DG*, W II 430; *„Marienlied"*, HKA I/1 339; *„Das Schiff der Kirche"* 1848, HKA I/3 10.

67,11 *fremde Leute*] S. Erl. zu IV.5. 61,21.

67,14 *Tost*] S. Erl. zu IV.3. 58,18.

67,20 *abgebrannt*] S. Erl. zu IV.3. 59,9–10.

67,23 *in Liedern*] Das Gedicht *„Denkst du des Schloßes noch auf stiller Höh?"* trägt in einer verschollenen Abschrift von fremder Hand den Titel *„Heimat, Schloß Tost. 1819."* (vgl. HKA I/3 202).

68,1 *Breslau*] Die Brüder Eichendorff besuchten vom Oktober 1801 bis zum August 1803 das Königlich Katholische Gymnasium in Breslau, studierten darauf an der philosophischen Fakultät und hospitierten im Winterhalbjahr 1804/1805 am Maria Magdalenen-Gymnasium (Aurora 56, 1996 127–132).

68,2 *Konvikte*] Während ihrer Schulzeit lebten die Brüder in dem zum Gymnasium gehörenden, noch aus der klösterlichen Tradition stammenden St. Josephskonvikt unter Aufsicht der Lehrer.

68,3 *alten Kirche*] Die Universitätskirche (Namen-Jesu-Kirche) lag nur wenige Schritte vom Konvikt entfernt. Nach der preußischen Säkularisation diente sie als Pfarrkirche. *Kleinburg und Höfchen*] Orte in der näheren Umgebung Breslaus. (Vgl. HKA[1] XI, Register).

68,4 *Schülerstreiche*] Das Tb. berichtet von: *Bänke umw⟨e⟩rfen* (19. Dezember 1801, DKV 5 25), *Hosen-Diebstahl* (22. April 1802, DKV 5 29), *Weinkonditionen* (28. Dezember 1802, DKV 5 42), *Arschprügel* (4. März 1803, DKV 5 45), *Türaufbrechen* (1. November 1803, DKV 5 67), *Türverrammeln* (13. November 1803, DKV 5 68), *Totstellen* (4. März 1804, DKV 5 79) etc.

Theater] Die Breslauer Zeit ist in ungewöhnlicher Weise von den häufigen Theaterbesuchen geprägt (vgl. das Tb.). *Die Jagd von Weiße*] „Die Jagd", komische Oper von Christian Felix Weiße (1726–1804); Eichendorff hat das Stück vier Mal in Breslau gesehen.

68,4-5 *Kotzebuaden*] Stücke von oder in der Art Kotzebues, wie sie zum Repertoire des dortigen Theaters gehörten. August von Kotzebue (1761–1819), äußerst erfolgreicher, auch in Europa anerkannter Autor teils sentimentaler, teils frivoler, bühnenwirksamer Unterhaltungsstücke aus dem bürgerlichen Leben. Für Eichendorff ist er der Vertreter eines *platten, weltmännischen Nihilismus* (*GRP*, HKA VIII/1 13); als seine eigentliche Domäne sieht er das *radicale Philistertum*, das alles *unter die permanente Polizeiaufsicht der weltmännischen Salonweisheit* stellt (*GD*, HKA VIII/2 372f.).

68,5 *Theater im Konvikt*] Vom 28. Februar bis 2. März 1802 und vom 12. bis 16. Februar 1804 spielte Eichendorff in Aufführungen des Konvikttheaters mit. Aufgeführt wurden Stücke von Weiße, Schröder, Wall, Treitschke; von Kotzebue am 12. und 13. Februar 1804 eine Posse in fünf Aufzügen, „Der Wirrwarr", mit Eichendorff in der Rolle der Nichte Babett. (Zu Kotzebue vgl. die vorige Erl.). *Brief an S.*] Bei der Adressatin könnte es sich um die von Eichendorff umschwärmte Breslauer Schauspielerin Amalia Schaffner handeln (s. die Gedichte „An A. S.", HKA I/3 125 und 127), die sich am 3. 4. 1807 mit dem ersten Kammerdiener von Jérôme Bonaparte verheiratete. Eichendorff sah sie 1815 in Paris wieder.

68,7 *Vogelherd*] S. Erl. zu III. 49,7.

68,8 *Halle*] Vom Mai 1805 bis Juli 1806 studierten die Brüder Eichendorff in Halle (vgl. Chronik 35).

68,9 *Studentenlebens*] S. Erl. zu VII.2. 106,21-23.

68,9-10 *Steffens*] S. Erl. zu VII.4. 149,6.

68,10 *Giebichenstein*] auf Otto I. zurückgehende Burg, bei Halle auf einem Porphyrfelsen über der Saale gelegen. Vgl. VII.4. 151,1; zur Geschichte s. Aurora 20, 1960 50f.

68,11 *Sternbald*] Ludwig Tieck: Franz Sternbalds Wanderungen. Eine altdeutsche Geschichte, 2 Bände, Berlin 1798. Vgl. das Tb. vom 13. August 1805 (DKV 5 125); in einem Brief an Heinrich Brockhaus vom Februar 1852 äußert sich Tieck über Eichendorff: „Dieser Autor ist in seinen Schriften fast ganz aus meinem Sternbald hervorgegangen ⟨...⟩" (HKA XVIII/2 921).

68,12 *Heidelberg*] Die Brüder Eichendorff studierten vom Mai 1807 bis April 1808 in Heidelberg (vgl. Chronik 44f.).

68,13 *Görres*] S. Erl. zu VII.4. 156,5 und 156,25. *Arnim*] S. Erl. zu VII.4. 157,8–9. *Brentano*] S. Erl. zu VII.4. 157,8–9.

68,14 *Paris*] Vom 5. April bis 4. Mai 1808 unternehmen die Brüder Eichendorff von Heidelberg aus eine Bildungs- und Studienreise nach Paris, mit dem Auftrag, für Görres die französische Ausgabe des Volksbuches von den „Haimonskindern" zu beschreiben und Proben daraus zu exzerpieren (Chronik 44).

68,16 *Schilden des Monsieur X*] könnte Bezug nehmen auf eine Stelle in einem Brief Wilhelm von Eichendorffs vom 8. Juli 1814 über die Lage im besetzten Paris: „Du weißt, was wir in Versailles empfunden haben; und nun denke Dir hinter den Fenstern des Tuilerienpalastes eine glänzende geputzte Versammlung ⟨...⟩ alles demütig und gespannt auf den Befehl – eines Artois; eines Artois, dessen ruhmwürdiger Name auf einem elenden Pappdeckel über den zerbrochenen Türen der Gemächer des Schlosses von Versailles hing." (HKA[1] XIII 26)

68,18 *Wien*] die Brüder Eichendorff hielten sich vom November 1810 bis zum April 1813 in Wien auf, um als Privatstudenten an der Wiener Universität ihre juristische Ausbildung mit den vorgeschriebenen Examina abzuschließen.

68,19 *Der Krieg*] S. Erl. zu I. 6,2 und 6,4, die Darstellung der Kriegserlebnisse in der Biographie seines Sohnes Hermann, B³I 65–75 und 93–95 und die Briefe, HKA XII 56 f. und 62. Eichendorffs eigene Aufzeichnungen aus dem Krieg sind verschollen (Der Wächter 1921 229).

68,20 *Lützowsches Corps und Jahn*] im April 1813 ließen sich Eichendorff und sein Freund Philipp Veit in Breslau beim Lützowschen Freikorps anwerben; sie erreichten es am 29. April in Grimma bei Leipzig, wo Eichendorff als freiwilliger Jäger der 5. Kompanie des 3. Bataillons unter der Führung von Friedrich Ludwig Jahn (1778–1852; zu dessen Person vgl. B³I 68 f.) zugeteilt wurde. Das Bataillon zog zunächst nach Groß Görschen, Mühlberg und Riesa, von dort über Meißen in den Spreewald (Lager bei Lübben) und wurde schließlich bis Berlin zurückgedrängt. Nach dem am 4. Juni vereinbarten Waffenstillstand vereinigte sich Jahn in Havelberg mit den übrigen Teilen des Korps und lagerte in dem Dorfe Schönhausen an der Elbe. *In solchem Zustande der Unzufriedenheit traf gegen Ende des Waffenstillstandes mich und Veiten eine Einladung vom Baron Fouqué, ins Hauptquartier nach Schlesien zu kommen, wo er ⟨...⟩ uns beiden einen größeren Wirkungskreiß verschaffen werde.* (Brief an Loeben vom 8. April 1814, HKA XII 29) Eichendorff und Veit erhielten am 14. Juli ihren Abschied aus dem Lützowschen Freikorps. Vgl. die Gedichte „*An die Lützowschen Jäger*" und „*Soldatenlied*" (HKA I/1 180 und 161). *Meiselheim*] Meißen.

68,21 *Lübben*] *Denn die Franzosen mochten es wahrscheinlich nicht für rathsam halten, uns in unseren abentheuerlichen Schlupfwinkeln anzugreifen, aus welchen wir sie beständig schrekten und nekten, obgleich wir Gelegenheit genug dazu gaben und z. B. einmal bei Lübben in der Niederlausitz – 20 Mann und einige Kosaken stark – die ganze Nacht im Angesicht des Lauristonschen 10 000 M⟨ann⟩ starken Corps tolldreist bivouaquirten.* (Brief an Loeben vom 8. April 1814, HKA XII 29). *Veit*] Vgl. Erl. zu 68,20. Eichendorff und Philipp Veit, der spätere nazarenische Maler, lernten sich 1811 in Wien bei Veits Mutter und Stiefvater, Dorothea und Friedrich Schlegel, kennen (vgl. Tb. zwischen dem 4. August 1811 und dem 14. Februar 1812, DKV 5 316–342), und von diesem Jahr datiert eine enge, freundschaftliche Beziehung, die sich erst mit Veits Übersiedlung nach Rom Ende 1815 zu lockern begann. Noch 1837 schreibt Eichendorff an dessen Freund Passavant: *Philipp ist, neben meinem Bruder, mein l i e b - s t e r Jugendfreund gewesen und bis zu dieser Stunde geblieben* (HKA XII 149; vgl. das Gedicht „*An Philipp*", HKA I/1 153).

68,21-22 *Biester*] d^1, d^3, d^4 lesen *Richter*; wir geben der Lesung von d^2 den Vorzug, da Biester schon in Hermann von Eichendorffs Biographie (B^3I 70) und in Text VII.2. 100,7 als Lützower Jäger belegt ist. Karl Biester (1788–1853), Sohn des Berliner Aufklärungsphilosophen und Bibliothekars Johann Erich Biester, lernte Eichendorff und Philipp Veit im Schlegelschen Hause in Wien kennen, wo er auch konvertierte; die Freunde dienten gemeinsam im Lützowschen Freikorps. Seit 1820 Lehrer am humanistischen Gymnasium Braunsberg, wo er auch Eichendorffs Sohn Rudolf unterrichtete (HKA XII 129 f.; weiteres s. HKA^1 XII 257).

68,22 *Ström*] nach Hermann von Eichendorff (B^3I 70) gehörten neben Veit und Biester auch Kersting und Henrik Christian Strøm (1784–1836) zu den Kameraden im Lützowschen Korps, mit denen Eichendorff befreundet war.

68,22-23 *Bivouac auf dem Pont=neuf*] S. Erl. zu 73,8. Am 22. April 1815 ging Eichendorff erneut zur preußischen Armee unter Blücher; er diente als Leutnant im 1. Bataillon des 2. rheinischen Landwehr-Infanterie-Regiments, das einen Tag nach Waterloo mit der Hauptarmee zusammenstieß, an der Verfolgung der Franzosen und am 7. Juli 1815 am zweiten Einzug in Paris teilnahm. „Auf dem Pont-Neuf hielt das Regiment mehrere Tage und Nächte seine lustigen Bivouaks." (B^3I 94)

V.2.
Lubowitz. I. (S. 69)

Entstehung

Die Verse gelten seit Nowacks Erstveröffentlichung des Gesamtplans als Ausführungsfragment des ersten Kapitels zum „*Bilderbuch aus meiner Jugend*" (Nowack 1907 140, Anm. 1). Obwohl dieser Titel im Ms. nicht erscheint (möglicherweise fungiert hier „*Lubowitz*" als Titel einer eigenen idyllischen Verserzählung), ist auch heute eine andere Zuordnung weder möglich noch sonst einleuchtend. Die wenigen ausgeführten Zeilen *in gereimten Versen* geben ein poetisch stilisiertes, idyllisches Bild der *Lage des Schlosses und Gartens von Lubowitz*, wie es für das erste Kapitel des „*Bilderbuchs*" vorgesehen war (vgl. Text V.1.). Sie lassen darüber hinaus erkennen, daß die *Bilder*, *Skizzen* usw. der Biedermeierzeit, trotz des „empiristischen Zugs" dieser (Prosa-)Gattung, eben auch ausgesprochen handlungsarm, vorwiegend stimmungshaft und lyrisch verfaßt sein konnten. (Sengle II 792) Die Datierung ist gesichert durch die letzte Zeile, die sich indirekt auf das Geburtsjahr des Dichters, 1788, bezieht.

(Zu weiteren Aspekten der Entstehung s. die Textgeschichte von V.1. unter f.).

Datierung: 1854.

Überlieferung

H: Berliner Nachlaß, Berlin SB, Bl. 32: Einzelblatt, 11,6 × 25,1 cm, an allen Kanten beschnitten; ähnlich Papierart II (stark holzhaltig). – Inhalt:
Recto: „*Lubowitz. I.*"; in engen, flüchtigen, z. T. zerlaufenen Schriftzügen. (Abb. 4)
Verso: Bis auf Schriftspuren alR leer.
Faksimile in: Werke, hg. von Ludwig Krähe, Berlin etc.: Bong & Co. 1908 T. 3.

Text: folgt H.

Kommentar zu V. ⟨Bilderbuch aus meiner Jugend⟩

Varianten

69,3 /*Durch*/] nachträgl. als Alternativvariante zu *An*

69,4 *Verborgner*] (1) [*In stiller*] (2) *Verborgner*

69,5 /*Vorüber mancher einsamen Mühle/,*] Alternativvariante zu 69,4 *Verborgner Dörfer Schattenkühle,*

einsamen] Schluß-*n* unsichere Lesung

69,6 *weithinwogenden*] Schluß-*n* unsichere Lesung

69,14 (1) [*Aus ihrer Heimat Lüften*] (2) *Von* ⟨Textlücke⟩ *u. Klüften*

69,15 *Erzählt*] *Erzählt*[*'s*]

69,24 *D: seiner*] nachträgl. als Alternativvariante zu *Denn d: der*

69,25 *funkeln*] [*d*] *funkeln*

69,27 *Lentz*] [*Le*] *Lentz*

wohne,] < *wohne;*

69,32 *vielen, vielen*] nachträgl. als Alternativvariante zu *etwa sechsundsechtzig*

Erläuterungen

69,1 *Lubowitz*] S. Erl. zu II.1. 17,25.

69,13 *Märchen*] S. Erl. zu III. 49,1.

69,15 *Erzählt*] Vgl. V.1. 67,5 und Erl.

69,26 *Blütenkrone*] In *AG* heißt es: *Der Garten selbst stand auf einer Reihe von Hügeln wie eine frische Blumenkrone über der grünen Gegend.* (HKA III 76)

69,32 *etwa sechsundsechtzig Jahren*] bezieht sich auf das Geburtsjahr Eichendorffs, 1788.

VI. ⟨*Aus den Papieren eines Einsiedlers*⟩

In allen „*Einsiedler*"-Entwürfen greift Eichendorff auf den Einsiedler als Erzähler zurück. Sieht man die Einsiedler-Gestalt für sich, so könnte man meinen, Eichendorff hätte keine unglücklichere Wahl treffen können. Einerseits hatten Eremiten und Mönche als literarisches Motiv im ganzen 18. Jahrhundert, besonders seit Millers „Siegwart" (1776) und dem „Monk" von Matthew Gregory Lewis (1796), eine grenzenlose Trivialisierung und Abnutzung in Robinsonaden, Schauer-, Ritter- und Klosterromanen erfahren, so daß Karl Philipp Moritz' Urteil im „Anton Reiser" auch Eichendorffs Projekt empfindlich treffen mußte: „Hier sollte also nun das Trauerspiel Siegwart geschrieben werden, das sich mit seiner Einkehr bei einem Einsiedler anhub, welches immer Reisers Lieblingsidee und die Lieblingsidee fast aller jungen Leute zu sein pflegt, welche sich einbilden, einen Beruf zur Dichtkunst zu haben. Dieß ist sehr natürlich, weil der Zustand eines Einsiedlers gewissermassen an sich selber schon Poesie ist und der Dichter seinen Stoff schon beinahe vorgearbeitet findet." (Anton Reiser, Neuausg. München 1961 360) Andererseits und im Gegensatz zur literarischen Mode war die Figur des Einsiedlers durch den neuen Subjektivismus der Geniezeit zum Inbegriff des Künstlers, seiner modernen Einsamkeit und ästhetischen Weltanschauung geworden, und auch diese bis weit ins 19. Jahrhundert gültige symbolische Bedeutung mußte ein Hindernis darstellen, denn in seinen gleichzeitig mit den „*Einsiedler*"-Plänen einsetzenden literaturkritischen Arbeiten wendet sich der Dichter immer wieder gegen diese *ästhetische Religion der subjektiven Eigenmacht.* (*DR*, HKA VIII/2 229)

Wenn sich Eichendorff dennoch für den Einsiedler als poetischen Rahmen seiner Autobiographie entschied, so vor allem aus Gründen der damit verbundenen satirischen *Vogel=Perspective*, aus der ein Sonderling über sich und seine Zeit erzählt.

Darüber hinaus fehlte ihm wie vielen Künstlern der Romantik (Ph. O. Runge, Brentano u. a.) die Resonanz in der breiten literarischen Öffentlichkeit. Das Urteil der Unzeitgemäßheit tritt ihm in der Kritik seit *„Dichter und ihre Gesellen"* immer wieder entgegen; die Briefe belegen vielfach die Erfahrung des Ärgers, der Langeweile, Einsamkeit und Isolierung im politischen Klima des Vormärz. (HKA XII 132f., 184f., 220f. u.ö.) Die heftigen Angriffe der Linkshegelianer und Liberalen, vor allem ein Artikel in Wigands Conversations-Lexikon von 1841 (HKA XVIII/1 509ff.), treiben die weltanschauliche Isolation auf einen Höhepunkt, der sich Eichendorff in seinem kämpferisch-historistischen Schrifttum seit 1846 zu erwehren sucht. Hinzukommen persönliche Motive, die schon zu früheren Texten angemerkt wurden (vgl. unter II.3., III. und IV.5.), so daß man tatsächlich beim Einsiedler von einer Schicksalsfigur – ähnlich der des Unstern – sprechen könnte, mit deren Hilfe eine umfassende Standortbestimmung in den Jahren vor und nach der März-Revolution angestrebt wird.

Neben vielen denkbaren literarischen Anregungen (vgl. dazu Fink) sind es vor allem die „Einsiedlerzeitung" der Heidelberger Romantik (Buchausgabe „Trösteinsamkeit") und der „Simplicissimus", die dieses Projekt beeinflußt haben. Über Grimmelshausens Roman schreibt Eichendorff: *So ist das ascetische Einsiedlerleben mit seinen antiquitätischen Bärten und Gewändern überall durch einen leisen ironischen Hauch belebt; und als Simplicissimus selbst Einsiedler wird, ist es ihm anfänglich, wie unsern neueren Romantikern, eigentlich doch nur um den Vogelsang und die prächtige Waldeinsamkeit zu thun, und er visirt durch sein mitgenommenes Perspectiv in die schöne Landsgegend hinaus* (DR, HKA VIII/2 61).

VI.1.
Tröst=Einsamkeit (S. 73–76)

Entstehung

Für die in der Forschung noch nicht endgültig geklärten Datierungsfragen ergeben sich neue Gesichtspunkte, wenn man davon ausgeht, daß der Entwurf zwei nach Inhalt, Tenor und Entstehungszeit auseinanderliegende, noch nicht überzeugend verschmolzene Konzeptionen enthält.

1. Grundentwurf: Eine nahezu vollständige erzählerische Skizze einer Erinnerungsnovelle mit den Motiven der Rückkehr in die Heimat, Kindheitserinnerungen und Einsiedelei als *innerlich=fröhliche* Abkehr von der Welt, in der linken Spalte des Blattes. Dieser Novellenplan steht den Entwürfen vom Ende der 30er Jahre, etwa dem des „*Unstern*", nahe; sein poetischer Tenor wird bestätigt durch ein Gedicht, das offenbar für diese Novelle entworfen wurde:

> <u>Der Schlaf</u> /:Gedicht:/. (zu Tröst=Einsamkeit! –)
> Nemlich = $\underline{1^t}$ Der wirkliche Schlaf der Unschuld in der
> Kindheit /:in Lubowitz:/ Draußen rauscht der Garten,
> tiefer unheimlich in den Hecken, aber der Feind hat
> keine Macht, das Unheimliche geht vorüber. –
>
> $\underline{2^t}$ Der Schlaf des Geistes: Unwißenheit in göttlichen
> Dingen, daher Unglaube – Selbstsucht, Hochmuth –
> Sinnlichkeit. – Entsetzliche Träume! –
>
> $\underline{3^t}$ Der Tod als letzter Schlaf. – (HKA I/3 228)

Die Gedichthandschrift ist erhalten; sie stammt, das läßt sich aufgrund von Notizen (den Kölner Dombau betreffend) und der auf der Vorderseite niedergeschriebenen letzten Fassung des Liedes „*Die Engel vom Cölner Dom*" (HKA I/3 226–227) mit Bestimmtheit sagen, vom Anfang des Jahres 1842. Die Datierung des Blattes und der ausdrückliche Hinweis auf „*Tröst=Einsamkeit*" machen es wahrscheinlich, daß der Grundentwurf der Novelle etwa um diese Zeit – 1841/1842 – entstanden ist.

2. *Bergpredigten*: In der rechten Spalte des Blattes und auf der Rückseite (linke Spalte) finden sich Gedanken- und Inhaltsnotizen zu zeitkritischen und religionspolitischen *Bergpredigten* des Einsiedlers, die den inhaltlichen Rahmen und den Charakter der ursprünglichen Novellenkonzeption weitgehend verändern. Für diese Nachträge erst gilt als untere Datierungsgrenze die Wallfahrt zum heiligen Rock in Trier (August–Oktober 1844), auf der der Zeitansatz von H. Kunisch fußt (H. Kunisch 1968 373: „1844 oder kurz danach"; vgl. Kommentar I 204 und Chronik 198); die analytische Distanz, die sich in der darauf bezogenen Notiz äußert – verglichen mit sonstigen aktuellen Anspielungen Eichendorffs auf dieses viel beachtete Ereignis legt aber einen noch späteren Entstehungszeitpunkt nahe. Der deutliche Konzeptionswandel zu didaktischer, engagierter Stellungnahme, zu ganz auf aktuelle Wirkung abgestimmten Exkursen ist nur denkbar im Zusammenhang mit Eichendorffs Neuorientierung als freier Schriftsteller (vgl. Chronik 194 ff.), die unter dem Einfluß von Karl Ernst Jarcke und der neu belebten Katholischen Bewegung seit 1846 zu einer intensiven literaturkritischen Tätigkeit führt. Die deutliche Beziehung der Entwurferweiterungen zu dem folgenden Text, VI.2., der nachweisbar mit diesen literarhistorischen Arbeiten und der Wiener Predigttradition der Redemptoristen in Verbindung steht und daher auf 1847–1849 datiert werden kann, macht es wahrscheinlich, daß der Novellenentwurf von „*Tröst=Einsamkeit*" erst 1846/1847 wieder aufgegriffen und erweitert wurde.

Datierung: 1841/1842 und 1846/1847.

Überlieferung

H: FDH Frankfurt a. M., Hs-13408[rv]: Ein halber Bogen (21,8 × 35,9 cm), rauhes, elfenbeinfarbenes Papier ohne Wasserzeichen (Tintenfraß).
Die Hs. wurde 1960 vom Freien Deutschen Hochstift im Autographenhandel erworben (J. A. Stargardt, Marburg, Katalog 549 Nr. 45); zur Herkunft vgl. die Überlieferungsgeschichte VI.3. – Inhalt:
Recto: Zweispaltig beschrieben; linke Spalte, mit starken, tintigen Schriftzügen, zusammenhängender Prosaentwurf von „*Tröst=Einsamkeit*" (73,1–74,5).
Rechts, in veränderter, blasserer Schrift, Notizen zu den nachträglich geplanten zeitkritischen *Bergpredigten* (74,6–76,2).
Verso: Fortsetzung der Betrachtungen auf etwa zwei Dritteln der linken Spalte (76,3–76,27), sonst leer; am unteren Rand Echtheitsvermerk von fremder Hand.

Text: folgt H.

Varianten

73,3   *er*] [*er*] *er*

73,4   *einem*] [*dem*] *einem*

73,5   *herab.*] *herab.* [*Jetzt*]

73,7   *Gemächer,*] (a) *Gemächer.* [*Alle waren versto*]   (b) *Gemächer,* [< ,]

73,10   *Daniel,*] *Daniel,* [*mich*]

73,18   *in ihm*] [*ih*] *in ihm*

73,21   *in uralter Zeit*] [*son*] *in uralter Zeit*

73,26–27   *das uralte Lubowitz.*] nachträgl. arR mit Einweisungszeichen

74,6–7   *nicht mehr als Personen, sondern*] nachträgl.

74,7   *als historische Maßen*] *als* [*Maßen, als*] *historische Maßen*

74,10 *ihr*] [x] *ihr*
74,13 *Jenseit*⟨s⟩] *Jenseit*
74,13-14 *über das Irrdische hinweggewölbt,*] [*gew*] *über das Irrdische* [*hinweggebo*] *hinweggewölbt,* [*an*]
74,20 *noch als*] [*als*] *noch als*
75,3 *ein u.*] *ein*[*, als de*] *u.*
75,4 *Dichtung er leidlich*] [*St*] *Dichtung er* [*gesch*] *leidlich*
75,6 *Helden*] [*P*] *Helden*
75,9 *Mode*] < *Monde*
75,11 *Pfaffen*] *Pfaffen* [*in euerer*]
75,12 *Christus,*] (a) *Christus* [*ist eu*] (b) *Christus*⌈,⌉
76,3 <u>*deutsche römische*</u>] [*rö*] <u>*deutsche römische*</u>
76,15 *d: ziemlich*] *d:* [*zufällige u.* zx] *ziemlich*
76,18 *anders,*] *anders,* [*ande*]
76,21-22 *aufgefundene*] oder *aufgefundne* (unsichere Lesung)
76,26 *einen*] *en* unsichere Lesung

Erläuterungen

73,1 *Tröst=Einsamkeit*] Die Buchausgabe der Einsiedlerzeitung von Achim von Arnim hatte den Titel: „Tröst Einsamkeit, alte und neue Sagen und Wahrsagungen, Geschichten und Gedichte." Heidelberg: bei Mohr und Zimmer, 1808. Der Titel klingt an Tiecks „Waldeinsamkeit" aus dem „Blonden Eckbert" an.

73,5 *Lubowitz*] S. Erl. zu II.1. 17,25. Das Schloß von Lubowitz wurde erst 1945 zerstört, die Burg Tost brannte 1811 nieder, allerdings auch nicht durch Kriegseinwirkungen.

73,8 *Bivouak*] „vom deutschen Worte B e i w a c h t, nennt man das Lager der Soldaten, ohne Zelte", in voller Montur und Marschordnung. „Weil jedoch das Verweilen unter freiem Himmel in kalten und feuchten Nächten der Gesundheit der Truppen, wie der Gegend, wo sie bivouaquiren, gleich schädlich wird, die Wälder zu Grunde richtet und zu dem Ausplündern der nahen Wohnorte Gelegenheit gibt, so hat man zuerst bei der preuß. Armee die Zelte wieder in einigen Übungslagern aufgeschlagen." (Allgemeine deutsche Real-Encyklopädie für die gebildeten Stände I 917 f.).

73,10 *Daniel*] S. Erl. zu II.3. 26,18.

73,22 *Einsiedler*] S. Einführung zu IV. Schon die Zeitgenossen gebrauchten dieses Bild: Wigands Conversations-Lexikon spricht mit Bezug auf *AG* von Eichendorffs „Flucht vor dem wirklichen Menschentreiben in die Mönchskutte" (HKA XVIII/1 511) und Schücking schreibt in den „Hallischen Jahrbüchern" von 1841: „Wie glücklich ist er, mit so manchem Anderen, z. B. mit Immermann verglichen, der gleich ihm eine Art Einsiedlerstellung einnahm" (HKA XVIII/1 554).

73,23 *im Kriege*] S. Erl. zu I. 6,2 und 6,4.

74,2 *Abraham a St. Claras*] Abraham a Santa Clara (eig. Johann Ulrich Megerle, 1644–1709), Kanzelredner und satirischer Volksschriftsteller, 1677 kaiserlicher Hofprediger in Wien: wortgewaltig mit religiösem Ernst, freimütig, humoristisch-satirisch, bild- und beispielreich in der Sprache. Eichendorff kannte den Prediger wohl aus seiner Heidelberger und Wiener Zeit (Hinweise dazu in HKA[1] XIII 237 und im Tb. vom 19. Januar 1812, DKV 5 338) vielleicht ist er dessen Werken schon in seiner Jugend begegnet, bei dem Lubowitzer Kaplan Paul Ciupke, worauf eine Stelle in *AG* deutet (HKA III 104 f.); noch in *GLD* (HKA IX 181 f.) hat er ihn gewürdigt.

74,3 *Antonii Fischpredigt*] Eichendorff kannte das Gedicht wahrscheinlich in der bearbeiteten Fassung aus dem I. Band von „Des Knaben Wunderhorn" (1806, FBA 6 336–337) von Achim von Arnim und Clemens Brentano, die er 1807 in Heidelberg gelesen hat (weiteres s. W IV 178 f.):

Des Antonius von Padua Fischpredigt.
Nach Abraham a St. Clara, Judas, der Erzschelm. I. S. 253

> Antonius zur Predig
> Die Kirche findt ledig,
> Er geht zu den Flüssen,
> Und predigt den Fischen:
> > Sie schlagn mit den Schwänzn,
> > Im Sonnenschein glänzen.
>
> Die Karpfen mit Rogen
> Sind all hieher zogen,
> Haben d' Mäuler aufrissen.
> Sich Zuhörens beflissen:
> > Kein Predig niemalen
> > Den Karpfen so gfallen.
>
> Spitzgoschete Hechte,
> Die immerzu fechten,
> Sind eilend herschwommen:
> Zu hören den Frommen:
> > Kein Predig niemalen
> > Den Hechten so gfallen
>
> Auch jene Phantasten
> So immer beym Fasten,
> Die Stockfisch ich meine
> Zur Predig erscheinen.
> > Kein Predig niemalen
> > Den Stockfisch so gfallen.
>
> Gut Aalen und Hausen
> Die Vornehme schmausen,

Die selber sich bequemen,
Die Predig vernehmen:
    Kein Predig niemalen
    Den Aalen so gfallen.

Auch Krebsen, Schildkroten.
Sonst langsame Boten,
Steigen eilend von Grund,
Zu hören diesen Mund:
    Kein Predig niemalen
    Den Krebsen so gfallen.

Fisch große, Fisch kleine,
Vornehm' und gemeine
Erheben die Köpfe
Wie verständge Geschöpfe:
    Auf Gottes Begehren
    Antonium anhören.

Die Predigt geendet,
Ein jedes sich wendet,
Die Hechte bleiben Diebe,
Die Aale viel lieben.
    Die Predig hat gfallen,
    Sie bleiben wie alle.

Die Krebs gehn zurücke,
Die Stockfisch bleiben dicke,
Die Karpfen viel fressen,
Die Predig vergessen.
    Die Predig hat gfallen,
    Sie bleiben wie alle.

74,7 *historische Maßen*] S. Erl. zu VI.2. 79,20–25.

74,9 *Diatriben*] Streit- und Schmähschriften.

74,17–18 *Ascese ... Einsiedler*] Über die Bedeutung der Klöster hat sich Eichendorff in seiner „Probearbeit" geäußert: *Die himmlische Idee, durch eine heldenmäßige Entsagung des Irdischen, durch eine nicht teilweise sondern gänzliche Hingebung in Wissenschaft, erhabener Beschaulichkeit und heiliger Gesinnung sich Gott zu nähern wird niemand vernünftigerweise verkennen* (HKA¹ X 175).

75,6 *Philosophen*] S. VI.2. 79,9–16.

75,8 *„Gottes Freund, der Pfaffen Feind"*] Der Spruch könnte sich gegen die Deutschkatholiken richten, die sich unter der Führung von Johannes Ronge seit 1844 u. a. gegen den Primat des Papstes und die Priesterhierarchie wandten.

75,18 *Aberglaube*] In seiner „Probearbeit" schreibt Eichendorff: *Denn wenn der Glaube von seiner eigentlichen Heimat: dem Geheimnis Gottes und der Religion abgewendet ist, so ist gar nicht abzusehen, warum er nicht alles und jedes andere glauben sollte.* (HKA¹ X 177)

75,19 *der heilige Rock*] Zwischen dem 18. August und 6. Oktober 1844 wurde die kostbare Domreliquie in Trier ausgestellt. Die Wallfahrt, an der etwa eine halbe Million Gläubige teilnahmen, steht im Zusammenhang mit dem seit den „Kölner Wirren" von 1837 neubelebten politischen Katholizismus; sie fand in der publizistischen Öffentlichkeit eine ganz außergewöhnliche Resonanz (vgl. HKA¹ X 184 und HKA VIII/1 48).

76,1–2 *Erhabnen ... feiner Strich*] Ausspruch Napoleons auf seiner Flucht aus Rußland: „Du sublime au ridicule il n'y a qu'un pas." Der gleiche Gedanke findet sich in der Examensarbeit *„Über die Folgen von der Aufhebung der Landeshoheit der Bischöfe und der Klöster in Deutschland"*, die Eichendorff mit Sicherheit 1845/1846 überarbeitet hat (vgl. Frühwald 1976 19; auch dies möglicherweise ein Anhaltspunkt für die Datierung der *Bergpredigten* des vorliegenden Textes); Eichendorff schreibt über die Klöster; *So ist immer das Tüchtigste in seiner Entartung das Verkehrteste und das Erhabenste schweift durch einen leichten Umschwung der Gedanken, in das Gebiet des Lächerlichen.* (HKA¹ X 176)

76,6 *Bernhard von Weimars Schuld*] Am 18. September 1635 erklärte Frankreich unter Richelieus bestimmendem Einfluß dem Kaiser Ferdinand II. den Krieg, nachdem es zuvor, im Oktober 1635, mit Bernhard von Weimar einen Vertrag unterzeichnet hatte. Der Herzog sollte ein Heer von achtzehntausend Mann gegen den Kaiser führen, dafür versprach man ihm Subsidien, eine jährliche Pension und die Grafschaft Hagenau und die Landgrafschaft Elsaß.

76,7–8 *Autocraten*] Die Föderalisierung Deutschlands und die finanzielle Abhängigkeit möglichst vieler deutscher Fürsten gehörten zu den außenpolitischen Zielen Richelieus.

76,14 *bloße Allegorieen*] Eichendorffs Allegoriebegriff ist nicht so eindeutig wie der der Brüder Schlegel (vgl. Erl. in HKA VIII/2 534 f.). Als *Allegorie im weitesten Sinne* läßt er sie gelten, da, wo sie *lebendig wird, die poetischen Gestalten nicht blos b e d e u t e n, sondern wirkliche, individuelle, leibhaftige Personen sind.* (HKA VIII/2 296) Als *bloße todte Formel* lehnt er sie ab, da, wo die *Kunst der Philosophie dienstbar ist.* (HKA IX 480)

76,24–25 *Gustav Adolf*] (1594–1632); durch das Vordringen der habsburgischen Macht bis an die Ostsee veranlaßt, wie auch aus Sorge um die Zukunft des Protestantismus, trat der schwedische König 1630 in den Krieg gegen die Liga ein; er fand bei Lützen (6. 11. 1632) als Sieger über Wallenstein den Tod.

76,26 *Ferdinand II*] (1578–1637); im Dreißigjährigen Krieg ermöglichten ihm die Siege Tillys und Wallensteins das Restitutionsedikt (1629), das als Beginn eines kaiserlichen Absolutismus aufgefaßt wurde.

VI.2.
Trösteinsamkeit; aus dem Tagebuch eines Einsiedels. (S. 77–82)

Entstehung

Drei Arbeitsschichten, bzw. Textstufen lassen sich unterscheiden: Der Entwurf beginnt mit Aufzeichnungen zu humoristisch-satirischen Betrachtungen, die sich zeitlich und thematisch eng an die nachträglichen didaktischen Erweiterungen von „*Tröst=Einsamkeit*" (Text VI.1.) anlehnen; die Themen entspringen dem gleichen Impuls zu aktueller Stellungnahme in den kulturhistorischen und religionsphilosophischen Auseinandersetzungen der Zeit. Der eigentliche Gesamtplan wird erst in einem zweiten Arbeitsschritt skizziert, der im Nebeneinander und *bunten Wechsel* von Lebensbild, eigenen Werken, Zeitkritik und poetischem Erzählzusammenhang zum ersten Mal eine romanhafte Konzeption in der Nachfolge des „Simplicissimus" erkennen läßt. In einem letzten Ansatz wird das fiktive Gerüst für den aktuellen Zeitbezug der *Bergpredigten* vom Anfang weiter ausgeführt und unter dem Begriff der *Vogel=Perspektive* das neue, Satire und Poesie verbindende Prinzip der Autobiographie als Tenor des Ganzen eingeführt.

Gegenüber der bisherigen zeitlichen Einordnung des Textes um 1845 (H. Kunisch 1968 74; Chronik 198) verdienen die Anregungen der Wiener Aufenthalte vom 6. bis 13. Juni 1845 und vom 21. September 1846 bis Juni/Juli 1847 genauere Beachtung; hinzukommen weitere Anhaltspunkte, die den Entstehungszeitraum relativ klar eingrenzen.

1. In einem Brief an Theodor von Schön vom 28. Januar 1844 formuliert Eichendorff zum ersten Mal die Lebensstimmung der Danziger Jahre, die für die Gestalt des Einsiedlers und die poetisch-zeitkritische Perspektive der beiden Entwürfe VI.1. und VI.2. bestimmend wird (s. Erl. zu 79,20–25).

2. Ein deutlicher Zusammenhang besteht zwischen den *Bergpredigten* des Einsiedlers, die zu „*Tröst=Einsamkeit*" nachgetragen wurden, und den Betrachtungen, mit denen der vorliegende Entwurf einsetzt. Sie gehen höchst wahrscheinlich auf Anregungen aus dem Wiener Freundeskreis um Karl Ernst Jarcke zurück.

3. Die Ausführungen über die Pietisten verweisen noch bestimmter auf den zweiten, längeren Aufenthalt in Wien. Sie stimmen z. T. wörtlich mit einem Passus überein, den Eichendorff 1847 in die Buchfassung seiner Schrift „*Ueber die ethische und religiöse Bedeutung der neueren romantischen Poesie in Deutschland*" einfügte (HKA IX 464–466).

4. In dieser Zeit entstehen, wiederum durch Jarcke, enge Beziehungen zu den Redemptoristen des Klosters Maria Stiegen (Puliçar 413). Bezeugt ist die Bekanntschaft mit dem Ordensbruder Johannes Madlener; wahrscheinlich ist Eichendorff auch Johann Emanuel Veith begegnet, dem langjährigen Domprediger von St. Stephan. Der entsprechende Hinweis im Text könnte sich auf Veiths „Politische Passionspredigten" beziehen, die 1849 veröffentlicht wurden (s. Erl. zu 77,18).

Datierung: 1847–1849.

Überlieferung

H: Berliner Nachlaß, Berlin SB, Bl. 99^{rv}: Ein halber Bogen (21,1 × 32,8 cm) in der Mitte quer und senkrecht gefaltet, alle Kanten beschnitten. Einrisse und Beschädigungen rechts sind z. T. hinterlegt, in der rechten oberen Ecke mit geringfügigem Textverlust; Papierart II. (brüchig vom Tintenfraß).
Recto: Zweispaltig beschrieben; links Gedankennotizen zu Betrachtungen in Prosa, mit Zusätzen im oberen und unteren Viertel der rechten Spalte. Im zweiten und dritten Viertel rechts der später entstandene autobiograhische Gesamtplan mit poetischem Rahmen; nachgetragener Titel am oberen Rand des Blattes.

334　Kommentar zu VI. ⟨Aus den Papieren eines Einsiedlers⟩

Verso: In der oberen Hälfte Quellen- und Konzeptnotizen zum III. und IV. Kapitel der Schrift über „*Die Wiederherstellung des Schlosses der deutschen Ordensritter zu Marienburg*" (D: 1844) und Aufzeichnungen zu einer dies Projekt betreffenden Urlaubsverlängerung, geschrieben in Berlin, unmittelbar vor der Abreise nach Danzig, Ende April 1843 (vgl. HKA¹ X 444 ff. und Chronik 192). Ein Zusammenhang zwischen diesen Notizen (sie sind sämtlich durch Schrägstriche als erledigt gekennzeichnet) und der Entstehung des Entwurfs läßt sich nicht feststellen, entsprechende Datierungen erscheinen wenig begründet (vgl. dagegen Aurora 24, 1964 29).
In der unteren Hälfte Ergänzung und Weiterführung des Grundentwurfs der Vorderseite mit mehreren Nachträgen, u. a. zu dem betrachtend kritischen Tenor des Ganzen.

Text: folgt H.

Varianten

77,1　*Trösteinsamkeit; aus dem Tagebuch eines Einsiedels*] wahrscheinlich nachträgl.

77,4　* *a la Abrah: a St: Clara!* – **] nachträgl. arR mit Einweisungszeichen; das abschließende Einweisungszeichen bezieht sich auf die Neufassung des Gesamtplans *Eigentlich wohl* bis Schluß.

77,5　*Welt:*] *Welt*[:]:

77,9-14　*NB:* bis *Geduld p.*] nachträgl. arR inhaltlich bezogen auf *Die Lüge der Welt* bis *versteckt. p. p.*

77,13　*Viel*] *Viel*[*l*]

77,15-17　* *Die Lüge der Geschichte* bis *vorgefaßten Systeme.*] nachträgl. arR mit Einweisungszeichen hinter *versteckt. p. p.*

77,16　*Kunst*] ⟨in der⟩ *Kunst* laut HKA¹ X 376,10

77,18　*Die*] [*Das*] *Die*

77,19–23 *Diese Zeit* bis *leuchten. –*] nachträgl. in Textlücke und aus Platzmangel mit Einweisungszeichen alR quer zur Seite

77,21 *geeignet*] [*gem*] *geeignet*

78,2 * *diese religiösen Pedanten,*] nachträgl. arR mit Einweisungszeichen

78,3–5 *die nicht den Muth* bis *unerquicklich. –*] nachträgl. arR in Textlücke und aus Platzmangel mit Einweisungszeichen üdZ

78,4 *so*] [*al*]*so*

78,6 *veröden u.*] nachträgl.

78,6–7 *möchten, die*] [*wol*] *möchten,* [*daß*] *die*

78,7 *Rechte*] (1) [*Die*] (2) *Rechte*

78,9 *denn*] [*nur*] *denn*

78,14 * *der Unschuldige macht Alles unschuldig,*] nachträgl. arR mit Einweisungszeichen

78,18 *heimliche Teufelchen*] [*Teu*] *heimliche* [*Teufli*] *Teufelchen*

78,21–22 *einmal wieder den*] [*den*] *einmal wieder den*

79,1 *Mönchthum*] *Mönchthum* [*insge*]

79,3 * *ohne alle Concessionen,*] nachträgl. arR mit Einweisungszeichen

79,5–6 *ohne Rum*] nachträgl.

79,6 *u. Prätzel dazu eßt*] nachträgl.

79,6–7 *frisch leben*] [*leben*] *frisch leben*

79,11–16 *wollt Alles* bis *Schulweisheit.*] arR mit Einweisungszeichen wegen Platzmangels

79,11 *beßer*] nachträgl.

79,13 *Ignoranten!*] < *Ignoranten,*

79,17–82,4 ** *Eigentlich wohl* bis *Schluß*] nachträgl. mit Zuordnungszeichen zu dem wohl gleichzeitigen Nachtrag *a la Abrah: a St: Clara!* – ** (77,4)

79,17 *Briefe*] (a) *Briefe* (b) *Briefe* ⌈*o̱ hinterlaßene* [*Bri*] *Papiere*⌉

79,23 *zu*] *zu*[*m*]

herlangt,] < *herlangt.*

das] [*nur*] *das*

80,1–2 *Ich werde von Neugierigen, Städtern, Narren p. besucht.* –] nachträgl.

80,3 *] Einweisungszeichen nur zur Orientierung über den Anschlußtext, da auf dem Blatt durch eine andere Hinzufügung der Textverlauf unterbrochen ist

80,8 *Jahn, p.,*] *Jahn*[*, p. p.*] *p.,*

80,11–12 *meine Probearbeit über die Klöster p.* –] nachträgl.

80,13 * *Humoristisches,*] nachträgl. arR unter *Grab.* –

80,16–17 *Ich selber klage mich noch des Hochmuths an!* –] alR der Spalte quer zur Seite

80,18–20 *Durch's Gantz* bis *wiedererkenne p. p.* –] nachträgl. aruR mit Einweisungszeichen

80,21 */:S: umstehende Seite hier!:/*] alR mit Rotstift mehrfach angestrichen, ab hier Text von der Rückseite des Blattes, durch den Orientierungsvermerk dem Text der Vorderseite zugeordnet.

80,22 *mitten im*] [*im*] *mitten im*

80,25 *eitle, ehrsüchtige Beamte*] [*Be*] *eitle, ehrsüchtige Beamte*

81,2–3 *stoltze Geldaristokraten*] [*Reiche*] *stoltze Geldaristokraten*

81,4–14 * *dieser kommt* bis *Einsiedler zu werden.*] nachträgl. unter der Text mit Einweisungszeichen

81,17–21 *Dieß sind* bis *Bekannte! –:/*] nachträgl. unter der Text mit Einweisungszeichen

81,19 *Jugendleben*] [*J*] *Jugendleben*

81,20 *kurtz u. scharf andeute*] *kurtz* [*an*] *u. scharf andeute*

81,22-23 *Bergpredigten, humoristische Reden p. p. p.*] (a) *Bergpredigten [p. p. (i]* (b) *Bergpredigten⌈,⌉ humoristische Reden p. p. p. (in der Art, wie der Graf Lucanor, nur für die jetzige Zeit! –)*

81,24–82,2 *nemlich der Haupttenor* bis *beurtheile. –*] nachträgl. unter dem Text mit Einweisungszeichen

Erläuterungen

77,2-3 *dythirambisch*] S. Erl. zu II.3. 26,4.

77,3 *tiefhumoristisch*] S. Erl. zu II.2. 22,10.

77,4 *Abrah: a St: Clara*] S. Erl. zu VI.1. 74,2.

77,7 *Vogel Strauß*] häufig belegtes Bild bei Eichendorff: *da hilft das einsiedlerische Zurückziehen nichts, gleichwie etwa der Vogel Strauß dadurch, daß er den Kopf unter die Flügel steckt, darum dem Feinde nicht entgeht* (HKA[1] X 138f., vgl. HKA IX 184 u.ö.).

77,10 *Ultraliberalen*] In „Preußen und die Konstitutionen" schreibt Eichendorff: *Es gibt einen Despotismus der Liberalität, der so unleidlich ist wie jede andere Tyrannei, indem er das frische Leben fanatisch mit eitel Garantien, Vor- und Rücksichten umbaut, daß man vor lauter Anstalten zur Freiheit nicht zu dieser selbst gelangen kann, und jenes ängstliche Abwägen und Klausulieren, wenn es an sich möglich wäre und gelänge, müßte notwendig zu wechselseitiger Neutralisation, zu völligem Stillstande, also zum politischen Tode führen.* (HKA[1] X 325) Dagegen spricht Eichendorff in *GD* vom *echten Liberalismus*, der sich *mit dem Christenthum gar wohl verträgt, ja mit demselben großgewachsen ist.* (HKA VIII/2 288) In einem *lebendigen Freiheitstrieb* sieht er ein Grundelement der Geschichte, *auf dem die Bewegung, die Ehre und Individualität der Nationen beruht.* (HKA[1] X 300)

77,15-16 *Gustav Adolf*] S. Erl. zu VI.1. 76,24–25.

77,16-17 *protestantische Darstellung des 30jährigen Krieges*] Vielleicht denkt Eichendorff hier an Schillers „Geschichte des dreyßigjährigen Kriegs", 3 Bände, 1791–1793 (NA 18,2 9–385).

77,18 *Einbug in p. Veith*] bedeutet vielleicht Faltung einer Seitenecke zum Wiederauffinden einer Textstelle. Johann Emanuel Veith (1787–1870), Kanzelredner; unter dem Einfluß C. M. Hofbauers getauft, 1821 Priester im Orden der Redemptoristen (bis 1830), 1831–1845 Domprediger von St. Stephan in Wien, danach weiterhin als Prediger, im katholischen Vereinsleben und in der katholischen Presse tätig; befreundet mit Anton Günther (1783–1863; vgl. HKA¹ X 140 und HKA¹ XIII 225), dessen Anschauungen er vertrat. Veith predigte 1848 gegen die Deutschkatholiken und gab „Politische Passionspredigten" heraus (Wien 1849); auf dieses Buch könnte sich die Arbeitsnotiz beziehen. Die Predigten allerdings sind geprägt von einem zwar wortgewaltigen, aber ausgesprochen restaurativen Geist, der „in unserer stürzenden, rollenden Welt" nur dies zu erkennen vermag, daß die Unordnung zur Ordnung erhoben wird" (ebd. 5) und deshalb Partei ergreift für Erbadel, Priestertum und Besitzende (ebd. 33). Veith nennt es Verrücktheit, „welche die rothe Fahne des Communismus erhebt, und sie für das echte Labarum des Christenthums erklärt" (ebd. 8 f.); er spricht von „Hezern und Wühlern", von „für Volk und Proletariat erglühenden Schwärmern" (ebd. 13) und sieht unter dem Stichwort „Macht der Lüge" (ebd. 18, 13 und 20; vgl. hier im Text 77,5 und 15) in der Revolution von 1848 nur „Werke des Hochverrathes" für den „Blutpreis" des Judas (ebd. 20): ehedem gab es Glauben, Hoffnung, Liebe, „die zänkische blutdürstige Gegenwart aber will nur von Freiheit, Gleichheit und Brüderlichkeit hören?" (ebd. 29). Vergleicht man dies mit dem „*1848*"-Gedichtzyklus Eichendorffs (HKA I/3 7 ff.), so finden sich kaum zwingende Übereinstimmungen mit der Position Veiths.

77,20 *todte Gewitterschwüle*] S. Erl. zu V.1. 67,8. In Verbindung mit der zeitgeschichtlichen Metapher des Gewitters, die auf Revolution, Krieg und kämpferische Auseinandersetzung verweist, werden auch im Bild der Schwüle gesellschaftliche Zustände als Vorbereitung kommender Katastrophen gedeutet: 1. Die Zeit vor der Französischen Revolution: *während in der schwülen Ferne Gewitter aufsteigen* (V.1. 66,23–24; vgl. VII.2. 102,26–29). – 2. Vor den Freiheitskriegen: *Da wurde es nach und nach schwül und immer schwüler unten über dem Deutschen Reiche* ⟨...⟩, *zwei Gewitter, dunkel, schwer und langsam standen am äußersten Horizonte gegeneinander auf.* (*AG*, HKA III 254) – 3. 1830er Jahre: *diese Gewitterschwüle ist ein bedeutungsvolles Bild der Gegenwart, alles liegt in banger Erwartung, daß man fast den leisen Schritt der Zeit hört, Gedankenblitze spielen auf dem dunklen Grunde.* (*DG*, W II 359) 4. Vormärz: vorliegende Textstelle.

78,1 *Pietisten*] Um die Wende vom 18. zum 19. Jahrhundert erwuchs aus den tiefgreifenden gesellschaftlichen und politischen Umwälzungen und einem elementaren Zweifel am Rationalismus und Moralismus und an der „Menschenvergötterung" (Gottfried Menken) der Aufklärung eine weitreichende Frömmigkeitsbewegung, in der sich protestantische Altorthodoxie und Barockpietismus zusammenfanden. Die regionalen Zentren dieser „Erweckungsbewegung" (besonders Halle: A. Tholuck, 1799–1877; Elberfeld: G. D. Krummacher, 1774–1837; Berlin: A. Neander, 1789–1850, E. W. Hengstenberg, 1802–1809; Pommern: A. von Thadden-Trieglaff, 1796–1882) verbanden in verschiedenen theologischen und praktischen Ausformungen das Bewußtsein von Sünde und Gnade, von persönlicher Heiligung und geistlicher Wiedergeburt einerseits mit Lehre und Bekenntnis der biblischen und kirchlichen Überlieferung des Luthertums andererseits zu einer konservativen Grundhaltung, die in Verbindung mit der politischen Reaktion der aktuellen Bewältigung von sozialen und politischen Problemen nicht gewachsen war. – Die stellenweise wörtliche Übereinstimmung des folgenden Abschnitts mit einem Passus aus der Schrift „*Ueber die ethische und religiöse Be-*

deutung der neueromantischen Poesie in Deutschland" (1847, HKA IX 465 f.; noch nicht in der früheren, kürzeren Fassung in den Historisch-politischen Blättern 17, 1846) stützt die in der Entstehungsgeschichte begründete Datierung dieses Entwurfs. – Die in Eichendorffs Schriften häufigen pauschalen Verurteilungen des (neuen) Pietismus finden in der Schrift „*Halle und Heidelberg*" eine ausführlichere Erklärung (s. VII.4. 177,9 ff.)

78,10 *juste milieu*] frz. richtige Mitte. Politische Devise des „Bürgerkönigs" Louis Philippe, von seinen Gegnern spöttisch gebraucht; Staatsidee des gemäßigten Gleichgewichts zwischen monarchischem und konstitutionellem System. Der bei Eichendorff häufig gebrauchte erweiterte Sinn wird aus dem Kontext deutlich.

78,23 *die Klöster*] S. Erl. zu VI.1. 74,17–18.

79,12 *woher u. wohin?*] Dieser Gedanke könnte auf den „Werther" zurückgehen: „daß aber auch Erwachsene gleich Kindern auf diesem Erdboden herumtaumeln, und wie jene nicht wissen, woher sie kommen und wohin sie gehen ⟨...⟩: das will niemand gern glauben" (Brief vom 22. Mai, WA I,19 15). In seiner „*Probearbeit*" schreibt Eichendorff im gleichen Sinne: *Es wäre sehr widersinnig anzunehmen, daß für den Menschen überhaupt nichts vorhanden sei, als was der menschliche Verstand begreift* ⟨...⟩, *denn der Verstand vermag nimmermehr die einfache Frage: woher und wohin? zu beantworten.* (HKA¹ X 182) – Theodor von Schön, Eichendorffs früherer Vorgesetzter, übertrug die Frage ins Politische, als er zum Machtwechsel 1840 eine Schrift mit dem Titel „Woher und Wohin" an den Thronfolger Friedrich Wilhem IV. adressierte, in der er seine Hoffnung auf demokratische Erneuerung anmahnte. Diese Schrift, auf deren Titel Eichendorff in der vorliegenden Passage sicher auch anspielt, trug zu Schöns vorzeitigem Ausscheiden aus dem Preußischen Staatsdienst bei. (Theodor von Schön: Woher und Wohin, in: Aus den Papieren des Ministers und Burggrafen von Marienburg

Theodor von Schön. Erster Theil, Halle / Lippertsche Buchhandlung [Max Niemeyer] 1875, Vorrede, S. I–III).

79,13-14 *Köhlerglauben*] „oder b l i n d e r G l a u b e heißt im Gegensatze des wahren, vernünftigen Glaubens die religiöse Überzeugung, wenn sie durchaus keinen andern Grund hat, als das Zeugniß irgend eines Andern." (Brockhaus, Conversations-Lexikon 1835, 6. Bd. 263)

79,14 *vom Drüben*] In *GLD* schreibt Eichendorff: *Denn alle Philosophie kann sich von ihrer ursprünglichen geheimnißvollen Heimat nicht lossagen und geht, wo sie redlich die Wahrheit sucht, stets auf die Lösung der höchsten und letzten Fragen: auf die Religion.* (HKA IX 186)

79,20-25 *zurückgezogen ... verloren geht*] Am 28. Januar 1844 dankt Eichendorff Theodor von Schön für die ihm mitgeteilten Nachrichten, *da ich hier so ziemlich wie auf einer wüsten Insel lebe, wo ich den Wellenschlag der Zeit nur als ferne Brandung vernehme. Eigentlich kein unangenehmer Zustand, da diese Zeitbewegungen in unmittelbarer Nähe oft konvulsivisch-widerwärtig sind und erst in ihren großen und maßenhafteren Erfolgen wieder poetisch werden.* (HKA XII 197) Diese Briefäußerung bezeichnet als neues Element der Autobiographie den Blickpunkt, der nun bestimmend wird, die *Vogel=Perspective*. Auch die Politik sieht Eichendorff unter dieser grundsätzlichen Bestimmung; in „*Preußen und die Konstitutionen*" schreibt er: *Außerhalb des wüsten Gedränges ungehindert vor und rückwärts sehend, sollen die Freigestellten die ewigen Gebirgszüge wie den wandelbaren Gang der Ströme überschauen gleich einer Völkerkarte auf der das Chaotische allmählich in Maßen sich sondert und färbt* (HKA^1 X 300).

80,5-6 *Dichtung und Wahrheit*] S. Erl. zu IV.4. 60,3.

80,6-7 *Alt=Lubowitz*] S. Erl. zu II.1. 17,25.

80,7 *Tost*] S. Erl. zu IV.3. 58,18.

80,8 *Feldzug unter Jahn*] S. Erl. zu V.1. 68,20.

80,10 *Diatribe*] S. Erl. zu VI.1. 74,9.

80,11 *Probearbeit*] „*Was für Nachteile und Vorteile hat der katholische Religionsteil in Deutschland von der Aufhebung der Landeshoheit der Bischöfe und Äbte, desgleichen von der Entziehung des Stifts- und Klosterguts mit Wahrscheinlichkeit zu erwarten?*" lautete das Thema der allgemeinen Arbeit, die Eichendorff im Juni 1819 für das Höhere Examen bei der königlichen Ober-Examinations-Kommission in Berlin einreichte. (Pörnbacher 18 f.) Durch eine Überarbeitung in den Jahren 1845/1846 erhielt der Text aktuelle Bedeutung (Chronik 86 f.).

80,14 *Puppenspiel: „Incognito"*] „*Das Incognito oder Die mehreren Könige oder Alt und Neu. Ein Puppenspiel*"; in drei fragmentarischen Fassungen zwischen 1838 und 1844 entstanden.

80,19 *Geliebte*] Vgl. Erl. zu II.3. 26,21.

80,21 *umstehende Seite hier*] bezieht sich auf die Vorderseite der Hs. bei 79,17 ff.

81,2 *Fante*] aus ital. fante: Kerl, lustiger Bursche, Schalk.

81,4–5 *Equipage*] Reisegerätschaft: elegante Kutsche mit Dienern.

82,1–2 *Vogel=Perspective*] In den autobiographischen Fragmenten hier zum ersten Mal belegt; s. Erl. zu 79,20–25.

82,3 *Graf Lucanor*] Don Juan Manuel (1282–1348), „El Conde Lucanor" (1335; D: Sevilla 1575). Eichendorffs Übersetzung „*Der Graf Lucanor von Don Juan Manuel*" erschien 1840 bei Simion in Berlin.

VI.3.
⟨*Errinnerungen aus der /meiner/ Jugendzeit*⟩ (S. 83–87)

Entstehung

Zwei längere Sommeraufenthalte auf dem Eichendorffschen Lehngut Sedlnitz in Mähren in den Jahren 1851 und 1853 spiegeln sich vor allem in dem Motiv der glücklichen Abgeschiedenheit, das in vielen Briefen dieser Zeit wiederkehrt; der Gegensatz von ländlicher Einsamkeit und dem hektischen Treiben der Zeit (HKA XII 274) beschreibt das zentrale Erlebnis dieser Reisen.

Im Dezember 1852 begegnet Eichendorff dem jungen Jegór von Sivers, zu dem offenbar sehr rasch ein nahes Verhältnis entsteht; Widmungsgedichte, gegenseitige Anteilnahme an literarischen Arbeiten und die ganz unkonventionellen Briefe jedenfalls bezeugen dies. Als Sivers 1853 in seine Heimat Livland zurückkehrt, um dort ein Rittergut zu bewirtschaften, fühlt sich Eichendorff durch Beschreibungen des einsamen Lebens dort und unter dem Eindruck von Sedlnitz *wunderbar an* ⟨seine⟩ *eigene Jugend erinnert* und an die Bedeutung, die die *Zauberei* der Heimat für sein eigenes Dichten hatte. (HKA XII 313 und 308) Noch unmittelbarer in die Vergangenheit führt das Wiedersehen mit Carl Albert Schaeffer auf dem Bahnhof von Ratibor (1851) und in Sedlnitz selbst (1853). Die Freundschaft mit Schaeffer reicht zurück bis in die Kriegsjahre seit Oktober 1813: Besatzungsdienst in Torgau, gemeinsam verlebte Monate in Lubowitz, Wiedersehen im besetzten Paris sind Stationen ihrer Bekanntschaft, an die die Freunde auch nach so vielen Jahren wieder anknüpfen können.

Für die Entstehungszeit des Entwurfs galt bisher als einziger sicherer Anhaltspunkt der zweifache Hinweis, die „*Libertas*" (1849) umzuarbeiten und zu benutzen; die Datierungen liegen dementsprechend alle „um 1850". (H. Kunisch 1968 376 f.; Chronik 214; Kommentar I 205 f.) Zieht man die oben dargestellten Ereignisse mit in Betracht, so ist der Plan frühestens 1851, wahrscheinlich erst im Sommer/Herbst 1853 entstanden. Der längere Aufenthalt Schaeffers in Sedlnitz (Juli–August 1853), die vordergründige Anspielung auf diesen *liebste*⟨n⟩ *Kriegskammerad*⟨en⟩ *vom Lützowschen Corps* als Eremiten (s. VI.4. 91,31–92,1 und Erl.) und die aufschlußreichen Briefe an Sivers vom Oktober und November des Jahres machen diesen Ansatz wahrscheinlich.

Datierung: 1853.

Überlieferung

H: FDH Frankfurt a. M., Hs-13406ʳ: Ein halber Bogen (20,9 × 33,7 cm), rechte untere Ecke abgerissen; Papierart II.
Die Hs. wurde 1960 vom Freien Deutschen Hochstift im Autographenhandel erworben (J. A. Stargardt, Marburg, Katalog 549, Nr. 43); ihre Herkunft ist ungewiß, W. Kron vermutet als letzten Besitzer den Verleger Dr. Hans Meyer (vgl. H. Kunisch 1968 330f.).
Recto: Entwurf zu den *Errinnerungen aus der /meiner/ Jugendzeit* („*Vorwort /:des Herausgebers:/*" und drei Kapitel) in der linken Spalte, mit ausführlichen Zusätzen rechts, zu denen auch der nachgetragene Titel des Plans gehört. Drei Arbeitsnotizen sind mit Rotstift zweifach angestrichen; das Vorwort mit dem gleichen Stift als erledigt gekennzeichnet.
Verso: leer.

Text: folgt H.

Varianten

83,1–84,10 *Vorwort* bis *S: das heil: Blatt a!:/*] diagonal durchgestrichen

83,1 */:des Herausgebers:/*] nachträgl.

83,4–5 *abenteuerlich*] *abenteuerlich*[,]

83,6 *di*⟨e⟩*ser*] *dieser*

VI.3. ⟨Errinnerungen aus der |meiner| Jugendzeit⟩   345

83,9–13 *Ein schlichter* bis *benutzen! –*] nachträgl. arR mit Einweisungszeichen

83,11 *doch*] nachträgl.

83,15–84,2 *Verwilderter französ: Garten* bis *wohnt mit droben.)*] nachträgl. arR mit Einweisungszeichen

83,19 *Waßerkünste*] [*Sprin*] *Waßerkünste*

83,22 *Nun, was ist denn das?, rief ich ganz verwirrt.*] (1) [*Ich schüttelte*] (2) *Nun, was ist denn das?, rief ich ganz verwirrt.*

83,26 *mit*] [*in* unsichere Lesung] *mit*

84,3 *aber*] nachträgl.

84,4 *finden;*] < *finden,*

84,5 *Bücher – Calderons Autos p. – liegen auf dem Tische p.*] nachträgl. arR mit Einweisungszeichen

84,6 *mein*] [*ein*] *mein*

84,13–85,2 ** = Uebergang* bis *wiedergesehen.*] nachträgl. arR mit Einweisungszeichen

84,21 *noch*] [*u.*] *noch*

84,23 *Vogelheerd.*] nachträgl.

84,24 *frühe Romantik*] [*Rom*] *frühe Romantik*

85,8 *alle Alten gestorben, es kennt*] [*es ke*] *alle Alten gestorben, es kennt*

85,9–11 *Mein Bedürfniß* bis *Blatt a!:/*] alR doppelter senkrechter Tintenstrich

85,11 *die Welt in*] [*in*] *die Welt in*

85,17 *nur eine*] [*ei*] *nur eine*

85,21 *Wochenzeitung*] [*Zeitung*] *Wochenzeitung*

85,22–25 *Daher meine* bis *heftig erschütterte.*] nachträgl. arR mit Einweisungszeichen

85,23 *des*] [*im*] *des*

86,4 *der*] [*in*] *der*
86,5 *Abendquartetts*] *Abendquart*[t]*etts*
86,8 *humoristische*] nachträgl.
86,12 *wildschöne*] [*wü*] *wildschöne*
86,16 *der romantische* <u>*Steffens*</u>] [*Stef*] *der romantische* <u>*Steffens*</u>
86,20–26 * = *Auch hier* bis *Poesie kommen.*] nachträgl. in der rechten Spalte
86,23 <u>*neue*</u>] [*roma*] <u>*neue*</u>
87,1–2 *NB:* <u>*Errinnerungen*</u> bis *Waffenstillstande! –*] nachträgl. in der Mitte der rechten Spalte zweifach rot angestrichen
87,1 /*meiner/*] nachträgl.
87,3–16 *Hierzu vielleicht* bis *Blatt d!:/*] Arbeitsnotiz nachträgl. in zwei Teilen in die Texterweiterungen der rechten Spalte eingefügt, links von *Hierzu* zweifach rot angestrichen
87,5–6 *gantz einfach der*] [*der*] *gantz einfach der*
87,7 *der*] [*u.*] *der*
87,10 *bloß*] *bloß* [*er*]
87,12 *einer*] [*ihrer*] *einer*
  um] (1) [*wieder*] (2) *um*
87,17–18 *Auch* bis *abgekürtzt! –*] nachträgl. Arbeitsnotiz in der rechten Spalte zweifach rot angestrichen
87,17 <u>*die Saecularisationen*</u> /:*d: die Aufklärung/ –*] nachträgl.

Erläuterungen

83,1 *Vorwort*] 83,1–84,10 sind von Eichendorff mit Rotstift als erledigt gekennzeichnet; zur Ausführung des Entwurfs s. Text VI.4. und die entsprechenden Erl.
83,13 *Libertas*] S. Erl. zu 87,3.
84,1–2 *Daniel*] S. Erl. zu II.3. 26,18.

VI.3. ⟨Errinnerungen aus der |meiner| Jugendzeit⟩ 347

84,9-10 *beiliegende Blatt a*] Gemeint ist möglicherweise BN 99, die Hs. zu Text VI.2., doch ist durch Textverlust an der rechten oberen Ecke die Bezeichnung ungewiß.

84,14 *barocke*] aus dem frz. für geschweifte, verschnörkelte Muschelornamentik; seit etwa 1850 erst als Stilbegriff für Rokoko-, Zopf- und Jesuitenstil. Neben diesem kunstgeschichtlichen Gebrauch vorherrschend die Bedeutung von seltsam, wunderlich, eigenartig, sonderbar, grotesk (Paul/Betz 71).

84,14-15 *Kuraßieroffiziere*] S. Erl. zu IV.5. 61,20-21.

84,15 *Zopf*] Der Soldatenzopf wurde 1713 von Friedrich Wilhelm I. in Preußen eingeführt und von allen europäischen Heeren übernommen; er ist seit der Französischen Revolution das Merkmal einer vergangenen Epoche und wurde als solches zusammen mit dem Korporalsstock von den Studenten auf dem Wartburgfest (1817) öffentlich verbrannt. Immermann karikiert ihn im „Münchhausen" als Symbol der Reaktion (1. Buch, 13. und 14. Kap.); Kurfürst Wilhelm I. von Hessen-Kassel (1743–1821) kennzeichnete seinen Regierungsstil, 1813 auf seinen Thron zurückgekehrt, u.a. durch die viel verlachte Wiedereinführung des Soldatenzopfes.

84,19 *Fuglar*] August von Fuglar wird in den Tb. fünf Mal erwähnt; einmal spielt er in Lubowitz ein Gespenst (15. Juni 1810, DKV 5 302), ein anderes Mal kutschiert er mit Eichendorff über die Landstraßen, unter *großem Geschrey u. Spaß* ⟨...⟩, *mit den begegnenden Bauern händelnd etc* (10. Juli 1810, DKV 5 305) Er gehört vermutlich zu jener Gruppe verarmter Adeliger, die als „Krippenreiter" auf den Landgütern Gastfreundschaft suchten. In *AG* tritt er als *hagerer Mann* ⟨...⟩ *in einem langen weißen Mantel* auf (HKA III 71).

84,20 *kälteren Wilhelm*] S. Erl. zu V.1. 67,3. Joseph war offenbar der mildere von beiden Brüdern (vgl. I. 4,16-17). Im Tb. schreibt Eichendorff anläßlich einer Fahrt nach Ratibor: *Wilhelm inner-*

lich mit dem Commandostab wie in einer Stube conversirend u. philosophirend. (9. März 1807, DKV 5 200) Loeben sieht ihn als einen dunklen, seltsamen Menschen, der „eigentlich ohne tiefe Andacht" ist. (HKA¹ XIII 238) Louise von Eichendorff schreibt später über ihre Brüder an den Neffen Hermann: „Wenn die Brüder bestraft werden sollten, soll Dein Vater um Verzeihung gebeten, geweint und Besserung versprochen haben, während sein Bruder Wilhelm stumm und starr blieb, tagelang keinen Bissen aß und durch nichts zur Abbitte zu bewegen war." (Aurora 4, 1934 8) Dieser Gegensatz findet sich auch in dem Verhältnis der Brüder Friedrich und Rudolph in *AG* (5., 22., und 23. Kap.). Über seinen Bruder sagt Friedrich: Da *er wenig lernte und noch weniger gehorchte, wurde er kalt und übel behandelt* (HKA III 47); bei ihrem späteren Wiedersehen bekennt er, er habe sich nach dem *wunderbaren härteren Wesen* Rudophs gesehnt (HKA III 288), und Julie fürchtet sich vor dessen *kalten und klugen Gesichte* (HKA III 323).

84,22-23 *Heinke*] S. Erl. zu IV.5. 61,20.

84,23 *Vogelheerd*] S. Erl. zu III. 49,7.

85,1 *abgebrannt*] S. Erl. zu IV.3. 59,9-10.

85,3 *Lubowitz*] S. Erl. zu II.1. 17,25.

85,3 *Tost*] S. Erl. zu IV.3. 58,18.

85,4 *guten alten Zeit*] S. Erl. zu II.4. 42,5.

85,5 *Gewitter*] S. Erl. zu V.1. 67,8 und VI.2. 77,20.

85,6 *nach Carlsbad*] Eines der ersten mit allen Reisestationen im Tb. verzeichneten Ereignisse aus dem Jahre 1799 (DKV 5 12–13). Noch 1855 erinnert sich der Dichter in einem Brief an diese Familienfahrt in den vornehmsten Badeort Europas (HKA XII 353).

85,11 *Vogelperspective*] S. Erl. zu VI.2. 79,20-25 und 82,2. *Blatt a*] Der Zusammenhang mit der Vogelperspektive macht es wahrscheinlich, daß Blatt 99 des Berliner Nachlasses (Text VI.2.) gemeint ist; vgl. Erl. zu 84,9-10.

85,13 *Breslau*] S. Erl. zu V.1. 68,1. *Breslau nicht nennen*] Vgl. VI.5. 94,3-6.

85,14 *Convict*] S. Erl. zu V.1. 68,2.

85,21 *geheimen Wochenzeitung*] Das Tb. verzeichnet unter dem 19. Januar 1803: *Abends wurde der Grund zu unserer Zeitungssession gelegt u. auch die Nomination bestimmt*; am 22. Januar heißt es nur: *Die erste Session gewesen* (DKV 5 44); weitere Hinweise fehlen.

85,22-23 *Nachtstudien des Homers*] Im Tb. heißt es zum 26. Januar 1804: *Das erstemal oben in der Stube bis halb 12 Uhr Homer studirt, welches dann immer über den anderen Tag fortgesezt wurde* (DKV 5 75).

85,24 *Tod ... Müller*] Eichendorffs Schulfreund, *Jacob Müller, der arme Sohn eines Landmannes aus Cotzemeuschel*, starb am 17. Februar 1804 mit 20 Jahren *an den Folgen der Lungensucht, die er sich durch sein Nachtstudiren zugezogen hatte*. Vgl. das Gedicht „*An dem Grabe meines Freundes Jakob Müllers*" (HKA I/3 99, 1804). Die derbe Unbekümmertheit des Konviktlebens wird daran deutlich, daß schon am 4. März 1804 einige Mitschüler den plötzlichen Tod Joseph von Eichendorffs vortäuschten, um einen Kameraden zu erschrecken (DKV 5 79).

86,1 *zu Weihnacht aufgeführt*] Vgl. Erl. zu V.1. 68,4-5.

86,6-7 *Fundatisten u. Pensionairs*] Fundatisten (Inhaber einer Freistelle, Nutznießer einer Stiftung) waren die Freischüler des Konvikts, Pensionärs die zahlenden Schüler wohlhabender und adeliger Familien.

86,8 *Mentor*] Der vertraute Freund des Ulysses und Lehrer des Telemach; von daher überhaupt ein Führer, Ratgeber eines jungen Menschen. *humoristische*] S. Erl. zu II.2. 22,10.

86,11 *Halle*] S. Erl. zu IV.5. 61,18. *poetischrohe*] Zu *poetisch* s. Erl. zu II.2. 23,3-4. *Studentenleben*] S. Erl. zu VII.2. 106,21-23.

86,12 *Gibichenstein*] S. Erl. zu V.1. 68,10.

86,13 *Reichardtschen Gartens*] S. Erl. zu VII.4. 152,12.

86,13–14 *schönen Töchtern*] S. Erl. zu VII.4. 152,12 und 13.

86,14 *Lauchstaedt*] S. Erl. zu VII.4. 153,8. *Theater*] S. Erl. zu VII.4. 153,8. *Göthe*] Am 3. August 1805 hat Eichendorff Goethe in Lauchstädt bei der Aufführung des „Götz von Berlichingen" gesehen; am 9. Juli 1806 sah er „Die natürliche Tochter", am 17. Juli 1806 den „Egmont", ebenfalls in Lauchstädt (vgl. DKV 5 125, 160, 162). *Mahlmann*] Wahrscheinlich ist der Dichter und Publizist Siegfried August Mahlmann (1771–1826) gemeint; vgl. Tb. vom 17. Juli 1806 (DKV 5 162) und Erl. zu VII.4. 171,26.

86,15 *Pfaffendorf u. die Harfenistin*] Richtig: Passendorf, in der näheren Umgebung von Halle an der Saale gelegen (vgl. Tb. vom 13. Mai 1805, DKV 5 116). Die Szene der Begegnung von Otto und Kordelchen in *DG* (W II 356) und das zur Harfe singende Mädchen in „*Viel Lärmen*" (W II 700f.) gehen also offenbar auf Selbsterlebtes zurück. *Halloren*] Zunftgenossen der Saline zu Halle, *Dutzbrüder u. immer gute Freunde aller Studenten, unterscheiden sich nicht nur durch eine altfränkische Kleidung, sondern auch dadurch, daß sie den Kopf gantz kahl, u. nur über den Ohren 2 Büschel langer Haare. u. statt dem Hute meistens ein quadratähnliches Käppchen von Stroh tragen* (Tb. vom 22. August 1805, DKV 5 126). Sie heiraten nur innerhalb der Zunft, keine Bürgertöchter der Stadt. *Schwimmen*] Eichendorff lernte das Schwimmen bereits in Breslau bei dem Halloren Venedinger (Tb. vom 9. Juni 1803, DKV 5 52) und dem H. Knauth (Tb. vom 23. Juni 1804, DKV 5 90); auch in Halle waren die Halloren die Schwimmeister. Das Tb. berichtet, daß *wir fast alle Tage Nachmittag mit Sauer, Neide, Thiel u. Fritsch von 4–6 geschwommen, u. uns durch Springen u. Hinüberschwimmen über die Saale amusirten* (Tb. vom 22. August 1805, DKV 5 126).

VI.3. ⟨Errinnerungen aus der |meiner| Jugendzeit⟩   351

86,16 *Reil*] S. Erl. zu VII.4. 149,18. *Steffens*] S. Erl. zu VII.4. 149,6. *Wolf*] S. Erl. zu VII.4. 139,11.

86,17 *Juristenprofeßoren*] In „*Halle und Heidelberg*" und dem Tb. werden die Professoren Dabelow, Hoffbauer, Schmaltz und Woltaer genannt; vgl. VII.4. 150,24–27 und Erl. *Kayssler*] S. Erl. zu VII.4. 150,11.

86,18 *Gall*] Franz Joseph Gall (1758–1828), Anatom und Kraniologe, 1805–1806 auf Reisen mit Vorträgen über seine in der Zeit heftig umstrittene Schädellehre, eine spekulative Vorform der Hirnphysiologie. *Sturtz*] nicht ermittelt.

86,19 *Göthe als Staffage der qu: Vorlesungen*] Goethe kam im Juli 1805 nach Bad Lauchstädt, besuchte Halle, wo er bei Wolf wohnte und die Vorlesungen Galls hörte (vgl. Tb. vom 8. Juli 1805, DKV 5 121). *Vorlesungen*] Vom 8. bis 15. Juli 1805 hielt Gall in Halle seine öffentlichen Vorträge über die Schädellehre, an denen, neben den Professoren der Universität, Goethe, der in Giebichenstein lebende Komponist Reichardt, der Buchhändler Bertuch und Steffens teilnahmen (Tb. vom 8. Juli 1805, DKV 121). Am 16. Juli trat Henrik Steffens in drei öffentlichen Vorlesungen als Widerleger von Galls Theorien auf.

86,23–26 *Erst die neue Romantik ... Poesie kommen*] Zu den prägenden Erfahrungen gehören wohl die erste Lektüre des „Sternbald" (Tb. vom 13. August 1805, DKV 5 125), des Novalis (Tb. vom 30. April 1806, DKV 5 158), Goethes (vielleicht schon um 1807 notiert Eichendorff: *Es giebt gewiße Worte, die plötzlich, wie ein Blitzstrahl, ein Blumenland in meinem Innersten aufthun, gleich Errinnerunen alle Saiten der Seelen-Aeolsharfe berühren, als: Sehnsucht, Frühling, Liebe, Heymath, Goethe* BN 11ʳ), des „Simplizissimus" (Tb. vom 24. Dezember 1809, DKV 5 285) und der „Gräfin Dolores" (*AG*, HKA III 154–157).

87,2 *bis zum Waffenstillstande*] Nach den übrigen Zeugnissen zu urteilen (vgl. die Texte V.1., VI.5. und VII.1.), ist hier der zweite Friede von Paris (20. November 1815) gemeint. Mit der Kriegsteilnahme rundet sich die Jugendzeit des Dichters; erst mit seiner Rückkehr nach Schlesien schickt er sich an, als Familienvater und Verwaltungsjurist eine soziale Rolle zu übernehmen.

87,3 *Libertas umarbeiten*] Das satirische Märchen „*Libertas und ihr Freier*" entstand 1848/1849; am 7. März 1849 schreibt Eichendorff an Lebrecht Dreves: *Frau Libertas dankt verbindlichst für gütige Nachfrage. Sie ist noch immer in den Geburtswehen begriffen, d.h. ungefähr über die Hälfte fertig.* (HKA XII 234) Am 1. August 1849 erhält Dreves die Nachricht, daß sie *längst fix u. fertig* sei (HKA XII 242) und am 22. Februar 1850 schreibt Eichendorff *Sie schmachtet noch immer im Pult u. ich weiß, da sie für einen besondern Abdruck zu kurtzgewachsen ist, keinen rechten Weg, sie an den Mann zu bringen* (HKA XII 251 f.). Die hier geplante Umarbeitung ist offenbar die nächst folgende Stufe in der Textgeschichte des Märchens, das erst nach Eichendorffs Tod in den „*Sämtlichen Werken von 1864*" veröffentlicht wurde (B³III 431–468).

87,4 *ins Harmlose verwandelnd*] Neben verlegerischen Schwierigkeiten (HKA XII 251) waren es vor allem politische Bedenken, die einer Veröffentlichung der „*Libertas*" im Weg standen, *da sie wohl mit der gegenwärtigen Zeit zu sehr collidirt, um sich in ihr zu produziren* (HKA XII 242).

87,16 *Blatt d*] unbekannt.

87,18 *Probearbeit*] S. Erl. zu VI.2. 80,11.

VI.4.
Vorwort. (S. 88–92)

Entstehung

Der vorliegende Text ist ohne Zweifel die Ausführung des in VI.3. entworfenen *Vorworts*, das nach der Ausarbeitung mit diagonalen Strichen als erledigt gekennzeichnet wurde.

Gegenüber dieser Erkenntnis spiegelt die bisherige Überlieferungsgeschichte große Unsicherheiten bei der Zuordnung des Textes; trotz der Hinweise Weichbergers, Uhlendorffs und H. Kunischs folgen alle Ausgaben der unbegründeten Entscheidung Wilhelm Koschs, der das „*Vorwort*" fälschlich als Einleitung zu den beiden Kapiteln von „*Erlebtes*" abdruckt. (HKA¹ X 379 ff.; vgl. zuletzt W I 895 ff., berichtigt in W IV 756).

Diese Textanordnung konnte sich wohl auch deshalb so lange behaupten, weil die bisherigen Datierungen wenig überzeugend sind (Uhlendorff 1964 29: „1843"; H. Kunisch 1968 376 f.: „um 1850"; desgleichen Chronik 218 und Kommentar I 206); sie müssen im Hinblick auf die Entstehungsgeschichte von VI.3. revidiert werden. Im Oktober 1853 schreibt Eichendorff an Jegór von Sivers nach Livland: „Daß die alten Berge und Täler den heimgekehrten Wanderer mit ihrem schönsten Vogelsang und Waldesrauschen begrüßen würden, habe ich wohl erwartet. Die Heimat hat eine eigene Zauberei, die kein Dichter entbehren kann." (HKA XII 308) In dieser Äußerung spiegeln sich Eichendorffs eigene Erfahrungen aus den Sommeraufenthalten in Sedlnitz (1851 und 1853), sie treffen darüber hinaus genau den Tenor des ausgeführten „*Vorworts*".

Dieser Entstehungszusammenhang wird bestätigt durch zwei äußere Indizien. Zum einen findet sich im Ms. anstelle des nachträglich eingefügten *Arthur* als Name des wiedergefundenen Kriegskameraden das gestrichene [*Albert*], was tatsächlich auf Eichendorffs Freund Carl Albert Schaeffer als Vorbild des Einsiedlers deutet. Zum andern entspricht die Anlage des Ms. auffällig der einer

Reinschriftensammlung für eine geplante 5. Aufl. von Eichendorffs Gedichten von 1854. In beiden Fällen handelt es sich um quergelegte, zu einem Konvolut gefaltete halbe Bogen der gleichen Papierart, mit Reißspuren am unteren Rand und mit Stahlfeder sorgfältig beschrieben.

Datierung: 1853/1854.

Überlieferung

H: Berliner Nachlaß, Berlin SB, Bl. 105ʳ–108ᵛ: Zwei ineinandergelegte Doppelblätter (BN 105ʳ–107ʳ von Eichendorff mit *1.* bis *5.* paginiert) aus zwei quergelegten und gefalteten halben Bogen (16,8 × 20,9 cm); an den Außenseiten der Blätter freier Rand durch Faltung; Reißspuren an den unteren Kanten; Papiergruppe II. – Inhalt:
Niederschrift des „*Vorworts*" zu den *Errinnerungen aus der Jugendzeit*, mit geringfügigen Korrekturen. (BN 105ʳ: Abb. 6)
BN 107ʳ zweite Hälfte bis BN 108ᵛ leer.

Text: folgt H.

Varianten

88,10 *schneiden.*] *schneiden,* [*u.*]

88,17–18 *nichts als grade das Unerwartetste, daß nemlich dort*] (a) *nichts* [*als*] *daß dort* (b) *nichts* * ⌈* *als* ⌈*grade*⌉ *das Unerwartetste,*⌉ *daß* ⌈*nemlich*⌉ *dort*

88,23 *Einer*] *Einer*[*,*]

89,13 *vorgestellt hatte*] (1) [*dachte*] (2a) [*gedacht*] *hatte* (2b) ⌈*vorgestellt*⌉ *hatte*

89,16–17 *Paris, oder Triest oder Königsberg*] (a) *Paris, Triest* [*u.*] *Königsberg* [< *Königberg*] (b) *Paris,* ⌈*oder*⌉ *Triest* ⌈*oder*⌉ *Königsberg*

89,17 *ich nicht*] *ich* [*ehe*] *nicht*

könne] *könn*[t]*e*

89,18 *aber*] nachträgl.

89,23 * *wieder einmal*] nachträgl. alR mit Einweisungszeichen

89,23-24 *unbestimmte*] (1) [*ungewiße*] * (2) alR mit Einweisungszeichen ⌈* *unbestimmte*[,]⌉

89,26 *weit*] *weit*[*e*]

89,29 *besehen,*] < *besehen.*

90,6 *hinan,*] < *hinan.*

90,9-10 *riesenhafte*] [*R*] *riesenhafte*

90,10 *mir,*] *mir,* [*u.*]

90,11-12 *das unverhoffte Ungeheuer gab*] [*sie g*] *das unverhoffte Ungeheuer gab*

90,18-19 *einförmig fortplätscherte*] [*immerfort*] *einförmig fortplätscherte*

90,20 *eben*] [*eb*] *eben*

90,28 *allerdings*] [*freilich*] *allerdings*

91,10 *da drinnen in der*] (a) *in* [*dieser*] (b) ⌈*da drinnen*⌉ *in* ⌈*der*⌉

91,12 *unsichtbare*] nachträgl. alR mit Einweisungszeichen

91,13 *die ich noch aus meiner Kindheit zu kennen glaubte.*] (a) *die* [*ic*] *ich* [*in*] *meiner Kindheit* [*oft gehört hatte.*] (b) *die ich* ⌈*noch aus*⌉ *meiner Kindheit* ⌈*zu kennen glaubte.*⌉

91,18 *schüttelte*] [*sah mich*] *schüttelte*

91,22 *Styl!.*] *Styl*[.] [*!*] [.] *!.*

91,25-26 *auf dem steinernen Tische vor ihm*] [*vor ihm*] *auf dem steinernen Tische vor ihm*

91,27-28 *den ich bisher gar nicht bemerkt hatte, erschrocken neben mir*] (a) [*neben mir*] *den ich bisher gar nicht bemerkt hatte, erschrocken* (b) *den ich bisher gar nicht bemerkt hatte, erschrocken* ⌈*neben mir*⌉

91,28 *Gedanken,*] (a) *Gedanken* [*auf,*] (b) *Gedanken*⌈,⌉

356 Kommentar zu VI. ⟨Aus den Papieren eines Einsiedlers⟩

91,31 *Arthur!,*] (1) [*Albert!,*] *(2) nachträgl. alR mit Einweisungszeichen ⌈* *Arthur!,*⌉

92,2 *denn Du*] [*du*] *denn Du*

92,17 *eigenthümliche*⟨n⟩] *eigenthümliche*

Erläuterungen

88,3 *Eisenbahn*] 1851 und 1853 reiste die Familie Eichendorff von Berlin über Breslau, Cosel, Ratibor mit der Eisenbahn nach Stauding, um den Sommer (Mai bis September) in Sedlnitz zu verbringen. Während auf diesen Reisen die Eisenbahn bereits zur praktischen Realität geworden ist, hat sie doch für Eichendorff und die Zeitgenossen vor allem symbolische Bedeutung. Den progressiv Denkenden ist sie Garant für Demokratie, Völkerverständigung, Frieden und Fortschritt, den Konservativen dagegen eine Bedrohung der alten Ordnung:

> ⟨...⟩
> Um ihre Ferne kamen Stadt und Lande,
> Um ihre stille Hoheit Wüste, Meer,
> Die ganze Erde unterm Eisenbande
> Und die Unendlichkeit von grauen Tagen her.
> Zusammen eng geschmiedet wird der Raum,
> Gebrochen seine Rechte an die Zeit;
> Die Wirklichkeit sie wird zum Traum,
> Und unser Traum stirbt an der Wirklichkeit.
> O Eisenbahn, was bist du kommen,
> Hast unsre Erde uns genommen!

so schrieb der preußische Konservative Scherenberg in einem Gedicht „Eisenbahn und immer Eisenbahn" (Christian Friedrich Scherenberg: Gedichte, Berlin 1845 26ff.); Eichendorff läßt im „*Incognito*" die Liberalen sagen:

> *Horcht, die Morgenglocken schon herüberhallen.*
> *Das ist des Mittelalters lallen.*
> *Wir machen Lokomotiven aus ihren Metallen.*
> *Die Vernunft liest Messe und die Kirchen fallen.*
> (3. Fassung, W IV 351 f.)

und in einem „*Sinngedicht*" von 1839 heißt es:

> *Das ist ein Suchen, eine Angst u. Hast!*
> *Auf Schnellpost fliegen sie ohne Rast*
> *Und Eisenbahnen hin und her –*
> *Sie finden's draußen doch nimmermehr.* (HKA I/3 207)

Vgl. auch das Gedicht „*Ihr habt es ja nicht anders haben wollen*" von 1848 (HKA I/3 7).

88,6 *ein Ende zu machen*] In der „Lutetia" (2. Teil, LVII) schreibt Heine 1843: „Welche Veränderungen müssen jetzt eintreten in unsrer Anschauungsweise und in unsern Vorstellungen! Sogar die Elementarbegriffe von Zeit und Raum sind schwankend geworden. Durch die Eisenbahnen wird der Raum getödtet ⟨...⟩ Ich rieche schon den Duft der deutschen Linden; vor meiner Thüre brandet die Nordsee." (DHA 14/I 58).

88,7 *nur noch aus Bahnhöfen*] In einem französischen Text von 1840 heißt es: Die Bahnen „kennen nur Abfahrt, Aufenthalt und Ankunft als Orte, und die liegen gewöhnlich weit voneinander entfernt. Mit den Räumen dazwischen ⟨...⟩ verbindet sie nichts." (zit. nach Schivelbusch 39)

88,8 *Kalleidoscop*] Der impressionistische Zug der neuen Wirklichkeitswahrnehmung kommt bei Victor Hugo in einem Brief vom 22. August 1837 zum Ausdruck: „Die Blumen am Feldrain sind keine Blumen mehr, sondern Farbflecken, oder vielmehr rote oder weiße Streifen; es gibt keinen Punkt mehr, alles wird zu Streifen; die Getreidefelder werden zu langen gelben Strähnen; die Kleefelder erscheinen wie lange grüne

Zöpfe; die Städte, die Kirchtürme und die Bäume führen einen Tanz auf und vermischen sich auf eine verrückte Weise mit dem Horizont" (zit. nach Schivelbusch 54).

88,11–12 *andere Sozietäten bildet ... überwunden*] Auch die sozialen Veränderungen im Sinne der Gleichheit und Brüderlichkeit von 1789 werden von den Zeitgenossen wahrgenommen. Bei Pecqueur heißt es: „Die Eisenbahnen werden in wunderbarer Weise für die Herrschaft wahrhaft brüderlicher sozialer Beziehungen wirken und mehr leisten für die Gleichheit als die übertriebenen Prophezeihungen der Volksredner der Demokratie ⟨...⟩, weil alle Klassen der Gesellschaft hier zusammenkommen, weil sich eine Art lebendiges Mosaik bildet" (zit. nach Schivelbusch 67).

88,14 *Europamüde*] Modewort aus dem Umkreis des Weltschmerzes (vgl. *„Ein Auswanderer"*, HKA I/3 18); geprägt von Heine in den „Englischen Fragmenten" (DHA 7/1 262–263). Vgl. Ernst Willkomms Roman „Die Europamüden" (1838), Karl Immermanns Gegenstück „afrikamüde" im „Münchhausen" (1838/1839) und Ferdinand Kürnbergers Roman „Der Amerikamüde" (1855; angeregt durch das Auswandererschicksal Nikolaus Lenaus). *Langerweile*] S. Erl. zu II.3. 31,8–9; vgl. die Eichendorff sicherlich vertraute Ankündigung der Heidelberger „Zeitung für Einsiedler" in Arnims erstem Werbeprospekt: „Auf Befehl der großen Langeweile vieler sonst unnütz beschäftigter Leute, welche die Veränderungen der letzten Jahre aus ihrem Amte, Familien-Kreise, Ueberflusse herausgerissen, erscheint wöchentlich diese wunderliche Zeitung." (Zit. nach der Faksimileausgabe, hg. von Hans Jessen, Stuttgart 1962).

88,29 *heimlichen Jesuiten*] Die Aufhebung des Ordens im Jahre 1773 (s. Erl. zu VII.3. 131,14) hatte zur Folge, daß Aufklärer und Liberale überall heimliche Machenschaften und Intrigen der Jesuiten argwöhnten. Im Vermuten und Aufspüren solcher angeblichen Umtriebe, der sogen. „Jesuitenriecherei", taten sich besonders der Berliner Aufklärer Friedrich Nicolai (1733–1811), sowie Johann Erich Biester (1749–1816) und Friedrich Gedike (1754–1803), die Hg. der „Berlinischen Monatsschrift" (1783–1796) hervor. Um 1830 lebte *jenes gehässige Spionier- und Denunziationswesen* noch einmal auf (HKA VIII/2 119), so daß Theodor Mundt 1840 schreiben konnte: „Die Jesuiten- und Katholiken-Riecherei der hallischen Jahrbücher geht doch zu weit! Ueberall, wo sie nicht mit der nackten und platten Vernünftigkeit ihres sogenannten Begriffs durchkommen, erheben sie ein kindisches Zeter über Katholicismus und Hierarchie, und sind dabei eben so untolerant wie nur jemals ein Pfaffe gewesen" (HKA XVIII/1 518).

89,1 *Berliner Dame*] Freidenkerin (HKA IX 478); Vertreterin der Frauenemanzipation, die vom Saint-Simonismus ausging, von Prosper Enfentin (1796–1864) und vom Jungen Deutschland propagiert wurde und in George Sand (eigentl. Aurore Dupin, 1803–1876) und Louise Otto (1819–1895) ihre auffälligsten Vertreterinnen gefunden hat. Vgl. die Zigarre rauchende Frau General im „*Incognito*" (3. Fassung, W IV 355).

89,2 *der letzte Romantiker*] Während die Kritik der zwanziger Jahre Eichendorffs Schriften ohne weiteres als Beitrag zur Gegenwartsliteratur würdigt, wird man sich nach 1830, vor allem seit *DG*, plötzlich bewußt, daß Eichendorff, noch aus der „Schlegel-Tieckschen Ära" stammend, der „einzige noch blühende Zweig der romantischen Schule" sei, was sich seit 1840 zu der fast durchwegs freundlich oder wehmütig gebrauchten Kurzformel vom „letzten Romantiker" verdichtet (HKA XVIII/1 XIX, vgl. auch das Register).

89,15 *mit nichts fertig werden*] Mit dem Aspekt der Eilfertigkeit berührt Eichendorff einen Grundgedanken, den er mehrfach geäußert hat. Während die falsche *Satisfaktion* des Beamtentums und aller praktischen und nützlichen Tätigkeit darin besteht, *ohne Ideen ⟨...⟩ fast alle Stunden etwas Rundes fertig zu machen*, ist dies bei allem wesentlichen Tun, bei der Kunst und der Wissenschaft, gerade entgegengesetzt, da sie *auf Erden niemals fertig werden, ja in alle Ewigkeit kein Ende absehen* (*DG*, W II 296). In seiner Examensarbeit weitet er diesen Gedanken auf das deutsche Wesen aus, das *als ein weniger glänzendes aber stillkräftiges Werden, ⟨...⟩ vielleicht hienieden niemals vollkommen fertig wird, vielseitig und unendlich wie die Natur, die flüchtige Gegenwart ewig an Vergangenheit und Zukunft anknüpfend.* (HKA[1] X 165, vgl. 154)

89,29 *als Student ... die Welt besehen*] Von Halle aus unternahmen die Brüder Eichendorff im September 1805 eine Reise nach Hamburg mit einer Fußwanderung in den Harz.

90,10 *Sphynx*] Dämonisches Wesen aus der antiken Mythologie, Tochter des Typhon (oder Orthros) und der Halbschlange Echidne; sie lebte auf dem Berg Phikion bei Theben und tötete jeden, der ihr Rätsel nicht zu lösen verstand. Im 17./18. Jahrhundert Requisit des altfranzösischen Rokoko-Gartens; hier jedoch wie seit je her Sinnbild des undurchdringlichen Lebensrätsels.

90,15 *altfranzösischen Garten*] Im Unterschied zu Lubowitz hatte Tost einen bekannten altfranzösischen Ziergarten. Vgl. Erl. zu IV.3. 58,7.

90,20–23 *Mittagszeit ... im Traume*] S. Erl. zu IV.3. 61,7.

90,24 *gute alte Zeit*] S. Erl. zu II.4. 42,5.

90,26 *Haarbeutel*] Beutel aus schwarzem Taft, zur männlichen Haartracht des 18. Jahrhunderts gehörig.

90,29 *gewaltsamen Brand*] S. Erl. zu IV.3. 59,9–10; hier könnte es sich um eine politische Metapher handeln, die die Französische Revolution bedeutet.

90,30 *fraternisirte längst mit dem Frühling*] S. Erl. zu 45,4. Vgl. die satirisch pointierte Darstellung des Schlosses des Baron Eberstein im 10. Kap. von *DG* (W II 358f.). Das Bild der überwachsenen Ruine könnte auf die Malerei der Zeit und Goethe zurückgehen (vgl. „Wilhelm Tischbeins Idyllen I.", WA I,3 122).

91,4 *des Printzen Rococco*] Vgl. das gleichnamige Gedicht (HKA I/3 14) und „*Sonst*" (HKA I/1 408).

91,12 *Spieluhr*] S. Erl. zu II.4. 38,4.

91,25 *Quartanten*] Buch im Quartformat, der Größe eines Viertelbogens.

91,31 *Arthur*] für gestrichen [*Albert*]; der getilgte Vorname deutet wohl auf Carl Albert Eugen Schaeffer (1780–1866). Schaeffer studierte an der Berliner Kunstakademie Architektur und Malerei, schrieb Tragödien und Epen im antiken Stil, machte 1811/1812 eine für ihn wichtige Italien-Reise und wurde 1819 Zeichenlehrer am Gymnasium in Ratibor. Die Freundschaft zwischen Eichendorff und Schaeffer datiert aus den Monaten Oktober 1813 bis Mai 1814 (Garnisons- und Besatzungsdienst in Glatz bzw. Torgau) und August bis Dezember 1814 (gemeinsamer Aufenthalt in Lubowitz; vgl. das Gedicht „*In C. S... Stammbuch. Dezember 1814.*", HKA I/1 165). Nach einer kurzen Begegnung in Paris (Oktober 1815) sehen sich die Freunde erst wieder auf dem Bahnhof in Ratibor (September 1851; vgl. HKA XII 272) und in Sedlnitz (Juli/August 1853, vgl. HKA XII 304).

92,1 *vom Lützowschen Corps*] Schaeffer war Regiments-Adjutant beim 17., später 2. schlesischen Landwehr-Infanterie-Regiment.

92,3 *Calderon's Autos*] Eichendorffs Übersetzungen nach Calderóns „Autos sacramentales" (erschienen in zwei Bänden bei Cotta, „*Geistliche Schauspiele von Don Pedro Calderon de la Barca*" 1846 bzw. 1853) erstreckten sich über die Jahre 1840 bis 1852; auch in der *seltsamen Abgeschiedenheit* von Sedlnitz (Sommer 1851; vgl. HKA XII 270 ff.) setzte Eichendorff die Arbeiten fort.

92,10–18 *grünen kurtzen Jagdrock ... wiedererkannt*] Für den biographischen Hintergrund der Einsiedlergestalt aufschlußreich ist eine Beschreibung Eichendorffs von Emanuel Geibel: „Er war von schlanker Gestalt, sein Gesicht hatte einen frischen und wohlwollenden Ausdruck, und wenngleich sein Haar schon bedeutend ins Graue spielte, so lag doch in seinem ganzen Wesen etwas außerordentlich Jugendliches und Rasches, das durch den fröhlichen Blick des lebendigen Auges und durch den kurzen grauen Jagdrock, den er trug, noch erhöht wurde." (HKA[1] XIII 327)

92,11 *Kaffeehäusern*] Wie die Salons oder geheimen Gesellschaften gehörten seit dem 18. Jahrhundert auch die Kaffeehäuser zu den Institutionen, wo sich bei einer gewissen Parität von Adel und Bürgertum über literarischen, ökonomischen und politischen Disputen eine kritische bürgerliche Öffentlichkeit bildete.

92,12 *Lesekabinetten*] Meist von Vereinen getragene Lokale, die den Mitgliedern oft unter Umgehung der Zensur Zeitungen und Zeitschriften zugänglich machten. Schon 1804 war Eichendorff der Breslauer „Lesegesellschaft der neuesten Journale" beigetreten; in Heidelberg hat er möglicherweise der Lesegesellschaft des Verlegers der Heidelberger Romantik, Johann Georg Zimmer, angehört: auch die „Zeitung für Einsiedler" zielte ja vor allem auf die „Lese-Cabinette als wahre Sammelplätze dieser neuen Einsiedler, welche die strenge Buße des Müßiggangs treiben" (aus Arnims erstem Werbeprospekt, s. Erl. zu 88,14). Von seinem letzten Aufenthalt in Wien (1846/1847) ist überliefert, daß Eichendorff – vielleicht mit dem Ziel politischer Verschleierung – eine freie Eintrittskarte für den „Juridisch-politischen Leseverein" zugeschickt bekam, dessen Mitglieder wesentlich an der Revolution von 1848 beteiligt waren.

VI.5.
Nemlich = Aus den Papieren eines Einsiedlers (S. 93–94)

Entstehung

Die Hs. enthält zwei Eintragungen, die zeitlich eng zusammengehören, nach Inhalt und Konzeption sich aber deutlich unterscheiden (vgl. die Arbeitsspuren in VI.5. 93,7–8 und VII.1. 97,7). Der zuerst niedergeschriebene Text stellt in der Art eines Vorworts den Beginn der Planungen von „*Erlebtes*" dar (s. VII.1.); ihm folgt wenig später ein Entwurf, der mit seinem poetischen Rahmen, der Gestalt des Einsiedlers, der Vogelperspetive und den Predigten zum letzten Mal die bestimmenden Merkmale von „*Trösteinsamkeit*" in sich vereint.

Gegenüber den früheren Plänen hat sich die biographische Motivation jedoch erneut gewandelt. Im Tenor der *Nichtigkeit* des Lebens und *tragischen* Grundstimmung spiegeln sich die Erfahrungen, die seit dem Tod seiner Frau Eichendorffs Leben überschatten. Der 3. Dezember 1855, an dem Luise von Eichendorff starb, ist auch für die äußere Entstehungsgeschichte des Entwurfs der wichtigste Anhaltspunkt. Verglichen mit Briefäußerungen aus den unmittelbar folgenden Monaten zeigt die darauf bezogene Bemerkung *nun ist auch sie schon lange todt! p.* bereits einen größeren inneren Abstand, so daß man annehmen muß, daß der Text erst in der zweiten Hälfte von 1856 niedergeschrieben wurde.

Zwei weitere Aspekte stützen diesen Ansatz. Im November/Dezember desselben Jahres beschäftigt sich Eichendorff wieder mit dem epischen Gedicht „*Ein Auswanderer*" – entstanden 1850, aber Fragment geblieben – und plant möglicherweise, aus gegebenem Anlaß (vgl. HKA[1] XIII 221 und HKA XII 421; Aurora 14, 1954 29f.) es zu vollenden. BN 104[v] jedenfalls enthält Notizen zur Fortführung des Gedichts, die in enger Anlehnug an die immer noch ungedruckte „*Libertas*" (Pinkus-Fabel) niedergeschrieben werden, und es ist denkbar, daß in diesem Zusammenhang erneut der Gedanke aufkam, das

Paßende aus seinem satirischen Märchen auch in den vorliegenden Entwurf einzuarbeiten (vgl. 93,12–13 und Erl. zu VI.3. 87,3).

Der zweite Anhaltspunkt ergibt sich aus der Entstehungsgeschichte des alternativen Plans, der in der oberen Hälfte des Blattes zum ersten Mal Gestalt annimmt. Briefe vom Oktober und Dezember 1856 belegen zweifelsfrei, daß August Reichensperger dieses Projekt mit angeregt und zu seiner Ausführung ermutigt hat (s. VII.1.).

Datierung: 2. Hälfte 1856.

Überlieferung

H: William Kurrelmeyer Collection Ms. 2, Special Collections, Milton S. Eisenhower Library, The Johns Hopkins University, Baltimore Md.: Einzelblatt 14,4 × 22,6 cm, quer gefaltet, am linken und oberen Rand abgetrennt, gelbliches Papier ohne erkennbares Wasserzeichen, aoR rechts neben der Blattmitte ein Loch mit vergilbtem Rand, dadurch bedingt geringfügiger Textverlust; Papierart II. – Inhalt:
Recto: Mit brauner Tinte beschrieben. Links oben von Eichendorff mit *a.)* bezeichnet, darunter in Bleistift „c" (für „catalogued") und der Name „Eichendorff" von fremder Hand. In der oberen Hälfte, quer über die Seite geschrieben, zusammenhängender Entwurf „*Aus meiner Jugendzeit.*" – In der unteren Hälfte der Entwurf „*Nemlich* = *Aus den Papieren eines Einsiedlers*". Zwischen diese beiden Texte mit Bleistift geschrieben der Gedichtansatz „*Singen wollt' ich, u. muß weinen*" (HKA I/3 239).
Verso: leer bis auf den Echtheitsvermerk „Handschrift des Dichters Joseph von Eichendorff".
Faksimile in: Sprache und Bekenntnis. Hermann Kunisch zum 70. Geburtstag, hg. von Wolfgang Frühwald und Günter Niggl, Berlin 1971, nach S. 188. (Abb. 7)

Text: folgt H.

VI.5. Nemlich = Aus den Papieren eines Einsiedlers   365

Varianten

93,3 *das*] oder *Das*, unsichere Lesung

93,6 *Alles todt, Keiner kennt /erkennt/ mich mehr. –*] nachträgl. rechts über dem Entwurf mit Einweisungszeichen, erst mit Bleistift dann mit Tinte nachgezogen

93,9 *Breslau p. p.*] *Breslau* [*p. –:/*] *p. p.*

93,11 *, Tod*] nachträgl.

93,17–18 *Wie dieß* bis *Müller p.*] nachträgl. mit undeutlichem Einweisungsbogen bei *ein großer Gelehrter*

93,21 *langweilig*] *langweilig*[*e*]

93,22 *desgl. in der* <u>Freundschaft</u>*, der versauerte Wilhelm! –*] nachträgl. unter dem Text mit Einweisungszeichen

der] [*wie*] *der*

93,23 *in*] [*als*] *in*

93,25 *rührend*] [*ihm*] *rührend*

94,2–3 *Tagebuchs*] [*Tagebuchs*] *Tagebuchs*

94,6 *sei*] *sei* [/]

94,7–8 *(1. Wie* bis <u>Ehre</u> *p. –*] nachträgl. auR

94,7 <u>Ehre,</u>] [<u>Ehre</u>] <u>Ehre</u> [*p. –*]*.*

Erläuterungen

93,1–2 *Dichtung und Wahrheit*] S. Erl. zu IV.4. 60,3.

93,3 *Lubowitz*] S. Erl. zu II.1. 17,25.   *Tost*] S. Erl. zu IV.3. 58,18. *abgebrannt*] S. Erl. zu IV.3. 59,9–10.

93,4 *Ziergarten*] S. Erl. zu IV.3. 58,7 und 21.

93,7–8 *hier oben mut: mut:*] bezieht sich auf den in der Hs. vorangehenden Text VII.1.

93,8–9 *Vogelperspective*] S. Erl. zu VI.2. 79,20–25 und 82,2.

93,9 *Breslau*] S. Erl. zu V.1. 68,1.

93,12–13 *Libertas*] S. Erl. zu VI.3. 87,3.

93,13–14 *ein tragisches Gefühl ... Lebens*] In *GD* steht der bezeichnende Satz: *Denn wenn wir die tragische Stimmung überhaupt als das Gefühl der Nichtigkeit und Begrenzung alles Endlichen durch die in der menschlichen Natur begründete Forderung des Unendlichen erkennen müssen, so ist ohne Zweifel grade das Christenthum die tragischste Religion* (HKA VIII/2 261).

93,15 *plötzlichen Armuth*] Schon 1784, mit dem Kauf von Lubowitz, hatte Adolf von Eichendorff seine beiden Betriebe bedenklich überschuldet; auch Slawikau wurde 1795 zu teuer gekauft, das gleiche gilt 1798 für den Rückkauf von Radoschau. „Alle drei Güter waren nie imstande, die Zinsen für die Fremdkapitallasten aufzubringen, die sich aus diesen überhöhten Kaufpreisen ergaben." (Stutzer 1976 71) Der enorme Gewinn beim Verkauf der Herrschaft Tost 1797 wurde möglicherweise in Industriespekulationen vertan; so kam es, daß schon 1801 über das Vermögen Adolf von Eichendorffs ein Liquidationsprozeß eröffnet wurde, und die Familie zwischen 1807 und 1812 völlig verarmte.

93,16 *Gelehrter p. werden will*] Am 8. Mai 1817 bat Eichendorff Friedrich Carl von Savigny um Vermittlung einer Anstellung *als Lehrer und zwar der Geschichte* an einer Universität: *Bei der jetzigen neuen Organisation der Universitäten in den neuaquirirten Provintzen am Rheine p. kann ich mich nicht enthalten, diesen meinen niemals gantz aufgegebenen Plan mit frischer Hoffnung wieder aufzufaßen.* (HKA XII 73 f.) Eichendorffs Wunsch konnte, seiner Konfession wegen, nicht erfüllt werden (Pörnbacher 16); auf den Bonner Lehrstuhl für Geschichte, den er wohl angestrebt hat, wurde Ernst Moritz Arndt berufen (Chronik 81).

93,17–18 *Liaison mit Adam Müller*] Eichendorff lernte Adam Müller 1809 in Berlin kennen und verkehrte mit ihm in Wien. Am

VI.5. Nemlich = Aus den Papieren eines Einsiedlers   367

27. Dezember 1812 schreibt er an Loeben: *Nun aber habe ich Dir schon in meinem lezten Briefe ⟨...⟩ geschrieben, daß der Erzherzog Maximilian hier eine große Erziehungsanstalt gründet, deren Leitung er Adam Müller anvertraut hat. Auf eine äußerst freundschaftliche Art, ganz aus eignem Antrieb hat nun Müller uns beyde in diesen Plan mit hineingezogen* (HKA XII 24). Als Lehrer an diesem Institut sollte Eichendorff *deutsche Staats-Geschichte* unterrichten (Aurora 18, 1958 71); der Plan scheiterte an politisch-konfessionellen Intrigen.

93,20 *Lützowsche Corps*] S. Erl. zu V.1. 68,20.

93,21 *belagernde Landwehr*] Am 7. Oktober 1813 trat Eichendorff als Offizier in das 17. (später 2.) schlesische Landwehr Infanterie-Regimt (3. Bataillon) ein. Nach drei Monaten Garnisonsdienst in Glatz übernahm das Regiment Anfang Januar 1814 die Besatzung von Torgau, in dem ein schreckliches Lazarettfieber ausgebrochen war. Nach dem ersten Pariser Frieden (30. Mai 1814) kam Eichendorff um seine Entlassung ein und ging im Juni von Torgau nach Lubowitz; an unmittelbaren Kampfhandlungen hat er also nie teilgenommen. Am 8. April 1814 schrieb er deshalb an Loeben: *Ich weiß nicht, soll ich mich mehr ärgern über das hartnäckige, fast beyspiellose Mißlingen aller meiner Pläne und heißesten Wünsche, oder Gott für die unverkennbare freilich wunderliche und schmerzliche Leitung danken, durch welche mein Leben erhalten ward. Hart und höchst verdrießlich bleibt es immer, bei so gutem Willen und ungeheueren Opfern an Geld, Gesundheit und kostbarer Zeit sich so weniger Thaten erfreuen zu dürfen* (HKA XII 32f.).

93,22 *der versauerte Wilhelm*] S. Erl. zu V.1. 67,3. Während Eichendorff noch 1831 an den Rand eines Briefes seines Bruders notiert hatte: *Ich schreibe poetisch, du lebst poetisch, wer dabei besser fährt, ist leicht zu denken* (HKA[1] XIII 269) und ihm die Gedicht-Ausgabe von 1837 widmete, scheint sich doch eine schon im „*Wiedersehen*" spürbare Entfremdung mehr und mehr durchgesetzt zu haben. Schon im Juli 1814 hatte Wilhelm geschrieben: „Die Poesie in Versen hat sich seit 3/4 Jahren von mir getrennt" (HKA¹ XIII 53), und 1819 soll er dem Bruder seine Absage an die Poesie übersandt haben (Chronik 88): „Wenig ist zurückgeblieben / Von des Sängers alten Trieben, / Von dem heimatlichen Port." Damit ist der Grund verlassen, auf dem die glückliche Jugendzeit ruhte; an seine Stelle tritt Wilhelms Beamtenkarriere, in der er im Gegensatz zu seinem Bruder völlig aufzugehen schien. Zum Tode Wilhelms ist von Eichendorff kein Zeugnis überliefert.

93,24 *Liebchen kennen lernt*] Eichendorffs Liebe zu Luise von Larisch (18. Juni 1792 bis 3. Dezember 1855) begann im Sommer 1808 (Chronik 43), die Heirat war am 7. April 1814 in Breslau.

93,25 *in seiner Armuth treu*] Luise von Larisch erlebte in wenigen Jahren den Niedergang des Eichendorffschen Besitzes, von dem der Familie nur das Lehngut Sedlnitz erhalten blieb.

94,1 *schon lange todt*] Luise von Eichendorff (geb. von Larisch) starb am 3. Dezember 1855 in Neisse. An seinen Sohn Hermann schreibt Eichendorff: *meine ganze Zukunft kommt mir noch ganz unmöglich vor, u. immerfort geht mir ein altes Lied durch den Sinn: Soviel Stern am Himmel stehen p., soviel mal gedenk ich Dein!* (HKA XII 201 f.)

94,3-6 *ohne ... mein Lebenslauf sei*] S. Erl. zu VI.3. 85,13.

94,7 *Ehre*] Während das Ehrprinzip im feudalabsolutistischen 18. Jahrhundert zu einem veräußerlichten, politischen und sozialen Regulativ verkommen war, das auch in die Privatsphäre hineinwirkte (vgl. Lessings „Minna von Barnhelm"), unterscheidet Eichendorff genau zwischen einem *falschen* (GLD, HKA IX 389) und einem *höheren* („*Probearbeit*", HKA¹ X 149) Ehrbegriff. In diesem Sinne würdigt er den *wunderbaren Geist der Ehre* des Mittelalters als *ein weltliches Gewissen*, das *im Bunde*

VI.5. Nemlich = Aus den Papieren eines Einsiedlers

mit der Religion die Nationen groß macht (*GLD*, HKA IX 28)
und in einem „*Sinngedicht*" ⟨7.⟩ von 1839 heißt es:

Die Ehre u. die Eitelkeit
Die /:führen immer bittren Streit:/
: o die hadern in alle Ewigkeit:/,
Die führen ewig den alten Streit:
Die eine will das Lob der Welt
Die andre hat ihr' Sach auf Gott gestellt. ⁎
⁎ oder vielmehr:
Die eine schiene vor der Welt so gern,
Was die andre seyn will vor dem Herrn. (HKA I/3 208)

VII. ⟨*Titel vielleicht: Erlebtes*⟩

Im „Avisbrief" zu Immermanns „Memorabilien" (1840) heißt es: „Mein Leben erscheint mir nicht wichtig genug, um es mit allen seinen Einzelheiten auf den Markt zu bringen, auch habe ich noch nicht lange genug gelebt, um mir den rechten Überblick zutrauen zu dürfen. Ich werde vielmehr nur erzählen, wo die Geschichte ihren Durchzug durch mich hielt." (Immermann, Werke Bd. 4 374). Eichendorff folgt in seinen letzten Plänen bis in wörtliche Anklänge den Anregungen, die ihm die Lektüre der „Memorabilien" Immermanns vermittelt hat. Er plant *Bilder, Skizzen, Betrachtungen* und Portraits von Personen, die die Epoche des Übergangs geistig und politisch repräsentieren; *die Zeit /u. ihre Wechsel/* sind das eigentliche Anliegen der Aufzeichnungen, das Ich fungiert in den Entwürfen nur noch als verstärkender Spiegel der *Streiflichter*, die eine Zeit erhellen sollen, *die uns bereits so fern liegt*. In den beiden ausgeführten Kapiteln („*Der Adel u. die Revolution*" und „*Halle und Heidelberg*") entspricht zwar die Kapiteleinteilung und der Zeitraum bis zum Krieg von 1813–1815 den bisherigen autobiographischen Plänen, die Person des Dichters aber tritt nun nicht mehr in Erscheinung, so daß ein persönlicher Erfahrungsgehalt sich nur noch in wenigen Zügen und von außen her rekonstruieren läßt.

VII.1.
Aus meiner Jugendzeit. /Meine Jugend/ (S. 97)

Entstehung

Die unter VI.5. beschriebenen hs. Verhältnisse und biographischen Bezüge geben einen ersten Anhaltspunkt für die Datierung dieses Textes; ein Zusatz am oberen Rand des Blattes, der den ursprünglichen Beginn des Entwurfs ersetzt, rückt die Entstehungsbedingungen noch in ein genaueres Licht. Eichendorff notiert zu dem bereits niedergeschriebenen Plan ergänzend: *Manche Freunde forderten mich längst auf, meine Memoiren zu schreiben*; hinter dieser Formel verbirgt sich nicht nur eine literarische Reminiszenz, sondern auch ein Hinweis auf August Reichensperger, den Eichendorff in einem Brief vom 7. Oktober 1856 bittet, *mir aus ihrer gedankenreichen Umsicht irgend eine Arbeit andeuten zu wollen, die der Mühe lohnt und für mich passt.* (HKA XII 419) In einer nicht erhaltenen Antwort vom 19. Oktober hat Reichensperger ganz offensichtlich zu diesem Unternehmen geraten (HKA XII 423), so daß sich nun eigene, schon formulierte Vorstellungen und freundschaftliche Ermunterung in diesem ersten Ansatz zu „*Erlebtes*" begegnen und bestätigen (HKA XII 424).

Das Wiener Jahr hatte Eichendorff die lang entbehrte öffentliche Resonanz gebracht, Karl Ernst Jarcke (HKA[1] XIII 164, 169, 172), später dann der Verleger Ferdinand Schöningh (HKA[1] XIII 196, 198) hatten die literarhistorischen Arbeiten angeregt; August Reichensperger hatte mit dem Boromäus-Verein bei verlegerischen Problemen geholfen (HKA XII 284, 372f. und 419) und 1857 ist es der Fürstbischof von Breslau, Heinrich Förster, auf den die Arbeiten an einer Biographie der Hl. Hedwig zurückgehen (Chronik 244; Stöcklein 1963 159). Dies sind neue Erfahrungen, in denen sich der Zusammenhang der Katholischen Bewegung als gesellschaftlich verläßlicher Kontext bewährt.

Kommentar zu VII. ⟨Titel vielleicht: Erlebtes⟩

Am 17. Dezember 1856 antwortet Eichendorff dem Freund Reichensperger, daß er sich nun *wohlgemuth an diese Rundschau machen wolle, welche mit ihrer materiellen Unbegrenztheit (nebst der ernsteren Zurüstung zu der großen Reise nach Jenseits) die wenigen Jahre, die mir vielleicht noch bleiben, wohl ausfüllen wird.* (HKA XII 424) Damit ist der Zeitpunkt angegeben, an dem die dichterisch-autobiographischen Pläne endgültig zugunsten des letzten Projekts „*Erlebtes*" aufgegeben werden.

Datierung: Ende 1856.

Überlieferung

H: Baltimore, Johns-Hopkins-University: Einzelblatt, 14,4 × 22,6 cm, s. unter Überlieferung zu VI.5. „*Aus den Papieren eines Einsiedlers*", S. 364.

Text: folgt H.

Hermann von Eichendorff zitiert in der Biographie seines Vaters einen Memoiren-Plan, der dem vorliegenden Text und dem „*Vorwort*" von VII.2. in Abschnitten jeweils fast wörtlich entspricht. Nach allem, was sich über die Arbeitsweise Hermann von Eichendorffs sagen läßt (vgl. dazu Uhlendorff 1954 29 f.), handelt es sich hierbei um eine Kontamination aus den beiden genannten Vorlagen. Der Text lautet:

Freunde hatten mich längst aufgefordert, meine Memoiren zu schreiben, ohne daß ich mich dazu bisher zu entschließen vermochte. Nun der Abend meines Lebens aber immer tiefer hereindunkelt, fühle ich selbst ein Bedürfniß, im scharfen Abendroth noch einmal mein Leben zu überschauen, bevor die Sonne ganz versunken. Ich will jedoch weniger meinen Lebenslauf schildern, als die Zeit, in der ich gelebt, mit einem Wort: Erlebtes im weitesten Sinne. Wenn dennoch meine Person vorkommt, so soll sie eben nur Reverbère sein, um die Bilder und Ereignisse schärfer zu beleuchten. Man tadelt an den Memoiren häufig, daß sie entweder die Sentimentalität oder die Reflexion zu sehr vor-

VII.1. Aus meiner Jugendzeit. |Meine Jugend| 373

walten lassen. Mir scheint, wer die eine oder die andere absichtlich sucht, fehlt ebenso, als wer sie ängstlich vermeidet. Sie wechseln, beide nothwendig im Leben, und so will ich denn schreiben, wie sichs eben schicken und fügen will. Und wenn auch immerhin weder meine Persönlichkeit noch meine Schicksale ein allgemeineres Interesse ansprechen, so dürften doch vielleicht manche Streiflichter dabei auch eine Zeit erhellen, die uns so nah und doch bereits so fern liegt und der Gegenwart so fremd geworden ist. (B³I 212f.)

Varianten

97,1   ÜBERSCHRIFT:] alR mit Rotstift zweimal angestrichen

97,2–4 *Manche Freunde* bis *aber da nun*] nachträgl. rechts neben dem Titel

97,5   *immer tiefer*] nachträgl.

97,6   *im*] < *in d* < *im*

97,7   *wie ein Einsiedler*] nachträgl. mit Einweisungsbogen

97,15 *dürften*] [*werden*] *dürften*

97,16 *bereits so*] [*so*] *bereits so*

Erläuterungen

97,2–3 *Manche Freunde ... schreiben*] Hinter dieser Bescheidenheitsformel verbirgt sich nicht nur eine tatsächliche Anregung durch August Reichensperger (s. die Entstehungsgeschichte), sondern auch eine literarische Reminiszenz. „Als Vorwort zu der gegenwärtigen Arbeit, welche desselben vielleicht mehr als eine andere bedürfen möchte, stehe hier der Brief eines Freundes, durch den ein solches, immer bedenkliches Unternehmen veranlaßt worden", so lautet der Beginn von „Dichtung und Wahrheit" und Goethe fährt fort: „Dieses so freundlich geäußerte Verlangen erweckte bei mir unmittelbar die Lust es zu befolgen. Denn wenn wir in früherer Zeit leidenschaftlich unsern eigenen Weg gehen, und, um nicht irre zu werden, die Anforderungen anderer ungeduldig ablehnen, so ist es uns in spätern Tagen höchst erwünscht, wenn irgend eine Theilnahme uns aufregen und zu einer neuen Thätigkeit liebevoll bestimmen mag." (WA I,26 3 und 5–6)

97,7 *wie ein Einsiedler*] Im Zusammenhang mit dem in der Hs. folgenden Text (VI.5.) nachgetragen.

97,8–9 *Sentimentalität*] Die gleichen Kategorien bereits in „*Lanzknecht und Schreiber*" (HKA VIII/1 91).

97,13–17 *Und wenn ... fremd geworden*] Im „Avisbrief" zu Immermanns „Memorabilien" (1840) heißt es: „Mein Leben erscheint mir nicht wichtig genug, um es mit allen seinen Einzelheiten auf den Markt zu bringen, auch habe ich noch nicht lange genug gelebt, um mir den rechten Überblick zutrauen zu dürfen. Ich werde vielmehr nur erzählen, wo die Geschichte ihren Durchzug durch mich hielt." (Immermann, Werke Bd. 4 374)

97,18 *Lubowitz*] S. Erl. zu II.1. 17,25. *Tost*] S. Erl. zu IV.3. 58,18. *Breslau*] S. Erl. zu V.1. 68,1. *Halle*] S. Erl. zu V.1. 61,18. *Heidelberg*] S. Erl. zu V.1. 68,12. *Wien*] S. Erl. zu V.1. 68,18.

97,19 *Der Krieg*] S. Erl. zu I. 6,2 und 3–4; VI.5. 93,21.

VII.2.
Titel vielleicht: Erlebtes. Ansichten, Skizzen u. Betrachtungen
(S. 98–109)

Entstehung

Am 25. März 1857 schickt der Breslauer Theologe Franz Lorinser den zweiten Band seiner Calderón-Übersetzungen an Eichendorff, wofür sich der Dichter schon am 29. des Monats bedankt (HKA^1 XIII 227; HKA XII 431). Der Entwurf zu dem Antwortschreiben *An Lorinser* ist erhalten (D: HKA^1 XII 327), er steht zwischen Zusätzen und Erweiterungen, nur durch Rotstift unter den eng geschriebenen Notizen hervorgehoben, in der rechten Spalte von BN 100, dem ersten Arbeitsblatt von VII.2. Zusammen mit Eichendorffs Äußerungen über den Beginn der Arbeiten vom 17. Dezember (HKA XII 424) bieten Fundort und Datum dieses Briefes einen sicheren Anhaltspunkt, den Entstehungszeitraum der hier wiedergegebenen Vorarbeiten zu *„Erlebtes"* zu bestimmen.

Datierung: Dezember 1856 bis April 1857.

Überlieferung

H: Berliner Nachlaß, Berlin SB, Bl. 100^r–102^v.
BN 100^r: von Eichendorff rechts oben mit *a.)* bezeichnet. Zweispaltig beschriebenes Folioblatt (21,2 × 34,5 cm), quer und senkrecht gefaltet, an der linken Kante Reißspuren, rechts unten ist ein rechteckiges Stück herausgeschnitten (10,4 × 4,8 cm; Textverlust); Papierart II.
Recto: Entwurf zum Vorwort von *„Erlebtes"* und zu *„Der Adel u. die Revolution"* auf zwei Dritteln der linken Spalte mit zahlreichen Zusätzen unterhalb und rechts, die das Blatt ganz ausfüllen. (Abb. 8)
Verso: leer.
BN 101^r–102^v: ein quergelegter Bogen zu vier Seiten gefaltet (21,1 × 34,6 cm); Papierart II.

BN 101ʳ ist von Eichendorff rechts oben mit *1.* paginiert, senkrechte Mittelfalte ergibt Zweispaltigkeit. Links, unter dem vorläufigen Titel *Die deutschen Universitäten* noch wenig geordnete Materialsammlung und Entwurf zu „*Halle und Heidelberg*" mit Ergänzungen in der rechten Spalte.
BN 101ᵛ und 102ʳ: leer.
BN 102ᵛ enthält in der oberen Hälfte weitere Aufzeichnungen zu „*Halle und Heidelberg*", die schrittweise als erledigt gekennzeichnet werden. Am äußersten unteren Rand des Blattes finden sich Arbeitsnotizen, die möglicherweise in Zusammenhang stehen mit Eichendorffs spätem epischen Gedicht aus der Reformationszeit: „*Johannes von Gott*":

Soll am Schluß Carl V seine Abdication andeuten? Ja vielleicht als raschen Heldenentschluß!

10ᵗ Kapitel = Ist hier das Geistliche zu lang? –

Vorwort = ⌈*vielleicht in Einer Strophe gleichsam als Motto. – /:So fahr' denn hin braver Hagen! p. Termin = 14 Tage von Freitag d: 9ᵗ Septb: ab! –*⌉ *Die Sachen im Allgemeinen sind historisch, also soll niemand* [*daran*] *sich an der Wahrheit ärgern. –*

Varianten

98,1–2 *Titel vielleicht: Erlebtes. Ansichten, Skizzen u. Betrachtungen.*] nachträgl. rechts neben *1.*

98,7–8 *von allgemeinem Intereße*] (a) [*ein*] *allgemeine*[*s*] *Inte*[*r*]*reße* (b) ⌈*von*⌉ *allgemeine*⌈*m*⌉ *Intereße*

98,8 *könnten, aber*] (a) *könnten.* [*Man erw*] (b) *könnten,* [< .] *aber*

98,10–16 * *Ich will* bis *entstanden.*] nachträgl. arR mit Einweisungszeichen

98,17–19 *(Die Sentimentalen* bis *Humoristen. –)*] nachträgl. arR unter *erlebt, entstanden.* ohne genauere Zuordnung

99,1–2 *selbst im stillen Landhausleben sich*] [*sich*] *selbst im stillen Landhausleben sich*

99,5–14 *Unter dem Deckmantel* bis *Rationalismus.* –] nachträgl. arR

99,6–7 *geg⟨en⟩einander*] *gegeinander*

99,9–14 *Sehr ehrenwerte* bis *Rationalismus.* –] alR durch Rotstift markiert

99,10 *Schiller*] nachträgl.

99,15–100,3 * *Das Alte war eingerißen* bis *Glauben mehr daran.*] nachträgl. unter der linken Spalte mit Einweisungszeichen

99,15 *eingerißen,*] < *eingerißen* –

99,23 *zum ersten*] nachträgl.

99,24 *Radikalen. C*⟨Textverlust⟩] (a) *Radikalen* [*u. p. p.* –] (b) *Radikalen*⌈,⌉ ⌈*C*⟨Textverlust⟩⌉

99,25 *damaligen Adel*] [*Adel*] *damaligen Adel*

99,25–26 *ausschließlich konservative*] [*conse*] *ausschließlich konservative*

100,6 *des*] < *der*

100,7 *Ström p.* –] schließende Klammer fehlt

100,8 *Das damalige Paris*] [*Pa*] *Das damalige Paris*

100,10–11 = *Die damalige Aufhebung* bis *Probearbeit!:/*] nachträgl. arR

100,12–21 = *Die damal: Aufregung* bis *vorspukte*] nachträgl. arR, rechts mit senkrechtem Bleistiftstrich markiert

100,19 *Romantik.*] < *Romantik.* [–]

100,22 *die gute alte Zeit u. die Revolution*] (a) *die Revolution* (b) *die* ⌈*gute alte Zeit* [X] *u.* [*d*] *die*⌉ *Revolution*

100,24–25 *Zopfzeit u. die darin angerichtete Revolution*] (a) *Zopfzeit u. Revolution* (b) *Zopfzeit u.* * ⌈* *die darin angerichtete* [*Rev*]⌉ *Revolution*

Kommentar zu VII. ⟨Titel vielleicht: Erlebtes⟩

101,1–102,3 * *Sehr alte Leute* bis *anstatt des alten Schwerts*⟨Textverlust⟩] nachträgl. arR mit Einweisungszeichen, davor durchgestrichene Ankreuzung mit Rotstift

101,4 *Guten.* *] Einweisungszeichen wahrscheinlich mit Entsprechung auf dem verlorenen Textabschnitt

damals u. a.] < *u. a. damals* durch Umnumerierung

101,7 *immer kürtzer herauf*] nachträgl.

101,7–8 *zur bloßen Brustbedeckung*] (a) *zum bloßen Brust*[*schild*] (b) *zur* [< *zum*] *bloßen Brustbedeckung*

101,10 *statt der Geierflügel die Seitenlokken* –] ohne genaue Einweisung nachträgl. über *Blechschildchen, das die Offiziere*

101,13 *Und*] davor senkrechter Strich und mit Rotstift angekreuzt

101,13–14 *dieser Zopf hing*] (a) *diese* [*Metamorphose*] *hängt* (b) *diese*⌈*r*⌉ ⌈*Zopf*⌉ *hing* [< *hängt*]

101,15 *deutschen Ehre*] (a) *[Treue/]Ehre*[/] (b) ⌈*deutschen*⌉ *Ehre*

101,16 *statt Frauendienst = Liebelei*] (1) [*p.* –] (2) *statt Frauendienst = Liebelei*

101,17–18 *Fouqués Helden sind öfters solche Gardeoffiziere in der 3ᵗ Position.* –] nachträgl.

101,24–102,3 *Der Adel ist eine Idee* bis *des alten Schwerts*] alR mit Rotstift markiert

102,1 *der Sturm der Revolution*] (a) [*die*] *Revolution* (b) ⌈*der Sturm der*⌉ *Revolution*

102,2–3 *weggeblas*⟨Textverlust⟩ *anstatt des alten Schwerts* ⟨Textverlust⟩] Textverluste durch Abschnitt der rechten unteren Ecke des Blattes

102,4–8 * *Ueberdieß* bis *präparirt hatte.*] nachträgl. mit Einweisungszeichen, das sich wahrscheinlich auf den durch Abschnitt verlorenen Textteil bezieht

102,7 *repräsentirt, wozu*] (a) *repräsentirt.* – (b) *repräsentirt,* [< .] *wozu* [< –]

102,15-16 *u. Krämerbuden*] nachträgl.

102,16-17 *standen; wie im Faust der Krieg in der Türkei – daher die allgemeine Ueberraschung, als*] (a) standen, [bis] (b) standen; [< ,] ⌈*wie im Faust der Krieg in der Türkei – daher die allgemeine Ueberraschung, als*⌉

103,1 *soll*] soll[, *nach unserer Philosophie*]

103,12-18 * *Meine Jugendzeit* bis *umfaßenderen Titel!*] (1) diagonal durchgestrichen:

[[*Die*] * *Meine Jugendzeit war d:aus eine Zeit des Kampfes, des Werdens. Die sogenannte gute alte Zeit war d:aus überwunden.* [< :] *Die früheren philosophischen Kämpfe hatten sie innerlich erschüttert, u.* ⌈*die Revol., u. endlich*⌉ *Napoleon sie* [*endlich*] *auch äußerlich zerschmettert. Was sollte aber nun dafür entstehen? –*]

(2) nachträgl. arR mit Einweisungszeichen, diagonal durchgestrichen: [* *Nicht bloß das 18ᵗ Jahrhundert war ein*[e] [*Zeit*] *Kampf, sondern* [*auch*] *nur der Anfang des großen Kampfes, der noch fortdauert. Die Universitäten sind die Pflanzschule dieser geistigen Miliz.*]

(3) nachträgl. arR mit Einweisungsbogen: ___*vielleicht = Die deutschen Universitäten,*___ [*vielmehr*] *wohl einen umfaßenderen Titel!*

103,19-106,7 *Es arbeiteten* bis *Vaterlandsliebe p. –*] die später arR des Textes in der linken Spalte durch senkrechte Striche zusammengefaßten und durch die Kleinbuchstaben *a., b.* und *c.* umgeordneten Passagen stehen in der Handschrift wie folgt untereinander:

⌈*a.*⌉*Es arbeiteten* [*nun*] ⌈*nun zu Anfang* [*unseres*] *Jahrhunderts*⌉ *sofort dreierlei Elemente gegeneinander. Nemlich: _ die alten zähen Enzyklopädisten, welche die Welt d:aus von Anfang wieder anfangen u.* ⌈*mit dem bloßen Verstande*⌉ *abstract konstruiren wollten.* *

⌈arR: * *Daher überall die neuen Gesetzbücher* ⌈*mit ihren Urrechten u. Menschheitsveredelungen*⌉ *Es ist daher sehr begreiflich, wie in* ⌈*bei*⌉ *dieser* [< *diesem*] * ⌈* *Alles verwischenden*⌉ *Confusion*[, *wo*] *ohne Nationalität u. Geschichte, ein kühner Geist, wie Napoleon, den Gedanken einer ganz gleichförmigen europäischen Universalmonarchie faßen konnte.* –⌉

2[t] *Die Romantiker, die in Religion u. Staat auf die Vergangenheit zurückgingen; also eigentlich die historische Schule.* – *Daraus mußte von selbst endlich* 3[t] *die Vaterlandsliebe, das Deutschthum entstehen.* ———

⌈arR: = *ein immaginaires Deutschland, das weder recht vernünftig, noch recht historisch ist* /*war*/.⌉

[c.] *Hiernach nun* [*die*] *den Sinn u. die Intentionen jeder dieser Klaßen, ihre Tugenden, u. ihre Irrthümer*[,] [*u.*] *Pedanterrien u. Karikaturen speziell nachweisen! Insbesondere auch den großen Impuls der Romantik auf alle Lebensverhältniße! Alle bedeutendere Jugend hing der Romantik an. Die Führer der Romantik* /:*auch Görres, Arnim, Brentano p:*/ *persönlich in lebendigen Bildern vorführen p.*

⌈arR: = *Der Einfluß des* <u>*Steffens*</u>

[arR: ⌈*liest bei Abend, seine schöne Gestalt, die funkelnden Augen,* [*das*] *der intereßante* /*pikannte*/ *ausländische Accent p.*⌉]

in Halle, des <u>*Görres*</u> ⌈*Arnim u. Brentano* /*gegen Voss*/⌉ *in Heidelberg, des* <u>*Fichte*</u> *u.* <u>*Schelling*</u> *in Jena, des* <u>*Fr: Schlegel*</u> *u.* <u>*Ad: Müller*</u> *in Wien. Daraus: die* <u>*heimliche*</u>, *gegen die Franzosen gerichtete* [*Va*] *Begeisterung der Vaterlandsliebe p.* –⌉

[b.] <u>*Jetzt*</u> = | *Jene 3 Elemente zeigten sich denn auch* ⌈*damals*⌉ *auf den* <u>*Universitäten.*</u>

Nemlich <u>*ad: 1*</u> = [⌈*da*⌉] *die alten ledernen Juristen* ⌈*lauter* [*Ka*] *Kantianer*⌉, *die Logik u. das Naturrecht*, [⌈*hölzerner Schem*⌉] ⌈*⌉ ⌈arR: * *hölzerner Schematismus p.* –⌉ *Zu* <u>*diesen*</u> *hielten die* [*pr*] *ganz*

VII.2. Titel vielleicht: Erlebtes   381

prosaischen Brodstudenten, ⌈*die man Bettelstudenten nennen könnte,*⌉ *d: h:. die* ⌈alR: *da sie*⌉ [*b*] *bloß auf Brod studirten* ⌈*eigentl: betteln*⌉*. –*

Allein [*die*] ⌈*ad: 2ᵗ: die*⌉ *Universitäten hatten dabei damals noch eine gute Erbschaft von romantischem Mittelalter überkommen. Daher* ⌈*Tapferkeit*⌉ *die Orden, Landsmannschaften,* ⌈*Ritterthum*⌉ *Duelle, Uniformen, wildes Leben, Fußwanderungen p. p.* *

⌈arR: = *Die Duelle* [*sind*] ⌈*scheinen*⌉ *leider als Ausgleichung der Ehre dort noch nöthig, wo die Ehre nicht vom Gesetz geschützt wird. Sie sind noch eben so wenig* [*zu*] *abzuschaffen wie der Krieg, der aus demselben Grunde ein Duell zwischen Nationen ist. –* ⌉

⌈*"Geduld u. Gottvertrauen!" ist leicht gesagt, aber für die Jugend schwer ausführbar. Das Nichtduelliren ist ein paßives Erdulden der gemeinen Meinung, aber kein persönl. Muth, keine Tapferkeit. Wir wollen keineswegs die* [*Mi*] *Duelle vertheidigen, sondern wünschen nur ein verständiges Mittel, sie wirklich zu beseitigen.*⌉

⌈arR: * *Reichhardts Garten in Gibichenstein. Aus diesen Jünglingen gingen dann die Vaterlandsbefreier hervor p. Aber dieß Alles artete aus in die Pedanterie der Landsmannschaften p. /:S: Bohlen ad Halle!:/*⌉

| *Unter diesen bildeten wieder die* <u>*literarischen*</u> *Romantiker, d: h: die Anhänger der neuen Romantik, eine besondere Sekte; damals noch ziemlich eine ecclesia pressa.*

⌈arR: = *Da standen überall die gewaltigen Geister auf: Schelling, Schlegel, Görres, Steffens p*⌉

104,10 |] Markierungsstrich, s. auch vor *Unter* (105,12)

105,12 |] Markierungsstrich, s. auch oben vor *Jene* (104,10)

106,13–17 = *Dabei* bis <u>*aufsparen!*</u> *–*)] nachträgl. arR

106,15–17 *NB:* bis <u>*aufsparen!*</u> *–*] nachträgl. arR

106,15 *(Kunst = Veit p.)*] nachträgl.

382   Kommentar zu VII. ⟨Titel vielleicht: Erlebtes⟩

106,18   *aus 1 u. 2 wunderlich komponirten,*] nachträgl.

106,19   *Politische*] [*d:*] *Politische*

106,21-23   *Auch die Burschenschaft* bis *ad Halle!:/*] nachträgl. arR

107,1-2   * *Hier die Abhandlung* bis <u>*hier*</u> *oben rechts!:/*] nachträgl. mit Einweisungszeichen hinter Pietismus arR

<u>*hier*</u> *weiter oben rechts!*] entspricht = *Die Duelle* bis *wirklich zu beseitigen.* (104,20–105,7)

107,3-5   *Die* <u>*großen*</u> *Städte* bis *eingefangen p. –*] nachträgl. arR

107,6   *hier inliegenden*] nachträgl.

107,8-10   <u>*Predigt*</u> bis *sei jung! –*] zuerst mit Bleistift dann mit Tinte nachgezogen

107,11-109,3   <u>*Jetzt*</u> = bis Schluß] diagonal durchgestrichen, <u>*Jetzt*</u> zweifach angestrichen

107,18   *wieder*] nachträgl.

107,20   *Orientirung*] [*eine*] *Orientirung*

107,22-23   *überwältigende Maße des*] [*Maße d*] *überwältigende Maße des*

107,23   *namentlich die*] [*d*] *namentlich die*

108,2   *gesehen. –*] *gesehen. –* [*] Einweisungszeichen bezieht sich auf [*] *Bei der Jugend* bis *links das Unausgestrichene! –* (108,3–109,3)

108,3-109,3   *– Bei der Jugend* bis *links das Unausgestrichene! –*] nachträgl. arR, davor gestrichenes Einweisungszeichen [*], das zunächst hinter *gesehen. –* vorgesehen war, dann dort gestrichen und in den wiederum gestrichenen Verweis <u>*Jetzt*</u> = [*S: hier oben rechts beim* *!] aufgenommen wurde

108,5   * *S: a den 1ᵗ Absatz in der Mitte*] nachträgl. über der rechten Spalte mit Einweisungszeichen

108,6   *blasirt.*] *blasirt.* [–]

108,7-8   /*nur illusorisch*/ *gewonnen*] [*gewonnen*] /*nur illusorisch*/ *gewonnen*

108,10 *Liederlichkeit so roh u. abschreckend*] [*rohe*] *Liederlichkeit so* [*abschreck*] *roh u. abschreckend*

108,13 *ä⟨s⟩thetisiert*] *äthetisirt*

108,19 *frühzeitig*] [*frü*] *frühzeitig*

108,21–22 = *Die Jugend* bis *noth.*] nachträgl. arR

108,22 *thut*] [*ist*] *thut*

108,23 *Denn*] zweifach angestrichen

109,1 *Jetzt* =] zweifach angestrichen: *Jetzt* = [S: *hier oben rechts beim* *!*] bezieht sich auf [*] – *bei der Jugend* bis *links das Unausgestrichene!* – (108,3–15)

109,1 *d:*] *d⟨eutschen⟩* nachträgl.

Erläuterungen

98,1 *Titel vielleicht: Erlebtes*] Der Titel der vorliegenden Planskizze, wie auch das entworfene Vorwort (98,4–20) und die beiden ausgeführten Kapitel „*Der Adel u. die Revolution*" und „*Halle und Heidelberg*" markieren den Übergang von der Autobiographie zu einem historischen „Zeitbild" der vergangenen Epoche. Im Oktober 1855 schreibt Eichendorff an Jegór von Sivers: *Was macht denn Ihr Reisewerk?* ⟨...⟩ *Ich sollte meinen, eine bloße, einfache, lebendige Schilderung des Erlebten, auch ohne alle gelehrte Zutat, müßte allgemeines Interesse erwecken.* (HKA XII 369) Dies ist die einzige weitere Stelle, wo der Titel in einem anderen Kontext bei Eichendorff noch zu belegen ist.

98,6–12 *Ich bin ... Sinne*] Vgl. Erl. zu VII.1. 97,13–17.

98,13 *Reverbére*] frz. Spiegel, Reflektor an einem Wandleuchter oder einer Lampe.

98,17 *Die Sentimentalen*] S. Erl. zu VII.3. 121,6.

98,18 *Spieß*] S. Erl. zu VII.3. 121,8. *Cramer*] S. Erl. zu VII.3. 121,8.

98,18–19 *die philosophischen Romane*] In *GLD* heißt es dazu: *Die Verstandespoesie wird aber jederzeit vorzüglich durch den Roman re-*

präsentiert. Daher jetzt die noch immer steigende Sündflut von Romanen, und fast keiner darunter, wo nicht ein Stück modernster Philosophie abgehandelt und damit experimentiert würde. Stichworte dieser philosophischen Tendenz des Romans sind nach Eichendorff: *Republik, Socialismus, frivole Salonweisheit, Monarchie, Anti-Christentum, Humanitätslehre, Universalität, Weltbürgerei* etc. (HKA IX 476).

98,19 *Humoristen*] Zu Begriff und Bedeutung des Humors in der Literatur vgl. das Register von HKA VIII/2 und IX. Die Geschichte des zeitgenössischen Romans sieht Eichendorff als eine *Geschichte der wechselnden Krankheitssymptome unserer Zeit* (HKA IX 482); in diesem Sinne stimmt er Gervinus zu, der „den öden Humor eine Krankheit des Geistes und Gemüthes ⟨nennt⟩, die auf diese Weise sich das Unerträgliche erträglich zu machen suche" (HKA VIII/2 58). – Vgl. die Erl. zu II.2. 22,10.

98,20 *Vogelperspective*] S. Erl. zu VI.2. 79,20–25 und 82,2. *Blatt a*] Gemeint ist die Hs. zu VI.5. und VII.1., die mit *a.)* bezeichnet ist.

98,22 *mit der Revolution geboren*] S. Erl. zu II.1. 17,7–8.

99,1–2 *Uebergang ... Gegensätze*] Vgl. VI.3. 84,13–85,2.

99,3 *Carlsbad*] S. Erl. zu VI.3. 85,6. Vgl. Eichendorffs Brief an Hermann von Eichendorff vom 27. September 1855: *Neulich habe ich von hier aus ganz allein einen Ausflug nach Halle gemacht, u. kam mir auf den alten Plätzen fast wie ein Gespenst vor. Aehnliche Erinnerungen überraschten mich auch in Carlsbad, das ich als Kind, also etwa vor 60 Jahren gesehen hatte."* (HKA XII 367)

99,3 *Tost*] S. Erl. zu IV.3. 58,18. *Marg., 1 ad I*] gemeint ist die Hs. zu VI.3. (vgl. dort 84,12–85,11).

99,7–8 *Ideen ... Fleisch geworden*] S. Erl. zu VII.3. 128,25–26.

99,9–11 *ehrenwerthe Männer ... begeistert*] Es ist kein Zufall, daß die meisten Revolutionsanhänger in Deutschland Schriftsteller waren. Es fehlte der Bezug zu konkreten politischen und wirtschaftlichen Interessen. An ihre Stelle tritt ein theoretisches Deutungsschema („Ideenrevolution"). In diesem Revolutionsverständnis können daher auch ganz unterschiedlich geprägte Autoren übereinstimmen: Hegel, Hölderlin, Schelling, Schiller, Herder, Klopstock, der junge Jean Paul, Novalis, F. Schlegel, Tieck, Wackenroder, Fichte, Campe u. a.

99,13 *auf die äußerste Spitze trieb*] Schon in der Examensarbeit heißt es: *Ja, wie überhaupt jede einseitige Richtung, wenn sie als leitende Weltkraft auftreten will, nur eine taube Blüte ist, zeigte sich in noch größerem Umfange, da in der französischen Revolution der durch eine falsche Philosophie aufgeblasene Verstand, nachdem er alleinherrschend den Thron eingenommen, in blutigem Wahnsinn sich selber, anstatt der heiligen Krone, die rote Narrenkappe aufsetzte.* (HKA^1 X 157)

99,21 *des babylonischen Thurmes*] S. Erl. zu VII.3. 128,18–19.

99,24 *Liberalen ... C⟨onservativen⟩*] S. Erl. zu VII.3. 128,21.

100,4–5 *Ueberschriften ... beibehalten*] Vgl. V.1. 68,1–23 und die entsprechenden Erl.

100,6 *des Jahns u. der Lützower*] S. Erl. zu V.1. 68,20.

100,7 *Lübbenau u Lübben*] Orte in der Niederlausitz; vgl. Erl. zu V.1. 68,21. *Veit*] S. Erl. zu V.1. 68,21. *Kersting*] Kamerad Eichendorffs aus dem Lützowschen Korps (vgl. auch B^{3}I 70). *Ström*] S. Erl. zu V.1. 68,22.

100,8 *Landwehr*] S. Erl. zu VI.5. 93,21. *Paris*] S. Erl. zu V.1. 68,14 und 22–23.

100,8–9 *Blatt a unten*] Es ist nicht geklärt, worauf sich dieser Hinweis bezieht: die Hs. von VI.5. (mit *a.*) bezeichnet) enthält in der unteren Hälfte eine Bemerkung über die Landwehr; Paris wird nur in V.1. erwähnt, dessen Hs. aber verschollen ist.

100,11 *Probearbeit*] S. Erl. zu VI.2. 80,11.

100,18 *gelangweilt hatte*] S. Erl. zu II.3. 31,8–9 und VI.4. 88,14.

386 Kommentar zu VII. ⟨Titel vielleicht: Erlebtes⟩

100,19-20 *Herzogs v. Braunschweig*] Friedrich Wilhelm von Braunschweig (1771–1815), dessen Herzogtum von 1806 bis zum 22. Dezember 1813 zum Machtbereich Napoleons gehörte (Königreich Westfalen), rüstete 1809 eigene Truppen aus, mit denen er in Norddeutschland („Schwarze Schar") und Spanien („King's German legion") erfolgreich gegen Napoleon kämpfte. *Schills*] Ferdinand von Schill (1776–1809), bewährt bei der Verteidigung von Kolberg (1806/07), verließ 1809 mit einem Husarenregiment auf eigene Faust Berlin, um den preußischen König zu einer Entscheidung gegen Napoleon mitzureißen. Nach einer mißlungenen Belagerung von Magdeburg fiel er im Straßenkampf in Stralsund am 31. Mai 1809; seine Offiziere und Mannschaften wurden von den Franzosen grausam bestraft. Vgl. Gotthardt Oswald Marbachs zweibändige Novelle „Die Dioskuren" (1840), die mit der Vernichtung des Schillschen Regiments endet.

100,20 *Tyroler Volkskriege*] Am 9. April 1809 Aufstand der Tiroler gegen die mit Napoleon verbündeten Bayern; als wahre Volksbewegung mit einer Reihe unzusammenhängender Kampfhandlungen begonnen, wurde der Aufstand seit dem Sieg am Berg Isel bei Innsbruck (29. Mai 1809) von Andreas Hofer (1767–1810) geführt; nach dem Frieden von Schönbrunn (14. Oktober 1809) zwischen Österreich und Frankreich wurde die Lage der Tiroler unhaltbar. Der Tiroler Volksaufstand bildet den historischen Hintergrund des 18.–20. Kapitels von *AG* (vgl. des näheren HKA III, Erl. zu 231,1); vgl. die Gedichte „*Der Tyroler Nachtwache. 1810*" (HKA I/1 147), „*An die Tyroler. Im Jahre 1810*" (HKA I/1 148) und „*An die Meisten. 1810*" (HKA I/1 149).

100,22 *gute alte Zeit*] S. Erl. zu II.4. 42,5.

100,23 *Der Adel u. die Revolution*] S. Erl. zu VII.3. 110,1; vgl. darüber hinaus die entsprechenden Erl. zu den in VII.3. und VII.4. ausgeführten Passagen des Entwurfs.

100,24 *Zopfzeit*] Die Zopfperücke wurde in der zweiten Hälfte des 18. Jahrhunderts zur herrschenden Mode; seit der Französischen Revolution galt sie als Symbol alles Unnatürlichen und Reaktionären. Bei Eichendorff steht die Zopfzeit für das Überlebte des ständischen Rokoko und für den pedantischen, nützlichkeitsorientierten Rationalismus der Spätaufklärung. Vgl. Tiecks Diskussionsnovelle „Die Gesellschaft auf dem Lande" (Berlinischer Taschenkalender" 1825) mit Gegnern und Verteidigern des Zopfes.

100,26 *humoristisch*] S. Erl. zu II.2. 22,10.

101,20–21 *Ratibor*] S. Erl. zu IV.1. 53,5.

101,21 *Lubowitz*] S. Erl. zu II.1. 17,25.

101,21–22 *Fuchsjäger*] Junker (DWB IV, Sp. 347).

101,23 *à la Don Ranudo de Colibrados*] S. Erl. zu II.2. 22,4.

101,24 *Verschwendung*] Nach Stutzer ist einer der Gründe für den Niedergang des Eichendorffschen Besitzes der auch in dieser Familie betriebene, kulturell und gesellschaftlich äußerst aufwendige Lebensstil gewesen (Stutzer 1974 123). Vgl. die Erl. zu VI.5. 93,15. *Der Adel ist eine Idee*] Vor dem Hintergrund seiner scharfen Kritik an der historischen Erscheinung des Adels im ausgehenden 18. Jahrhundert entwirft Eichendorff eine Bestimmung von dessen eigentlicher und zukunftweisender Idee, die *mehr sittlicher als materieller Art sein soll* (HKA IX 28). Eichendorff fordert einen *Adel der Gesinnung* (HKA VIII/2 227), dem die *Aufgabe* zukommt, *alles Große, Edle und Schöne ⟨...⟩ ritterlich zu wahren, das ewig wandelbare Neue mit dem ewig Bestehenden zu vermitteln und somit erst wirklich lebensfähig zu machen.* (VII.3. 136,31–137,4)

102,2–3 *Schutt weggebla⟨sen⟩*] Neben der Französichen Revolution sieht Eichendorff auch in der preußischen Reformgesetzgebung die Bedeutung, daß sie die *verrotteten Fesseln, die nur noch drük-*

ken ohne mehr zu halten beseitigt habe, wodurch *nur erst der Schutt der alten Zeit zur Seite geschafft war.* (HKA¹ X 311)

102,7 *von Adelichen repräsentirt*] Eichendorff denkt hier an Baron Grimm und Graf Schlabrendorf (s. Erl. zu VII.3. 127,25 und 28).

102,16-17 *Krieg in der Türkei*] S. Erl. zu IV.1. 53,7.

102,20 *Philisterium*] S. Erl. zu II.2. 23,4.

102,23 *kindisch*] S. Erl. zu I. 3,8.

102,24-29 *nur das Liebenswürdige ... hereinspielt*] Diese Passage verweist zurück auf die Entwürfe zum „*Idyll*" und zum „*Bilderbuch*".

102,25 *Garten mit weiter Fernsicht*] S. Erl. zu IV.3. 58,7.

102,26 *Sommerschwüle*] S. Erl. zu I. 10,4.

102,27 *Gewitter*] S. Erl. zu V.1. 67,8.

103,1 *Welt ... ein Uhrwerk*] Seit ihrer Erfindung galt die Räderuhr nicht nur als Triumpf handwerklich-technischer Kunst, sondern auch als „Denkbild" einer ganzen Zivilisation. Im Zuge der sich zum Prototyp der exakten Wissenschaft überhaupt entwickelnden klassischen Mechanik (Kepler, Galilei, Newton) begann man, das Weltbild nach dem Vorbild der Uhr zu formen und sich die drei wesentlichsten Systeme, in denen der Mensch sein Leben verbringt, nämlich Kosmos, Körper und Staat, als Uhrwerke vorzustellen. Zur Erklärung dieser Bereiche wurden nun nicht mehr Zwecke, d. h. präexistierende Ziele göttlicher Setzung herangezogen, sondern objektive Kausalzusammenhänge. Dieser mechanisch-kausale Determinismus fand seinen Höhepunkt bei den französischen Aufklärern des 18. Jahrhunderts, die, ausgehend von Descartes, jedwede indeterministische Vorstellung aufgaben und auch das psychische Geschehen mit mechanischen Prinzipien erklärten. Eichendorff richtet sich hier gegen den Deismus des 18. Jahrhunderts, dessen Gottesbegriff einem radikalen Abstraktionsprozeß unterworfen wird. Übrig bleibt ein in äußerste räumliche und zeitliche Ferne gerücktes Urprinzip, der Weltbaumeister, dessen Schöpfung ohne sein weiteres Dazutun von selbst nach den Gesetzen der Mechanik abläuft (Uhrmetapher) (Philosophisches Wörterbuch, hg. von G. Klaus und M. Buhr, Berlin 1969, Artikel: Deismus, Determinismus, Mechanik).

103,3 *gemacht u. aufgezogen haben*] Das Denkmodell der Uhr barg einen Widerspruch. Einerseits verwies es auf einen Schöpfer, auf Gott als weisen Uhrmacher, und konnte so seit Nicolaus Oresme zum Ausgangspunkt eines formalen Gottesbeweises, und zwar des „teleologischen", werden; hierauf geht Eichendorff zurück. Andererseits rückte das Gleichnis durch die mechanische Analogie von Welt und Uhr seit Descartes gerade diesen Schöpfer in den Hintergrund. Vgl. dazu HKA IX 10; den Fatalismus dieser deterministischen Weltsicht hat Eichendorff in *AG* angedeutet, HKA III 136 und 296; aus der zeitgenössischen Literatur vgl. die Novelle „Der Zusammenhang der Dinge" aus den „Serapions-Brüdern" [Achter Abschnitt] (E. T. A. Hoffmann: Die Serapions-Brüder. Mit einem Nachwort von Walter Müller-Seidel und Anmerkungen von Wulf Segebrecht, München 1963 876–929).

103,21 *Enzyklopädisten*] S. Erl. zu VII.4. 140,25.

103,24 *Gesetzbücher*] S. Erl. zu VII.4. 141,2.

103,24–25 *Urrechten*] S. Erl. zu VII.4. 141,2 und 142,4.

104,5 *historische Schule*] S. Erl. zu VII.4. 141,16.

104,6–8 *Vaterlandsliebe ... immaginaires Deutschland*] Zum Unterschied von Vaterlandsliebe und Vaterländerei vgl. Erl. zu II.3. 35,4.

104,11 *ledernen Juristen*] S. Erl. zu VI.3. 86,17.

104,14 *Brodstudenten*] S. Erl. zu II.3. 26,3. Eichendorffs Vorstellungen entsprechen hier den klassischen Reformplänen Wilhelm von Humboldts zu einer voraussetzungslosen Wissenschaft:

„dass man bei der Methode des Unterrichts nicht sowohl darauf sehe, dass dieses oder jenes gelernt, sondern in dem Lernen das Gedächtniss geübt, der Verstand geschärft, das Urtheil berichtigt, das sittliche Gefühl verfeinert werde." (Gesammelte Schriften, 2. Abt., 1. Bd. Berlin 1903 205).

104,18 *Orden*] S. Erl. zu VII.4. 145,11–21. *Landsmannschaften*] S. Erl. zu VII.4. 145,11–21.

105,8 *Reichhardts Garten*] S. Erl. zu VII.4. 152,12. *Gibichenstein*] S. Erl. zu V.1. 68,10.

105,11 *Bohlen*] Bezieht sich auf die „Autobiographie des ⟨...⟩ Dr. Peter von Bohlen", hg. von Johannes Voigt (Königsberg 1841). Bohlen (1796–1840), Autodidakt in den orientalischen Sprachen, 1821–1824 Studium in Halle und Bonn, 1826–1836 Professor für orientalische Sprachen und Literatur in Königsberg, wo Eichendorff ihn, der im Kreise Theodor von Schöns verkehrte (vgl. HKA XVIII/1 186), sicherlich kennengelernt hat. Mit dem Herausgeber, dem Historiker J. Voigt (1786–1863), war Eichendorff seit seinen Königsberger Jahren befreundet.

105,14 *ecclesia pressa*] lat. unterdrückte Kirche. Die Kirchenmetaphorik stammt aus dem Athenaeumskreis in Jena, wo Begriffe wie „Messias", „Geistlicher", „ecclesia pressa" darauf hindeuten, daß der Kreis, vor allem von Friedrich Schlegel, als eine Art säkularisierter Gemeinde verstanden wurde.

105,15 *Schelling*] S. Erl. zu VII.4. 139,12.

105,16 und 22 *Görres*] S. Erl. zu VII.4. 156,5.

105,22 *Arnim*] S. Erl. zu VII.4. 157,8–9. *Brentano*] S. Erl. zu VII.4. 157,8–9. *in lebendigen Bildern*] Die Idee zu solchen literarischen Bildnissen geht auf „Dichtung und Wahrheit" zurück, wo im Sinne der „Aristeia" in Homers „Ilias" Portraits von Cornelia, Behrisch, Jung-Stilling, Herder, Basedow u. a. eingeschaltet sind (WA I,27 23–24, 131–135, 250–253, 302–316, WA I,28 271–274).

105,24–106,4 *Steffens liest ... in Halle*] Im Tb. vom 16. Juli 1805 notiert Eichendorff: *Besonders riß Steffens in seinem lezten Vortrage durch lebendige lodernde Kraft seines Entusiasmus jeden seiner Zuhörer hin.* (DKV 5 124; vgl. Erl. zu VII.4. 149,6).

106,4 *Voss*] S. Erl. zu VII.4. 171,11.

106,5 *Fichte*] S. Erl. zu VII.4. 139,12.

106,6 *Ad: Müller*] Adam Heinrich Müller (1779–1829), bedeutendster Staats- und Gesellschaftstheoretiker der Romantik, trat 1805 zum katholischen Glauben über. Gegen rationale Gesellschaftsordnungen und Reformen eingestellt, vertrat er geschichtlich-organische Anschauungen und propagierte den korporativen Ständestaat. Eichendorff lernte Adam Müller 1809 in Berlin kennen, seit 1811 in Wien war er für ihn, anregend, helfend und freundschaftlich zugetan, eine der wichtigsten Bekanntschaften.

106,12 *bekehrten*] S. Erl. zu VII.4. 175,2.

106,14 *Löben*] S. Erl. zu VII.4. 161,18.

106,15 *Veit*] S. Erl. zu V.1. 68,21.

106,15 *Schlegel*] Friedrich Schlegel (1772–1829), 1796–1801 in Jena (Freundschaft mit Novalis und Tieck, mit seinem Bruder Hg. des „Athenaeum": 1798–1800), 1808 Übertritt zum Katholizismus; seit dem gleichen Jahr Sekretär der Hof- und Staatskanzlei in Wien. An dem regen gesellschaftlich-literarischen Leben im Hause Dorothea und Friedrich Schlegels nahmen seit Anfang 1811 auch die Brüder Eichendorff teil, wo sie u. a. Clemens Maria Hofbauer und Theodor Körner kennenlernten. Vom 27. Februar bis zum 30. April 1812 besuchten sie Schlegels öffentliche Vorträge über die „Geschichte der alten und neuen Literatur" (D: 1816).

Kommentar zu VII. ⟨Titel vielleicht: Erlebtes⟩

106,19-20 *Burschenschaften*] S. Erl. zu VII.4. 176,24.
106,20 *Pietismus*] S. Erl. zu VI.2. 78,1.
106,21-23 *Burschenschaft ... ad Halle*] In seinen Memoiren schildert Bohlen (s. Erl. zu 105,11) ausführlich das Hallenser Studentenleben. Über die Burschenschaften schreibt er: „Ich hatte mich, wie die meisten meiner Hamburger Freunde, der Burschenschaft angeschlossen; ohne mich weiter in Urtheile über diese Verbindung einzulassen, will ich bloß erwähnen, wie ich sie damals fand. Zwei Drittheil ungefähr der Hallischen Studenten hatten sich hier, trotz der jüngst ergangenen Verbote, von neuem constituirt, d. h. sie hatten Gesetze entworfen zur Reglung des academischen Lebens und um dem Unwesen der sogenannten Landsmannschaften zu steuern, die eine wahre Pest der Universitäten sind und leider wohl noch lange bleiben werden. ⟨...⟩ Der nächste Zweck aller Landsmannschaften bestand darin, sich geltend oder forsch zu machen. Dazu gehörte besonders, gut schlagen und trinken zu können, das Renommiren auf den Straßen und – notorisch bekannt – auch Ausschweifungen anderer Art. Die Studien schienen bei den meisten eigentlich ein nothwendiges Uebel und, ein lockeres Universitätsleben mitzumachen, die Hauptsache. Diesem verderblichen Wesen hatte zunächst die allgemeine Burschenschaft steuern wollen, denn sie war hervorgegangen aus der Zeit, wo Deutschland sich von fremder Herrschaft freigemacht, und die jungen Männer, welche von den Waffen zu den Studien zurückkehrten, empört worden waren, eine völlige Sclaverei auf den Academieen zu finden, nach welcher man immer noch die sogenannten Füchse auf herkömmliche Weise prellte, sei es auch nur durch gezwungenes Saufen und leicht herbeigezogene Duelle. Nach den Gesetzen der Burschenschaft sollten alle Spaltungen aufhören und der geringste Ankömmling dieselben Rechte genießen, wie das bemooste Haupt. Wer Student war, gehörte eo ipso der Allgemeinheit an und hatte auf Rei-

sen von allen Burschen gastfreie Aufnahme zu erwarten. Ein Ehrengericht schlichtete alle Streitigkeiten, welche um Kleinigkeiten entstanden waren und der Ehre eines Burschen nicht zu nahe traten. Vor allem aber waren Fleiß und ein gesittetes Leben die erste Bedingung, um auf den Namen eines honorigen Burschen Anspruch machen zu können, und die academischen Lehrer waren so sehr mit den augenscheinlichen Verdiensten der Verbrüderung einverstanden, daß sie in manchen Fällen mit Rath und Beifall eingriffen oder ermuntertern. Wie aber aus jedem menschlichen Institute schädliche Auswüchse auszuschießen pflegen, so ging es leider auch hier; denn, nicht zufrieden mit der Lenkung academischer Angelegenheiten, waren nach und nach unruhige Hitzköpfe in einen engeren Ausschuß zusammengetreten, um politischen Grübeleien nachzuhängen, wozu sie die Keime entweder schon mitgebracht hatten, oder, wie es aus den Untersuchungen hervorgegangen ist, von aufrührerisch gesinnten Schwindlern verführt wurden. Davon wußte freilich die große Masse nichts; denn es wurden wohl mitunter Reden gehalten von solchen, welche sich späterhin als Initiirte bekundet haben, welche mit deutschthümlichen Tiraden ins Blaue hinein bessere Zeiten predigten; aber es wurde darüber, wie ich versichern kann, allgemein gelächelt, und außerdem waren sie so abgefaßt, daß wohl nur der Eingeweihte den völligen Sinn fassen konnte. Auch bin ich fest überzeugt, daß die meisten Burschen sich mit Abscheu von einer Gesellschaft würden abgewandt haben, wäre diese mit ihren Absichten deutlicher hervorgerückt." (2. Aufl. Königsberg 1842 42–44, zit. nach W IV 759f.) Zum Vergleich ein authentischer Bericht über das Göttinger Studentenleben von Eduard Wedekind (Studentenleben in der Biedermeierzeit. Ein Tagebuch aus dem Jahre 1824, hg. von H. H. Houben, Göttingen 1927).

107,1 *Duell*] Vgl. VII.4. 177,26 und Erl.

107,3 und 11–12 *Die großen Städte*] S. Erl. zu VII.4. 178,25.
107,7 *älteren Notaten*] Vielleicht ist BN 102ᵛ gemeint; s. 107,11 ff.
107,19–20 *Lernen ... Lust zu lernen*] S. Erl. zu 104,14.
108,5 *S: a ... Mitte*] nicht ermittelt.
108,24 *S: a*] nicht ermittelt.

VII.3.
Der Adel u. die Revolution (S. 110–138)

Entstehung

S. unter Entstehung zu VII.2. *„Titel vielleicht: Erlebtes"*. – Den Idealtypus seiner Vorstellungen von einem autobiographisch-historischen Werk beschreibt Eichendorff in einer Rezension der Lebenserinnerungen Friedrich Fürst von Schwarzenbergs „Aus dem Wanderbuche eines verabschiedeten Lanzknechtes" (1844): *wie der unvergängliche Simplicissimus ⟨...⟩ steht auch unser Lanzknecht auf der Wetterscheide einer untergehenden und einer werdenden Zeit, und zeichnet diese Uebergangszeit mit ihren großen Erinnerungen, Thorheiten, Irrthümern und all ihrer ungeheuern Confusion in kecken Genrebildern auf den Goldgrund eines unverwüstlichen religiösen Gefühls* (1847, HKA VIII/1 96 f.).

Datierung: Sommer 1857.

Überlieferung

H: Wangen/Allgäu, Deutsches Eichendorff-Museum. Die Hs. aus dem Wiesbadener Nachlaß umfaßt sieben querliegende halbe Bogen (nachträglich in Bleistift mit *1* bis *7* bezeichnet), jeweils zu vier Seiten gefaltet (17,2 × 21,2 cm), ohne Paginierung; untere Kanten beschnitten, unterschiedlich große Einrisse an der Faltung; Papierart II.
Bei einem Außenrand von etwa 5 cm bis Seite 26 Mitte beschrieben, dann leer. Niederschrift des ersten Kapitels von *„Erlebtes"* anhand der Vorarbeiten von VII.2., nur mit gelegentlichen, geringfügigen Korrekturen. – Inhalt: *„Der Adel u. die Revolution"* (Reinschrift mit geringfügigen Korrekturen), darin: *„Es glänzt der Tulpenflor"* (= *„Sonst"*, HKA I/1 408) und am Schluß das Gedicht *„Printz Rococco"* (HKA I/3 14).

d: Vermischte Schriften, hg. von Hermann von Eichendorff, Bd. 5: Aus dem literarischen Nachlasse Joseph Freiherrn von Eichendorffs, Paderborn: Schöningh 1866 263–290; HKA¹ X 383–406.

Text: folgt H.

A. Varianten

110,10 *Es*] *Es* [*Es*]

110,19 *wo, wie ein Planetensystem, die Centralsonne*] *wo,* [*die Centralsonne*] *wie ein Planetensystem,* [*die Fü*] *die Centralsonne*

111,15 *nun*] nachträgl. alR mit Einweisungszeichen

111,28 *gleichsam*] nachträgl.

112,21 *französischen*] *französischen*[*, höchstcapriciösen*]

112,22 *Esprit de corps*] [*Ep*] *Esprit de corps*

113,6 *unerreichbarer*] nachträgl. alR mit Einweisungszeichen

113,10 *gewöhnlich mit*] [*m*] *gewöhnlich mit*

113,13 *waren*] nachträgl.

113,21 *langen*] nachträgl.

113,27–28 *überall am liebsten*] [*am li*] *überall am liebsten*

113,31 *Saal vor,*] (a) *Saal*[*,*] (b) *Saal* ⌈*vor,*⌉

114,14–15 *Festkleide, wie Päonien, von*] (a) *Festkleide vor* (b) *Festkleide*⌈*, **⌉ ⌈*wie Päonien,*⌉ *von* [< *vor*]

115,4 *durch*] [*durh*] *durch*

115,11 *nach ästhetischem Bedürfniß*] (a) [*in*] *ästhethischer* [*Rücksicht*] (b) ⌈*nach*⌉ *ästhetischem* [< *ästhetischer*] *Bedürfniß*

115,12 *aus*] nachträgl.

115,17 *Lebens*] *Lebens*[*,*]

116,24–25 *unheimlich*] *unheimlich*[*e*]

116,27 *dunklen Waldeskranze*] [*W*] *dunklen Waldeskranze*

117,4 *sie*] [*x*] *sie*

VII.3. Der Adel u. die Revolution   397

117,14   *Mannes=Würde*] (a) * *Würde*   (b) ⌈* *Mannes=*⌉*Würde*
117,25   *nicht ohne einige*] (a) [*denoch*] *nicht ohne*   (b) *nicht ohne* ⌈*einige*⌉
117,30   *Prätentiösen*] [*Prätiö*] *Prätentiösen*
118,3   *aber*] nachträgl.
118,4   *von Ersteren*] *von Ersteren* [*als*]
118,8   *Atmosp*⟨hä⟩*re*] *Atmospähre*
118,15–16   *den Geist der jedesmaligen Literatur*] (a) [*die*] *jedesmalige Literatur*   (b) ⌈*den Geist der*⌉ *jedesmalige*⌈*n*⌉ *Literatur*
118,19   *Literatur jederzeit*] (a) *Litera*[*tur*]   (b) *Litera*⌈*tur jederzeit*⌉
119,26   *Berechtigung: sie*] (a) *Berechtigung*[*, u. Bedeutsamkeit*]. *Sie*   (b) *Berechtigung: sie* [< . *Sie*]
120,9   *einen*] < *einem*
120,19   *besonders*] [*sehr*] *besonders*
120,19–20   *u. nicht ohne Entsetzen die Mosaikbeete von bunten Scherben*] [*die Mosaikbeete von bunten Scherben*] ⌈*u.*⌉ *nicht ohne Entsetzen die Mosaikbeete von bunten Scherben*
120,25   *trat fast*] [*fast*] *trat fast*
121,3–4 *ärgerlichen*] nachträgl. arR mit Einweisungszeichen
121,10   *finden*] (1) [*sehen*] * (2) * *finden* nachträgl. arR mit Einweisungszeichen
121,15   *wie u.*] nachträgl. arR mit Einweisungszeichen
121,23–24   , *wie ihre Gärten,*] nachträgl. arR mit Einweisungszeichen
121,31   *der Repräsentation*] nachträgl. alR mit Einweisungszeichen
122,7   *soll*] [*d*] *soll*
122,11–12   *wurde* bis *Farben die*] (a) *wurde,* * *die*   (b) *wurde* ⌈* *im Innern* ⌈*des Schloßes*⌉ *schillerte ein blendender Dilettantismus in allen Künsten u. Farben,*⌉ *die* nachträgl. alR mit Einweisungszeichen
122,16   *Lebensdrama*⟨s⟩] *Lebensdrama*

123,3 *vielmehr*] nachträgl.

123,11 *wenn*] (1) [*so oft*] (2) *wenn*

123,12-13 *vorsichtig zum Fenster*] [*zum Fenster*] *vorsichtig zum Fenster*

123,30-31 *Erschrecken*] [*Erk*] *Erschrecken*

124,10 *leuchtenden*] *leuchten*⌈*den*⌉

124,16 *geschadet,*] < *geschadet.*

124,21 *bewundernd*] (1) [*bewu*] [*bewundert*] (2) *bewundernd*

124,26 *zu*] nachträgl.

125,16 *alten*] nachträgl.

125,18 *nicht*] nachträgl.

125,31 *beschlichen.*] (1) [*ergriffen.*] (2) *beschlichen.* nachträgl. alR mit Einweisungszeichen

126,5 *fraß*] *fraß* [*sich*]

127,10-11 *das Neue in Deutschland*] (a) [*damals*] *das Neue* ∗ (b) *das Neue* ⌈∗ *in Deutschland*⌉ nachträgl. alR mit Einweisungszeichen

127,29-30 *Welttragödie*] *Welttragödie* [*an sich vorübergehen ließ*]

128,1 *Geisterschlacht*] [*Geisterzeit*] *Geisterschlacht*

128,15 *werden,*] < *werden.*

129,3-4 *nur noch*] nachträgl. alR mit Einweisungszeichen

129,9 *fraternisirend,*] (1) [*fraternisirt u.*] (2) *fraternisirend,* nachträgl. alR mit Einweisungszeichen

129,10 *gleichsam*] *gleich*⌈*sam*⌉

129,28 *hiermit Alles*] *hiermit* [*nun*] *Alles*

130,1 *weesentlich eine*] [*ein*] *weesentlich eine*

130,15 *Arkanum*] (1) [*Arka*⌈*n*⌉*um*] (2) *Arkanum* nachträgl. arR mit Einweisungszeichen

130,20 *für die Gebildeten*] [*fü*] *für die Gebildeten* [*plausibel*]

130,24 *Namentlich*] [*Es wa*] *Namentlich*

130,30–31 *Jugend, über seine natürliche Tragfähigkeit, mit*] (a) *Jugend mit* (b) *Jugend*⌈, *⌉ ⌈* *über seine natürliche Tragfähigkeit,*⌉ nachträgl. arR mit Einweisungszeichen

131,11 *Diese*] [*Dieselbe*] *Diese*

131,29 *zwar*] nachträgl.

132,13–14 *Militairfamilien, die*] (a) *Militairfamilien,* ⌈*u.*⌉ *die* (b) *Militairfamilien* [*u.*] *die*

132,23 *die*] *die* [*nun*]

132,26–133,1 *Alle Geschichte* bis *hinwegphilosophirt wurde.*] (1) *Der Adel aber war durchaus historisch, seine Stammbäume wurtzelten grade in dem Boden ihres speziellen Vaterlandes, der ihnen nun plötzlich unter den Füßen hinwegphilosophirt wurde. Alle Geschichte, alles Nationale u. Eigenthümliche wurde* [*eilig*] *sorgfältigst verwischt, die Schulbücher, die Romane u. Schauspiele predigten davon; was Wunder, daß* [*es*] *die Welt es endlich glaubte*[*?*]⌈*!*⌉

(2) Durch Schweifklammer und Umnumerierung am Rand umgestellte Satzfolge: *Alle Geschichte* bis *hinwegphilosophirt wurde.*

132,29 *glaubte!*] *glaubte*[*?*]⌈*!*⌉

133,3 *war*] *war* [*aber grade*]

133,7 *Dogma*] *Dogma*[*,*]

133,25 *bewegende Elemente*] (a) [*Lebens*] *Elemente* (b) ⌈***⌉ ⌈** bewegende*⌉ *Elemente*

133,29 *vertheidigten*] (1) [*beschützen*] (b) *vertheidigten* nachträgl. alR mit Einweisungszeichen

133,31 *eine kriegerische Verbrüderung*] (a) *kriegerische* [*Bündniße*] (b) ⌈*eine*⌉ *kriegerische* ⌈***⌉ ⌈** Verbrüderung*⌉

134,1 *Trutz*] [*T*] *Trutz*

134,13 *Und mit*] [*Mit*] *Und mit*

134,14 *schon*] nachträgl.

134,17 *keinen*] [x] *keinen*

aber, wie gesagt, dieser] (a) *aber dieser* (b) *aber*⌈, *⌉ ⌈* *wie gesagt,*⌉ *dieser*

134,22-23 *Schablone, von ihrem fröhlichen Volksliede nur die Reimtabulatur übrig*] (a) *Schablone übrig* (b) *Schablone*⌈, *⌉ *von ihrem fröhlichen Volksliede nur die Reimtabulatur*⌉ *übrig*

134,23 *Stadtwehr*] [*muthige*] *Stadtwehr*

134,28 *Pfeilern u.*] nachträgl. alR mit Einweisungszeichen

135,14 *nun äußerlich mit ihm*] (1) [*mit ihm äußerlich*] (2) *nun äußerlich mit ihm* nachträgl. arR mit Einweisungszeichen

135,17 *sagt*] [*treffend*] *sagt*

135,18-19 *irgendwie bereits*] [*bereits irg*] *irgendwie bereits*

135,21 *wogegen das*] [*Das*] *wogegen das*

135,24 *Geltung*] [*Geltens*] *Geltung*

Es] [*Kle* unsichere Lesung] *Es*

136,26 *ist, seiner unvergänglichen Natur nach, das*] (a) *ist das* (b) *ist*⌈, *⌉ ⌈* *seiner unvergänglichen Natur nach,*⌉ *das*

B. Lesarten

Die beiden vollendeten Kapitel von „*Erlebtes*" wurden von Hermann von Eichendorff für den Erstdruck (VS 261–329) redigiert. Die erhaltene Handschrift ist in deutlich unterschiedener Schrift mit Bleistift überarbeitet; die Eingriffe in den Text wurden nachträglich z. T. wieder ausradiert. Im folgenden sind die noch lesbaren Bleistiftvarianten (unter der Sigle h) und die Lesarten des Erstdrucks (mit der jeweiligen Seitenzahl) zusammengestellt.

Für die hier nicht weiter verzeichneten zeitgenössischen „Modernisierungen" des Erstdrucks, von denen sich nicht mit Bestimmtheit sagen läßt, ob sie auf Hermann von Eichendorff oder etwa den Setzer (bzw. Verlagskorrektor) zurückgehen, einige Beispiele:

110,2 *wißen*] *wissen* d (263)   110,11 *müdegewordene*] *müde geworden* d (263)   110,14 *umtäntzelt*] *umtänzelt* d (263)   110,21 *umkreißt*] *umkreist* d (263)   110,29 *weesentlich*] *wesentlich* d (264)   111,5 *wußten wem*] *wußten, wem* d (264)   111,18 *von neuem*] *von Neuem* d (264) 111,25 *allmählich*] *allmälig* d (265)   112,18 *ordinairsten*] *ordinärsten* d (265)   114,6 *der* ⟨...⟩ *Landfräulein*] *der* ⟨...⟩ *Landfräuleins* d (267) 115,9–10 */:unvermeidlich „Schlößer" geheißen:/*] *(unvermeidlich „Schlösser" geheißen)* d (268)

d und h (= Bleistifteintragungen von Hermann von Eichendorffs Hand in H) von H ausgehend:

110,1 <u>*Der Adel u. die Revolution.*</u>] Überschrift mit Bleistift durchstrichen. Darunter ausradierte Schriftzüge, ebenfalls mit Bleistift, erkennbar, die auf den von Hermann von Eichendorff abgewandelten Titel: *Deutsches Adelsleben* ⟨...⟩ schließen lassen. Auch rechts daneben ausradierte, aber nicht mehr entzifferbare Schriftspuren. h *I. Deutsches Adelsleben am Schlusse des achtzehnten Jahrhunderts.* d (263)

110,6 *Zipfel=Perrücke*] *Zopf=Perrücke* h *Zopf=Perrücke* d (263)

110,8 *Kaufleute*] *Kaufherren* h *Kauffahrer* d (263)

110,16 *will.* Absatz] Absatz fehlt d (263)

110,23 *aller damaligen*] *aller damaliger* d (264)

110,24 *folglich*] *auch* h d (264)

110,26 *das leztere, das*] *den letzteren, der* d (264)

110,30 *strenggegliederte*] *starkgegliederte* d (264)

111,1 *gerathen*] *weichen* h d (264)

111,5–6 *dem größerem*] *dem größeren* d (264)

111,15 *nun*] *zwar* h d (264)

111,29 *, wie etwa jetzt der Orden zweiter Klaße,*] gestrichen h fehlt d (265)

112,2 *wurstähnlich*] gestrichen h fehlt d (265)

112,23-24 *hinauslangte*] *hinausreichte* h d (265)

113,15 *Vorauf*] *Voraus* d (266)

113,17-18 *einer, mit vier dicken Rappen*] *einer meist mit vier starken Rappen* h d (266)

113,25 *die die*] *welche die* h d (267)

114,5 *Herrschaften*] „*Herrschaften*" h d (267)

114,7 *kichern*] *lachen* h d (267)

114,8-9 *wußte noch nichts*] *wußte noch nicht* d (267)

114,12-13 *Frühlingssonnenscheine spielen*] *sonnenscheine spielten* h *Sonnenscheine spielen* d (267)

114,22 *sie*] s̲i̲e̲ s i e d (267)

114,23 *er*] e̲r̲ h e r d (267)

114,23-24 *wie ein am Schnürchen gezogener Hampelmann,*] gestrichen h fehlt d (268)

114,26 *mit einer aufopfernden Todesverachtung*] *mit einer gewissen Aufopferung* h d (268)

114,27-28 *vornehm nachläßige*] *vornehme nachlässige* d (268)

115,2 *mit den ungeheuerlichsten Kapriolen*] *mit frischer Gelenkigkeit* h *mit forcirter Gelenkigkeit* d (268)

115,23 *in Haus u. Hof*] *im Haus und Hof* d (268)

115,26 *krachend*] *lärmend* h d (269)

115,26-28 *unter vielem Gezänk u. vergeblichem Rufen gefegt, gemolken, u. gebuttert, u. die*] *unter Gezänk u. vergeblichem Rufen gefegt, gemolken, gebuttert, die* h *unter Gezänk und vergeblichen Rufen gefegt, gemolken, gebuttert, die* d (269)

115,30 *so heiter*] *heiter* h d (269)

116,3-4 *Nach den geräuschvollen*] *Nach geräuschvollen* h d (269)

116,5 *werthen Befinden*] „*werthen Befinden*" h d (269)

116,9 *scharmutzirt, hier wurde*] *zu Felde gezogen, wurde* h d (269)

VII.3. Der Adel u. die Revolution

116,10 *dabei von den*] *dabei an den* d (269)

116,22-23 *unversehens*] *unvermuthet* d (269)

116,24 *Wellen*] *Wogen* h d (269)

119,8 *Grün,*] *Grün* d (272)

119,12 *art'ges*] *artig* d (272)

119,14 *flöten,*] *flöten.* d (272)

120,3 *Ferne*] *Form* d (273)

120,19-20 *u. nicht ohne Entsetzen*] gestrichen h fehlt d (273)

121,19 *, sagt Tieck irgendwo ganz richtig,*] *, ist von jemandem richtig bemerkt worden,* h fehlt d (274)

121,26 *Standes=Physiognomie*] *Staats=Physiognomie* d (274)

123,17-18 *gestreckt*] *gesteckt* d (276)

123,25 *automaten*] *autonomen* d (276)

125,16 *traditionellen*] *nationalen* d (278)

125,22 *wollen.* ——] Absatzzeichen gestrichen h fehlt d (278)

126,8-9 *wie wir sie Z. B. in Goethes „Wilhelm Meister" auf Lothario's Schloße sehen;*] gestrichen h fehlt d (279)

127,10 *rechten*] *richtigen* d (280)

128,24 *wie Drachen mit Lindwürmen,*] gestrichen h fehlt d (281)

129,17 *Drängern*] *Drängen* d (282)

129,27 *proklamirte.* Absatz] Absatz fehlt d (282)

129,29 *nun*] *nur* unsichere Lesung h *nur* d (282)

130,20-21 *u. Göthe das ganze Treiben in seinen „Wanderjahren" köstlich parodirt.*] in Klammern h *und Goethe das ganze Treiben in seinen „Wanderjahren" köstlich parodirt* d (283)

132,3 *Kinderfreund*] *„Kinderfreund"* h d (285)

133,8 *Laster*] *Lasten* unsichere Lesung h *Lasten* d (286)

135,17 *, wie Göthe irgendwo sagt,*] gestrichen h fehlt d (288)

135,24 *Geltung*] *Gattung* d (288)

136,13 *in dem rasenden Getümmel*] gestrichen h fehlt d (289)

137,3–4 *, dem wir daher zum Valet wohlmeinend zurufen möchten:*] gestrichen h fehlt, stattdessen . d (290)

137,5–138,12 *Printz Rococco* bis Schluß] fehlt d (290)

Erläuterungen

110,1 *Der Adel u. die Revolution*] Hermann von Eichendorff änderte den Titel des Kapitels anläßlich des Erstdrucks in den „*Vermischten Schriften*" in „*Deutsches Adelsleben am Schlusse des 18. Jahrhunderts*". Sein Eingriff ist in diesem Fall verständlich, denn der ursprüngliche Titel war insofern hochaktuell, als er zentrale Streitpunkte der Frankfurter Nationalversammlung (18. Mai 1848 bis 18. Juni 1849) aufgriff. Mit dem Ziel der Schaffung einer Verfassung hatte das Parlament in den ersten Monaten im wesentlichen die Grundrechte beraten. Unter dem Prinzip der Gleichheit aller Deutschen vor dem Recht sollten alle Adelsprivilegien abgeschafft werden; dabei wurde von demokratischen Rednern die Aufhebung der Adelstitel gefordert. Ein Grundsatzstreit bezog sich auf die Rechtsgrundlage des Parlaments: von Liberalen und Demokraten wurde die Revolution als die Rechtsgrundlage angesehen, auf der das Parlament stehe.

110,3 *guten alten Zeit*] S. Erl. zu II.4. 42,5.

110,6 *Zipfel=Perrücke*] Eine Perücke, an welcher hinten mehrere Haarzipfel oder Knoten herabhängen.

110,9 *von den Industriellen belagert*] Tatsächlich ist die aufkommende Industrialisierung besonders in ihrer ersten Phase gekennzeichnet von einer Bevölkerungsverschiebung zuungunsten der agrarischen Gebiete durch Landflucht und die Bildung von städtischen, industriellen Ballungsräumen; Eichendorff deutet hier jedoch im Bild auf die allgemeine Bedrohung vor allem des kleineren Landadels hin, die sich auch für seine Eltern aus der komplexen Fülle sozialökonomischer Wandlungen zu Beginn des industriellen Zeitalters ergab: Auflösung ständischer Sozialsysteme, Revolutionierung der vom Lehnswesen geprägten Agrarverhältnisse durch Aufhebung der Leibeigenschaft, Freisetzung des Grundeigentums, Ablösung der Grundlasten; zunehmende Bedeutung von Kapital, gleichberechtigtem Wettbewerb und freiem Unternehmertum; beginnende Rationalisierung und wissenschaftliche Fundierung der Landwirtschaft (Albrecht Thaer: Grundsätze der rationellen Landwirtschaft, Berlin 1809/1810).

110,19-20 *Centralsonne des Kaiserthums*] Dieses Bild geht zurück auf den Absolutismus des 17. und 18. Jahrhunderts; mit ihm wird nicht nur, im Sinne eines Planetensystems, die hierarchisch eingerichtete Struktur der politischen und gesellschaftlichen Ordnung beschrieben, sondern auch die zentrale Stellung und Legitimation der Fürsten, die ihr Recht und ihre Würde aus der göttlichen Ordnung ableiten. Entsprechend wendet Eichendorff dieses Bild auch auf das Papsttum an (HKA[1] X 152).

110,21-22 *wechselseitige religiöse Treue*] Die gegenseitige Treuepflicht zwischen Vasall und Dienstherrn war gallorömischen und altgermanischen Ursprungs; sie wurde erst im Mittelalter religiös bekräftigt.

111,2-3 *Vasallen kauften Landsknechte*] Eichendorff denkt hier vielleicht an den Typus des Kondottiere, wie er im Dreißigjährigen Krieg von Mansfeld, Wallenstein und Bernhard von Weimar verkörpert wurde.

111,10 *Lehensadel ... Dienstadel*] Mit der schrittweisen Auflösung der mittelalterlichen Rechts- und Gesellschaftsordnung vollzieht sich eine grundlegende Veränderung der auf dem Lehnswesen beruhenden Stellung des Adels: Aufhebung des ritterlichen Kriegsdienstes der Vasallen durch Söldnerheere; Aufkommen eines staatstragenden Dienstadels im Absolutismus mit einem neuen politischen Ethos; zunehmende Übervölkerung dieses ersten Staatsstandes gemessen an der Zahl der ritterlichen Besitzeinheiten und an der Zahl der Staatsämter; Konkurrenz des aufstrebenden Bürgertums im Staatsdienst und zunehmend auch im ländlichen Besitz: als Kapitalgeber, Generalpächter und – gegen das geltende Recht, aber begünstigt vom wachsenden spekulativen Güterhandel des Adels (vgl. Erl. zu 124,26) – als Käufer von adeligem Grundbesitz; schließlich 1807 die Aufhebung der Standesschranken als legalisierte Konsequenz dieser Entwicklung.

111,26 *Küraß*] Brustharnisch.

112,3 *Zopf ... hinten*] Refrain aus Adelbert von Chamissos Gedicht „Tragische Geschichte" (1822).

112,3–4 *Ritter mit dem Zopf*] S. Erl. zu VI.3. 84,15.

112,7–8 *Symbol der verwandelten Zeit*] S. Erl. zu VII.2. 100,24.

112,10 *Stock*] Zum grausamen Gebrauch der Prügelstrafe im preußischen Heer vgl. die „Lebensgeschichte und natürliche Ebentheuer des Armen Mannes im Tockenburg" von Ulrich Bräker (1789, Kap. XLVIII) und Karl Friedrich von Klödens „Jugenderinnerungen" (Leipzig 1911). Ein wesentlicher, vor allem von Gneisenau geforderter Teil der Heeresreform von 1808 betraf unter dem Stichwort „Freiheit der Rücken" die Abschaffung der in allen stehenden Heeren üblichen Prügelstrafe und des Spießrutenlaufens, die auch in den anderen Rechtszweigen den Weg ebnete zu einer Anerkennung der Untertanen als Staatsbürger.

112,20–21 *Frauendienst ... Ehre*] Eichendorff sieht die innere Verwandlung des Offizierkorps unter religiös-mittelalterlichen Wertvorstellungen; in *GLD* schreibt er über das Heldentum des Mittelalters, das durch das Christentum, *vorzüglich durch die tiefere Bedeutung, die es der Liebe und der Ehre gab* verwandelt worden war: *Die irdische Liebe verklärte sich in dem Bilde der heili-*

gen Junfrau, deren Himmelsglanz auf die irdischen Frauen zurückstrahlte und den ritterlichen Frauendienst durchaus mystisch gemacht hat. Eben so wurde die Ehre eine moralische Macht, indem die Kraft und Tapferkeit nicht mehr um materiellen Gewinn oder Weltlob, sondern opferfreudig auf dem Felsen der Armuth nur um Gotteswillen kämpfen sollte (HKA IX 43).

112,21 *point d'honneur*] frz. Ehrgefühl.

112,22 *Esprit de corps*] frz. Korpsgeist.

112,25-26 *Fouqué's Recken ... erinnern*] Vgl. beispielsweise Fouqués Novelle „Rosaura und ihre Verwandten", deren Held ein Garderittmeister ist. In *GLD* schreibt Eichendorff: *Denn Fouqué war vom Kopf bis zur Zeh ein Berliner Reiteroffizier mit dem sentimental-chevaleresken Anflug der 90er Jahre; und so wurden, bei seiner assimilirenden Dichternatur, seine altfranzösischen, maurischen und Nordlandsrecken mehr oder minder Preußische Gardeofficiere aus jener Zeit, wohlgefällig und nicht ohne Koketterie sich in dem blanken Schilde der Ritterlichkeit bespiegelnd, der, weil er modern polirt war, die Vorzeit oft verzerrt reflectirte* (HKA IX 409).

112,28 *Hauptrichtungen*] Entsprechend der sozial- und kulturgeschichtlichen Ausrichtung dieses Zeitbildes läßt sich nicht mit Bestimmtheit sagen, welcher Adelsgruppe die Familie Eichendorff zuzuordnen ist. Krüger nimmt an, daß sie der dritten Adelsklasse am nächsten gestanden habe (Krüger 18); Karl von Eichendorff schreibt: „Nach ihrer wirtschaftlichen und gesellschaftlichen Stellung sind sie zweifellos zu den Exklusiven zu rechnen" (Aurora 2, 1932 41); Paul Stöcklein hat demgegenüber mit Recht darauf hingewiesen, daß die erzählerische Nähe und Atmosphäre in der Schilderung der „kleineren Gutsbesitzer" auf eigenem Erleben zu beruhen scheint (Stöcklein 1963 18 f.).

113,9 *häufige Jagden*] Von Lubowitz aus wurden Jagdausflüge u. a. nach Tost und Summin unternommen; vgl. z. B. die Tb.-

Eintragungen vom 8.–11. September, 27.–29. Oktober und 10. Dezember 1806 (DKV 5 171–172, 179–181 und 186–189). In *AG* wird eine solche Jagd geschildert (HKA III 83 ff.).

113,12 *Jahrmarkt*] Zu den besonderen Attraktionen Ratibors gehörten die Jahrmärkte, die fünfmal im Jahr in der Kreisstadt abgehalten und von den Lubowitzern besucht wurden.

113,21 *Wurst*] „Es ist eine bloße gepolsterte Bank, die auf vier Rädern ruht, und auf der man entweder reitet oder querüber sitzt. An beiden Seiten sind kleine Fußbänke, worauf man die Füße setzt. Damit man nicht von den Rädern besprützt werde, sind dieselben mit ledernen Kappen bedeckt, die sich nach einem Zirkelbogen krümmen. Die Vortheile, die dies Fuhrwerk vor jedem Wagen voraus hat, sind mancherlei: es ist überaus leicht, man genießt nach allen Seiten eine völlig freie Aussicht, vier bis fünf Personen sitzen oder reiten ganz bequem nebeneinander, und was das wichtigste ist, man ist auf den allerschlimmsten Wegen vor dem Umfallen gesichert, weil man immer das Gleichgewicht behält." (Johann Friedrich Zöllner in einem Brief vom 5. August 1791 aus Schlesien, zit. nach Aurora 27, 1967 80).

113,22 *Haimonskinder*] Anspielung darauf, daß die gegen Karl den Großen kämpfenden Söhne des Grafen Aymon de Dordogne zu viert hintereinander auf dem Pferd Bayard ritten („Chanson de geste" 12. Jahrhundert, dt. Volksbuch 1531 und 1604, 1797 in den „Volksmährchen" von Tieck); Görres hatte die Brüder Eichendorff anläßlich ihrer Reise nach Paris (April–Mai 1808) gebeten, die dortige Hs. „genau anzusehen" und „die erste Seite und eine halbe aus der Mitte heraus abzuschreiben" (HKA[1] XIII 1).

113,25 *Winterbällen*] Ein solcher improvisierter Ball wird bei einem Jagdausflug in *AG* beschrieben (HKA III 87 f.).

113,31 *Bande*] Schar, hier ohne negativen Nebensinn; schon 1737 ist die Bedeutung zu „Diebs- und Räuberbande" abgesunken, so daß Künstler, statt des bis dahin gebräuchlichen „Bande", „Truppe" vorziehen.

114,18 *parodisch*] griech. parodia, etwa Gegengesang; hier aber mit der späteren Bedeutung der Parodie, der scherzhaften Umbildung eines schon etwas historisch gewordenen gesellschaftlichen Stils.

114,22 *Touren*] frz. Drehungen.

115,14 *Kernwirthin*] Eine solche *thätige Hauswirthin* (HKA III 72) ist in der Tante in *AG* geschildert, die in einigen Zügen der Mutter Eichendorffs ähnelt.

115,22-23 *Tagesanbruch ... Rumoren*] Solche „Rumpelmorgen" werden auch in *AG* (HKA III 76 und 81 f.) und in *DG* (W II 308) beschrieben.

116,1 *jetzt als Rococco*] In der Restaurationsepoche, der Zeit Metternichs, vollzieht sich vor allem in der Politik eine positive Neubewertung der letzten aristokratischen Epoche, des „Louisquinze". Was seit der Französischen Revolution unter der Bezeichnung Rokoko als das Abgelebte und Altmodisch-Steife galt, wird von etwa 1840 an im sog. „Zweiten Rokoko" auch als Möbelstil erneuert, jedoch vielfach, so auch von Eichendorff, als unechte Mode abgelehnt.

116,5-6 *desolaten*] lat. verlassen, verwüstet, traurig. *Gartenlaube*] S. Erl. zu IV.3. 58,7.

116,7 *Cupido*] Sohn der Venus, Gott der sinnlichen Begierde, meist mit Pfeil und Bogen dargestellt; zur Kritik an solchen Rokoko-Elementen in der Gartenbaukunst vgl. 120,22-25.

116,9 *scharmutzirt*] plänkeln.

116,14-15 *mit den Kernen ... feuerten*] Vgl. eine ähnliche Szene in *DG* (W II 359).

116,17 *nahen Garnison*] In Ratibor stand ein Kürassierregiment (Nr. 12, von Bünting), seit 1808 ein Husarenregiment (2. Schles. Nr. 6).

Kommentar zu VII. ⟨Titel vielleicht: Erlebtes⟩

116,22-23 *Alphorn ... Heimweh*] Ein frühes Beispiel für eine sozialpsychologische Bestimmung einer Krankheit, des Alphorn-Heimwehs der Schweizer als Nostalgia; in der Literatur häufig belegt: vgl. dazu HKA III, Erl. zu 288,10-14. Eichendorff kannte das Motiv vielleicht aus dem Gedicht „Heimweh des Schweizer's" von Johann Conrad Nänny (1783-1847) in: Zeitung für Einsiedler. April=Heft 1808 8. Belegstellen bei Eichendorff: *AG* (HKA III 288), *DG* (W II 470), *GLD* (HKA IX 73) u. ö.

116,25 *Gewitterstille*] S. Erl. zu V.1. 67,8.

116,26 *Wetter von Westen*] Anspielung auf die Französische Revolution von 1789, ganz im Stil vormärzlicher politischer Metaphorik.

116,30 *Geßner*] Salomon Geßner (1730-1788); seine antikisierendempfindsamen Schäfer-„Idyllen" erschienen 1756 und 1772. Eichendorff erwähnt ihn im Tb. vom 22.6.1803 (DKV 5 53). „*Nußkernen*"] volkstümlich-realistische Idylle (entstanden 1776, D: 1811) von Friedrich, gen. Mahler Müller (1749-1825).

117,1 *Junker Tobias oder Junker Christoph*] Gestalten aus Shakespeares Komödie „Was ihr wollt".

117,9 *Philisteriums*] S. Erl. zu II.2. 23,4.

117,12 *bramarbasierende*] prahlende.

117,15 *Biderbigkeit*] Rechtschaffenheit, mit dem Nebensinn einer treuherzigen, fast derben Ehrlichkeit (DWB I, Sp. 1811).

117,16 *Krippenreiter*] Spottname für einen verarmten Edelmann, der „wolhabendere edelleute nach der reihe beschmauset" (DWB V, Sp. 2327); seit dem Dreißigjährigen Krieg, besonders in Schlesien und den östlichen Grenzländern gebräuchlich.

117,21 *wie Falstaff*] „Ich bin nicht bloß selbst witzig, sondern auch Ursache, daß andre Witz haben." (Shakespeare: „König Heinrich der Vierte", 2. Teil, I/2 256).

VII.3. Der Adel u. die Revolution 411

117,24-25 *Lafontaine ... historische Bedeutung*] August Lafontaine (1758–1831), Theologe und Feldprediger (1789–1801), Verfasser vielgelesener und übersetzter Erzählungen und Romane (etwa 160 Bände), deren Sentimentalität aus oberflächlich typisierten, oft nur wenig abgewandelten Personenkonstellationen entfaltet wird. Der Roman „Klara du Plessis und Kairant" (1795; vgl. Eichendorffs Tb. vom 18.–20. September 1807, DKV 5 240–241)) ist ein Beispiel für die im Historischen immerhin anschauliche und wahrscheinliche Darstellung eines rührseligen Stoffes aus der Französischen Revolution.

118,3 *Krautjunkerthum*] verächtliche Bezeichnung für Landadlige, wahrscheinlich vom Hofadel aufgebracht.

118,21-23 *große poetische Pensum ... vergeßen*] In *GLD* schreibt Eichendorff: *Die Poesie ist demnach vielmehr nur die indirecte, d. h. sinnliche Darstellung des Ewigen und immer und überall Bedeutenden, welches auch jederzeit das Schöne ist, das verhüllt das Irdische durchschimmert.* (HKA IX 22)

118,28 *Curialstyl*] Kanzleistil; hier: Formelhaftigkeit und Stilisierung des Ausdrucks.

119,1-20 *Es glänzt der Tulpenflor...*] in der Hs. 1839 datiert, D: Deutscher Musenalmanach für 1840 unter dem Titel „*Sonst*" (HKA I/1 408). In den „Hallischen Jahrbüchern" wird dieses Gedicht „um der satirischen Tendenz willen" gewürdigt (HKA XVIII/1 533).

120,4 *Allongeperücken*] langlockige Perücke, von Ludwig XIV. 1673 als Staatsperücke eingeführt.

120,24 *Gottsched*] Johann Christoph Gottsched (1700–1766); bei seinen Bemühungen um die Reinigung der deutschen Sprache und die Erneuerung des deutschen Dramas galt ihm die Dramatik und Poetik der französischen Klassik (Boileau: „L'Art poétique", 1674) als Vorbild. Um 1740 wandten sich als erste Bodmer und Breitinger gegen seinen Klassizismus.

120,27 *Roußeau*] Mit seiner preisgekrönten Schrift „Discours sur les sciences et les arts" (1750) wandte sich Rousseau gegen Vergesellschaftung und Wissenschaft und rief dazu auf, durch Erinnerung an die einem glücklichen naturhaften Urzustand zugeschriebenen Werte (Freiheit, Unschuld, Tugend) die gegenwärtigen Verhältnisse umzugestalten; die Formel „Zurück zur Natur" hat Rousseau nie gebraucht, sie entspricht auch nicht seinem Anliegen. *Diderot*] nahm als Ästhetiker in seinem „Essai sur la peinture" (1765) romantische Konzeptionen vorweg und trat in seinem berühmtesten Werk „Le Neveu de Rameau" (1760–1772; D: 1805 in Goethes Übersetzung, WA I,45 1–145) für die naturhafte, seherische Schöpferkraft des Genies ein. *Leßing*] suchte sich schon in seiner ersten selbständigen Schrift, der „Plautus-Abhandlung" (1750), gegenüber der von Gottsched geprägten Literaturkritik abzugrenzen. In dessen Literaturreform, die am französischen Theater orientiert war, sah Lessing die Ursache, welche die Entwicklung eines eigenständigen deutschen Theaters verhinderte. Dieser Vorwurf wird dann im 17. „Literaturbrief" mit der Hinwendung zu Shakespeare und in der „Hamburgischen Dramaturgie" weit entschiedener erhoben.

120,28 *vindicirten*] lat. rechtlich zueignen, zurückfordern, zusprechen.

121,4 *Schlangenpfaden*] Ein in diesem Sinne künstlich verwilderter Park wird in *AG* geschildert. (HKA III 274–276)

121,6 *Sentimentalität*] Vgl. die Register von HKA VIII/1 und 2. Zur Entstehung von Empfindsamkeit und falscher Sentimentalität heißt es in *GLD*: *Von mächtiger Einwirkung dagegen ⟨...⟩ war die von ihm ⟨Klopstock⟩ emancipirte und kühn an dem Höchsten im Menschen geschulte E m p f i n d s a m k e i t. Die hausbakkene Verständigkeit hatte sich nämlich damals so eben breit und gemächlich zu Neste gesetzt, um das Menschheitswohl auszubrüten, als ihr Klopstock das Kuckucksei des subjectiven Gefühls unterzulegen wagte. Die Brutwärme war aber gar zu gering; und so fuhr ihnen in dem kalten Klima unversehens der Bastard der falschen S e n t i - m e n t a l i t ä t mit aus: das, dem Wahren und Großen nicht mehr gewachsene Gemüth, auf das Unbedeutende, Gemeine, ja Nichtswürdige angewendet, die Affectation mit den bloßen Flittern der Poesie, jene unmoralische innere Lüge, wie sie fast ein Menschenalter lang durch die Theegesellschaften und Leihbibliotheken ging* (HKA IX 216).

121,8 *Vaterländerei*] S. Erl. zu II.3. 35,4. *Lafontaine*] *überrieselte* ⟨...⟩ *mit einer Thränenflut von Sentimentalität das ganze gerührte Deutschland.* (HKA VIII/1 81) *Iffland*] August Wilhelm Iffland (1759–1814), berühmter Schauspieler, Theaterleiter und Verfasser vielgespielter, rührselig-moralischer Familienstücke. Eichendorff schreibt über ihn in *GLD*: *Ueber den ganzen moralischen Salm aber goß er in der dürren Zeit reichlich das Lavendelwasser der sentimentalen Empfindsamkeit; und so florirte in Deutschland das bürgerliche Rührspiel, oder die Iffländerei, wie es später die Romantiker nannten.* (HKA IX 246) *Spieß*] Christian Heinrich Spieß (1755–1799), Schauspieler, Roman- und Schauspielautor; Nachfolge des „Götz" und der „Räuber", Virtuosität in schaurigen Stoffen. *Cramer*] Carl Gottlieb Cramer (1758–1817), Verfasser vielgelesener Räuber- und Ritterromane: „Götz"-Nachfolge, Freiheitspathos, grobschlächtig-naives Rittermilieu. Eichendorff hat in seiner Jugend mehrere dieser Romane gelesen (vgl. DKV 5 935).

121,10 *Kosmopolitismus*] begreift die Menschen als Mitbürger einer universellen Gemeinschaft. Der kritisch-aufgeklärte, im wesentlichen humanistisch-apolitische Kosmopolitismus des 18. Jahrhunderts (Lessing, Herder, Wieland, Kant) wurde in der Zeit des Widerstands gegen Napoleon und der Freiheitskriege von den historisch-national engagierten Romantikern abgelehnt (s. des näheren W I 1043 f.).

121,11 *neuen Garten*] von Goethe verspottet in dem Lustspiel „Triumph der Empfindsamkeit" (1777, WA I/17 1–73).

121,16 *gefühlvolle Wegweiser*] Diese Mode sentimentaler Gärten wird in *AG* karikiert (HKA III 276, vgl. auch HKA¹ X 184). Eichendorff selbst hatte im Lubowitzer Park Stellen, die bestimmten Dichtern gewidmet waren; vgl. dazu V.1. 67,3-4 und Erl.

121,19 *sagt Tieck irgendwo*] bezieht sich auf die Gespräche über alle damals bekannten Formen von Gärten in Tiecks „Phantasus I." (Ludwig Tieck's Schriften, Berlin 1828/1829, IV 77-85 und 123-126; s. weiterführend HKA III 373f., Erl. zu 22,10).

121,19-20 *eigenthümlichen*] S. Erl. zu I. 4,1.

121,27 *Courtoisie*] frz. artiges, ritterliches Benehmen.

121,29 und 30 *Zeitgeist*] „nennt man die Summe herrschender Ideen, die durch Inhalt oder Form einer Zeit eigenthümlich angehören und sie von andern unterscheiden." (Allgemeine deutsche Real-Encyklopädie für die gebildeten Stände XII 443); seit Ende des 18. Jahrhunderts gebräuchlich. Ernst Moritz Arndt wendete sich in seinem „Geist der Zeit" (4 Bde., 1806-1818) gegen die Tendenzen des universalistischen Rationalismus. Ähnlich versteht Eichendorff darunter das *Mäkeln und leichtfertige Vornehmthun gegen den ewigen Geist aller Zeiten* (*DR*, HKA VIII/2 225); seine gegen die Liberalen des Hambacher Fests gerichtete politische Satire *„Auch ich war in Arkadien"* (1832) beginnt in einem Gasthof *„Zum goldenen Zeitgeist"* (W II 722).

122,24 *Irrgarten der Liebe*] Anspielung auf einen Romantitel von Johann Gottfried Schnabel (1692-1752): „Der im Irr-Garten der Liebe herum taumelnde Cavalier, Oder: Reise- und Liebes-Geschichte eines vornehmen Deutschen von Adel, Herrn von St.; Welcher nach vielen verübten Liebes-Excessen endlich erfahren müssen, wie der Himmel die Sünden der Jugend im Alter zu bestrafen pflegt." Warnungsstadt 1738. Vgl. Karl Immermann: „Der im Irrgarten der Metrik umhertaumelnde Kavalier" (1829), eine Satire gegen August von Platen (dazu „Düsseldorfer Anfänge", Immermann, Werke, Bd. 4 603-608).

122,25 *Zug frivoler Libertinage*] Eichendorff sieht den Beginn dieser Tendenz in der Gruppe der Anakreontiker um Wilhelm Ludwig Gleim (1719–1803) mit ihrer laxen Moral: J. Fr. W. Zachariae (1726–1777), J. G. Jacobi (1740–1814), J. N. Götz (1721–1781); die weltanschauliche Begründung erfolgt nach seiner Meinung durch Christoph Martin Wieland (1733–1813). Als Beispiele können gelten Wielands „Agathon" (1766/1767), Heinses „Ardinghello" (1787) und Klingers „Prinz Formosos Fiedelbogen und der Prinzeßin Sanaclara Geige" (1780).

122,28 *Conduite*] frz. Lebensart, Betragen.

122,29–31 *zweideutigen ... Sprechen lernen*] Vgl. Tb. vom 8.11., 1.12.1803, 6.11.1804, Feb. 1805 (DKV 5 68, 70, 100, 104).

123,4 *Extraction*] frz. hier: Herkunft.

123,6 *düpirt*] frz. prellen, zum Narren halten.

123,10 *Mentor*] S. Erl. zu VI.3. 86,8.

123,25 *automaten*] Die Lesung der Handschrift ist eindeutig (bestätigt von VS 1866), die Auskünfte der zeitgenössischen Wörterbücher dagegen sind nur spärlich; gemeint ist wohl „geist-, willenlos und dumm wie ein Automat".

124,5 *Heiducken*] Diener in ungarischer Tracht, besonders zum Sänftetragen.   *Laufern*] dem Wagen vorauseilende Diener.

124,6 *Trianons*] Lustschlösser in der Art des Grand Trianon (1687) und Petit Trianon (1762–1768) im Park von Versailles.

124,8–9 *finanzielle Katzenjammer*] Das bekannteste Beispiel ist der durch kostspielige Parkbauten verursachte Bankrott des Fürsten Hermann von Pückler-Muskau (1785–1871), der sich in der Folge durch Heirat mit einer reichen Engländerin sanieren wollte. Ergebnis seiner Englandreise (1826–1829) war lediglich ein sehr erfolgreiches Buch: „Briefe eines Verstorbenen" (4 Bände 1830–1832). Eichendorff karikiert ihn als Prinzen Romano in *„Viel Lärmen"*.

124,24 *fortgeerbten Grundbesitzes*] In Deutschland war schon frühzeitig das Lehen erblich geworden; zudem gab es seit dem 17. Jahrhundert bis zur Weimarer Verfassung die Möglichkeit, durch Stiftung eines Fideikommisses mit obrigkeitlicher Bestätigung den Grundbesitz – und damit die soziale Stellung einer Familie – als unteilbar und bis auf den Ertrag unverschuldbar zu sichern.

124,26 *zur gemeinen Waare machten*] Der spekulative Güterhandel war möglich einmal durch die seit 1717 zulässige Allodifikation der Lehnsgüter, vor allem aber durch die seit 1770 sukzessive eingeführten landschaftlichen Kreditsysteme mit der Möglichkeit der Überschuldung und des Zwangsverkaufs von Gütern. Diese Entwicklung, in der das „Grundeigentum zur Ware herabgewürdigt" wurde (so der zeitgenössische Historiker Ludwig von Baczko, 1756–1827), hatte schon die entsprechenden Bestimmmungen des „Allgemeinen Landrechts" überholt und wurde noch rechtzeitig durch das Steinsche Edikt vom 9. Oktober 1807 legalisiert.

125,31 *Schwüle*] S. Erl. zu I. 10,4.

126,2 *Graf St. Germain*] portugiesischer Alchimist und Abenteurer, der u. a. an den Höfen Ludwig XV., des Markgrafen von Ansbach und des Landgrafen von Hessen erfolgreich auftrat.

126,3 *Cagliostro*] Alexander Graf Cagliostro, Pseudonym des Sizilianers Giuseppe Balsamo (1743–1795); Geisterseher, Alchimist, vorgeblich Freimaurer und Rosenkreuzer, an der Halsbandaffäre (1785/1786) beteiligt. Die Gestalt verwendete Schiller im „Geisterseher" (1787), sie diente auch Goethe als Vorbild für den „Großkophta" (1791). Vgl. die entlarvende Schrift Elisa von der Reckes „Nachricht von des berüchtigten Cagliostro Aufenthalte in Mitau im Jahre 1779 und von dessen dortigen magischen Operationen" (1786), in: Der Graf Cagliostro, hg. von Heinrich Conrad, Stuttgart 1921 84–202. *Emißaire*] frz. Abgesandte.

126,6 *Rosenkreutzer*] geheime Gesellschaft zur universalen, humanitär-ethischen Reformierung des religiösen und politischen Lebens, vermutlich von Johann Valentin Andreä (1586–1654) gegründet. Zwischen 1756 und 1768 bildete sich der Orden der „Gold- und Rosenkreuzer", straff und mit strenger Geheimdisziplin organisiert, der schon früher aufgetretene Tendenzen zum alchimistischen Experiment, zu Magie und Mystik (J. Böhme) verband; in Berlin wurde er durch die beherrschende Rolle seiner Häupter J. R. von Bischoffwerder (1741–1803) und vor allem Johann Christoph von Wöllner (1732–1800; 1788 preußischer Kultusminister, Religionsedikt vom 9. Juli 1788) zu einem gegen Aufklärung und Illuminaten gerichteten Instrument politischer Macht. *Illuminaten*] 1776 von Adam Weishaupt (1748–1830) in Ingolstadt gegründet und 1785 vom bayerischen Kurfürsten Karl Theodor unter dem Vorwand der „Verschwörungstheorie" verboten. Geheimer Orden mit dem geschichtsphilosophisch legitimierten, radikal-aufklärerischen Programm, das Zeitalter des Dualismus zu überwinden, den Staat mit seinen Unterdrückungen zu beseitigen und den gewaltlosen Sieg der Moral herbeizuführen.

126,8 *Wilhelm Meister*] Gegenüber der Gesellschaft vom Turm mit ihren Ideen der Menschenbildung und einer aufgeklärt-religiösen Humanitätskultur hatte Eichendorff entschiedene weltanschauliche Vorbehalte; vgl. *DR* HKA VIII/2 174 f.

126,17 *bedenkliche Riße*] Carl Friedrich Bahrdt z. B., der Extremist unter den protestantischen Theologen, gelangte von der Kritik am biblischen Christentum zu Forderungen einer politischen und sozialen Umwälzung. Eulogius Schneider, ein ehemaliger Franziskanermönch, predigte als Domherr am Straßburger Münster die Erfüllung des Christentums in der Französischen Revolution. In Adalbert Kayßler hatte Eichendorff selbst einen solchen, zu aufklärerischen Ideen neigenden Renegaten kennengelernt.

126,20-21 *vom fernen Kriege ... in der Türkei*] S. Erl. zu IV.1. 53,7.

127,21 *Renegaten*] Abtrünnige. *desavouirt*] frz. verleugnet.

127,22 *Sonderbündlern*] Der „Sonderbund" von sieben katholischen Kantonen der Schweiz zur Wahrung der Kantonssouveränität und Religionsrechte (1845) wurde 1847 von den eidgenössischen Truppen besiegt. Für viele Zeitgenossen (vgl. z. B. Friedrich Engels: „Der Schweizer Bürgerkrieg", 1847) galten die Sonderbündler als Inbegriff einer militanten, antidemokratischen und -revolutionären Reaktion. 1848 veröffentlichte Friedrich Theodor Vischer eine kritische Besprechung von Eichendorffs Schrift „*Über die ethische und religiöse Bedeutung der neueren romantischen Poesie in Deutschland*" (1847) unter dem Titel „Ein literarischer Sonderbündler". Ein Beispiel konsequenter, kämpferischer Umwertung der Begriffe findet sich in *DR*, wo Eichendorff Demokraten und Liberale *Sonderbündler* nennt (HKA VIII/2 409).

127,25 *Grimm*] Friedrich Melchior Baron von Grimm (1723–1807), diplomatischer Berater und literarischer Korrespondent verschiedener Fürsten, befreundet mit bedeutenden Vertretern der französischen Aufklärung, Diderot, Rousseau u. a.; 1749–1792 in Paris, seit 1776 bevollmächtigter Minister des Herzogs von Sachsen-Gotha am französischen Hof, 1753–1792 „Correspondance litteraire ⟨...⟩ par Grimm, Diderot ⟨...⟩ etc." (16 Bände, Paris 1812–1813).

127,28 *Schlabrendorf*] Gustav Graf von Schlabrendorf (1750–1824), wohltätiger Philanthrop und einer der anregendsten Geister seiner Zeit, nannte sich „Eremita Parisiensis", entging als Anhänger der Girondisten nur durch Zufall der Guillotine, erregte Aufsehen mit der kritischen Schrift „Napoleon Bonaparte und das französische Volk unter seinem Consulate. Germanien im Jahre 1804"; vgl. Varnhagen von Ense: „Graf Schlabrendorf, amtlos Staatsmann, heimathfremd Bürger, begütert arm. Züge zu seinem Bilde" in: Historisches Taschenbuch, 3. Jg., 1832 251–263, 268–278.

128,16 *vermeintlichen Staatskünstler*] Eichendorffs Staatsauffassung folgt besonders den Lehren Adam Müllers vom christlichen Ständestaat („Elemente der Staatskunst" 1808/1809). Er hält nichts von der *Willkür* einer *gemachten* Verfassung, von *jener allzeitfertigen Verfassungsfabrikation*; dagegen betont er: *Mit und in der Geschichte der Nation muß daher die Verfassung ⟨...⟩ organisch emporwachsen wie ein Baum*. Die eigentliche Garantie freiheitlichen staatlichen Lebens aber sieht er in dem *historischen Ineinanderleben von König und Volk zu einem untrennbaren nationalen Ganzen* („Preußen und die Konstitutionen", HKA^1 X 323–326, 330).

128,18-19 *Bau des Babylonischen Thurmes*] Tempelturm, der nach 1. Mose 11 bis in den Himmel reichen sollte. Jahwe verhinderte seine Vollendung und verwirrte die ursprünglich gemeinsame Sprache der Menschheit. Im Revolutionsjahr von 1848 schreibt Eichendorff an Lebrecht Dreves: *da bei dem jetzigen babylonischen Thurmbau die wenigen immer seltener werden, die einander verstehen u. noch die alte Heimatsprache reden*. (HKA XII 222)

128,21 *Conservativen ... Radikalen*] Daß die Französische Revolution eine radikale Politisierung und Polarisierung der deutschen öffentlichen Meinung bewirken konnte, lag nicht zuletzt an der hysterischen Reaktion der Konservativen, die überall statt Reformwillen jakobinische Verschwörung am Werke sahen. Eine genaue Analyse linker und rechter Positionen im Vormärz bietet Eichendorff in „*Preußen und die Konstitutionen*" (HKA^1 X 298f.).

128,25 *auf Tod u. Leben*] An dieser von allen Parteiungen häufig gebrauchten Formel muß sich jeder messen, der in den politisch-geistigen Entscheidungen des Vormärz Partei ergreifen und als Zeitgenosse im eigentlichen Sinn gelten will.

128,25-26 *Ideen ... Fleisch geworden*] Von den Ideen überhaupt fordert Eichendorff, daß sie, *wenn sie zur lebendigen Erscheinung kommen sollen, sich erst individuell gestalten müssen, daß das Wort Fleisch werden müsse, um überhaupt politische Geltung und Bedeutung zu haben.* Sein Einwand gegen die Französische Revolution und ihre Prinzipien der Vernunft und Freiheit geht dahin, daß stereotype Begriffe (im Unterschied zu Ideen), *unmittelbar und ohne historische Vermittelung auf das öffentliche Leben angewandt, notwendig zur Karikatur oder Tyrannei* entarten müssen (HKA[1] X 320).

129,11 *Gasbeleuchtung*] seit 1813 gab es in London Gasbeleuchtung in den Straßen, seit 1826 in Berlin.

129,14 *Vernunft leibhaftig auf den Altar*] Im Zuge der systematischen „Dechristianisierung" (religionspolitisches Gegenstück zur „Schreckensherrschaft" in der Französischen Revolution) erstrebten die Jakobiner eine Religion der Vernunft (culte de la raison), zu deren Tempel Notre-Dame erklärt wurde; hier wurde am 9. November 1793 von Hébert (1757–1794) eine Tänzerin als Verkörperung der Vernunft inthronisiert.

129,31 *neuen Pädagogik*] Sie ging aus von Rousseaus Erziehungsroman „Emile" (1762).

130,9 *Basedow*] Johann Bernhard Basedow (1723–1790) machte schon 1752 in seiner Kieler Dissertation Vorschläge für eine neue Unterrichtsmethode, seine Erziehungsgrundsätze legte er dar in dem „Methodenbuch für Väter und Mütter der Familien und Völker" (1770), 1774 erschien sein „Elementarwerk" zur Reform des Unterrichtswesens, im selben Jahr eröffnete er in Dessau das „Philanthropinum", eine freigeistige Erziehungsanstalt mit den Zielen des spielenden Lernens und der praktischen Weltorientierung. (Vgl. *DR*, HKA VIII/2 185 f.).

130,11 *Herder sagte*] Eichendorff zitiert hier einen Brief Herders an Johann Georg Hamann vom 24. August 1776 (Briefe an Johann Georg Hamann, Hildesheim 1975 119).

130,15 *Arkanum*] lat. Geheimnis, Geheimmittel.

130,18 *Campe*] S. Erl. zu V.1. 67,3; seine vielgelesene und übersetzte Bearbeitung des „Robinson Crusoe" (den schon Rousseau zur ersten und für lange Zeit einzigen Lektüre des jungen Emile erwählt hatte), „Robinson der Jüngere" (1779/1780) ist ein Kompendium seiner pädagogischen Ziele: Erziehung zu christlicher Gottesfurcht und zu praktischer und geistiger Selbsttätigkeit im Rahmen sittlicher und demokratisch-gesellschaftlicher Bindungen.

130,20–21 *Göthe ... parodirt*] Eichendorff interpretiert die Schilderung der pädagogischen Provinz im 2. Buch der „Wanderjahre" (WA I,24 231 ff.).

130,30 *Argonautenschiff*] „Argo" war das Schiff Jasons und seiner Gefährten auf ihrer Fahrt nach Kolchis, wo sie das Goldene Vließ holen wollten. Eichendorff könnte das Bild den „Teutschen Volksbüchern" (1807) von Görres entnommen haben, wo es heißt (1. Kap.): „Die ganze Weltgeschichte ist eigentlich ein Argonautenzug nach dem goldenen Vließ." Vgl. auch die Erwähnung der Argonauten in *AG* (HKA III 3; vgl. Erl.), in den Gedichten *„Sänger-Fahrt"* (HKA I/1 131) und *„Die Brautfahrt"* (HKA I/1 350).

131,14 *Aufhebung des Ordens*] Der Jesuiten-Orden wurde am 21. Juli 1773 von Papst Clemens XIV. hauptsächlich aus religionspolitischen Erwägungen aufgehoben, von Pius VII. am 7. August 1814 wieder eingesetzt, doch blieb er in Deutschland bis 1848 verboten. Durch den Einspruch Friedrichs des Großen konnten in Preußen die Jesuiten als „Priester des königlichen Schulinstituts" ihre Lehrämter, nicht jedoch ihre priesterlichen Tätigkeiten weiter ausüben.

Kommentar zu VII. ⟨Titel vielleicht: Erlebtes⟩

132,3 *Kinderfreund*] Belehrende Jugendzeitschrift (24 Bände, 1775–1782), hg. von Christian Felix Weiße (1726–1804). *Kotzebueaden*] S. Erl. zu V.1. 68,4–5.

132,4 *Convicte*] S. Erl. zu V.1. 68,2.

132,6 *Fundatisten*] S. Erl. zu VI.3. 86,6. *Pensionairs*] S. Erl. zu VI.3. 86,6–7.

132,20 *„Ueberall u. Nirgends"*] Anspielung auf „Der Alte Ueberall und Nirgends", Geisteroper nach einem Roman von Spieß; Text von Karl Friedrich Hensler (1758–1825), Musik von Wenzel Müller (1767–1835), die Eichendorff am 21. März 1804 in Breslau sah.

132,23 *Bürgerkrone*] Auszeichnung (corona civica), die einem römischen Bürger verliehen wurde, wenn er in der Schlacht einem anderen das Leben gerettet hatte.

133,2 *Gleichmacherei*] S. Erl. zu II.1. 20,7.

133,4 *Freiheit*] Eichendorff wendet sich deutlich gegen einen abstrakten, mechanischen Begriff der Freiheit, wie er ihn in der Französischen Revolution propagiert fand: *Im gesellschaftlichen Zustande aber ist <u>unbedingte</u> Freiheit überhaupt ⟨...⟩ unmöglich* (HKA¹ X 197); sie führt zur *Sonderung* und damit *zu dem ganz Vereinzelten, Erstarrten, zur Selbstsucht* und fällt dem Chaos anheim (HKA¹ X 151). Dagegen bestimmt Eichendorff den Freiheitssinn als *die Neigung: die innerste, besondere Eigenthümlichkeit nicht nur in der freien Person des Einzelnen, sondern auch in allen Verhältnissen bis zur Persönlichkeit frei und besonders zu entfalten und darzustellen* (HKA¹ X 146). Eichendorff sieht dabei das Streben nach Freiheit durchaus als einen *Naturtrieb*, weiß ihn aber verankert in den höheren Kategorien der Natur (als *vielseitig und unendlich* zugleich; so wird auch die Libertas zuerst von den Waldvögeln als Königin begrüßt, W II 910–912), des Staates (als einer *geistigen Gemeinschaft* mit dem Ziel der *organischen Einheit der Mannigfaltigkeit*) und der Religion (*Denn* *dieser Schrei nach einer unmöglichen Republik* ⟨...⟩ *was ist es im Grunde anders als das seinem Urquell entfremdete und daher unverstandene Gefühl der wahren Freiheit und Gleichheit, welche das Christenthum predigt?* HKA VIII/2 409).

133,11–13 *falschen Minister ... getreten werden*] Eichendorff richtet sich hier gegen das bürgerliche Trauerspiel.

133,14 *Eßighändler*] Anspielung auf „Der Schubkarn des Eßighändlers", eine Komödie nach Louis Sebastien Mercier (1740–1814) von Heinrich Leopold Wagner (1747–1749), die Eichendorff am 9. Juli 1802 in Breslau sah.

133,15 *Förster*] Anspielung auf das Schauspiel „Die Jäger" von Iffland. Eichendorff sah es am 21. November 1802 in Breslau.

133,22 *retrograde*] lat. rückläufig.

134,5 *Hansa*] Bund selbständiger Kaufmannsstädte (1158 von Lübeck ausgehend, bis ins 16. Jahrhundert vorherrschend), der den Nord- und Ostseebereich zu einem großen Wirtschaftsraum zusammenfaßte.

134,12 *Reimtabulaturen*] Regelbücher, in denen die poetische und musikalische Technik der Singschulen des Meistersangs und die Bewertung von Verstößen gegen die Regeln bis ins kleinste festgelegt wurden; das älteste ist aus dem Jahr 1493 überliefert.

135,17 *wie Göthe irgendwo sagt*] In „Wilhelm Meisters Lehrjahre", 5. Buch, 16. Kap. (WA I,22 251).

135,20–21 *„man merkt die Absicht u. ist verstimmt"*] Zitat nach Goethe, „Torquato Tasso", II/1 (WA I,10 144).

135,30 *„Ellenreiter"*] Spottname für den mit der Elle statt mit dem Schwert hantierenden, sich zum Vornehmen stilisierenden Bürger.

136,6–7 *Satan ... Beelzebub*] Auch die Zeit nach der 48er Revolution sieht Eichendorff in diesem Bild: *Es scheint in der That als solle nun Satanas durch Belzebub vernichtet werden* ⟨...⟩, *damit eine höhere Generation Platz gewinne.* (HKA XII 334)

137,5–138,12 *Printz Rococco* ...] D: „Deutscher Musenalmanach" für 1854 (HKA I/3 14). Bereits 1837 hatte Franz von Gaudy (1800–1840) in einem satirischen Gedicht den „Popanz Rococo" angeprangert. Fürst Pückler-Muskau wurde „Fürst Rokoko" genannt.

VII.4.
Halle und Heidelberg (S. 139–181)

Entstehung

Zur Entstehung vgl. die Vorworte zu VII.2. und VII.3.

Datierung: Sommer 1857.

Überlieferung

H: ehemals Neisse, Wiesbadener Eichendorff-Manuskripte H 90. Nach K. W. Moser 35 beschriebene und 1 leere Seite (z. Zt. verschollen).
Faksimile der 1. Seite in: Eichendorffs Werke in 4 Bänden, hg. von Wilhem von Scholz, Stuttgart 1924, Bd. 4, Anhang, (unpag. S. 410).

d^1: Joseph von Eichendorff: Vermischte Schriften, hg. von Hermann von Eichendorff, Bd. 5: Aus dem literarischen Nachlasse, Paderborn: Schöningh 1866, S. 290–329.

d^2: HKA^1 X 406–441 (Wegener 256 bestätigt die richtige Wiedergabe der hs. Vorlage).

Text: folgt dem erhaltenen Teil von H sowie HKA^1 X 406–441.

Varianten

139,5-6 *unter wechselnden Evolutionen*] nachträgl. arR mit Einweisungszeichen H

139,8-9 *von Generation zu Generation sich erneuernden*] nachträgl. arR mit Einweisungszeichen H

139,12 *Schellingsche*] [*Schl*] *Schellingsche* H

140,6 *als störend*] Ende der handschriftlichen Überlieferung H

Lesarten

d¹ von H bzw. d² ausgehend:

139,1 <u>Halle und Heidelberg.</u>] *II. Halle und Heidelberg* d¹ (290)

139,13 *wesentlichen*] *wesentlicheren* d¹ (290)

139,21 *wahrnembare*] *wahrnehmbaren* d¹ (290) *wahrnehmbare* d² (407)

140,3 *usurpirte*] *unerhörte* d¹ (291) d² (407)

140,19 *begriffen*] *begreifen* d¹ (291)

141,23 *komponierte*] *kompromittirte* d¹ (292)

141,29 *bildeten dort*] *bildeten* d¹ (293)

142,15 *werben*] *erwerben* d¹ (293)

143,22 *sie aber vielleicht*] *sie vielleicht* d¹ (294)

143,24–25 *halbentkleidete*] *halbverkleidete* d¹ (294)

144,27 *versunken*] *versanken* d¹ (295)

147,18 *brüstete*] *tröstete* d¹ (298)

147,26 *die Freibeuter*] *diese Freibeuter* d¹ (298)

147,31 *gelte den*] *gelte dem* d¹ (299)

148,16 *Rüstung*] *Richtung* d¹ (299)

149,18 <u>*Reil*</u>] *Steil* d¹ (300)

151,4 *verwilderten*] *verödeten* d¹ (302)

151,5 *Dichterherz. Wer*] *Dichterherz. Völlig mystisch* d¹ (302)

152,12 ⟨g⟩*elegene*] *belegene* d² (417)

152,23 *er selbst an*] *er an* d¹ (302)

152,26 *gleichsam eingesperrt*] *eingesperrt* d¹ (302)

154,2 *Alarcos*] *Alareos* d¹ (303)

 Ponce de Leon] *Porce de Leon* d¹ (303)

154,6 *herüber*] *hinüber* d¹ (306)

160,14 *müssen. –*] *müssen.* d¹ (310)

161,2 *Ariost*] *Triost* d¹ (310)
161,8 *sehr geeignet*] *schon geeignet* d¹ (311)
161,21 *besaß eine*] *besaß* d¹ (311)
161,29 *Romantik; –*] *Romantik,* d¹ (311)
162,21–22 *obgleich erfunden, und doch*] fehlt d¹ (312)
163,19 *von Hause*] *vom Hause* d¹ (313)
165,2 *berühmten*] *berühmtesten* d¹ (314)
165,16 *Selbstgefälligkeit*] *Selbstständigkeit* d¹ (315)
165,18 *lobte*] *lebte* d¹ (316)
166,18–167,13 *begann vorzulesen, unter anderem folgendes Assonanzenlied:* bis *noch einen Haufen Sonette*] *begann vorzulesen einen Haufen Sonette* d¹ (316)
168,18 *bemerkte*] *merkte* d¹ (317)
169,8 *bald für verloren*] *bald verloren* d¹ (318)
169,10 *hat keine*] *hat nicht eine* d¹ (318)
170,15 *ernascht*] *erhascht* d¹ (319)
170,19 *haßt*] *haßte* d¹ (319)
171,1 *parodisch*] *paradisch* d¹ (319)
171,12 *grämlich*] *gräulich* d¹ (320)
172,7 *schon zu vielfach*] *schon vielfach* d¹ (321)
172,15 *Profanmusik*] *Prosamusik* d¹ (321)
173,22–23 *je mehr allmählich von*] *je mehr von* d¹ (322)
173,25 *erweckte*] *weckte* d¹ (322)
174,11 *bekehrter protestantischer Jünglinge*] *bekehrten protestantischen Jünglinge* d¹ (323)
174,15 *Ästhetik*] *Macht* d¹ (323)
174,20 *in jenen*] *in ihren* d¹ (323)

428   Kommentar zu VII. ⟨Titel vielleicht: Erlebtes⟩

175,4 *ein*] *wirklich ein* d¹ (324)
176,19 *nun auch*] *nun* d¹ (325)
176,26 *ursprünglich gut*] *gut* d¹ (325)
178,30 *nur*] *doch* d¹ (327)
180,19-20 *das noch gesunde und unzerknitterte*] *das gesunde und noch ungeknickte* d¹ (329)
180,25 *so gern*] *gern* d¹ (329)

Erläuterungen

139,11 *Wolfsche Lehre*] Christian Freiherr von Wolff (1679–1754), 1707–1723 und 1740–1754 in Halle; der Grundsatz seines besonders von Leibniz stark abhängigen, auf praktische Wirkung ausgerichteten, rationalistisch-dogmatischen Systems ist das Widerspruchsprinzip. Philosophie ist für Wolff die Wissenschaft vom Möglichen als solchem, d. h. vom widerspruchsfrei Ableitbaren.

139,12 *Fichtesche ... Philosophie*] Johann Gottlieb Fichte (1762–1814), 1794–1799 in Jena, 1794/1795 „Wissenschaftslehre". Voraussetzungsloser Ausgangspunkt der „Wissenschaftslehre" ist das Sich-selbst-„Setzen" des Ich und die Selbsterkenntnis des Ich in einem dialektischen Prozeß. Die Natur als Objektwelt, als „Nicht-Ich", ist nur Mittel der Selbsterkenntnis und der Selbstbestimmung des Ich im Handeln, „Material der Pflicht". *Schellingsche Philosophie*] Wilhelm Joseph Schelling (1775–1854), „Ideen zu einer Philosophie der Natur" (1797), 1798–1803 in Jena. In Übertragung der dialektischen Erkenntnismethode Fichtes wird hier die unbewußt-organische Produktivität der Natur als dialektischer Prozeß (Polarität und Vereinigung) gesehen. Die Natur ist nicht mehr nur Objektwelt, sondern – ein Analogon des bewußten Ich – ein dialektisch strukturiertes und wirkendes Subjekt. Im Künstler schließt sich die Kluft

VII.4. Halle und Heidelberg   429

zwischen bewußtem und unbewußtem Schöpfertum zur höchsten Synthese zwischen Natur und Geist.

139,15 *Staatskünstler*] S. Erl. zu VII.3. 128,16.

139,20 *zwei Provinzen*] Die Frage nach der Möglichkeit einer Metaphysik im überkommenen Sinn (Wolff) wird in der „Kritik der reinen Vernunft" (1781, 2. Aufl. 1787) negativ beantwortet: Eine Erkenntnis „aus reiner Vernunft" von Dingen, die überhaupt jenseits möglicher Erfahrung liegen, gibt es nicht. Alle Erkennnis vollzieht sich in der Bindung an die „Erfahrung", darin liegt ihre Grenze. Doch gibt es gleichberechtigt neben der Ablehnung einer beweisbaren Metaphysik in Kants Ethik („Kritik der praktischen Vernunft", 1788) die Postulate Gott, Unsterblichkeit und Freiheit, deren Annahme im Sinn des religiösen Glaubens durch die Prinzipien der praktischen Vernunft gerechtfertigt ist (vgl. hierzu HKA IX 187).

139,22 *terra incognita*] lat. unbekanntes Land.

139,29 *Vernunftstaat*] Ihn stellt Schiller in den „*Briefen über die ästhetische Erziehung des Menschengeschlechts*" (1795) dem Natur- oder Notstaat gegenüber. Eichendorff meint hier wohl allgemein die Ideen der Aufklärung zur Verfassung und Vergesetzlichung von Staat und Recht seit John Locke (1632–1704, „Two treatises on government": Konstitutionelle Monarchie, Trennung der Gewalten) bis hin zur revolutionierenden Identifizierung von Staatswille und „volonté générale" in Rousseaus „Contrat social" (1762) und den ernüchternden Ausartungen der Französischen Revolution; im engeren Sinn aber die Staatsauffassung Voltaires (1694–1778; vgl. HKA IX 187), der mit dem Ziel allgemeiner Wohlfahrt einen aufgeklärten, geistesaristokratischen Despotismus befürwortete. In Deutschland wurden liberale Staatsideen besonders von Carl von Rotteck (1775–1840) und Karl Theodor Welcker (1790–1869) vertreten („Staatslexikon", 1834–1843).

139,29-30 *Vernunftreligion*] Unter dem Einfluß der Konfessionsstreitigkeiten des 16. und 17. Jahrhunderts stellte die Aufklärung schon in ihren Anfängen gegen das theistische ein deistisches Weltbild auf (Gott ist der in der Menschheitsgeschichte untätige Schöpfer der Welt). Der Kampf der deutschen Aufklärung richtete sich fast ausschließlich gegen die geoffenbarte, positiv-dogmatische Religion zugunsten einer vorkonfessionellen „natürlichen" oder Vernunftreligion, die von der Gewißheit der vollkommenen Gesetzlichkeit der Schöpfung ausgeht. Eichendorff denkt hier an Hermann Samuel Reimarus (1694–1768), nur bedingt an Lessing, der aus der „Apologie oder Schutzschrift für die vernünftigen Verehrer Gottes" des Reimarus 1774 und 1777 Teile veröffentlichte, an Moses Mendelssohn (1729–1786) und vor allem an Friedrich Nicolai (1733–1811) und die von ihm so genannten Nicolaiten (vgl. *DR*, HKA VIII/2 113 ff.). *Vernunftpoesie*] Die Dichtung des Rationalismus hat für Eichendorff *eigentlich nur zweierlei Organe: die Charakterschilderung, d. i. ein nach äußeren Kennzeichen systematisch geordnetes Herbarium der menschlichen Natur; und die Negation aller Erscheinungen, die über das Gebiet der gewöhnlichen Erfahrung hinausragen.* (HKA IX 238). Zu ihren Vertretern zählt Eichendorff Lessing, doch ist auch hier sein Hauptangriffspunkt der Berliner Aufklärer Friedrich Nicolai sowie das Fortwirken der Vernunftgläubigkeit bis in die Zeit des Jungen Deutschland: „Der Kunst wird ja eben darum die für sie schmeichelhafteste Ehre erwiesen, als die dritte im Bund mit der Religion und Philosophie gerechnet zu werden, weil sie uns, ⟨...⟩ in ganz besonders eindringlicher Weise, die ewige Vernunft der Welt zum Bewußtsein zu bringen weiß." (Hallische Jahrbücher, Jg. 5, 1842, Sp. 703; zit. nach HKA VIII/1 XLIII).

140,15-16 *auseinandergefegt*] Der Reichsdeputationshauptschluß (25. Februar 1803) mit seiner das Reichsgefüge zerrüttenden Entschädigung deutscher Fürsten für linksrheinischen Gebiets-

VII.4. Halle und Heidelberg   431

verlust und der Rheinbund süddeutscher Staaten unter französischem Protektorat (12. Juli 1806) bedeuteten das Ende des Reichs, das Kaiser Franz II. am 6. August 1806 besiegelte.

140,18 *Naturvergötterung*] erwuchs aus den im Gegensatz zum Offenbarungsglauben sich entwickelnden weltanschaulichen Strömungen der Aufklärung; so aus der deistischen Gleichsetzung von Natur und vollkommener, ewiger Gesetzlichkeit oder der pantheistischen Vorstellung von der Welt als einem lebenden Organismus.

140,21 *Freimaurer*] von England kommend, seit 1737 in Deutschland; ein bürgerlicher, an ein Geheimnis gebundener, indirekt antiabsolutistischer Orden mit symbolischen, von den Bräuchen mittelalterlicher Bauhütten abgeleiteten Riten, der durch enormen Zulauf, besonders auch aus den führenden Schichten, bald zu der stärksten gesellschaftlichen Macht der moralisch-humanitären Welt des 18. Jahrhunderts wurde. Nach Lessing lag seine geschichtliche Bestimmung und die politische Konsequenz seiner Moral darin, „den unvermeidlichen Uebeln des Staates entgegen zu arbeiten". (Ernst und Falk, in: Gotthold Ephraim Lessings sämtliche Schriften, Bd. 13, Leipzig 1897 363).

140,25 *Enzyklopädisten*] Die Mitarbeiter an der von Denis Diderot (1713–1784) und Jean d'Alembert (1717–1783) herausgegebenen „Encyclopédie" (35 Bände, 1751–1780); im weiteren Sinne die Anhänger des optimistischen Glaubens der Aufklärung an die befreiende, ordnende Kraft des auf naturwissenschaftlicher Methode basierenden umfassenden Wissens und an die richtende Funktion der Kritik. Die bedeutendste deutsche Enzyklopädie der Aufklärung war das „Große vollständige Universallexikon aller Wissenschafften und Künste" (68 Bände, 1732–1754 nach seinem Verleger „Zedlersches Lexikon" genannt).

Kommentar zu VII. ⟨Titel vielleicht: Erlebtes⟩

141,1 *Herbarien*] lat. Sammlung getrockneter Pflanzen.

141,2 *Gesetzbücher*] Unter dem Einfluß der systematisierten Normen des Naturrechts von Samuel Pufendorf und Christian von Wolff wurden in Österreich (1786–1811) und Preußen („Allgemeines Landrecht" 1794, unter dem 20. März 1791 veröffentlicht) umfassende Kodifikationen des Rechts unternommen; in Frankreich entstanden unter Napoleon I. die „Cinq Codes" (1804–1810).

141,8–9 *Gleichmacherei*] S. Erl. zu II.1. 20,7.

141,12 *Transzendentalen*] Transzendental (im Unterschied zu transzendent) ist nach Kant alle Philosophie, die sich „mit unserer Erkenntnisart von Gegenständen" auf Grund vorausgesetzter und durch keine Erfahrung widerlegbarer Denkformen oder „Kategorien" beschäftigt. Eichendorff meint hier vermutlich ungenau die rationalistische Philosophie im Gefolge Kants und der Aufklärung.

141,16 *historische Schule*] geht auf Herder, die Brüder Schlegel, W. von Humboldt, G. Hugo, F. A. Wolf und Schleiermacher zurück und bezeichnet eine geisteswissenschaftliche Richtung, die philologisch-kritische Quellenforschung mit psychologischer und ästhetischer Einfühlung in die Vergangenheit von Sprache, Kunst, Religion, Rechtsleben und Verfassung des eigenen Volkes und anderer Völker vereinigte. Zwischen 1814 und 1830 erreichte sie ihren ersten Höhepunkt in der Rechtswissenschaft (Eichhorn, Savigny), in der germanischen Philologie (J. und W. Grimm), in der Geschichtsschreibung (Niebuhr).

141,23 *Vaterländerei*] S. Erl. zu II.3. 35,4; vgl. das satirische Gedicht „*Hermanns Enkel*" (HKA I/1 169) und „*Der neue Rattenfänger*" (HKA I/1 177).

142,4 *Naturrecht*] Im Gegensatz zum christlichen Naturrecht (Augustinus, Scholastik) und zum geschichtlich gewordenen, sich wandelnden positiven Recht wird das profane Naturrecht der Aufklärung (17. Jahrhundert: deistisch, 18. Jahrhundert: atheistisch) philosophisch abgeleitet: es ist gleichbleibend und unabhängig nur in der vernunftbegabten Natur des Menschen begründet. Von Hugo Grotius (1583–1645) ausgehend wurde es in Deutschland von Samuel Pufendorf (1632–1694) und Christian Thomasius (1655–1728) systematisiert und durch Rousseau in den demokratischen Zielsetzungen der Französischen Revolution politisch wirksam. Im 19. Jahrhundert war das Naturrechtsdenken noch im politischen Liberalismus vertreten – besonders bei Karl Welcker (1790–1869) und Carl von Rotteck (1775–1840, vgl. des letzteren „Lehrbuch des Vernunftsrechts und der Staatswissenschaften", 4 Bände, Stuttgart 1829–1835; beide gelten als Vorbilder des *„Professors"* in Eichendorffs politischer Satire *„Auch ich war in Arkadien"*), wurde allerdings durch die historische Rechtsschule (s. die folgenden Erl. zu Thibaut und Savigny) in seiner Bedeutung eingeschränkt.

142,9 *Thibaut*] Anton Friedrich Justus Thibaut (1772–1840), Professor für Zivilrecht und Römisches Recht, seit 1806 in Heidelberg, wo Eichendorff seine Vorlesungen besuchte (über *Institutionen*, Tb. vom 20. Mai 1807 und *Pandecten*, Tb. vom 21. Oktober 1807, DKV 5 224 und 246). Immer auf die Rechtspraxis bezogen, vertritt er sowohl die Bedeutung philosophisch-naturrechtlicher Betrachtung als auch die historischer Erklärung und Quellenforschung. Sein in der nationalen Begeisterung der Freiheitskriege entstandener Aufsatz „Ueber die Nothwendigkeit eines allgemeinen bürgerlichen Rechts für Deutschland" (in: Civilistische Abhandlungen 1814) rief eine berühmt gewordene Entgegnung Savignys hervor, durch die Thibaut einseitig auf eine unhistorische Richtung festgelegt wurde.

142,10 *Savigny*] Friedrich Carl von Savigny (1779–1861), als Schüler G. Hugos Hauptvertreter der historischen Rechtsschule. Mit seiner Streitschrift „Vom Beruf unsrer Zeit für Gesetzgebung und Rechtswissenschaft" (1814) wendet sich Savigny gegen Thibauts Aufruf zu einer umfassenden Kodifikation des Rechts in Deutschland und gegen die naturrechtlich-philosophische Spekulation der Aufklärung. Er begreift parallel zu Grundvorstellungen der Romantik das Recht geschichtlich als Produkt des jeweiligen Volksgeistes, doch beschreibt er den historischen Ablauf dieser rechtsbildenden Produktivität in Deutschland als Rezeption des römischen Rechts.

142,22 *Bettelstudenten*] S. Erl. zu II.3. 26,3 und VII.2. 104,14.

143,7 *Philister*] S. Erl. zu II.2. 23,4.

143,11 *Maltheser*] Name des Johanniterordens (um 1100 gegründet), seit er 1530 von Karl V. Malta als Lehen erhalten hatte.

143,26 *Sukkurs*] lat. Hilfe, Verstärkung.

144,25 *Kommers*] Festkneipe.

144,26 *Altane*] Vorbau, Söller an einem Haus oder Schloß.

145,11–21 *Ordensverbindungen ... Landsmannschaften*] An die Stelle der wegen dem sog. Pennalwesen vielfach verbotenen öffentlichen „Landsmannschaften" oder „Nationen" traten in der 1. Hälfte des 18. Jahrhunderts Studentenorden; sie waren geheime Verbindungen mit strenger Ordnung und Ehrgesetzen (Komment) und nach dem Vorbild der Freimaurer auf Freundschaft und sittlich-humanitäre Tendenzen ausgerichtet. Gegen Ende des Jahrhunderts wurden sie von den neu gebildeten „Landsmannschaften" oder „Kränzchen" bekämpft und abgelöst.

145,20 *Observanz*] lat. Ordensregel.

145,24 *„Komment"*] frz. Regeln und Ehrgesetze studentischer Verbindungen.

146,29 *zur Zeit der Not*] In den Freiheitskriegen gehörten viele Studenten zu den Freiwilligen.

147,9 *barocker*] S. Erl. zu VI.3. 84,14.

147,19 *Kraftgenies*] gemeint sind die Dichter des Sturm und Drang (etwa 1765–1785).

147,27-28 *Lessing, Hamann und Herder*] Der gleiche Gedanke findet sich in GLD: *Aber unter diesem Schutte lag allerdings schon damals das Saatkorn einer andern Zeit, welches drei mächtige Geister für die Nachwelt ausgeworfen; wir meinen: Lessing Hamann und Herder.* (HKA IX 276) Es folgen ausführliche Charakteristiken dieser drei Autoren.

148,3 *alt und müde*] Krankheit und Vereinsamung verdüsterten Herders letzte Lebensphase. Vorzeitig gealtert starb er in dem Bewußtsein, sein Eigentliches noch nicht geschaffen zu haben.

148,4 *Fragment*] Eines von Herders Hauptwerken, die „Ideen zur Philosophie der Geschichte der Menschheit" (1785–1791), ist unvollendet geblieben.

148,4-5 *Hamanns Geisterstimme*] Johann Georg Hamann 1730–1788 genannt „Magus im Norden"; seine philosophischen Schriften kennzeichnet eine bildlich-dunkle, anspielungsreiche, auch provozierende Sprache. Gegner von Aufklärung und erstarrter Orthodoxie, verweist Hamann auf Irrationales und individuelle Glaubensgewißheit und betont die Schöpferkraft von Gefühl und Intuition in Sprache und Dichtung. Sprache ist für ihn Einheit von Geist und Sinnlichkeit, Poesie die „Muttersprache des Menschengeschlechts".

148,5 *Wolken*] In der Schrift „Wolken" (1762), einer Antwort auf Besprechungen seiner „Sokratischen Denkwürdigkeiten" (1759), wird deutlich, daß sich Hamann auch von positiven Urteilen (M. Mendelssohn) unverstanden fühlte.

148,16-17 *Schelling ... Tieck*] Vgl. GLD, HKA IX 277 ff.

148,18 *kleinen Schrift*] Schellings „Vorlesung über die Methode des akademischen Studiums", Tübingen 1803.

148,22 *Weltseele*] Anspielung auf Schellings Schrift „Von der Weltseele" (1798), die, noch unter dem Einfluß von Fichtes „Wissenschaftslehre", zur frühen Phase seiner Naturphilosophie gehört. Ausgehend von ihrem hypothetischen Ursprung in dem einen selben tätigen Wesen, dem Absoluten, dem organischen Lebensprinzip der Welt („Weltseele"), versteht Schelling die Natur – in Übertragung des dialektischen Entfaltungsprozesses des „Ich" – als unbewußt schaffendes Subjekt. Dies führt ihn zu der Analogie: Natur ist sichtbarer Geist, Geist ist unsichtbare Natur. (S. des weiteren HKA III, Erl. zu 27,16).

148,23 *Werner*] Abraham Gottlob Werner (1750–1817), seit 1775 an der Bergakademie in Freiberg; berühmter Dozent der Mineralogie und Begründer der erfahrungswissenschaftlichen Lehre von Entstehung und Gestalt der Erde (Geognosie). Lehrer von Novalis 1797–1799 und Steffens.

148,23 *Creuzer*] Friedrich Creuzer (1771–1858), klassischer Philologe, Mythologe und Archäologe, 1804–1845 in Heidelberg; sein Hauptwerk ist die „Symbolik und Mythologie der alten Völker, besonders der Griechen" (Leipzig/Darmstadt 1810–1812). Creuzer leitet die griechische Mythologie her von einer reineren, monotheistischen indischen Urreligion, die von orientalischen Missionaren und später von einer Priesterkaste (esoterische Orden) in Mysterien bewahrt, in Zeichen (Symbolen) und Erzählungen (Mythen) gelehrt, doch schließlich durch Naturerleben und poetische Gestaltung polytheistisch erweitert wurde. Seine Freundschaft mit Görres regte diesen zu den eigenen mythologischen Studien an. *Novalis*] In den „Lehrlingen zu Sais" heißt es: „diese Weltseele, diese gewaltige Sehnsucht nach dem Zerfließen" (Novalis Schriften, hg. von Paul Kluckhohn und Richard Samuel, Darmstadt 1977 I 104).

VII.4. Halle und Heidelberg 437

149,6 *Steffens*] Henrich Steffens (1773–1845), 1804–1806 und 1808–1811 Professor der Mineralogie in Halle; als Schüler Schellings in Jena und Werners in Freiberg gründet er seine Naturphilosophie auf die romantische Vorstellung von einer stufenförmig schaffenden Natur. 1840–1844 erschienen in Breslau seine zehnbändigen Memoiren „Was ich erlebte".

149,14 *divinierte*] lat. durch Eingebung wahrnehmen, ahnen.

149,18 *Reil*] Johann Christian Reil (1759–1813), seit 1787 Professor der Therapie in Halle, 1789 Stadtphysikus; gilt als der eigentliche Bgründer der Psychiatrie in Deutschland, gründete mit Kayßler das erste psychiatrische Journal „Magazin für psychische Heilkunde" (1805–1806). Sein Freund Steffens widmete ihm 1815 eine Denkschrift.

149,21 *Froriep*] Ludwig Friedrich Froriep (1779–1848), 1804–1808 Professor für Geburtshilfe, vergleichende Anatomie und Naturgeschichte in Halle.

149,30 *Schleiermacher*] Friedrich Daniel Schleiermacher (1768–1834); 1796–1802 Charitéprediger in Berlin, wo sein bekanntes Werk „Über die Religion. Reden an die Gebildeten unter ihren Verächtern" (1799) entstand; 1804–1806 Professor der Theologie in Halle; es ist allerdings nicht bezeugt, ob Eichendorff ihn hier gehört hat. Da seit der Kritik Kants der Religion weithin die Basis im Denken entzogen war, bedeutete Schleiermachers Begründung des Glaubens allein im Gefühl (unterschieden vom Verstand und Willen), als Existenzverhältnis (Frömmigkeit) auf Grund der unmittelbaren Berührung mit dem Unendlichen und der Erfahrung „schlechthinniger Abhängigkeit", den Beginn einer neuen Epoche der Theologie.

149,30 *Wolf*] Friedrich August Wolf (1759–1824), seit 1783 Professor der klassischen Philologie und Pädagogik in Halle, vor allem berühmt wegen seiner Vorlesungen; 1794 erschienen die „Prolegomena ad Homerum" mit der aufsehenerregenden

These, „Ilias" und „Odyssee" seien das Werk vieler Verfasser und aus vielen Liedern zusammengesetzt. Eichendorff gehörte zu seinen Hörern.

150,4 *Schütz*] Christian Gottfried Schütz (1747–1832), seit 1779 in Jena, seit 1804 in Halle Professor der Poesie und Beredsamkeit; von Eichendorff in „*Meyerbeths Glück und Ende*" (1827) verspottet. Zusammen mit Wieland und Bertuch gründete er 1785 die „Allgemeine Literatur-Zeitung" und war zusammen mit G. Hufeland ihr Herausgeber; seit 1804 setzte er das Journal in Halle fort.

150,11 *Kayßler*] Adalbert Kayßler (Naturphilosoph; zunächst „Priester des königlichen Schulinstituts" (d. h. ehemaliger Jesuit), Lehrer der Brüder Eichendorff am Breslauer Matthias-Gymnasium, das er wegen Heirat 1803 verließ; 1804 Übertritt zu den Reformierten, 1805–1806 Professor der Philosophie in Halle, wo Eichendorff bei ihm hörte und auch persönlichen Kontakt zu ihm aufnahm (vgl. Stöcklein 1963 32). Kayßler vermittelte Eichendorff Grundpositionen der spekulativen Psychologie.

150,14 *Renegat*] S. Erl. zu 127,21.

150,24 *Schmaltz*] Anton Heinrich Theodor Schmaltz (1760–1831), Professor der Rechte seit 1789 in Königsberg, 1803–1806 in Halle. Veröffentlichte 1815 unter fadenscheinigem Vorwand eine Flugschrift „Berichtigung einer Stelle in der Bredow-Venturinischen Chronik für das Jahr 1808", die allgemeine Verdächtigungen der Motive der Freiheitskämpfer und besonders patriotischer Gesellschaften nach Art des „Tugendbundes" (Königsberg, April 1808 – Dezember 1809) enthielt, und mit dem Vorwurf revolutionärer Gesinnung und demagogischer Umtriebe verknüpfte. Die heftige Polemik, an der sich gegen Schmaltz u. a. Niebuhr und Schleiermacher beteiligten, wurde durch königliche Verordnung vom 6. Januar 1816 verboten.

150,27 *Dabelow*] Christoph Christian Dabelow (1768–1830), seit 1791 Professor der Rechte in Halle; veröffentlichte u. a. einen „Ausführlichen theoretisch-practischen Kommentar über den Code Napoléon", Leipzig 1810. *König*] Heinrich Johann Otto König (1748–1820), seit 1788 in Halle, Professor für Staats-, Völker- und Kirchenrecht. *Woltaer*] Johann Christian Woltaer (1744–1815), seit 1775 Professor der Rechte in Halle.

151,1 *Gibichenstein*] S. Erl. zu V.1. 68,10.

151,2 *Ludwig dem Springer*] Landgraf Ludwig von Thüringen (um 1042–1123) soll sich der Sage nach durch einen Sprung in die Saale der Gefangenschaft auf dem Giebichenstein entzogen haben.

151,5 *Dichterherz*] Der Giebichenstein war häufiges Ziel der Wanderungen der Studenten; hier las Eichendorff zum erstenmal „Franz Sternbalds Wanderungen" von Tieck (vgl. V.1. 68,10–11).

151,9–152,10 *Da steht eine Burg ...*] 1840 entstanden, D: unter der Überschrift „Bei Halle" im „Deutschen Musenalmanach" für 1841 (HKA I/1 181). Vgl. Eichendorffs Briefäußerung über seinen letzten Besuch in Halle vom 27. September 1855: *Neulich habe ich von hier aus ganz allein einen Ausflug nach Halle gemacht, u. kam mir auf den alten Plätzen fast wie ein Gespenst vor.* (HKA XII 367)

152,12 *Reichhardsche Garten*] Johann Friedrich Reichardt (1752–1814), königlich preußischer Kapellmeister (1775–1794), Komponist, Schriftsteller; lebte seit 1795 vorzugsweise in Giebichenstein, wo er in romantischer Szenerie (alle Töchter sangen und musizierten, selbst Kutscher und Bediente spielten das Waldhorn) ein gastfreies Haus führte (die „Herberge der Romantik", wie Arnim es nannte). Zu seinen Freunden und Gästen gehörten Goethe, Schleiermacher, Arnim, Brentano, die Grimms, Steffens (verheiratet mit Reichardts Tochter Johanna) und, als Schwager seiner Stieftochter Minna, Tieck. Eichendorff erlebte solche „Sommernächte" nur als Zaungast.

152,13 *die eine*] Reichardts älteste und Lieblingstochter Luise (1780–1826) sang, spielte Harfe und komponierte; sie war 1819 Mitbegründerin der Hamburger Singakademie.

152,15 *Bosketts*] frz. Lustwäldchen, künstlich angelegtes Gebüsch.

152,22 *Lafontaine*] S. Erl. zu VII.3. 117,24–25.

153,4 *quiesziert*] lat. beruhigen, besänftigen.

153,4-5 *Übersetzen alter Klassiker*] Etwa seit 1820 veröffentlichte Lafontaine nur noch wenig bedeutende Übersetzungen von Aischylos, Euripides und Xenophon.

153,5 *Revenant*] frz. Gespenst. Für die jüngere Generation war Lafontaine seit der Kritik A. W. Schlegels im 1. Stück des „Athenaeums" (1798, „Beiträge zur Kritik der neuesten Literatur": er verurteilt aus moralischen und ästhetischen Gründen scharf „die im ganzen so herabziehende Tendenz") und Tiecks im „Prinz Zerbino" (1799, 4. Akt) ein kurioses Überbleibsel einer abgelebten Zeit.

153,8 *Lauchstädt*] kleines Schwefelbad in der Nähe von Halle, wo im Sommer, genannt die „Lauchstädter Zeit", das Weimarer Hoftheater sein Repertoire spielte (1802, Theaterneubau, bis 1811).

153,11 *Leitung*] Goethe leitete das Weimarer Hoftheater von 1791 bis 1817.

153,12 *Immermann*] Karl Leberecht Immermann (1796–1840), versuchte seit 1832 in Düsseldorf zunächst mit Rezitationen nach dem Vorbild Tiecks und Holteis, dann, von 1834 bis 1837 als Intendant des neuen Theaters, in „Mustervorstellungen", mit Dietrich Grabbe (1801–1836) als Dramaturg und einem ständigen, geschulten Ensemble, das deutsche Theater aus dem damaligen Tiefstand herauszuführen. Er vermittelte Goethes stilisierenden und Friedrich Ludwig Schröders (1744–1816) naturalistischen Stil zu einem neuen Realismus.

153,29 *Kotzebueaden und Iffländerei*] waren der Inbegriff für die weltmännisch-platte, charakterlose und die bürgerlich-sentimentale Richtung der trivialen Dramatik. Daß Eichendorff die Situation am Weimarischen Theater idealisiert, wird daran deutlich, daß auch dort Kotzebue und Iffland die bei weitem meistgespielten Autoren waren: zwischen 1791 und 1817 wurden von den beiden 88 bzw. 31 Stücke aufgeführt. Während seiner Studienzeit in Halle hat Eichendorff keines der folgenden Werke in Lauchstädt sehen können.

154,1 *Calderon*] Calderónsche Schauspiele wurden erst 1811–1817 aufgeführt; besonders „Das Leben ein Traum" und „Der standhafte Prinz Don Fernando von Portugal".

154,2 *Alarcos*] Trauerspiel (1802) nach spanischem Vorbild von Friedrich Schlegel; 1802 vier Aufführungen durch das Weimarische Theater. *Jon*] Schauspiel (1803) nach Euripides von A. W. Schlegel; 1802 fünf Aufführungen und eine 1803. *Ponce de Leon*] Lustspiel von Clemens Brentano (1778–1842); 1801 für einen von Goethe und Schiller ausgeschriebenen Wettbewerb um „das beste Intriguenstück" eingereicht, fand es jedoch keine Anerkennung in Weimar; D: 1803, 1814 in Wien unter dem Titel „Valeria oder Valerist", gründlich „verwienert", aber ohne Erfolg, zuerst aufgeführt.

154,12 *Retirade*] frz. Rückzug, Flucht.

154,19 *leibhaftig*] Schiller hat Eichendorff nicht mehr erlebt, zu seinen Begegnungen mit Goethe s. Erl. zu II.4. 37,19–23.

154,29 *1806*] am 14. Oktober 1806 Doppelschlacht bei Jena und Auerstedt, vollständige Niederlage Preußens.

Kommentar zu VII. ⟨Titel vielleicht: Erlebtes⟩

155,4 *hob ... die Universität auf*] Halle wurde am 17. Oktober 1806 von Marschall Bernadotte besetzt, die Universität aufgehoben und 1807 als Universität des Königreichs Westfalen wiedereröffnet, im Jahre 1813 aber erneut von Napoleon geschlossen (19. Juli bis 23. November).

155,11 *in Paris*] S. Erl. zu I. 6,14–15.

155,15 *Prosa*] Eichendorff versteht darunter die nüchterne Orientierung an der praktischen Wirklichkeit, die bloße Moral, das Vorherrschen des hausbackenen, altklugen Verstandes, *Skeptik, Unglaube, das Nivelliren und Gleichmachen aller Eigenthümlichkeiten im Leben* (HKA VIII/1 106), eben das, was er unter Aufklärung verstand. In „*Die neue Poesie Österreichs*" definiert er geradezu: *eine Weltansicht aber, indem sie das Dießseits außer allen geheimnißvollen Rapport mit dem Jenseits setzt, ist trotz aller ästhetischen Anspannung in ihrem Grundwesen eine nüchterne, verstandesbornirte, mithin durchaus prosaische!* (HKA VIII/1 118)

156,5 *Görres*] Joseph Görres (1776–1848), Politiker, Gelehrter und Publizist. Repräsentiert in seiner Persönlichkeit und in seinem Werk den Weg von der Aufklärung (Anhänger der Französischen Revolution, gab in diesem Sinne 1796–1798 „Das „Rothe Blatt" heraus, 1799–1800 Deputierter der rheinischen Republikaner in Paris und „fader Religionsspötter", wie Brentano ihn 1802 nannte) zu einer positiven Religiosität (um 1822). In einem Streitgespräch in den „Düsseldorfer Anfängen" wird sein „parlamentarisches Genie" gewürdigt: „Er ist gleichsam durchsogen vom politischen Elemente, er hat nicht die Zeit ergriffen, sondern er ist selbst die personifizierte Zeit." (Immermann, Werke 4 564). Unter dem Eindruck von Schellings Naturphilosophie entsteht 1805 „Glauben und Wissen", eine „verklärte Mythologie". 1806–1808 Privatdozent in Heidelberg; er betreibt weiterhin mythologische Studien und veröffentlicht, angeregt durch die befreundeten Arnim und Brentano, 1807 seine Schrift über „Die teutschen Volksbücher". In

VII.4. Halle und Heidelberg

dieser Zeit kaum zu überschätzender, erweckender Einfluß auf Eichendorff, der seine *göttlichen* Vorlesungen „Aesthetik" und „Kosmologie" hörte und im Tb. besonders die unendliche Deutung der Symbolkunst von Ph. O. Runges Tages-„Zeiten" hervorhob (vgl. Tb. vom 19. Mai und 9. Juli 1807, DKV 5 223 und 229).

156,23 *Mene Thekel*] dunkle, den nahen Untergang verkündende Worte, von Geisterhand an die Wand geschrieben, als der gottlose König von Babylon, Belsazar, die aus dem Tempel von Jerusalem geraubten Gefäße entweihte (nach Daniel 5).

156,25 *rasche Flucht*] Görres kämpfte leidenschaftlich mit dem „Rheinischen Merkur" (begründet 1814, am 3. Januar 1816 durch preußische Kabinettsordre verboten) gegen Napoleon, für eine freiheitliche Verfassung und ein einiges, föderalistisches Reich; er veröffentlichte 1814 „Die künftige teutsche Verfassung" und mußte nach der Schrift „Teutschland und die Revolution" (1819), in der er sich scharf gegen die Reaktion wandte, nach Straßburg fliehen.

157,8-9 *Arnim ... Brentano*] Die Freundschaft zwischen Arnim und Brentano geht zurück auf ihre Begegnung in Göttingen im Frühjahr 1801. In Heidelberg waren sie nur relativ kurz zusammen; was als Blütezeit der Heidelberger Romantik bezeichnet wird, betrifft im wesentlichen die gemeinsame Arbeit am „Wunderhorn" und an der „Zeitung für Einsiedler". Brentano lebte seit 1804 mit Unterbrechungen in Heidelberg; im Frühjahr 1808 war er in Kassel und kehrte erst am 29. April an den Neckar zurück. Arnim kam im Mai 1805 zu Brentano nach Heidelberg (Arbeit am „Wunderhorn" I), blieb aber nur bis zum 8. August des Jahres. Erst im Januar 1808 kehrte er in die Stadt zurück (zur Drucküberwachung von „Wunderhorn" II und III), wo Eichendorff ihm wohl nur flüchtig begegnet ist (vgl. Tb. vom 2. und 14. Februar und vom 29. März 1808, DKV 5 250, 251 und 253). Zusammen, in der im folgenden geschilderten Art, hätte Eichendorff die Freunde Görres, Arnim und Brentano nur in der kurzen Spanne zwischen dem 4. und 12. Mai 1808 erleben können.

157,11 *„Faulpelz"*] Arnim und Brentano wohnten nach Frey niemals in diesem Heidelberger Gasthaus, sondern gegenüber vom „Faulen Pelz" im herrlich gelegenen Gartenhaus des Kirchenrats Horstig, das sie allerdings erst am 12. Mai 1808 bezogen. Dennoch bleibt ungeklärt, wie anders als durch eigene Anschauung Eichendorff zu dieser relativ genauen Beschreibung der Wohnung der Freunde kommen konnte.

157,19-21 *Arnim ... Dichternaturen*] Zur Bedeutung Arnims als *reinstem und gesundestem* Repräsentanten der eigentlichen Romantik, in dem sich *Gesinnung* und Ästhetik vereinen, vgl. *GRP*, HKA VIII/1 34-37 und *GLD*, HKA IX 332-342; zu Arnim als Vorbild Friedrichs in *AG* vgl. HKA III, Erl. zu 3,19-22.

157,23 *besonnen*] Vgl. über Leontin (Brentano) HKA III 83,26 und Erl.

157,26 *Poesie ins Leben zu mischen*] Vgl. *AG*, HKA III 27 ff. Über das *außerordentlich componirte Talent* Brentanos vgl. die Charakteristik des Dichters in *„Brentano und seine Märchen"* (1847, HKA VIII/1 53-62). Zu Brentano als Vorbild Leontins in *AG* vgl. HKA III, Erl. zu 21,33.

158,2-4 *Bettina ... schrieb*] in: „Clemens Brentanos Frühlingskranz" (1844; Bettine von Arnim: Werke und Briefe in drei Bänden, hg. von Walter Schmitz und Sibylle von Steinsdorff, Frankfurt am Main 1986, Bd. I 172).

158,27 *zur Gitarre sang*] Vgl. Tb. vom 24. Dezember 1809 über einen Besuch Brentanos im Februar 1810 (DKV 5 285); zu Leontin in *AG*, HKA III 23 f. u. ö., in *„Viel Lärmen"*, W II 663.

158,28-29 *einzusprechen pflegten*] Zusammen mit Äußerungen von Eichendorffs Freund Adolf Schöll („Jahrbücher der Literatur",

VII.4. Halle und Heidelberg 445

Wien 1836; HKA XVIII/1 322) hat der folgende Passus die Vorstellung aufkommen lassen, der Dichter habe in Heidelberg mit Arnim, Brentano und Görres in engem, freundschaftlichem Kontakt gestanden (vgl. B³I 30); tatsächlich begegnete Eichendorff Arnim in Heidelberg nur flüchtig (s. Erl. zu 157,8–9), Brentano aber lernte er wohl erst in Berlin kennen (vgl. Tb. vom 24. Dezember 1809: für den 1. Februar 1810, vom 2. und 3. März 1810, DKV 5 285 und 287 f.); zum Umgang mit dem verehrten Lehrer Görres vgl. Tb. vom 31. Januar 1808: *Darauf alle zu Görres, wo auch deßen Frau u niedliche Schwester. Gespräche in der tiefen Dunkelheit.* (DKV 5 250)

158,30 *ästhetischen Tees*] von Eichendorff karikiert in *AG* (HKA III 138 ff. und 166 ff.) und in „*Krieg den Philistern*" (3. Abenteuer, W I 513 ff.).

159,7 *Einsiedlerzeitung*] Die „Zeitung für Einsiedler", in Zusammenarbeit mit Brentano, Görres, den Grimms, Tieck, Runge u. a. hg. von Arnim, erschien vom 1. April bis 30. August 1808; die Buchausgabe „Tröst Einsamkeit, alte und neue Sagen und Wahrsagungen, Geschichten und Gedichte" ebenfalls 1808 bei Mohr und Zimmer in Heidelberg (Faksimiledruck von H. Jessen, Stuttgart 1962).

159,11 *Publikum ... gewidmet*] Die Zeitschrift wie auch die Buchausgabe enthielt einen Titelkupfer vom Teutschen Michel (gestochen von Ludwig Grimm) mit einer satirischen Widmung Arnims „An das geehrte Publikum".

159,27–28 *des Knaben Wunderhorn*] Sammlung „alter deutscher Volkslieder" hg. von Arnim und Brentano (1. Bd. 1806; 2. und 3. Bd. 1808); enthält Volkslieder und Bearbeitungen der zugrundegelegten Vorlagen, sowie Lieder bekannter Autoren des 16. und 17. Jahrhunderts und von Zeitgenossen: im strengen Sinn also keine historische Volksliedersammlung, sondern eher ein romantisches Kunstwerk. Von Goethe, dem der 1. Band gewidmet ist, positiv rezensiert, von der Gruppe um Voß jedoch heftig bekämpft. Weitreichender Einfluß auf die deutsche Lyrik, der sich besonders auch in Form, Motiven und dem volksliedhaften Ton vieler Gedichte Eichendorffs zeigt.

159,28-29 *Herders Stimmen der Völker*] „Stimmen der Völker in Liedern" (Tübingen 1807, hg. von Johann von Müller), 2. Auflage der von Herder hg. „Volkslieder" (1778/1779).

160,1 *Creuzer*] S. Erl. zu 148,24.

160,4 *Lobeck*] Christian August Lobeck (1781–1860), bedeutender klassischer Philologe, 1809–1814 in Wittenberg, 1814–1857 in Königsberg. Autor einer anonymen (bis 1818 galt J. H. Voß als Verfasser), kritischen Rezension von Creuzers „Symbolik" (1. Band) in der „Jenaischen Allgemeinen Literatur-Zeitung" (1811); seine wissenschaftlich entscheidende Gegenschrift „Aglaophamus" erschien 1829. *Gegner*] Ein Zeugnis aus dem wissenschaftlichen Disput um die „Symbolik" sind die „Briefe über Homer und Hesiodus, vorzüglich über die Theogonie von G. Hermann und Fr. Creuzer, Professoren zu Leipzig und Heidelberg" (1818); die zum Teil richtigen Ansätze in den Rezensionen von J. H. Voß (zusammengefaßt in zwei Bänden: „Antisymbolik", 1824–1826) sind vielfach entstellt durch eine rücksichtslose Schärfe des Tons.

160,8 *Neuplatonismus*] das letzte große System der antiken Philosophie, eine theologische Wissenschaft mit dem Axiom: Gott ist zugleich und ausschließlich Grund und Ziel der Welt. Begründet von Plotin, systematisiert von Proklus, wiederaufgenommen in der Scholastik und mittelalterlichen Mystik.

160,18-19 *Wer nicht ... gegen uns*] Vgl. NT, Matth. 12,30; Lukas 11,23.

160,21-27 *Thibaut ... Musik*] S. Erl. zu 142,9; er gründete und leitete den Heidelberger Singverein (1814 ff.), von dem wichtige Impulse für die musikalische Renaissancebewegung des beginnenden 19. Jahrhunderts ausgingen; auch seine Schrift „Ueber Reinheit der Tonkunst" (1825) wurde viel beachtet.

160,29 *Gries*] Johann Diederich Gries (1775–1842), Übersetzer; gilt als Vorbild Habers in Brentanos „Godwi" und Fabers in *AG*. 1806–1808 in Heidelberg; zu seinem *herrlichen Clavierspielen* s. Tb. vom 14. Juni 1807 (DKV 5 227). Er war mit fast allen Romantikern, auch mit Goethe, Schiller und Wieland bekannt oder befreundet; sein Teetisch in Jena war ein beliebter Treffpunkt. – Übersetzungen: Tasso, „Das befreite Jerusalem", Jena 1800–1803; Ariost, „Der rasende Roland", Jena 1804–1808; „Schauspiele von Don Pedro Calderón de la Barca", 7 Bände, Berlin 1815–1842.

160,29-30 *Wilhelm Schlegel*] A. W. Schlegel (1767–1845) – „Spanisches Theater" (2 Bände Übersetzungen von fünf Dramen Calderóns), Berlin 1803–1809; „Blumensträusse italienischer, spanischer und portugiesischer Poesie", Berlin 1804.

161,8 *Ritt*] „Zum Ritt ins alte romantische Land" (Wieland, „Oberon", Vers 2).

161,9 *Proselyten*] gr. Bekehrte, Überläufer.

161,10 *Zum Prinzen Karl*] Gemeint ist offenbar der Gasthof „Carlsberg" auf dem Paradeplatz, in dem die Brüder Eichendorff vom 17. Mai bis 1. Juli 1807 logierten. Zum 21. Mai 1807 heißt es im Tb.: *Gries oft im Carlsberge. Klein, schwartz, etwas taub, galant u. fidel* (DKV 5 224).

161,18 *Löben*] Otto Heinrich Graf von Loeben (1786–1825), pietistische Erziehung, 1804–1806 Jurastudium in Wittenberg. Sein Fortgang aus Wittenberg im September 1806 markiert eine tiefgreifende Wandlung in seinem Leben. Das Gefühl einer nur begrenzten Lebenszeit („ich muß eilen, auszuführen, zu vollenden, was Gott mir gegeben hat, denn meines Bleibens auf Erden wird nur wenig Zeit sein", zit. nach Pissin 1903 44), die heftige Abkehr von Studium und bürgerlichem Beruf, das Bewußtsein, zum Dicher berufen zu sein („Ich bin zum Dichter geboren! nur zum Dichter! bei jenem unendlichen Feuergeist, der mich ergreift, nur zum Dichter!", ebd. 38) verbindet sich mit einer Hinwendung zur Romantik, die von A. W. Schlegel und Adam Müller eingeleitet wird und zum „Wunderhorn" und vor allem zu Novalis führt. Novalisnachfolge („Es muß dem Herzen wohlthun, sich wiederzufinden in einer verwandten Seele", ebd. 45) und eine mystische Religiosität prägen die Aufbruchstimmung, in der er 1807 nach Heidelberg geht. Das Gefühl des „Auserwählten" macht den großen Einfluß verständlich, den Loeben auf Eichendorff in Heidelberg haben konnte. Er verdankt ihm wesentliche, einfühlsame Bestätigung und Ermutigung zu eigener Produktivität; doch bereits beim Wiedersehen in Berlin (Dezember 1809 bis März 1810; vgl. Tb. vom 3. März 1810, DKV 5 288), deutlicher dann in der Wiener Zeit, beginnt er sich von dem Freunde zu lösen. Der vertrauliche Briefwechsel wurde jedoch noch bis 1816 aufrechterhalten.

161,19 *Goethe*] Vgl. Goethes Verse an Loeben vom 18. August 1818 und 3. April 1825 (WA I, 4 252–253).

162,2 *Isidorus Orientalis*] Loeben wählt diesen Namen in dem Glauben, daß seine „Zeit eine verheißende Morgenzeit sei" und verbindet dies mit dem Bewußtsein des Auserwähltseins: „Als ob es nicht auch eine Taufe, und zwar von oben wär, in welcher man seinen Dichternamen empfängt!" (Pissin 1903 46f.; s. Erl. zu 161,18).

162,4 *Guido*] Mannheim 1808; entstanden nach Tiecks Angaben über den ursprünglichen Entwurf des „Ofterdingen" besonders des 2. Teiles. Im „Morgenblatt" (Nr. 55, 1808; vgl. auch Nr. 107–13) wurde der Roman als die eigentliche, wahre Romantik begrüßt.

162,5-6 *„Blätter aus dem Reisebüchlein eines andächtigen Pilgrims"*] „Blætter aus dem Reisebüchlein eines andæchtigen Pilgers", Mannheim 1808; Loebens Roman „Arkadien" (Berlin 1811/

1812) entstand ebenfalls in dieser Schaffensperiode in Anlehnung an Arnims „Gräfin Dolores" (1810).

162,10 *Jünger*] In Heidelberg war Loeben das Zentrum eines schwärmerisch-poetischen, ästhetisierenden Kreises, des „Eleusischen Bundes". Zu seinen Anhängern gehörten die Theologen Gerhard Friedrich Abraham Strauß (Beinamen „Dionysius") und Heinrich Wilhelm Budde (Beinamen „Johannes", später „Astralis"); Eichendorff lernte Loeben am 15. November 1807 kennen. Im „Eleusischen Bund" erhielt er am 19. März 1808 den Dichternamen „Florens", unter welchem Pseudonym er durch Vermittlung Loebens in Friedrich Asts „Zeitschrift für Wissenschaft und Kunst", Landshut 1808–1810, und im „Deutschen Dichterwald", Tübingen 1813, erste Gedichte veröffentlichte.

162,19-20 *Ahnung und Gegenwart*] Das folgende längere Zitat ist geringfügig verändert dem 12. und 13. Kapitel des Romans entnommen; vgl. HKA III 140–146, 158 f., 166–168 und die weiterführenden Erl.

162,21 *Salonwirtschaft*] Die Satire zielt hier auf romantisierendes, exaltiertes Salonmilieu des beginnenden 19. Jahrhunderts; ein mögliches Vorbild sind die geistreich-schwärmerischen Teegesellschaften der Sophie Sander (Frau des Berliner Buchhändlers Johann Daniel Sander, Verleger von Kotzebue, Lafontaine, Loeben und der Zeitschrift „Der Freimüthige"), auf denen 1809/1810 auch Wilhelm von Eichendorff und Loeben verkehrten (vgl. Eichendorffs Tb. vom 21. und 24. Dezember 1809 und vom 3. März 1810, DKV 5 281, 285 und 288).

163,29 *Mädchen tanzte*] Kindertänze waren in allen Salons der Zeit eine beliebte Unterhaltung; zu einer ähnlichen Szene in der „Gräfin Dolores" von Arnim s. HKA III, Erl. zu 142,3.

164,8 *Bajadere*] indische Tempeltänzerin.

164,25 *junger Mann*] Möglicherweise ist hier – allerdings stark überzeichnet – der Theologe Heinrich Wilhelm Budde (1786–1860) gemeint, der 1805/1806 in Halle, 1807/1808 in Heidelberg studierte und als „Johannes" bzw. „Astralis" dem „Eleusischen Bund" angehörte. Zu Anspielungen auf Kotzebue oder Adolf Müllner vgl. HKA III, Erl. zu 142,35.

165,14 *ein anderer*] Eichendorff karikiert hier zugegebenermaßen (vgl. das Wortspiel 169,22 und Aurora 1, 1929 74) den Theologen Gerhard Friedrich Abraham Strauß (1786–1863; 1822 Professor und Domprediger, seit 1836 Oberhofprediger in Berlin). Am 27. Dezember 1812 schreibt er an Loeben über Budde und Strauß: *Ich denke ohne alle Bitterkeit an sie, aber es ist seltsam, daß ich noch immer keinen Glauben an sie, kein hertzliches Zutrauen zu ihrer inneren Wahrhaftigkeit gewinnen kann; so etwas läßt sich nicht erzwingen.* (HKA XII 23)

165,16 *Selbstgefälligkeit*] In Strauß' Tagebuch vom 24. Januar 1808 heißt es: „Es geht in leichtfertigen Worten, wo Is⟨idorus⟩ und Dionysius exzellieren, Budde sich aufspielt, die Barone aber blaues Wunder sehen" (Alfons Perlick: Eichendorff und Nordrhein-Westfalen, Dortmund 1960 33).

165,21-22 *Thyrsusschwinger*] Thyrsus: ein mit Efeu und Weinlaub umwundener Stab, Attribut der Bacchantinnen bei den Festen des Dionysos. In einem Strauß gewidmeten Gedicht Loebens, „Abschied", heißt es: „Halte das Kreuz du empor und den Thyrsus, / Ich rett' aus den Fluten das Schwert." (Gedichte, hg. von R. Pissin, Berlin 1905 36).

165,29 *Dithyrambe*] ursprünglich bacchischer, begeisterter Lobgesang. Anklang an das Gedicht Loebens im „Reisebüchlein" (Mannheim 1808 204) mit dem Untertitel „Dithyrambe" und allgemeine Karikatur des weltanschaulich-diffusen Überschwangs dieser „falschen Romantik". Auf Strauß deutet die Tb.-Notiz vom 6. Dezember 1807: *Strauss dithyrambische Declamation vom Karfunkelstein.* (DKV 5 248)

VII.4. Halle und Heidelberg   451

165,30 *Karfunkelstein*] sagenumwobener Feuerrubin, von Novalis übernommenes Symbol romantischer Sehnsucht, das in dem gleichnamigen Lied aus Zacharias Werners Tragödie „Martin Luther oder die Weihe der Kraft" (Berlin 1807, IV/2) erscheint; auch in Loebens Roman „Guido" ist die Sehnsucht des Helden nach dem Karfunkel ein durchgehendes Motiv. Die Vorliebe für diesen Stein diente den Gegnern der Romantik als Angriffspunkt, so in „Der Karfunkel oder Klingklingel-Almanach. Ein Taschenbuch für vollendete Romantiker und angehende Mystiker. Auf das Jahr der Gnade 1810" von Jens Immanuel Baggesen.

166,4 *Ein anderer junger Dichter*] Loeben hat sich in dieser Gestalt wiedererkannt; er schreibt am 20. Oktober 1814: „Ich lasse mir es nicht nehmen, daß Du so im Schmachtenden eine kranke Lebensperiode eines Menschen darstellen wolltest, der mir allerdings näher steht als der nächste Herzensfreund – gestehe mir nur, daß ich recht habe." (HKA¹ XIII 63) Eichendorff antwortet am 25. Dezember 1814: *Unverkennbar allgemeiner ist der Schmachtende gehalten, und wenn ich dabei bisweilen wirklich an Dich, wie Du damals schienst, dachte /:verzeih es mir, lieber guter Freund! denn ich will es nicht leugnen:/, so habe ich doch eben so oft mich selber gemeint, wie schon die schmachtenden Probegedichte beweisen, die ich selbst in jener Periode gemacht habe.* (HKA XII 53)

166,13 *Eine Seele*] Loeben schreibt einmal in seinem Tagebuch: „Ich las viel vor aus meinen Poesien, sprach viel aus dem Herzen. Die Sander verstand mich tief." (zit. nach HKA¹ III 505).

166,16–17 *Gemüt*] S. Erl. zu I. 5,27.

166,17 *Priesterleben*] Nach einer Phase der „Verständigung mit der Welt" sehnt sich Loeben zurück nach dem „seligen Leben" der Heidelberger Zeit (Brief vom 4. September 1812, HKA¹ XIII 7); am 3. November 1812 schreibt er an Eichendorff: „Tagelang verläßt mich manchmal das Sehnen nach dem einsamen oder priesterlichen Stande nicht." (HKA¹ XIII 8). Auch später, unter dem Eindruck des Waffenstillstands vom 4. Juni 1813, äußerte er den Vorsatz, ähnlich wie Friedrich in *AG* in ein Kloster zu gehen (Briefe vom 7. Juni und 20. Oktober 1814; HKA[1] XIII 20 und 58).

166,19 *Assonanzenlied*] Besonders in der spanischen Romanzendichtung gebräuchlicher Gleichklang der Vokale vom letzten Akzent der Verszeile an, bei Verschiedenheit der Konsonanten.

166,20–167,12 *Hat nun Lenz ...*] Nicht gesondert gedruckt (HKA I/3 170). Das Lied gehört zu den schmachtenden Probegedichten Eichendorffs aus der Zeit des Heidelberger „Eleusischen Bundes" 1807/1808 (vgl. Eichendorffs Brief an Loeben vom 25. Dezember 1814; HKA XII 51 ff.). Die Parodie trifft also nicht nur Loeben, sondern – aus dem zeitlichen Abstand – auch den eigenen Stil jener Zeit.

167,7–8 *Mir ... Durste*] Von Goethe zitiert in den „Noten und Abhandlungen zu besserem Verständnis des West-Östlichen Divans" („Zweifel", WA I/7 83), um die Selbstparodie des „charakter- und talentlosen" Unendlichkeitsgefühls einer pseudoromantischen Richtung zu verdeutlichen.

167,13 *Haufen Sonette*] Loebens Sammlung seiner „Gedichte" (Berlin 1810) enthält, entsprechend der literarischen Mode, auch ein „Buch der Sonette" mit allein 90 Titeln.

167,13–22 *priesterlicher Feierlichkeit ... Anstalten dazu*] nahezu wörtlich in *GLD*, HKA IX 467.

167,19–20 *ursprüngliche ... Leben*] Vgl. aus einem Briefentwurf an Brentano, wahrscheinlich von 1810: *Das frische, freie, reine, herrliche Wesen ⟨...⟩ hat mich im Innersten erquickt und erhoben.* (HKA XII 20)

168,12 *babylonischen Baue*] S. Erl. zu VII.3. 128,18–19.

169,2–3 *mit Schurz und Kelle*] Die bauhandwerklichen Geräte erhielten bei den Freimaurern nach Art und Gebrauch symbolische

Bedeutung und wurden bei den geheimen rituellen Zusammenkünften der Bundesbrüder getragen.

169,4-5 *despektierlich ... zu sprechen*] Über die Genialität Brentanos heißt es in *GLD*: *sie wollten eben anfangen, jubelnd in die Hände zu klatschen; da fiel es ihm bei, despectirlich von der Genialität überhaupt zu reden und ihnen den ganzen verhofften Spaß wieder zu vereiteln.* (HKA IX 384f.)

169,14-17 *simplizianisch ... Redensarten*] nahezu wörtlich in *GLD* über Loeben (HKA IX 467).

169,15 *Sprachgepränge*] Anspielung auf Grimmelshausens Schrift „Deß Weltberuffenen Simplicissimi Pralerey und Gepräng mit seinem Teutschen Michel. ⟨...⟩ Von Signeur Meßmahl. 1673." Sie kennzeichnet den Standpunkt des Volksschriftstellers gegenüber den gelehrten Sprachgesellschaften.

169,22 *Strauß*] Anspielung auf G. F. A. Strauß; s. dazu die Erl. 165,14.

169,27-170,11 *„Was ihr wollt" ... von mir*] In dieser Passage montiert Eichendorff Äußerungen von Junker Tobias und Fabio gegenüber dem tollgewordenen, vom Teufel des Hochmuts besessenen Malvolio, dem Haushofmeister der Gräfin Olivia aus Shakespeares „Was ihr wollt", III/4.

170,25 *verketzern*] Die literarische Fehde gegen die Romantik wurde vor allem von einer Gruppe von Schriftstellern und Publizisten um den alten Voß auch damit geführt, daß man pseudoromantische Auswüchse mit den Zielsetzungen und Produkten der „neuen Schule" überhaupt gleichsetzte; ein sprechendes Beispiel für diese Polemik ist das „Erste Sonett colla coda" „Die sieben und zwanzig Romantiker" aus dem „Klingklingel-Almanach" (S. 41), in dem auch Loeben („Isidorus") und wohl zum ersten Mal in der literarischen Öffentlichkeit Eichendorff als „Florens" erwähnt werden:

454 Kommentar zu VII. ⟨Titel vielleicht: Erlebtes⟩

> Horcht auf! ich muß euch hohe Dinge s a g e n :
> Mit Eis die Brust umpanzert singt R i n g s e i s
> Auf F r i e d r i c h   S c h l e g e l s c h durch
> romantschen S t e i ß;
> Ihm applaudiren C h a m i s s e a u, van H a g e n.
>
> R o t t m a n n e r, G i e s e b r e c h t, B e r n h a r d i,
> j a g e n
> Mit K l e i s t, dem dritten, um den Dichter p r e i s;
> A r m i n und G ö r r e s speisen Indus=R e i s;
> L a s s e a u x trägt bunte Jacken ohne K r a g e n.
>
> Fromm singen I s i d o r u s, A s t, und T i e c k;
> Fromm klingen R o s t o r f, L o ë, L ö e w, und
> B r a u s e r:
> Fromm springen F l o r e n s, L a c r i m a s,
> S y l v e s t e r,
>
> Wie vor der Bundeslade König P i e c k.
> Auch C h r i s t i a n S c h l o s s e r, der romant'sche
> S a u s e r,
> Und P e l l e g r i n, und Tiks geistvolle S c h w e s t e r
> Erhebend mit B r e n t a n o ihr G e q u i e c k –
> Dann baut noch A d a m M ü l l e r, der Kal m a u s e r
> Für alle diese Sänger V o g e l n e s t e r.
>
> S i r i u s.

In der „Zeitung für Einsiedler" (Nr. 26, 29. Juni 1808, Sp. 203–204: „Der Einsiedler und das Klingding") wehrt sich Arnim gegen ein solches Mißverständnis des Parodierten, indem er die „Dunstkunst" der Afterromantiker, „diese Karfunkel mit Honigseim Schlinger" und „Glaubtraubschraubenden Kreuzthyrsusschwinger" selber parodiert.

170,27 *„Poetischen Journals"*] Nur zwei Stücke des ersten Jahrgangs sind 1808 bei Frommann in Jena erschienen; Eichendorff dachte wohl an die Einleitung und an die Vision „Das jüngste Gericht".

VII.4. Halle und Heidelberg   455

170,31–171,1 *Klingkling=Almanach*] „Der Karfunkel oder Klingklingel-Almanach. Ein Taschenbuch für vollendete Romantiker und angehende Mystiker. Auf das Jahr der Gnade 1810." (hg. bei Cotta in Tübingen von Jens Immanuel Baggesen); 142 Sonette aus der Sonettenfabrik eines fiktiven Kreises von Heidelberger Freunden, die sich als Tabakskollegium gegen „Tröst Einsamkeit" zu einer Trost-Gesellschaft zusammengetan haben.

171,1 *parodisch*] S. Erl. zu VII.3. 114,18.

171,3 *Baggesen*] Jens Immanuel Baggesen (1764–1826), schrieb in dänischer und deutscher Sprache; Wortführer des Klassizismus gegen die Romantik, starkes komisches und satirisches Talent von Eleganz des Stils und Glätte der Form, unter dem Einfluß von Klopstock, Wieland und Voltaire.

171,4 *Faust*] J. I. Baggesen: „Des vollendeten Faust's erster Theil. Die Philister-Welt, oder Romanien im Wirthshause. Komödie als Vorspiel. Des vollendeten Faust's zweiter Theil. Die romantische Welt oder Romanien im Tollhause. Comi-Tragödie in sieben Aufzügen" (Leipzig 1836).

171,6–7 *Werthers Leiden*] „Freuden des jungen Werthers" (Berlin 1775), eine Parodie auf Goethes „Werther" von Friedrich Nicolai.

171,8 *Merkel*] Garlieb Helwig Merkel (1769–1850), Publizist. Wichtige Schrift gegen die Leibeigenschaft in Livland: „Die Letten vorzüglich in Liefland am Ende des philosophischen Jahrhunderts" (1797); vereinigte sein Wochenblatt „Ernst und Scherz" (gegründet 1803 in Berlin) mit Kotzebues „Freimüthigem" zu der Zeitschrift: „Der Freimüthige, oder Ernst und Scherz. Ein Unterhaltungsblatt." (1804–1806), die gegen Goethe und die Romantiker gerichtet war, sowie in der Politik gegen den Rheinbund und Napoleon.

171,8 *Fallstaffsheer*] Vgl. Shakespeares „Heinrich IV.", 1. Teil, IV/2; 2. Teil, III/2.

171,11 *Voß*] Johann Heinrich Voß (1751–1826), 1805–1826 in Heidelberg. Aus persönlicher Empfindlichkeit, philologischer Gelehrsamkeit und aufklärerischer Weltanschauung erwuchs bei ihm eine prinzipielle, oft gehässige Bekämpfung der Romantik, die sich besonders gegen Formspielerei (Sonett) und Katholizismus richtete. Als Antwort auf Görres' und Brentanos Satire vom „Uhrmacher Bogs" und Görres' „Schriftproben von Peter Hammer" meldete er sich im „Morgenblatt" (Nr. 12, 1808) ironisch „Für die Romantiker" zu Wort mit einer Parodie von A. W. Schlegels „Dies irae"-Übersetzung: „Bußlied eines Romantikers"; in derselben Zeitschrift erschien von ihm u. a. auch ein „Beitrag zum Wunderhorn" (Nr. 283/284, 1808) mit einer Persiflage des protestantischen Kirchenliedes „Herr, ich will gar gerne bleiben" als „Lied der Romantiker an ihren Herrgott".

171,16 *Sonette*] Voß hatte in der von Heinrich Karl Abraham Eichstädt (1772–1848) 1804 begründeten „Jenaischen Allgemeinen Literatur-Zeitung" (Nr. 128–131, Juni 1808) mit einer kritischen Rezension von Bürgers Sonetten den Streit um die romantische Sonettenflut (etwa seit 1803, dem Höhepunkt des Sonettenschaffens von A. W. Schlegel) entfesselt und schon im „Morgenblatt" (Nr. 58, 1808) Goethe aufgefordert, nicht auch in diese Manie zu verfallen. Darauf antworteten ebenso bissig Görres („Die Sonettenschlacht bei Eichstädt") und Arnim („Der Einsiedler und das Klingding") in der „Zeitung für Einsiedler" (Nr. 26, 29. Juni 1808): „Last das Gypskrokodill still am Idyllennile / Herodisch schlummer steif im Mückenmord erstarren". Den Höhepunkt dieser Fehde bildete der „Klingklingel-Almanach" mit Danwallers (= Baggesens) Sonettenfabrik, an der auch Voß' Sohn Heinrich mitwirkte.

171,19-20 *Einsiedlerzeitung*] S. Erl. zu 159,7.

VII.4. Halle und Heidelberg 457

171,20 *in hundert Sonetten*] „Geschichte des Herrn Sonet und des Fräuleins Sonete, des Herrn Ottav und des Fräuleins Terzine. Eine Romanze in 90+3 Soneten" von Arnim in einer Beilage zur „Zeitung für Einsiedler" (Nr. 37 vom 30. 8. 1808).

171,23–24 *wie in Tiecks ... Kater*] „Die verkehrte Welt. Ein historisches Schauspiel in fünf Aufzügen" (Berlin 1799, dann im „Phantasus" 1812–1816); „Prinz Zerbino oder die Reise nach dem guten Geschmack. Gewissermaßen eine Fortsetzung des gestiefelten Katers. Ein deutsches Lustspiel in sechs Aufzügen" (Leipzig/Jena 1799); „Der gestiefelte Kater. Ein Kindermärchen in drei Akten" (Berlin 1797). Diese Literaturkomödien dienten Eichendorff u. a. als Vorbild für seine Satire „*Krieg den Philistern*".

171,24–25 *Schlegels Triumphpforte*] „Ehrenpforte und Triumphbogen für den Theater-Präsidenten von Kotzebue bey seiner gehofften Rückkehr in's Vaterland. Mit Musik. Gedruckt zu Anfange des neuen Jahrhunderts" von A. W. Schlegel (anonym, Braunschweig 1801), als Antwort auf Kotzebues antiromantische Satire „Der hyperboreeische Esel oder die heutige Bildung" (1799).

171,26 *Mahlmanns Hussiten*] Siegfried August Mahlmann (1771–1826), Dramatiker, Lyriker und Publizist, Verfasser von „Herodes vor Bethlehem oder Der triumphierende Viertelsmeister. Ein Schau-, Trauer- und Thränenspiel in drey Aufzügen. Als Pendant zu den vielbeweinten Hussiten vor Naumburg" (Leipzig 1803); eine erfolgreiche Parodie von Kotzebues vielgespieltem vaterländischem Trauerspiel „Die Hussiten vor Naumburg im Jahr 1432" (Leipzig 1803), das Eichendorff 1803 in Breslau dreimal gesehen hat.

171,31 *Novalis angekündigt*] Novalis wandte sich in seinen späten Schriften („Blüthenstaub"-Fragmente, 1798; „Die Christenheit oder Europa", 1799) zu einem romantischen Universalismus mit einer Einheit aus Religion, Poesie, Natur- und Staatslehre.

172,8 *vindizierte*] S. Erl. zu VII.3. 120,28.

172,10 *Malerschule*] genannt „Nazarener" (ursprünglich Spottname – vermutlich durch Christian Reinhard – wegen ihrer altdeutschen Haartracht), gegründet am 10. Juli 1809 als „Lukasbund" an der Wiener Akademie von Overbeck, Pforr, Sutter, Wintergerst, Vogel und Hottinger; am 15. Mai 1810 Aufbruch nach Rom, wo sich der Kreis der Lukasbrüder allmählich erweiterte: Cornelius, Scheffer von Leonhardshoff, Schnorr von Carolsfeld, die Brüder Veit, F. Olivier, Fohr, Führich u. a. schlossen sich an. Gegen den Klassizismus der Akademien gerichtete Erneuerung der Kunst nach den Vorbildern Dürers und der italienischen Meister des Quattrocento bis zum jungen Raffael mit christlichen und vaterländisch-historischen Inhalten. Anspielung auf die Nazarener im „*Taugenichts*" (W II 617 f.) und in *DG* (W II 347 f. und 402).

172,11 *Overbeck*] Johann Friedrich Overbeck (1789–1869), Sohn des Lübecker Senators Christian Adolf Overbeck (s. Erl. zu V.1. 67,4); seit 1806 an der Akademie in Wien, zusammen mit Franz Pforr (1788–1812) Begründer der Künstlergruppe, konvertierte 1813. Zusammen mit den „Nazarenern" schuf er in Rom die Freskenzyklen in der Casa Bartholdy und im Casino Massimo. *Veit*] Philipp Veit (1793–1877), Sohn von Dorothea Schlegel aus erster Ehe, Freund Eichendorffs in Wien und während der Freiheitskriege (vgl. Erl. zu V.1. 68,20 und 21), konvertierte 1810 in Wien und schloß sich 1815 den „Nazarenern" an. *Cornelius*] Peter Cornelius (1783–1867), Erneuerer der monumentalen Freskomalerei. 1811–1819 in Rom, wo er zu den „Nazarenern" gehörte. Cornelius und Eichendorff kannten sich von ihren gemeinsamen Bemühungen um den Kölner Dombau.

VII.4. Halle und Heidelberg   459

172,14 *Bach*] Am 11. März 1829 läßt Zelter unter der Leitung seines Schülers Felix Mendelssohn die „Matthäus-Passion" zum ersten Mal aufführen.

172,15-16 *wunderbare Lied ... schlummert*] Vgl. das Gedicht „*Wünschelruthe*" (HKA I/1 121), dessen programmatische Grundgedanken in Eichendorffs Werk vielfach wiederkehren (vgl. HKA I/2 224).

172,18 *hieroglyphische*] Der Wortgebrauch geht zurück auf die Vorstellungen der Romantik von Natur und Leben als einem Hieroglyphenbuch, einer rätselhaft heiligen Bilderschrift (vgl. 172,15-16), die der Künstler zu entschlüsseln vermag. *Lapidarschrift*] lat. in Stein gehauene Schrift.

172,21-22 *Antike im Schlafrock*] Gemeint ist der Klassizismus in der Architektur (1770–1830; fortgesetzt im französischen Empire), der in Gegenbewegung zum Barock und Rokoko einfache, klar gegliederte, geradlinige Baukörper erstrebt. Antike Vorbilder werden nicht kopiert, sondern einzelne Motive als Zeichen einer neuen Gesinnung verwendet.

172,25-26 *Der junge Goethe*] „Von Deutscher Baukunst", in Herders „Von Deutscher Art und Kunst. Einige fliegende Blätter" (Hamburg 1773) gedruckt. Goethes Verhältnis zur mittelalterlichen Kunst war nach der frühen Begeisterung für die Gotik auch unter Boiserées Einfluß nicht mehr ganz ohne Vorbehalte.

172,29 *Sulpice Boiserée*] Sulpice Boisserée (1783–1854) und Melchior Boisserée (1786–1851), Kunstsammler und Gelehrte. Ihre Sammlung altdeutscher und niederländischer Malerei (1804 in Köln begonnen, 1827 von Ludwig I. für die Münchener Alte Pinakothek erworben) machte 1814/1815 in Heidelberg auf Goethe einen tiefen Eindruck; entscheidende Bemühungen um die Vollendung des Kölner Doms (1823–1880; Sulpiz Boiserée: „Geschichte und Beschreibung des Doms von

Köln", 1823–1832). Eichendorff selbst war Gründungs- und Vorstandsmitglied im „Berliner Verein für den Kölner Dombau" (1841) und Verfasser eines Aufrufes „zur Teilname" („Allgemeine Preußische Staatszeitung" Nr. 92, 3. April 1842; HKA¹ X 122 ff.).

173,1 *Marienburg*] 1817–1842 unter dem preußischen Oberpräsidenten Theodor von Schön (1773–1856) restauriert. Eichendorff schrieb als Oberpräsidialrat bei Schön in Königsberg das Drama „*Der letzte Held von Marienburg*" (1830) und 1843, auf Vorschlag Schöns („Er hat Jahre lang mit u. neben Marienb: gelebt", HKA¹ XII 275) vom König beauftragt, „*Die Wiederherstellung des Schlosses der deutschen Ordensritter zu Marienburg*" (HKA¹ X 3 ff.).

173,11 *Schenkendorf*] Max von Schenkendorf (1783–1817), Lyriker der Freiheitskriege; mit seinem Aufsatz „Ein Beispiel von der Zerstörungswut in Preußen" (in: „Der Freimüthige" Nr. 136 vom 26. August 1803 541–542) gab er den Anstoß zur Rettung des Baues.

173,13 *Schrötter*] Reichsfreiherr Friedrich Leopold von Schrötter (1743–1815), seit 1795 preußischer Staats- und Finanzminister, Mitarbeiter des Freiherrn vom und zum Stein. Er verfügte auf Schenkendorfs Aufsatz hin: „daß für die Erhaltung des Schlosses zu Marienburg, als eines so vorzüglichen Denkmals alter Baukunst, alle Sorge getragen werden solle." (Zit. nach Pörnbacher 57).

173,22 *Remter*] von lat. refectorium: Speisesaal in Klöstern und Burgen.

174,5–6 *Sternbalds Wanderungen*] S. Erl. zu V.1. 68,11.

174,6 *Phantasien*] „Phantasien über die Kunst, für Freunde der Kunst" (Hamburg 1799), aus dem Nachlaß Wilhelm Heinrich Wackenroders (1773–1798) von Tieck mit eigenen Beiträgen herausgegeben.

VII.4. Halle und Heidelberg 461

174,6-7 *Herzensergießungen*] „Herzensergießungen eines kunstliebenden Klosterbruders" (Berlin 1797) von Wackenroder; mit einer Vorrede und vier Stücken von Tieck anonym herausgegeben. Der Titel des Werkes wurde von J. F. Reichardt nach den Vorstellungen Wackenroders so formuliert.

174,9 *Konversion*] Eine Konversion durch ein Musikerlebnis bei einem Gottesdienst in Rom schildert Wackenroder in seinen „Herzensergießungen"; in dem „Brief eines jungen deutschen Malers in Rom an seinen Freund in Nürnberg" (für den allerdings Tieck die Autorschaft beansprucht) heißt es: „Die Kunst hat mich allmächtig hinübergezogen". Eichendorff denkt neben Autoren wie Adam Müller, Eduard von Schenk, Friedrich Schlegel, Friedrich Leopold Graf zu Stolberg, Zacharias Werner u. a. wohl vor allem an die Konversionen unter den „Nazarenern", die die „Herzensergießungen" zu einer Art Programmschrift erhoben hatten, so daß Goethe vom „klosterbrudrisirenden, sternbaldisirenden Unwesen" sprechen konnte (WA I,48 122).

174,11-12 *besonderes Gewicht legen*] denn *es fehlte ihnen mithin der natürliche Boden einer katholischen* G e s i n n u n g, *die allein vermögend war, ihre Ueberzeugungen zur lebendigen, poetischen Erscheinung zu bringen. Daher ihre unsichere Haltung, dieser gemachte* ⟨...⟩ *Katholicismus* (GRP, HKA VIII/1 41).

174,13 *ästhetischen Erziehung*] Schiller sieht in der Schönheit die Einheit von Form und Materie; deshalb wird allein in „dem Genuß der Schönheit oder der ä s t h e t i s c h e n E i n h e i t" die „V e r e i n b a r k e i t" von Vernunft und Sinnlichkeit, „die Ausführbarkeit des Unendlichen in der Endlichkeit, mithin die Möglichkeit der erhabensten Menschheit" erfahren („Über die ästhetische Erziehung des Menschen, in einer Reihe von Briefen", in: „Die Horen", Tübingen 1795, zit. aus dem 25. Brief, NA 20 397).

174,27 *Philisterwelt*] S. Erl. zu II.2. 23,4. *Zeloten*] griech. Glaubenseiferer.

175,2 *katholische Gesinnung*] In den Kölner Wirren (Mischehenstreit von 1837) sieht Eichendorff den Beginn einer katholischen Neubesinnung, in der Wallfahrt zum „Heiligen Rock" in Trier (1844) ihre erste wirksame Manifestation.

175,9–10 *nachzuweisen versucht*] „*Ueber die ethische und religiöse Bedeutung der neueren romantischen Poesie in Deutschland*", Leipzig 1847 (HKA IX 268–492).

175,17 *heckte*] fortpflanzen.

175,26 *Weltbürgertum*] S. Erl. zu VII.3. 121,10.

175,26–27 *Deutschtümelei*] S. Erl. zu II.3. 35,4.

176,3 *Pietismus*] S. Erl. zu VI.2. 78,1.

176,24 *Burschenschaften*] Unter dem Eindruck der Freiheitskriege schlossen sich 1815 die Jenaer Landsmannschaften zur ersten Burschenschaft zusammen; ein gesamtdeutscher Höhepunkt dieser sich schnell ausbreitenden, patriotischen, demokratisch-liberalen Bewegung war das Wartburgfest (18. Oktober 1817; „Grundsätze und Beschlüsse des 18. Oktobers" von dem Historiker H. Luden). Die Radikalisierung ihrer politischen Ziele durch Karl Follens (1796–1840) Jenaer „Verein burschenschaftlicher Unbedingter" und die Ermordung Kotzebues durch einen Follen-Anhänger, Karl Ludwig Sand (1795–1820) im März 1819 waren Vorwand genug, die Burschenschaften in den Karlsbader Beschlüssen (20. September 1819) als „demagogische Bewegung" zu verbieten und zu verfolgen; doch blieben sie in wechselnden Formen politisch aktiv: 1832 Teilnahme am Hambacher Fest, 1833 Frankfurter Wachensturm und besonders 1848/1849.

177,7 *düpiert*] frz. überlisten, prellen

177,10 *wiedererwachten Pietismus*] S. Erl. zu VI.2. 78,1.

VII.4. Halle und Heidelberg   463

177,23 *Tartüffe*] Titelheld einer zu ihrer Zeit heftig umstrittenen Gesellschafts- und Sittenkomödie von Molière (D: 1669), die mit ihrer toleranten Religionskritik vorbildlich für das Denken des 18. Jahrhundert wurde.

177,26 *Zweikampf*] Eichendorff hat nach dem Zeugnis seines Sohnes selbst ein Duell ausgefochten (B³I 75); wie es zu solchen Auseinandersetzungen kommen konnte, veranschaulicht eine Szene im Tb. (10. und 12. August 1807, DKV 5 237), wo Eichendorff den H. Julius wegen einer Beleidigung von Kommilitonen zur Rede stellen ließ. Eichendorffs im folgenden Passus und schon in VII.2. 104,20ff. geäußerte Auffassung weicht von der vorherrschenden Meinung der Zeitgenossen kaum ab; in der „Allgemeinen deutschen Real-Encyclopädie für die gebildeten Stände" (Bd. XII 555 f.), heißt es: „Die Verbote gegen den Zweikampf können nicht eher ihren Zweck erreichen, als bis sich die öffentliche Meinung darüber anders gestaltet hat." Doch gab es schon entschiedene Gegner des Duells: Fichte legte sein Amt als Rektor der Universität Berlin nieder, weil seine Kollegen ihn im Kampf gegen das studentische Duell nicht unterstützten, und Heine schrieb in den Nachbemerkungen zu seinem Aufsatz „Körperliche Strafe": „Die Götter, um den lodernden Hochmut der Menschen herabzudämpfen, erschufen sie Prügel. Die Menschen aber ⟨...⟩ erschufen dagegen das Point d'honneur ⟨...⟩, sie haben die Blutrache der Ehre in Paragraphe gebracht, und die Duelle, obgleich sie von den Staatsgesetzen, von der Religion und selbst von der Vernunft mißbilligt werden, sind dennoch eine Blüthe schöner Menschlichkeit." (DHA 7/I 518)

178,10 *vom Gesetz nicht vorgesehen*] Dieses Kriterium hebt Eichendorff in seiner „Probearbeit" hervor: *Gleichwie es, nach einem noch bis jetzt nicht ganz untergegangenen Naturgefühl eine höhere Ehre gibt, als die vor Gerichten verhandelt und gutgetan wird* ⟨...⟩, *so gibt es auch ein Recht und Unrecht außer dem Gesetz* (HKA¹ X 149). In diesem Sinne ist wohl das Duell Antonios in „*Eine Meerfahrt*" zu verstehen (W II 747 f.), während die Auseinandersetzungen in *DG* nur Karikaturen des Duells darstellen (W II 395, 409 und 458).

178,23 *Zeitgeistes*] S. Erl. zu VII.3. 121,29 und 30.

178,25 *die großen Residenzstädte*] Eichendorff greift im folgenden Argumente auf, die 1809/1810 in der Diskussion um den Standort der neuen preußischen Universität angeführt wurden. Während Fichte für eine einzige Zentraluniversität in Berlin plädierte, hatte Stein zunächst wegen der moralischen Versuchungen der Hauptstadt gegen Berlin gesprochen, auch Humboldt fürchtete dort den lähmenden Einfluß führender Gesellschaftskreise, besonders des Militärs.

179,24 *Mittagsschwüle*] S. Erl. zu I. 10,4.

180,19 *Jugend*] In *DG* heißt es: *nur die Jugend versteht recht aus Herzensgrunde die Schönheit der Welt mit ihren morgenroten Gipfeln und kühlen Abgründen und funkelnden Auen im Grün* (*DG*, W II 323; vgl. auch *AG*, HKA III 3,29 und Erl., HKA III 100; *DG*, W II 294; „*Viel Lärmen*", W II 700; HKA XII 167).

Anhang

Bibliographie

Personenregister

Faksimiles

Danksagung

Inhaltsverzeichnis

Bibliographie

I. Joseph von Eichendorff
1. Zu Lebzeiten gedruckte Texte

Ahnung und Gegenwart. Ein Roman. Mit einem Vorwort von de la Motte Fouqué, Nürnberg, bei Joh. Leonhard Schrag 1815.

A[1]: Gedichte von Joseph Freiherrn von Eichendorff, Berlin, Verlag von Duncker und Humblot. Gedruckt bei Petsch 1837.

Dichter und ihre Gesellen. Novelle von Joseph Freiherrn von Eichendorff, Berlin, Verlag von Duncker und Humblot 1834.

Der Graf Lucanor von Don Juan Manuel. Uebersetzt von Joseph Freiherrn von Eichendorff, Berlin, Verlag von M. Simion 1840.

Zur Geschichte der neuern romantischen Poesie in Deutschland, ⟨Anonym⟩ in: Historisch-politische Blätter für das katholische Deutschland, hg. von George Phillips und Guido Görres, Nr. 17, 1846, S. 273–289, 371–384, 425–443.

Geistliche Schauspiele von Don Pedro Calderon de la Barca, uebersetzt von Joseph von Eichendorff, Stuttgart und Tübingen.
Bd. 1: 1846, darin: „Gift und Gegengift", S. 1–60.
„Das große Welttheater", S. 61–118.
„König Ferdinand der Heilige", S. 119–200.
„Das Schiff des Kaufmanns", S. 201–290.
„Balthasars Nachtmahl", S. 291–346.
Bd. 2: 1853, darin: „Der göttliche Orpheus", S. 1–52.
„Der Maler seiner Schande", S. 53–120.
„Die eherne Schlange", S. 121–200.
„Amor und Psyche", S. 201–258.
„Der Waldesdemuth Krone", S. 259–314.
„Der Sünde Zauberei", S. 315–363.

Der deutsche Roman des achtzehnten Jahrhunderts in seinem Verhältniß zum Christenthum. Von Joseph von Eichendorff, Leipzig, F. A. Brockhaus 1851.

Geschichte der poetischen Literatur Deutschlands. 2 Bände, Paderborn, F. Schöningh 1857.

2. Handschriftlicher Nachlaß

Folgende Institutionen verwahren oder besitzen Eichendorff-Autographen von autobiographischen Texten:

Deutsches Eichendorff-Museum und -Archiv, Wangen im Allgäu.

Eichendorff-Gesellschaft, Ratingen-Hösel.

Freies Deutsches Hochstift, Frankfurt.

Milton S. Eisenhower Library, The Johns-Hopkins-University, Baltimore, Maryland.

Staatsbibliothek zu Berlin - Preußischer Kulturbesitz.

Faksimiledrucke

Lubowitz. Briefe, Gedichte etc. Eichendorffs im Zusammenhang mit Lubowitz. Faksimile-Drucke von Originalhandschriften. Zur Eröffnung der Eichendorff-Gedenkstätte Lubowitz am 26. November 1940 von der Deutschen Eichendorff-Stiftung herausgegeben. Eingerichtet von Alfred Jahn. Gedruckt im Verlag der Buchdruckerei Letzel, Inhaber Erich Schade, Neisse o. J. ⟨1940⟩ unpaginiert (Faksimile der ersten beiden *„Unstern"*-Seiten, Text II.4.).

Eichendorffs Werke in vier Teilen, hg. von Ludwig Krähe. Dritter Teil: Kleinere Novellen, Berlin u. a. Bong & Co. 1908 (= Goldene Klassiker-Bibliothek. Kempels Klassiker-Ausgaben in neuer Bearbeitung) (Faksimile von *„Lubowitz. I."*, Text V.2., zwischen den Titelseiten).

Eichendorffs Werke in 4 Bänden, hg. von Wilhem von Scholz, Stuttgart 1924, Bd. 4, Anhang, unpag. S. 410 (Faksimile der ersten Seite von *„Halle und Heidelberg",* Text VII.4.).

Literaturwissenschaftliches Jahrbuch. Sonderband: Sprache und Bekenntnis. Hermann Kunisch zum 70. Geburtstag 27. Oktober 1971, hg. von Wolfgang Frühwald und Günter Niggl, Berlin 1971, nach S. 188 (Faksimile von *„Aus den Papieren eines Einsiedlers",* Text VI.5. und VII.1.).

Erwähnungen

J. A. Stargardt, Marburg, Katalog 549, Nr. 45:
S. 12: Angebot von *„Tröst-Einsamkeit"* (Text VI.1.).

Eichendorff, Karl Freiherr von: Der Sedlnitzer Eichendorff-Fund, in: Der Wächter 1921 (Juni-Heft), S. 228 und 229 (Erwähnung eines verschollenen Entwurfs *„Idyll von Lubowitz"* und Angabe, daß Eichendorffs eigene Aufzeichnungen aus dem Krieg verschollen sind).

3. Veröffentlichungen aus dem Nachlaß

B³: **Joseph Freiherrn von Eichendorff's sämmtliche Werke.** Zweite Auflage. Mit des Verfassers Portrait und Facsimile. Leipzig, Voigt & Günther, 1864. Druck von Giesede & Devrient.
B³I: Erster Band. Biographische Einleitung und Gedichte.
B³III: Novellen und erzählende Gedichte.

Vermischte Schriften, hg. von Hermann von Eichendorff. 5 Bände, Paderborn: Schöningh 1866.
Bd. 5: Aus dem literarischen Nachlasse Joseph Freiherrn von Eichendorffs, darin (unter dem Titel „Erlebtes"):
„Deutsches Adelsleben am Schlusse des achtzehnten Jahrhunderts" (Text VII.3.), S. 263–290.
„Halle und Heidelberg" (Text VII.4.), S. 290–329.

Krüger, Hermann Anders: Der junge Eichendorff. Ein Beitrag zur Geschichte der Romantik, Oppeln 1898, 2. Ausgabe Leipzig 1904, darin:
S. 12–13: „*Lubowitz. I.*" (Text V.2.).
S. 13-14: „*Kapitel von meiner Geburt*" (II.1.).
S. 151: „*In ungereimten Jamben*" (Text IV.4.).
S. 160, Anm. 1: unvollständiges Zitat aus „*Winterabend*" (Text IV.1.).

Kunisch, Dietmar: Die Memoirenfragmente Joseph von Eichendorffs. Eine ungedruckte Handschrift aus dem Nachlaß Wilhelm Kurrelmeyers, in: Literaturwissenschaftliches Jahrbuch. Sonderband: Sprache und Bekenntnis. Hermann Kunisch zum 70. Geburtstag 27. Oktober 1971, hg. von Wolfgang Frühwald und Günter Niggl, Berlin 1971, S. 185–205, darin:
S. 187: „*Aus meiner Jugendzeit*" (Text VII.1.).
S. 187–189: „*Aus den Papieren eines Einsiedlers*" (Text VI.5.).

Kunisch, Hermann: Joseph von Eichendorff: Das Wiedersehen. Ein unveröffentlichtes Novellenfragment, aus der Handschrift mitgeteilt und erläutert von Hermann Kunisch, in: Aurora 25, 1965, S. 7–39: I. Zur Handschrift (S. 77–11), II. Text (S. 11–20), III. Deutung (S. 20–34).

Kunisch, Hermann: Die Frankfurter Novellen- und Memoirenhandschriften Joseph von Eichendorffs, in: Jahrbuch des Freien Deutschen Hochstifts 1968, S. 329–389, darin:
S. 350–352: „*Tröst-Einsamkeit*" (Text VI.1.).
S. 354–357: „*Zu dem Idyll von Lubowitz. Einleitung.*" (Text IV.2.).
S. 360–362: „*Zu dem /umstehenden/ Idyll von Lubowitz*" (Text IV.3.).

Nowack, Alfons (Hg.): Lubowitzer Tagebuchblätter Joseph von Eichendorffs. Mit Erläuterungen herausgegeben von Alfons Nowack, Groß-Strehlitz, Verlag von A. Wilpert, 1907, darin:
S. 140–142: Beilage I. „*Bilderbuch aus meiner Jugend*" (Text V.1.).

Nowack, Alfons: Eichendorffs Entwürfe zum *"Bilderbuch aus meiner Jugend"*, in: Schlesische Volkszeitung Nr. 30, 29. Juli 1917, Sonntagsbeilage, S. 181–182, darin:
S. 181–182: *"Bilderbuch aus meiner Jugend"* (Text V.1.).
S. 182: *"Lubowitz. I."* (Text V.2.).

Pöhlein, Hubert: Die Memoirenfragmente Joseph's von Eichendorff, in: Aurora 1, 1929, S. 83–116 darin:
S. 84–88: *"Idyll von Alt-Lubowitz und meiner Kindheit"* (Text IV.5.).
S. 84–88 u. 91–94: *"Bilderbuch aus meiner Jugend"* (Text V.1.).
S. 90: *"Zu dem umstehenden Idyll von Lubowitz"* (Text IV.3.).
S. 98–99: *"Zu dem Idyll von Lubowitz. Einleitung."* (Text IV.2.).
S. 101 u. 106–107: *"Novelle = Winterabend in Lubowitz"* (Text IV.1.).
S. 102, Anm. 61: *"Ein Mährchen /: in Prosa:/"* (Text III.).
S. 103: *"(Ich denke = die Lubowitzer Erinnerungen"* (Text II.5.).
S. 103–106: *"Kapitel von meiner Geburt"* (Text II.1.).
S. 107–109: *"Trösteinsamkeit; aus dem Tagebuch eines Einsiedels."* (Text VI.2.).
S. 110–112: *"Titel vielleicht: Erlebtes"* (Text VII.2.).

Pöhlein, Hubert: Unstern. Ein unveröffentlichtes Novellenfragment Josephs von Eichendorff, in Aurora 3, 1933, S. 87–103, darin:
S. 89–95: *"Unstern-Novelle"* ⟨Fragment⟩ (Text II.4.).

Stöcklein, Paul: Unstern. Eine nicht vollendete Novelle von Joseph von Eichendorff, in: Hochland. Monatsschrift begründet von Carl Muth, hg. von Franz Josef Schöningh, 45. Jg. 1952/53, S. 255–259 und 284–287; wieder in: ⟨Katalog⟩ Bayerische Akademie der schönen Künste: Joseph Freiherr von Eichendorff Ausstellung zum 100. Todestag, München 1957, S. 115–126.
S. 255–259 u. 284–287: *"Unstern-Novelle"* ⟨Fragment⟩ (Text II.4.).

Uhlendorff, Franz: Neue Eichendorffiana, in: Aurora 24, 1964, S. 21–35, darin:
S. 32–33: *„Kapitel von meiner Geburt"* (Text II.1.).

Wegener, Karl Hanns (Hg.): Eichendorffs Werke in 6 Teilen. Mit Einleitung und Anmerkungen, Leipzig: Hesse u. Becker o. J. (Vorwort datiert 1921), darin:
6. Teil: *„Vorwort"* (Text VI.4.), S. 8–12.
   „Der Adel u. die Revolution" (Text VII.3.), S. 13–37.
   „Halle und Heidelberg" (Text VII.4.), S. 38–74.
   „Titel vielleicht: Erlebtes" (Text VII.2.), S. 239–240.

Weichberger, Konrad (Hg.): Das Incognito. Ein Puppenspiel von Joseph Freiherrn von Eichendorff. Mit Fragmenten und Entwürfen anderer Dichtungen nach den Handschriften, Oppeln 1901, darin:
S. 86–91: *„Vorwort"* (Text VI.4.).
S. 100 ff.: *„Trösteinsamkeit; aus dem Tagebuch eines Einsiedels"* (Text IV.2.).
S. 100 f.: *„Novelle = Anfang"* (Text II.2.).

4. Textkritische Ausgaben von Eichendorffs Werken

HKA[1]: Sämtliche Werke des Freiherrn Joseph von Eichendorff. Historisch-kritische Ausgabe. In Verbindung mit Philipp August Becker hg. von Wilhelm Kosch und August Sauer, Regensburg: Verlag von J. Habbel.
10. Bd.: Historische, politische und biographische Schriften. Mit Unterstützung von Hugo Häusle hg. von Wilhelm Kosch, [1911].
11. Bd.: Tagebücher. Mit Vorwort und Anmerkungen von Wilhelm Kosch, [1908].
12. Bd.: Briefe von Eichendorff, hg. von Wilhelm Kosch, [1910].
13. Bd.: Briefe an Eichendorff, hg. von Wilhelm Kosch, [1910].

Sämtliche Werke des Freiherrn Joseph von Eichendorff. Historisch-kritische Ausgabe, hg. von Wilhelm Kosch. Regensburg. Druck und Verlag von Josef Habbel.

1. Bd.: 1. Hälfte: Gedichte, hg. von Hilda Schulhof und August Sauer. Mit einem Vorwort von Wilhelm Kosch, [1923].
2. Hälfte: Epische Gedichte ⟨und Kommentar zu Bd. I/1⟩, hg. von Hilda Schulhof und August Sauer. Mit einem Vorwort von Wilhelm Kosch, [1923].
4. Bd.: Dichter und ihre Gesellen. Ein Roman von Freiherrn Joseph von Eichendorff, hg. von Ewald Reinhard, [1939].
6. Bd.: Dramen: Ezelin von Romano / Der letzte Held von Marienburg / Die Freier, hg. von Ewald Reinhard, 1950.
22. Bd.: Ein Jahrhundert Eichendorff=Literatur. Zusammengestellt von Karl Freiherrn von Eichendorff, [1927].

HKA: Sämtliche Werke des Freiherrn Joseph von Eichendorff. Historisch-kritische Ausgabe. Begründet von Wilhelm Kosch und August Sauer, fortgeführt und hg. von Hermann Kunisch, Regensburg: Josef Habbel.

Bd. VII: Literarhistorische Schriften I: Aufsätze zur Literatur. Auf Grund der Vorarbeiten von Franz Ranegger hg. von Wolf⟨ram⟩ Mauser. Mit einem Vorwort von Hermann Kunisch, 1962.
Bd. VIII: Literarhistorische Schriften II: Abhandlungen zur Literatur. Auf Grund von Vorarbeiten von Franz Ranegger hg. von Wolfram Mauser, 1965.
Bd. IX: Literarhistorische Schriften III: Geschichte der poetischen Literatur Deutschlands, hg. von Wolfram Mauser, 1970.
Bd. XVI: Übersetzungen II: Unvollendete Übersetzungen aus dem Spanischen, hg. von Klaus Dahme, 1966.
Bd. XVIII/I: Joseph von Eichendorff im Urteil seiner Zeit, hg. von Günter und Irmgard Niggl. Dokumente 1788–1843, 1975.

Bd. XVIII/II: Joseph von Eichendorff im Urteil seiner Zeit, hg. von Günter und Irmgard Niggl. Dokumente 1843–1860, 1976.

Sämtliche Werke des Freiherrn Joseph von Eichendorff. Historisch-kritische Ausgabe. Begründet von Wilhelm Kosch und August Sauer, fortgeführt und hg. von Hermann Kunisch (†) und Helmut Koopmann, Stuttgart / Berlin / Köln / (Mainz): W. Kohlhammer.

Bd. I/1: Gedichte. Erster Teil. Text, hg. von Harry Fröhlich und Ursula Regener, 1993.
Bd. I/2: Gedichte. Erster Teil. Kommentar. Aufgrund von Vorarbeiten von Wolfgang Kron (†) hg. von Harry Fröhlich, 1994.
Bd. III: Ahnung und Gegenwart, hg. von Christiane Briegleb und Clemens Rauschenberg, 1984.
Bd. XII: Briefe 1794–1857. Text, hg. von Sibylle von Steinsdorff, 1992.
Bd. XVIII/III: Joseph von Eichendorff im Urteil seiner Zeit, hg. von Günter und Irmgard Niggl. Kommentar und Register, 1986.

Sämtliche Werke des Freiherrn Joseph von Eichendorff. Historisch-kritische Ausgabe. Begründet von Wilhelm Kosch und August Sauer. Fortgeführt und hg. von Hermann Kunisch (†) und Helmut Koopmann, Tübingen: Max Niemeyer Verlag.

Bd. I/3: Gedichte. Zweiter Teil. Verstreute und nachgelassene Gedichte. Text, hg. von Ursula Regener, 1997.
Bd. I/4: Gedichte. Zweiter Teil. Verstreute und nachgelassene Gedichte. Kommentar, hg. von Ursula Regener, 1997.
Bd. V/4: Autobiographische Fragmente, hg. von Dietmar Kunisch, 1998.
Bd. VI/1: Historische Dramen. Text, hg. von Harry Fröhlich, 1996.
Bd. VI/2: Historische Dramen. Kommentar, hg. von Klaus Köhnke, 1997.

I. Joseph von Eichendorff

W: Joseph von Eichendorff: Werke.
Bd. I: Gedichte. Versepen. Dramen. Autobiographisches. Nach den Ausgaben letzter Hand unter Hinzuziehung der Erstdrucke. Verantwortlich für die Textredaktion: Jost Perfahl. Mit einer Einführung, einer Zeittafel und Anmerkungen von Ansgar Hillach, München: Winkler 1970.
Bd. II: Romane. Erzählungen. Nach den Ausgaben letzter Hand unter Hinzuziehung der Erstdrucke. Verantwortlich für die Textredaktion: Jost Perfahl, München: Winkler 1970.
Bd. IV: Nachlese der Gedichte. Erzählerische und dramatische Fragmente. Tagebücher 1798–1815. Nach den Erstdrucken und Handschriften. Verantwortlich für die Textredaktion: Klaus-Dieter Krabiel und Marlies Korfsmeyer. Mit Anmerkungen und Register von Klaus-Dieter Krabiel, München: Winkler 1980.

DKV: Joseph von Eichendorff: Werke in fünf Bänden, hg. von Wolfgang Frühwald, Brigitte Schillbach und Hartwig Schultz, Frankfurt am Main: Deutscher Klassiker Verlag 1985 ff.
Bd. 1: Gedichte. Versepen, hg. von Hartwig Schultz, erste Auflage 1987.
Bd. 2: Ahnung und Gegenwart. Erzählungen I, hg. von Wolfgang Frühwald und Brigitte Schillbach, erste Auflage 1985.
Bd. 4: Dramen, hg. von Hartwig Schultz, erste Auflage 1988.
Bd. 5: Tagebücher. Autobiographische Schriften. Historische und Politische Schriften, hg. von Hartwig Schultz, erste Auflage 1993.

II. ANDERE AUTOREN

Almanache

Blætter aus dem Reisebüchlein eines andæchtigen Pilgers. Von Isidorus, Mannheim 1808.

Der Karfunkel oder Klingklingel-Almanach. Ein Taschenbuch für vollendete Romantiker und angehende Mystiker. Auf das Jahr der Gnade 1810, hg. von [Jens] Baggesen, Faksimile nach der Ausgabe (Tübingen) 1809, hg. und mit einer Einführung von Gerhard Schulz, Bern / Frankfurt am Main / Las Vegas 1978 (= Seltene Texte aus der Romantik. Bd. 4), darin: S. 41: „Die sieben und zwanzig Romantiker" (Erstes Sonett colla coda).

Deutscher Dichterwald von Justinus Kerner, Friedrich de la Motte Fouqué, Ludwig Uhland u. a., Tübingen 1813.

Anonym: Ein kurtzweilig Lesen von Dyl Ulenspiegel gebore uß dem land zu Brunßwick. Wie er sein leben volbracht hatt. XCVI seiner geschichten, Straßburg 1515 (hg. von Wolfgang Lindow, Stuttgart 1966).

Anonym: La chanson de quatre fils Aymon, hg. von F. Castets, Momtpellier 1909.

Arndt, Ernst Moritz: Geist der Zeit, 4 Bände, o. O. 1806–1818.

Arnim, Achim von und Clemens Brentano (Hg.): Zeitung für Einsiedler, Heidelberg 1808, mit einem Nachwort zur Neuausgabe von Hans Jessen, Darmstadt 1962 (Buchausgabe unter dem Titel „TröstEinsamkeit, alte und neue Sagen und Wahrsagungen, Geschichten und Gedichte", Heidelberg bei Mohr und Zimmer 1808).

Arnim, Achim von: Werke in sechs Bänden, hg. von Roswitha Burwick, Jürgen Knaak, Paul Michael Lützeler, Renate Moering,

Ulfert Ricklefs, Hermann F. Weiss, Frankfurt am Main: Deutscher Klassiker Verlag 1989 ff. (BDK).
BDK 1 Hollin's Liebeleben. Gräfin Dolores, hg. von Paul Michael Lützeler, 1989.

„Der Einsiedler und das Klingding, nach der Schlacht bei Eichstädt", in: „Zeitung für Einsiedler" (Nr. 26, 29. Juni 1808), Sp. 203–208.

„Geschichte des Herrn Sonet und des Fräuleins Sonete, des Herrn Ottav und des Fräuleins Terzine. Eine Romanze in 90+3 Soneten", als Beilage zur „Zeitung für Einsiedler" (Nr. 37, 30. August 1808).

Arnim, Bettine von: Werke und Briefe in drei Bänden, hg. von Walter Schmitz und Sibylle von Steinsdorff, Frankfurt am Main 1986.
Bd. I: Clemens Brentano's Frühlingskranz. Die Günderode, hg. von Walter Schmitz 1986, darin:
„Clemens Brentano's Frühlingskranz", S. 9–294.

Bach, Johann Sebastian: Neue Ausgabe sämtlicher Werke, hg. vom Johann-Sebastian-Bach-Institut Göttingen und vom Bach-Archiv Leipzig, Kassel u. a., Serie II. Messen, Passionen und oratorische Werke.
Bd. 5: Matthäus-Passion (BWV 244); Markus-Passion (BWV 247), hg. unter Verwendung von Vorarbeiten Max Schneiders von Alfred Dürr, 1972.

Baggesen, Jens Immanuel: Der vollendete Faust oder Romanien in Jauer. Ein dramatisches Gedicht in drei Abtheilungen, Leipzig 1836, Reprint: Bern, Frankfurt am Main, New York 1985 (= Seltene Texte aus der Romantik 7).
Des vollendeten Faust's erster Theil. Die Philister-Welt, oder Romanien im Wirthshause. Komödie als Vorspiel.
Des vollendeten Faust's zweiter Theil. Die romantische Welt oder Romanien im Tollhause. Comi-Tragödie in sieben Aufzügen.

(Hg.): Der Karfunkel oder Klingklingel-Almanach. Ein Taschenbuch für vollendete Romantiker und angehende Mystiker. Auf das Jahr der Gnade 1810, hg. von [Jens] Baggesen, Tübingen 1809.

Basedow, Johann Bernhard: Methodenbuch für Väter und Mütter der Familien und Völker, Altona 1770.

Elementarwerk: Ein geordneter Vorrath aller nöthigen Erkenntniß. Zum Unterrichte der Jugend, von Anfang, bis ins academische Alter, Zur Belehrung der Eltern, Schullehrer und Hofmeister, Zum Nutzen eines jeden Lesers, die Erkenntniß zu vervollkommnen, Dessau 1774 (4 Bände zu insgesamt 10 Büchern plus 1 Band Kupfersammlungen).

Bertuch, Friedrich Justin (und Carl Bertuch): Bilderbuch für Kinder enthaltend eine angenehme Sammlung von Thieren, Pflanzen, Blumen, Früchten, Mineralien, Trachten und allerhand andern unterrichtenden Gegenständen aus dem Reiche der Natur, der Künste und Wissenschaften; alle nach den besten Originalen gewählt, gestochen, und mit einer kurzen wissenschaftlichen, und den Verstandeskräften eines Kindes angemessenen Erklärung begleitet, 12 Bände in 237 Einzellieferungen, Verschiedene Auflagen, Weimar 1792–1830.

Boileau-Depreaux, Nicolaus: Œuvres complètes, hg. von Françoise Escal, Gallimard 1966, darin:
S. 155–185: „L'Art poétique" (1674).

Boisserée, Sulpiz: Geschichte und Beschreibung des Doms von Köln, nebst Untersuchungen über die alte Kirchenbaukunst, als Text zu den Ansichten, Rissen und einzelnen Theilen des Doms von Köln, Stuttgart 1823–1832.

Bräker, Ulrich: Lebensgeschichte und natürliche Ebentheuer des Armen Mannes im Tockenburg, Zürich 1789.

Brentano, Clemens: Sämtliche Werke und Briefe. Frankfurter Brentano-Ausgabe. Historisch-kritische Ausgabe. Veranstaltet vom Freien Deutschen Hochstift, hg. von Jürgen Behrens, Wolfgang Frühwald, Detlev Lüders, Stuttgart / Berlin / Köln / Mainz: W. Kohlhammer (FBA).

FBA 6 Des Knaben Wunderhorn. Alte deutsche Lieder. Gesammelt von L. A. von Arnim und Clemens Brentano. Teil I, hg. von Heinz Rölleke, 1975, darin:
„Der Tannhäuser", S. 80–84.
„Des Antonius von Padua Fischpredigt", S. 336–337.

FBA 12,I Dramen I. Prosa zu den Dramen, hg. von Hartwig Schulz, darin:
„Ponce de Leon. Ein Lustspiel" (1803), S. 345–636.

Brentano, Clemens: Werke, hg. von Wolfgang Frühwald und Friedhelm Kemp, 2. Aufl. München 1973–1978.

2. Bd.: „Entweder wunderbare Geschichte von Bogs dem Uhrmacher ⟨...⟩ (von Brentano und Joseph Görres), S. 873–929.
„Der Philister vor, in und nach der Geschichte", S. 873–929.

3. Bd.: „Das Märchen von Gockel, Hinkel und Gackeleia", S. 630–831.

Calderón de la Barca: Primera parte comedias, Madrid 1636, darin:

S. 1–26: „La vida es sueño" („Das Leben ein Traum").
S. 276–298: „El principe constante" („Der standhafte Prinz Don Fernando von Portugal").

Campe, Joachim Heinrich: Robinson der Jüngere, München 1780.

Sämtliche Kinder- und Jugendschriften, 37 Bände, Braunschweig 1807–1814 (Nachdruck: München 1973).

Kleine Kinderbibliothek, 12 Bände, Hamburg 1779–1785.

Cardano, Girolamo: De propria vita, Paris 1643.

Chamisso, Adelbert von: Sämtliche Werke in zwei Bänden. Nach dem Text der Ausgaben letzter Hand und den Handschriften. Textredaktion: Jost Perfahl, Bibliographie und Anmerkungen von Volker Hoffmann, Darmstadt 1975.
1. Bd.: Prosa. Dramatisches. Gedichte. Nachlese der Gedichte, darin:
 „Tragische Geschichte" (1822), S. 204.

Claudius, Matthias: Asmus omnia sua secum portans, oder Sämmtliche Werke des Wandsbecker Bothen", 8 Teile, Wandsbek 1774–1812.

Werke des Wandsbecker Boten, hg. und erläutert von Günter Albrecht, Schwerin 1958.

Creuzer, Friedrich: Symbolik und Mythologie der alten Völker, besonders der Griechen. In Vorträgen und Entwürfen von Friedrich Creuzer, Hofrath und Professor der alten Literatur zu Heidelberg, des philologischen Seminars daselbst Director, 4 Bände, Leipzig/Darmstadt 1810–1812.

Creu(t)zer, Hermann Gottfried und Friedrich: Briefe über Homer und Hesiodus, vorzüglich über die Theogonie, Heidelberg 1818.

Dabelow, Christoph Christian: Ausführlicher theoretisch-practischer Kommentar über den Code Napoléon, Leipzig 1810.

Defoe, Daniel: The Life and Strange Surprizing Adventures of Robinson Crusoe, of York, Mariner: Who lifed Eigth and Twenty Years, all alone in an un-inhabited Island on the Coast of America, near the Mouth of the Great River Oroonoque; Having been cast on Shore by Shipwreck, wherein all the Men perished but himself. With an Account how he was at last as strangely deliver'd by Pyrates. Written by Himself, London 1719.

The Farther Adventures of Robinson Crusoe; Being the Second and Last Part Of His Life, And of the strange surprizing Accounts of his Travels round the Three Parts of the Globe, London 1719 (= The

Shakespeare Head Edition of the Novels and Selected Writings od Daniel Defoe, Volume I–III, Oxford 1927).

Diderot, Denis: Œuvres complètes. Edition H. Dieckmann – J. Varloot, Paris 1975–1995.
Tome XII: Le Neveu de Rameau (1760–1772; D: 1805 in Goethes Übersetzung). 1989, S. 33–196.
Tome XIV: Salon de 1765. Essai sur la peinture. 1984, darin: „Essai sur la peinture", S. 343–411.

Eichendorff, Wilhelm von: „Der durch die Luft fahrende Spielmann" (DKV 1 551).

Engels, Friedrich, Karl Marx: Werke, Berlin 1959.
Bd. 4: darin: Friedrich Engels: „Der Schweizer Bürgerkrieg", S. 391–398 (zuerst in: „Deutsche-Brüsseler-Zeitung", Nr. 91 vom 14. 11. 1847).

Fichte, Johann Gottlieb: Ueber den Begriff der Wissenschaftslehre, Weimar 1794.

Grundlage der gesammten Wissenschaftslehre als Handschrift für seine Zuhörer, Leipzig 1794/1795.

Grundriss des Eigenthümlichen der Wissenschaftslehre in Rüksicht auf das theoretische Vermögen als Handschrift für seine Zuhörer, Jena und Leipzig 1795.

Fouqué, Friedrich de la Motte: Sämtliche Romane und Novellenbücher, hg. von Wolfgang Möhrig, Hildesheim / Zürich / New York 1989 (Nachdruck der Ausgaben Nürnberg 1812).
Bd. 5.3: Kleine Romane. Teil, 4, 5 und 6, darin: „Rosaura und ihre Verwandten", S. 187–270.

(Hg.): Frauentaschenbuch, Nürnberg 1815–1831.

Gaudy, Franz von: Lieder und Romanzen, Leipzig: Weidmann'sche Buchhandlung 1837, darin:
S. 20–22: „Rococo".

Franz Freiherrn Gaudy's sämmtlich Werke, hg. von Arthur Mueller, Berlin 1844.
Bd. 14: darin: „Die Maske" (1838), S. 133–156.

Gervinus, Georg Gottfried: „G. G. Gervinus Leben. Von ihm selbst. 1860", Leipzig 1893.

Geßner, Salomon: Idyllen, Zürich 1756.

Moralische Erzaehlungen und Idyllen von Diderot und S. Gessner, Zürich 1772.

Goethe, Johann Wolfgang von: Werke, hg. im Auftrage der Großherzogin Sophie von Sachsen. Verlag Hermann Böhlau, Weimar 1887–1919, Erste Abtheilung (WA I).

WA I,1	Gedichte. Erster Theil. 1887, darin:
	„Meeresstille", S. 66.
	„Glückliche Fahrt", S. 66.
WA I,3	Gedichte. Dritter Theil. 1890, darin:
	„Wilhelm Tischbeins Idyllen", S. 122–128.
WA I,4	Gedichte. Vierter Theil. 1891, darin:
	„Herrn Grafen Loeben", S. 252.
	„Demselben", S. 253.
WA I,7	Noten und Abhandlungen zu besserem Verständnis des West-östlichen Divans, 1888, darin:
	„Zweifel", S. 83.
WA I,8	Götz von Berlichingen mit der eisernen Hand. Egmont, 1889, darin:
	„Götz von Berlichingen mit der eisernen Hand", S. 1–169.
	„Egmont", S. 171–305.
WA I,10	1889, darin:
	„Torquato Tasso", S. 103–244.
	„Die natürliche Tochter", S. 245–383.
WA I,14	Faust. Erster Teil. 1887.

II. Andere Autoren 483

WA I,17   1894, darin:
             „Der Triumph der Empfindsamkeit", S. 1–73.
             „Der Groß-Cophta", S. 117–250.
WA I,19   1899, darin:
             „Die Leiden des jungen Werther", S. 1–191.
WA I,21–23   Wilhelm Meisters Lehrjahre. 1898–1901.
WA I,24–25   Wilhem Meisters Wanderjahre oder die Entsagenden. 1894–1895.
WA I,26–29   Aus meinem Leben. Dichtung und Wahrheit. Erster bis Vierter Theil. 1889–1890.
WA I,36   1893, darin: „Tag- und Jahres-Hefte", S. 1–220.
WA I,37   1896, darin: „Von Deutscher Baukunst" (zuerst in: Herders „Von Deutscher Art und Kunst. Einige fliegende Blätter", Hamburg 1773), S. 137–151.
WA I,45   1900, darin:
             „Rameau's Neffe. Ein Dialog von Diderot", S. 1–157.
WA I,48:   Schriften zur Kunst 1800–1816. 1897, darin:
             „Polygnots Gemählde, S. 81–122.
WA IV,50   Nachträge und Undatirtes. 1912, darin:
             Brief „An den König Ludwig den I. von Bayern [Concept] 11. Januar 1830)", S. 59–65.

Görres, Joseph von: Ausgewählte Werke in zwei Bänden, hg. von Wolfgang Frühwald, Freiburg / Basel / Wien 1978.
Bd. 1: darin: „Die teutschen Volksbücher" (Auszüge aus der Ausgabe Heidelberg 1807), S. 143–202.
       „Teutschland und die Revolution" (1819), S. 294–456.

Glauben und Wissen, von J. Görres, Professor an der Secondairschule in Koblenz, München 1805.

Rheinischer Merkur (hg. von Joseph Görres). Erster Jahrgang, (Koblenz) 1814; Zweyter Jahrgang (Koblenz); Dritter Jahrgang (letztes Heft: 18. Januar 1816) Reprint: Bern 1971, darin:
1. Jg. 1814: „Die künftige teutsche Verfassung", Nr. 104–107.

Schriftproben von Peter Hammer, S.J. 1808.

„Die Sonettenschlacht bei Eichstädt", in: „Zeitung für Einsiedler" (Nr. 26, 29. Juni 1808), S. 202f.

Görres, Joseph von (Hg. 1796–1798): Das Rothe Blatt, eine Dekadenschrift (bzw. Monathsschrift), Reprint der Ausgabe aus dem „6ten Jahre der Republik": Nendeln/Liechtenstein 1972.

Gries, Johann Diederich (Übersetzer): Torquato Tasso's Befreites Jerusalem, Jena 1800–1803.

Lodovico Ariost's Rasender Roland, Jena 1804–1808.

Schauspiele von Don Pedro Calderón de la Barca, 8 Bände, Berlin 1815–1842 (9. Supplement-Band 1850).

Grimm, Friedrich Melchior Baron von: Correspondance littéraire, philosophique et critique par Grimm, Diderot, Raynal, Meister, etc. 16 Bände, Paris 1812–1813, Reprint der Ausgabe Paris 1877–1882: Nendeln/Liechtenstein 1968.

Grimm, Jacob und Wilhelm: Kinder- und Hausmärchen gesammelt durch die Brüder Grimm. Vergrößerter Nachdruck der zweibändigen Erstausgabe von 1812 und 1815 ⟨...⟩ sowie einem Ergänzungsheft: Transkriptionen und Kommentare in Verbindung mit Ulrike Marquardt von Heinz Rölleke, Göttingen 1986.

Grimmelshausen, Hans Jakob Christoffel von: Der Abentheurliche Simplicissimus Teutsch und Continuatio des abentheurlichen Simplicissimi. Abdruck der beiden Erstausgaben (1669) mit den Lesarten der ihnen sprachlich nahestehenden Ausgaben, hg. von Rolf Tarot, Tübingen: Niemeyer 1967 (= Grimmelshausen. Gesammelte Werke in Einzelausgaben. Unter Mitarbeit von Wolfgang Bender und Franz Günter Sieveke hg. von Rolf Tarot).

Deß Weltberuffenen Simplicissimi Pralerey und Gepräng mit seinem Teutschen Michel, hg. von Rolf Tarot, Tübingen 1976 (Abdruck der Erstausgabe von 1673 (= Grimmelshausen. Gesammelte Werke in Einzelausgaben. Unter Mitarbeit von Wolfgang Bender und Franz Günter Sieveke hg. von Rolf Tarot).

Gutzkow, Karl: Aus der Knabenzeit, Frankfurt am Main 1852.

Hamann, Johann Georg: Sämtliche Werke. Historisch-kritische Ausgabe von Josef Nadler, Wien 1950.
Bd. II: Schriften über Philosophie / Philologie / Kritik. 1758–1763, darin:
„Sokratischen Denkwürdigkeiten" (1759), S. 57–82.
„Wolken" (1762), S. 83–109.

Heine, Heinrich: Historisch-kritische Gesamtausgabe der Werke herausgegeben von Manfred Windfuhr im Auftrag der Landeshauptstadt Düsseldorf / mit Förderung durch die Deutsche Forschungsgemeinschaft, die Freie und Hansestadt Hamburg, das Kultusministerium des Landes Nordrhein-Westfalen, Hamburg: Hoffmann und Campe 1973 ff. (DHA).
DHA 7/I   Reisebilder III/IV. Text, bearbeitet von Alfred Opitz, 1986, darin:
„Englische Fragmente", S. 207–269.
„Nachbemerkungen" ⟨Zu „Körperliche Strafe"⟩ , S. 518–519.
DHA 14/I Lutezia II. Text. Apparat 43.–58. Artikel, bearbeitet von Volkmar Hansen 1990, darin:
Artikel LVII, S. 56–63.

Heinse, Wilhelm: Ardinghello und die glückseeligen Inseln. Eine italiänische Geschichte aus dem sechszehnten Jahrhundert, 2 Bände, Lemgo 1787.

Herder, Johann Gottfried: Ideen zur Philosophie der Geschichte der Menschheit. Riga und Leipzig 1785–1791.

Volkslieder, Leipzig 1778/1779, Reprint: Hildesheim / New York 1981.

Stimmen der Völker in Liedern, hg. von Johann von Müller, Tübingen 1807 (2. Aufl. der „Volkslieder").

Von Deutscher Art und Kunst. Einige fliegende Blätter, Hamburg 1773, Reprint: Nendeln/Liechtenstein 1968.

Briefe an Johann Georg Hamann, hg. von Otto Hoffmann, Berlin 1887–1889, Reprint: Hildesheim 1975.

Hensler, Karl Friedrich: Der Alte Ueberall und Nirgends. Ein Schaupiel mit Gesang in fünf Aufzügen, nach der Geistergeschichte des Herrn Spieß bearbeitet, Wien 1796.

Hoffmann, E. T. A.: Die Elixiere des Teufels. Lebensansichten des Katers Murr, mit einem Nachwort von Walter Müller-Seidel und Anmerkungen von Wolfgang Kron, München 1961, darin:
S. 293–663: „Lebensansichten des Katers Murr".

Die Serapions-Brüder. Mit einem Nachwort von Walter Müller-Seidel und Anmerkungen von Wulf Segebrecht, München 1963, darin:
S. 600–642: „Der unheimliche Gast" (1819, Novelle, später in „Die Serapions-Brüder" aufgenommen).
S. 876–929: „Der Zusammenhang der Dinge".

Späte Werke, Mit einem Nachwort von Walter Müller-Seidel und Anmerkungen von Wulf Segebrecht, München 1965, darin:
S. 401–440: „Die Räuber" (1822).

Homer: Ilias. Odyssee. In der Übertragung von Johann Heinrich Voss. Nach dem Text der Erstausgabe (Ilias, Hamburg 1793; Odyssee, Hamburg 1781) mit einem Nachwort von Wolf Hartmut Friedrich, 19. Aufl. München 1995.

Humboldt, Wilhelm von: Gesammelte Schriften, hg. von der Königlich Preussischen Akademie der Wissenschaften, Berlin 1903–1936.
Bd. X: 2. Abt.: Politische Denkschriften. Erster Band. 1802–1810, hg. von Bruno Gebhardt, 1903, darin:

„XL. Bericht der Sektion des Kultus und Unterrichts. 1. Dezember 1809", S. 199–224.

Iffland, August Wilhelm: Die Jäger. Ein ländliches Sittengemälde in fünf Aufzügen, Köln/Leipzig 1787.

Immermann, Karl Leberecht: Werke in fünf Bänden. Unter Mitarbeit von Hans Asbeck, Helga-Maleen Gerresheim, Helmut J. Schneider, Hartmut Steinecke, hg. von Benno von Wiese, Frankfurt am Main 1971 ff.
1. Bd.: Gedichte. Erzählungen. Tulifäntchen. Kritische Schriften, darin:
    „Der im Irrgarten der Metrik umhertaumelnde Kavalier, Eine literarische Tragödie" (1829), S. 623–659.
2. Bd.: Die Epigonen. Familienmemoiren in neun Büchern (1823–1835).
3. Bd.: Münchhausen. Eine Geschichte in Arabesken (1838–1839).
4. Bd.: Autobiographische Schriften, darin:
    „Memorabilien". Erster Teil (1840), S. 355–547, darin:
    „Avisbrief", S. 361–376.
    „Düsseldorfer Anfänge. Maskengespräche", S. 549–651.

Jean Paul: Sämtliche Werke. Historisch-kritische Ausgabe, hg. von der Preußischen Akademie der Wissenschaften in Verbindung mit der Akademie zur wissenschaftlichen Erforschung und zur Pflege des Deutschtums, Weimar.
1. Abt., 10. Bd.: Flegeljahre. 1934.
1. Abt., 11. Bd.: Vorschule der Aesthetik. 1935.
2. Abt., 4. Bd.: darin: „Selbsterlebensbeschreibung", S. 69–132.

Johann II. von Simmern: Die Haymonskinder. Ein Gedicht in zwanzig Gesängen. Faksimiledruck der Ausgabe Simmern 1535, hg. mit einem Nachwort und mit einer Bibliographie versehen von Werner Wunderlich, Hildesheim 1989 (= Deutsche Volksbücher in Faksimiledrucken).

Kant, Immanuel: Critik der reinen Vernunft, Riga 1781.

Critik der praktischen Vernunft, Neueste Auflage, Frankfurt / Leipzig 1795.

Kerner, Justinus: Werke, Auswahl in sechs Teilen, hg., mit Einleitung und Anmerkungen versehen von Raimund Pissin, Berlin 1914, Reprint: Hildesheim / New York 1974.
Bd. I: Das Bilderbuch aus meiner Knabenzeit. Erinnerungen aus den Jahren 1786–1804 (zuerst Braunschweig 1849).

Kleist, Heinrich von: Sämtliche Werke und Briefe, hg. von Helmut Sembdner, 7. Aufl. München 1984.
Bd. 2: darin: „Das Bettelweib von Locarno", S. 196–198.

Klinger, Friedrich Maximilian: Prinz Formosos Fiedelbogen und der Prinzeßin Sanaclara Geige, oder Geschichte des großen Königs. Vom Verfasser des Orpheus. Erster und Zweyter Theil, Genf 1780.

Klöden, Karl Friedrich von: Jugenderinnerungen. Nach der ersten von Mar Jähns besorgten Ausgabe neu bearbeitet von Karl Koetschau, Leipzig 1911.

August von Kotzebue's sämtliche dramatische Werke, 44 Teile in 22 Bänden, Leipzig 1827–1829.
5. Teil: 1827, darin:
  „Incognito. Eine Posse in zwei Akten", S. 265–316.
18. Teil: 1828, darin:
  „Der hyperboreeische Esel oder die heutige Bildung. Ein drastisches Drama und philosophisches Lustspiel für Jünglinge in einem Akt" (Leipzig 1799), S. 233–282.
19. Teil: 1828, darin:
  „Die Hussiten vor Naumburg im Jahr 1432. Ein vaterländisches Schauspiel mit Chören in fünf Akten" (Leipzig 1803), S. 1–96.
20. Teil: 1828, darin:

„Don Ranudo de Colibrados. Ein Lustspiel in vier Akten. Nach Holberg frey bearbeitet", S. 124–218.
23. Teil: 1828, darin:
„Der Wirrwarr, oder der Muthwillige. Eine Posse in fünf Akten", S. 95–204.

(Hg.): Der Freimüthige, oder Berlinische Zeitung für gebildete, unbefangene Leser, Berlin 1803.

Kürnberger, Ferndinand: Der Amerikamüde. Amerikanisches Kulturbild, Frankfurt am Main 1855.

Lafontaine, August: Klara du Plessis und Klairant. Eine Familiengeschichte französischer Emigrirten. Von dem Verfasser des Rudolphs von Werdenberg. Erster und Zweyter Theil, Frankfurt und Leipzig 1795.

Lessing, Gotthold Ephraim: Sämtliche Schriften, hg. von Karl Lachmann. Dritte, auf's neue durchgesehene und vermehrte Auflage besorgt durch Karl Muncker, 22 Bände, 1886 ff.
Bd. 2: Stuttgart 1886, darin: „Minna von Barnhelm, oder das Soldatenglück. Ein Lustspiel in fünf Aufzügen. Verfertiget im Jahre 1763", S. 171–264.
Bd. 4: Stuttgart 1889, darin: „II. Abhandlung von dem Leben, und den Werken des Marcus Accius Plautus" (1750), S. 57–82).
Bd. 8: Stuttgart 1892, darin: „Briefe, die neueste Litteratur betreffend" (1759–1765), S. 1–285, darin: „Siebzehnter Brief", S. 41–44.
Bd. 13: Leipzig 1897, darin: „Ernst und Falk. Gespräche für Freymäurer" (Wolfenbüttel 1778), S. 339–386.
Bd. 15: Leipzig 1900, darin: „Hamburgische Dramaturgie", S. 38–65.

Lewis, Matthew Gregory: The Monk: A Romance, 3 Bände, London 1796.

Lobeck, Christian August: Aglaophamus, sive de theologiae mysticae Graecorum causis Libri III. Regiomontum Prussorum 1829.

Locke, John: Two treatises on government (London 1690). A Critical Edition with an Introduction and an Apparatus Criticus by Peter Laslett, Cambridge 1964.

Loeben, Otto Heinrich Graf von: Isidorus Orientalis: Guido, Mannheim 1808 (Faksimiledruck, hg. und mit einer Einführung von Gerhard Schulz, Bern/Frankfurt am Main/Las Vegas 1979).

Blætter aus dem Reisebüchlein eines andæchtigen Pilgers. Von Isidorus, Mannheim 1808, darin:
S. 204–207: „Dem Uiberwinder. Dithyrambe".

Gedichte von Otto Heinrich Grafen von Loeben, Berlin 1810.

Arkadien, Berlin 1811/1812.

Gedichte von Otto Heinrich Grafen von Loeben, ausgewählt und hg. von Raimund Pissin, Berlin 1905, Reprint: Nendeln/Liechtenstein 1968, darin:
S. 34–40: „Abschied".

Aus dem Nachlaß des Freiherrn Josef von Eichendorff. Briefe und Dichtungen. Im Auftrag seines Enkels Karl Freiherrn von Eichendorff hg., eingeleitet und erläutert von Wilhelm Kosch, Köln 1906, darin:
S. 94–106: „Die Wasser-Lilie".

Mahlmann, Siegfried August: Herodes vor Bethlehem oder Der triumphierende Viertelsmeister. Ein Schau-, Trauer- und Thränenspiel in drey Aufzügen. Als Pendant zu den vielbeweinten Hussiten vor Naumburg, Leipzig 1803.

Mahler Müllers (= Friedrich Müllers) Werke, hg. von Anton Georg Batt, J. P. Le Pique und Ludwig Tieck. Faksimiledruck nach der Ausgabe von 1811 (3 Bände) mit einem Nachwort hg. von Gerhard vom Hofe, Kempten 1982 (= Deutsche Neudrucke. Reihe: Goethezeit hg. von Arthur Henkel).

Bd. 1: darin: „Das Nuß-Kernen, eine pfälzische Idylle" (entstanden 1776), S. 271–346.

Manuel, Don Juan: El Conde Lucanor (1335), Sevilla 1575.

Marbach, Gotthardt Oswald: Die Dioskuren, Leipzig 1840.

Merkel, Garlieb Helwig: Die Letten vorzüglich in Liefland am Ende des philosophischen Jahrhunderts. Ein Beitrag zur Völker- und Menschenkunde, Leipzig 1797.

(Hg.): Ernst und Scherz (Wochenblatt), Berlin 1803.

(Hg. mit August von Kotzebue:): Der Freimüthige, oder Ernst und Scherz. Ein Unterhaltungsblatt, Berlin 1804–1806.

Miller, Johann Martin: Siegwart. Eine Klostergeschichte. Faksimiledruck nach der Ausgabe von (Leipzig) 1776. Mit einem Nachwort von Alain Faure, Stuttgart 1971 (= Deutsche Neudrucke. Reihe: Texte des 18. Jahrhunderts).

Molière: Le Tartuffe ou l'imposteur, Paris 1669.

Moritz, Karl Philipp: Anton Reiser, 4 Bände, Berlin 1785–1790, Neuausgabe München 1961.

Müller, Adam: Elemente der Staatskunst. Sechsunddreißig Vorlesungen (1808/1809), Meersburg am Bodensee/Leipzig 1936.

Nänny, Johann Conrad: Heimweh des Schweizer's, in: Zeitung für Einsiedler, Heidelberg 1808, Reprint Darmstadt 1962, April= Heft 1808, S. 8.

Nicolai, Christoph Friedrich: Das Leben und die Meinungen des Herrn Magister Sebaldus Nothanker, 3 Bände, Berlin/Stettin 1774–1776.

Freuden des jungen Werthers – Leiden und Freuden Werthers des Mannes. Voran und zuletzt ein Gespräch, Berlin 1775.

Novalis: Schriften. Die Werke Friedrich von Hardenbergs, hg. von Paul Kluckhohn (†) und Richard Samuel. 3., nach den Handschriften ergänzte, erweiterte und verbesserte Auflage in vier Bänden und einem Begleitband, Darmstadt 1977.

1. Bd.: Das dichterische Werk, hg. von Paul Kluckhohn (†) und Richard Samuel unter Mitarbeit von Heinz Ritter und Gerhard Schulz, revidiert von Richard Samuel, darin:
„Die Lehrlinge zu Sais", S. 78–112.
„1. Hymne an die Nacht", S. 130–133.
„Heinrich von Ofterdingen", S. 193–383.
2. Bd.: Das philosophische Werk I, hg. von Richard Samuel in Zusammenarbeit mit Hans-Joachim Mähl und Gerhard Schulz, 3. Aufl. 1981, darin:
„Vermischte Bemerkungen und Blüthenstaub" (1798), S. 412–470.
3. Bd.: Das philosophische Werk II, hg. von Richard Samuel in Zusammenarbeit mit Hans-Joachim Mähl und Gerhard Schulz, 3. Aufl. 1983, darin:
„Die Christenheit oder Europa", S. 507–524.

Overbeck, Christian Adolf: Frizchens Lieder, hg. von Christian Adolf Overbeck, Neue Ausgabe, Hamburg: 1831 (zuerst: 1781)

Sammlung vermischter Gedichte, Lübeck und Leipzig 1794.

Pückler-Muskau, Fürst Hermann zu: Briefe eines Verstorbenen. Erster und Zweiter Theil: Ein fragmentarisches Tagebuch aus England, Wales, Irland und Frankreich, geschrieben in den Jahren 1828 und 1829. Dritter und Vierter Theil: Ein fragmentarisches Tagebuch aus Deutschland, Holland und England, geschrieben in den Jahren 1826, 1827 und 1828, Stuttgart 1830–1832.

Recke, Elisa von der: Nachricht von des berüchtigten Cagliostro Aufenthalte in Mitau im Jahre 1779 und von dessen dortigen magischen Operationen (1786), in: Der Graf Cagliostro, hg. von Heinrich Conrad, Stuttgart 1921, S. 84–202.

Reimarus, Hermann Samuel: Apologie oder Schutzschrift für die vernünftigen Verehrer Gottes, hg. von Gerhard Alexander, Frankfurt am Main 1972 (zuerst anonym und in Auszügen aus dem Nachlaß veröffentlicht von Gotthold Ephraim Lessing in den Beiträgen „Zur Geschichte der Literatur. Aus den Schätzen der Herzoglichen Bibliothek zu Wolfenbüttel" 1774 und 1777).

Reuter, Christian: Schelmuffskys Warhafftige Curiöse und sehr gefährliche Reisebeschreibung Zu Wasser und Lande, Schelmerode 1696/1697, hg. von Ilse-Marie Barth, Stuttgart 1964.

Rotteck, Carl von: Lehrbuch des Vernunftsrechts und der Staatswissenschaften, 4 Bände, Stuttgart 1829–1835.

Rotteck Carl von und Karl Theodor Welcker (Hgg.): Staatslexikon oder Encyklopädie der Staatswissenschaften, in Verbindung mit vielen der angesehensten Publicisten Deutschlands, 15 Bände, Altona 1834–1843.

Rousseau, Jean-Jacques: Œuvres complètes. Édition publiée sous la direction de Bernard Gagnebin et Marcel Raymond, Éditions Gallimard 1964.
Vol. III: Du Contrat social. Écrits politiques, darin:
„Discours sur les sciences et les arts" (= „Discours qui a remporté le prix à l'Academie de Dijon, en l'annèe 1750, sur cette Question proposée par la même Académie: Sie le rétablissement des Sciences et des Art a contribué à épurer les moeurs", Genf 1750), S. 3–107.
„Du Contrat social; ou principes du droit politique", (Amsterdam 1762), S. 347–470.
Vol. IV: Émile. Éducation – Morale – Botanique, darin:
„Émile, ou de l'éducation" (Tome I–IV, La Haye 1762), S. 239–877.

Runge, Philipp Otto: Die Zeiten, in: Jörg Traeger (Hg.): Philipp Otto Runge und sein Werk. Monographie und kritischer Katalog, München 1975 (= Studien zur Kunst des 19. Jahrhunderts), S. 343–363).

Savigny, Friedrich Carl von: Vom Beruf unsrer Zeit für Gesetzgebung und Rechtswissenschaft, Heidelberg 1814.

Schelling, Friedrich Wilhelm Joseph: Ideen zu einer Philosophie der Natur, Ideen zu einer Philosophie der Natur. Erstes, zweytes Buch, Leipzig 1797.

Von der Weltseele. Eine Hypothese der höhern Physik zur Erklärung des allgemeinen Organismus, Hamburg 1798.

Vorlesung über die Methode des akademischen Studiums, Tübingen 1803.

Schenkendorf, Max von: Ein Beispiel von der Zerstörungswut in Preußen, in: Der Freimüthige. Berlinische Zeitung für gebildete, unbefangene Leser, Nr. 136 vom 26. August 1803, S. 541–542.

Scherenberg, Christian Friedrich: Gedichte, Berlin 1845, darin: S. 26 ff.: „Eisenbahn und immer Eisenbahn".

Schiller, Friedrich: Schillers Werke. Nationalausgabe, begründet von Julius Petersen, fortgeführt von Lieselotte Blumenthal und Benno von Wiese, hg. im Auftrag der Nationalen Forschungs- und Gedenkstätten der klassischen deutschen Literatur in Weimar (Goethe- und Schiller-Archiv) und des Schiller-Nationalmuseums in Marbach von Norbert Oellers und Siegfried Seidel, Weimar: Hermann Böhlaus Nachfolger 1943 ff. (NA).

NA 3 Die Räuber, hg. von Herbert Stubenrauch, 1953.
NA 6 Don Karlos. Erstausgabe 1787. Thalia-Fragmente 1785–1787, hg. von Paul Böckmann und Gerhard Kluge, 1973.
NA 7,1 Don Karlos. Hamburger Bühnenfassung 1787. Rigaer Bühnenfassung 1787. Letzte Ausgabe 1805, unter Mitwirkung

II. Andere Autoren

	von Lieselotte Blumenthal hg. von Paul Böckmann und Gerhard Kluge, 1974.
NA 8	Wallenstein, hg. von Hermann Schneider und Lieselotte Blumenthal, 1949.
NA 16	Erzählungen, hg. von Hans Heinrich Borcherdt, 1954, darin: „Der Geisterseher", S. 45–184.
NA 18,2	Historische Schriften. Zweiter Teil, hg. von Karl-Heinz Hahn, 1976, darin: „Geschichte des dreyßigjährigen Kriegs", S. 9–385.
NA 20	„Über die ästhetische Erziehung des Menschen, in einer Reihe von Briefen", S. 309–412 (zuerst in: „Die Horen", Tübingen 1795).

Schlabrendorf, Gustav Graf von: Napoleon Bonaparte und das französische Volk unter seinem Consulate. Germanien (Hamburg) im Jahre 1804 (abgedruckt in: Gustav von Schlabrendorf: Anti-Napoleon, Frankfurt am Main 1991).

Schlegel, August Wilhelm: Sämmtliche Werke, hg. von Eduard Böcking, Hildesheim / New York 1971. 1. Theil: 1.–3. Buch; 2. Theil, 4.–7. Buch (Reprografischer Nachdruck der Ausgabe Leipzig 1846).
5. Buch: „Jon. Schauspiel in fünf Aufzügen" (1803), S. 45–147.
7. Buch: „Ehrenpforte und Triumphbogen für den Theater-Präsidenten von Kotzebue bey seiner gehofften Rückkehr in's Vaterland. Mit Musik. Gedruckt zu Anfange des neuen Jahrhunderts" von A. W. Schlegel (anonym, Braunschweig 1801), S. 257–341.

„Spanisches Theater" (2 Bände Übersetzungen von fünf Dramen Calderóns), Berlin 1803–1809

Blumensträusse italiänischer, spanischer und portugiesischer Poesie von August Wilhelm Schlegel, Berlin 1804.

Schlegel, Friedrich: Kritische Friedrich-Schlegel-Ausgabe, hg. von Ernst Behler unter Mitwirkung von Jean-Jaques Anstett und Hans Eichner, München/Paderborn/Wien, Ferdinand Schöningh und Thomas-Verlag Zürich, 1958 ff. (KSA).
KSA 5 Dichtungen, hg. und eingeleitet von Hans Eichner, 1962, darin:
„Alarcos. Ein Trauerspiel in zwei Aufzügen", S. 221–262.
KSA 6 Geschichte der alten und neuen Literatur, hg. von Hans Eichner, 1961 (als Vorlesung in Wien 1812; D: 1815), S. 5–420.

Schleiermacher, Friedrich Daniel: Über die Religion. Reden an die Gebildeten unter ihren Verächtern, Berlin 1799.

Schmaltz, Anton Heinrich Theodor: Berichtigung einer Stelle in der Bredow-Venturinischen Chronik für das Jahr 1808. Ueber politische Vereine, und ein Wort über Scharnhorsts und meine Verhältnisse zu ihnen, Berlin 1815.

Schnabel, Johann Gottfried: Die Insel Felsenburg, hg. von Volker Meid und Ingeborg Springer-Strand, Stuttgart 1979.

Der im Irr-Garten der Liebe herum taumelnde Cavalier, Oder: Reise- und Liebes-Geschichte eines vornehmen Deutschen von Adel, Herrn von St.; Welcher nach vielen verübten Liebes-Excessen endlich erfahren müssen, wie der Himmel die Sünden der Jugend im Alter zu bestrafen pflegt, Warnungsstadt 1738.

Schöll, Adolf: Joseph Freyherr von Eichendorffs Schriften, in: Jahrbücher der Literatur, 75. Bd., Wien Juli bis September 1836, S. 96–139, 76. Bd. Oktober bis Dezember 1836, S. 58–102 (abgedruckt HKA XVIII/1 302–412).

Schön, Theodor von: Aus den Papieren des Ministers und Burggrafen von Marienburg Theodor von Schön. Erster Theil, Halle/Lippert'sche Buchhandlung (Max Niemeyer) 1875, darin:
S. I–III: „Woher und Wohin" (Teil der Vorrede).

II. Andere Autoren 497

Schwarzenberg, Friedrich Fürst: Aus dem Wanderbuche eines verabschiedeten Lanzknechtes, Wien 1844.

Shakespeare, William: The complete Oxford Shakespeare, ed. by Stanley Wells and Gary Taylor, Oxford 1987.
Vol. I: Histories, ed. by Stanley Wells, Gary Taylor, John Jowett, and William Montgomery, darin:
„The History of Henry the Fourth", S. 263–296.
„The Second Part of Henry the Fourth", S. 297–332.
Vol. II: Comedies, ed. by Stanley Wells, Gary Taylor, John Jowett, and William Montgomery, darin:
„Twelfth night, or What You Will, S. 719–746.

Sämtliche Dramen in drei Bänden, nach der 3. Schlegel-Tieck Gesamtausgabe von 1843/44, München 1988.
Bd. I: Komödien. Übersetzt von A. W. Schlegel, Dorothea Tieck und Wolf Graf Baudissin, darin:
„Was ihr wollt", S. 913–986.
Bd. II: Historien. Übersetzt von A. W. Schlegel und Wolf Graf Baudissin, darin:
„König Heinrich der Vierte. Erster Teil", S. 159–245.
„König Heinrich der Vierte. Zweiter Teil", S. 247–340.

Steffens, Henrich: Was ich erlebte. Aus der Erinnerung niedergeschrieben von Henrich Steffens, 10 Bände, Breslau 1840–1844.

Sterne, Laurence: The life an opinions of Tristram Shandy gentleman, 9 Bände, York und London 1759–1781.

Thibaut, Anton Friedrich Justus: Civilistische Abhandlungen, Heidelberg 1814, darin:
S. 404–466: „Ueber die Nothwendigkeit eines allgemeinen bürgerlichen Rechts für Deutschland".

Ueber Reinheit der Tonkunst, Heidelberg 1825.

Tieck, Ludwig: Ludwig Tieck's Schriften, 20 Bände, Berlin bei G. Reimer 1828–1854.
- 4. Bd.: Phantasus. Erster Theil, 1828 (zuerst Berlin 1812–1816), darin:
  - „Der blonde Eckbert" (Erstdruck 1796), S. 144–172.
  - „Der getreue Eckart und der Tannenhäuser. In zwei Abschnitten" (Erstdruck 1799), S. 173–213.
- 5. Bd.: Phantasus. Zweiter Theil, 1828, darin:
  - „Der gestiefelte Kater. Ein Kindermärchen in drei Akten" (Berlin 1797), S. 161–282.
  - „Die verkehrte Welt. Ein historisches Schauspiel in fünf Aufzügen" (Berlin 1799), S. 283–433.
- 8. Bd.: darin: „Die Gesellschaft auf dem Lande", (Berlinischer Taschenkalender" 1825), S. 391–513.
- 9. Bd.: darin: „Abendgespräche", 1839, S. 175–224.
- 10. Bd.: Prinz Zerbino oder Die Reise nach dem guten Geschmack, 1828, (zuerst Leipzig / Jena 1799)
- 16. Bd.: Franz Sternbald's Wanderungen. Eine altdeutsche Geschichte, 1843 (zuerst Berlin 1798).

Ludwig Tieck's gesammelte Novellen, 12 Bände, Berlin bei G. Reimer 1853 (= Teil der Ausgabe: Ludwig Tieck's Schriften, 28 Bände, Berlin 1853).

(Hg.): Volksmährchen, hg. von Peter Leberecht (d. i. Ludwig Tieck), 3 Bände, Berlin 1797.
Bd. 1: darin: „Geschichte von den Heymons Kindern, in zwanzig altfränkischen Bildern", S. 243–366.

(Hg.): Poetisches Journal. Erster Jahrgang erstes und zweites Stück, Jena 1800.

Uhland, Ludwig: Gedichte. 2. vermehrte Aufl., Stuttgart und Tübingen 1820, darin:
S. 304 f.: „Unstern".

Varnhagen von Ense, Karl August: Graf Schlabrendorf, amtlos Staatsmann, heimathfremd Bürger, begütert arm. Züge zu seinem Bilde, in: Historisches Taschenbuch, hg. von Friedrich von Raumer, Dritter Jg., Leipzig 1832, S. 251–263 und 268–278 (abgedruckt in: Gustav von Schlabrendorf: Anti-Napoleon, Frankfurt am Main 1991, S. 295–308).

Veith, Johann Emanuel: Politische Passionspredigten nebst der Rede zum Seelenamte weil. des k. k. F. Z. M. Grafen Baillet de Latour. Von Dr. Joh. Em. Veith. Ehrendomherr am Metropolitan-Kapitel zu Salzburg, emer. Domprediger an der Metropolitan-Kirche zu St. Stephan, Wien 1849.

Vischer, Friedrich Theodor: Ein literarischer Sonderbündler, in: Jahrbücher der Gegenwart, hg. von Dr. Albert Schwengler, Tübingen 1848, Nr. 1 und 2, Januar, S. 1–4 und 5–7.

Voigt, Johannes (Hg.): Autobiographie des ordentl. Professors der orientalischen Sprachen und Litteratur an der Universität zu Königsberg Dr. Peter von Bohlen, Königsberg 1841.

Voltaire (d. i. François-Marie Arouet): Œuvres complètes. Nouvelle Édition, hg. Von L. Moland, 54. Bd. Paris 1877–1885 (Reprint: Nendeln / Liechtenstein 1967).
Bd. 8: 1877, darin:
„La Henriade", S. 43–263.

Voß, Johann Heinrich: Luise. Ein Laendliches Gedicht in Drei Idyllen, Königsberg 1795.

„Für die Romantiker" (in: „Morgenblatt für gebildete Stände", Nr. 12, 2. Jg. 1808), darin:
S. 46 f.: „Bußlied eines Romantikers".

„Beitrag zum Wunderhorn" (in: Morgenblatt, Nr. 283/284, 2. Jg. 1808), darin:
Nr. 284, S. 1134: „Lied der Romantiker an ihren Herrgott".

Wackenroder, Wilhelm Heinrich: Herzensergießungen eines kunstliebenden Klosterbruders, Berlin 1797 (anonym hg. von Ludwig Tieck).

Phantasien über die Kunst, für Freunde der Kunst, hg. von Ludwig Tieck, Hamburg 1799.

Wagner, Heinrich Leopold (Übersetzer): Der Schubkarn des Eßighändlers – Ein Lustspiel in drey Aufzügen – Aus dem Französischen des Herrn Mercier, Frankfurt am Main 1775 (= Gesammelte Schaupiele fürs deutsche Theater. Zweyte Sammlung, Frankfurt am Main 1780).

Wedekind, Eduard: Studentenleben in der Biedermeierzeit. Ein Tagebuch aus dem Jahre 1824, hg. von H. H. Houben, Göttingen 1927, Reprint: Göttingen 1984.

Weiße, Christian Felix: Komische Opern. 3 Bände, Frankfurt und Leipzig 1778.
Bd. 3: 1778, darin:
„Die Jagd. Eine komische Oper in drey Aufzügen", S. 1–112.

(Hg.): Der Kinderfreund. Ein Wochenblatt, Leipzig 1775–1782.

Werner, Zacharias: Martin Luther oder die Weihe der Kraft, Berlin 1807.

Wieland, Christoph Martin (Hg.): Das Hexameron von Rosenhain, Leipzig 1805, darin:
S. 281–321: „Die Liebe ohne Leidenschaft".

Oberon, in: Teutscher Merkur, 1. Vierteljahr, Weimar 1780 (1 Heft).

Geschichte des Agathon, 2 Bände, Frankfurt am Main/Leipzig (d. i. Zürich) 1766/1767.

Willkomm, Ernst: Die Europamüden. Modernes Lebensbild. 1. und 2. Teil. Faksimiledruck nach der 1. Auflage von ⟨Leipzig⟩ 1838 mit einem Nachwort von Otto Neuendorff, Göttingen 1968 (= Deutsche Neudrucke. Reihe Texte des 19.Jahrhunderts, hg. von Walter Killy).

Wolf, Friedrich August: Prolegomena ad Homerum sive de operum Homericum prisca et genuina forma variisque mutationibus et probabili ratione emendandi, Halle 1794.

Lexika

Allgemeine deutsche Real-Encyklopädie für die gebildeten Stände. In 12 Bänden, Leipzig 1833–1837 (nach seinem Verleger „Brockhaus Conversations-Lexikon" genannt).

Encyclopédie, ou dictionnaire raisonné des sciences, des arts et des métiers, hg. von Denis Diderot und ⟨bis 1757⟩ Jean LeRond d'Alembert, 35 Bände, Paris 1751–1780, Neudruck: Stuttgart 1966–1967.

Großes vollständiges Universallexikon aller Wissenschafften und Künste, 68 Bände, Halle und Leipzig 1732–1754 (nach seinem Verleger „Zedlersches Lexikon" genannt).

Wigand, Otto: **Conversations-Lexikon der neuesten Litteratur-, Völker- und Staatengeschichte.** In 2 Bänden, Leipzig 1841.

Wörterbücher

Deutsches Wörterbuch von Jacob Grimm und Wilhelm Grimm ⟨16 Bände⟩. Div. Bearbeiter, Leipzig: Verlag von S. Hirzel, 1854–1954.

Handwörterbuch des Deutschen Aberglaubens. 10 Bände, hg. von Hanns Bächtold-Stäubli unter Mitwirkung von Eduard Hoffmann-Krayer. Mit einem Vorwort von Christoph Daxelmüller, Berlin/New York: de Gruyter 1987. Unveränderter photomechanischer Nachdruck der Ausgabe, die 1927–1942 bei Walter de Gruyter & Co. erschien.

Paul, Hermann: **Deutsches Wörterbuch,** 5., völlig neubearbeitete und erweiterte Auflage von Werner Betz, Tübingen 1966.

Zeitschriften

Allgemeine Literatur-Zeitung, Halle und Leipzig 1785–1849.

Athenaeum. Eine Zeitschrift von August Wilhelm und Friedrich Schlegel, 3 Bände, Berlin 1798–1800.

Berlinische Monatsschrift, Bd. 1–16, hg. von Johann Erich Biester und Friedrich Gedike, Berlin 1783–1790, Bd. 17–28, hg. von Johann Erich Biester, Berlin 1791–1796.

Der Freimüthige, oder Berlinische Zeitung für gebildete, unbefangene Leser, hg. von August von Kotzebue, Berlin 1803.

Der Freimüthige, oder Ernst und Scherz. Ein Unterhaltungsblatt, hg. von Garlieb Helwig Merkel und August von Kotzebue, Berlin (verlegt bei Johann Daniel Sander) 1804–1806.

Frauentaschenbuch, hg. von Friedrich de la Motte Fouqué, Nürnberg 1815–1831.

Jenaische allgemeinen Literatur-Zeitung, Jena und Leipzig 1804–1841.

Magazin für psychische Heilkunde, gegründet von Johann Christian Reil und Adalbert Kayßler, Berlin 1805–1806.

Morgenblatt für gebildete Stände, Stuttgart / Tübingen: Cotta 1807–1837.

Rheinischer Merkur, hg. von Joseph Görres, Koblenz. Erster Jahrgang 1814; Zweyter Jahrgang 1815; Dritter Jahrgang (letztes Heft) 18. Januar 1816, Reprint: Bern 1971.

Historisch-politische Blätter für das katholische Deutschland, hg. von George Phillips und Guido Görres, München 1838 ff.

Zeitschrift für Wissenschaft und Kunst, hg. von Dr. Friedrich Ast, Professor zu Landshut, Landshut 1808–1810.

Hallische Jahrbücher für deutsche Wissenschaft und Kunst, begründet von Theodor Echtermeyer, Leipzig 1838–1841 (nach dem Verbot in Preußen erschienen bis zum deutschlandweiten Verbot noch zwei weitere Jahrgänge, 1842 und 1843, anonym).

III. Forschungsliteratur
1. Zitierte Literatur

Bormann, Alexander von: Natura Loquitur. Naturpoesie und emblematische Formel bei Joseph von Eichendorff, Tübingen 1968 (= Studien zur deutschen Literatur 12).

Eichendorff heute. Stimmen der Forschung mit einer Bibliographie hg. von Paul Stöcklein 2. Aufl. Darmstadt 1966.

Fink, Gonthier-Louis: L'ermite dans la littérature allemande, in: Études Germaniques 1963, S. 167–199.

Frey, Karl Otto: Eichendorffs letzte Tage in Heidelberg, in: Aurora 14, 1954, S. 74–83.

Frühwald, Wolfgang: Der Philister als Dilettant. Zu den satirischen Texten Joseph von Eichendorffs, in: Aurora 36, 1976, S. 7–26.

Frühwald, Wolfgang: Eichendorff-Chronik. Daten zu Leben und Werk. Zusammengestellt von W. F., München, Wien 1977.

Häusle, Hugo: Eichendorffs Puppenspiel: Das Incognito. Eine politisch-literarische Satire aus dem Zeitalter Friedrich Wilhelms IV., Regensburg 1910 (= Deutsche Quellen und Studien 6).

Heiduk, Franz: Daniel Nickel. Diener, Gärtner, Glockengießer zu Lubowitz, in: Nachrichten-Blatt der Eichendorff-Gesellschaft 7, Würzburg 1981, S. 5–8.

Heiduk Franz: Die Brüder Wilhelm und Joseph Freiherren von Eichendorff als Studenten an der Leopoldina in Breslau (1803–1805), in: Aurora 56, 1996, S. 127–132.

Hillach, Ansgar und Klaus-Dieter Krabiel: Eichendorff-Kommentar. Bd. I: Zu den Dichtungen, München 1971, Bd. II: Zu den theoretischen und autobiographischen Schriften und Übersetzungen, München 1972.

Klaus, Georg und Manfred Buhr (Hgg.): Philosophisches Wörterbuch, Berlin 1969.

Krüger, Peter: Eichendorffs politisches Denken, Würzburg 1969.

Kunisch, Dietmar: Joseph von Eichendorff. Fragmentarische Autobiographie. Ein formtheoretischer Versuch, München 1985.

Kunisch, Hermann: Die Frankfurter Novellen- und Memoirenhandschriften Joseph von Eichendorffs, in: Jahrbuch des Freien Deutschen Hochstifts 1968, S. 329–389.

Lauerbach, Christel: Das Motiv der Wanderschaft in der Dichtung Joseph von Eichendorffs. Diss. (Masch.), Freiburg/Br. 1957.

Lippe-Weißenfeld, Ernst Graf von (Hg.): Geschichte des Königl. Preuss. 6. Husaren-Regiments (ehedem 2. Schlesischen), Berlin 1860.

Niggl, Günter: Geschichte der deutschen Autobiographie im 18. Jahrhundert. Theoretische Grundlegung und literarische Entfaltung, Stuttgart 1977.

Pecqueur, Constantin: Economie sociale, Paris 1839.

Perlick, Alfons: Eichendorff und Nordrhein-Westfalen. Beitrag zu eine regionalen Eichendorff-Kunde, Dortmund 1960.

Pissin, Raimund: Otto Heinrich Graf von Loeben, Diss. Göttingen 1903.

Pissin, Raimund (Hg.): Joseph und Wilhelm von Eichendorffs Jugendgedichte. Vermehrt durch ungedruckte Gedichte aus dem handschriftlichen Nachlaß, Berlin 1906.

Pörnbacher, Hans: Joseph Freiherr von Eichendorff als Beamter. Dargestellt auf Grund bisher unbekannter Akten, Dortmund 1964.

Rehm, Walther: Prinz Rokoko im alten Garten. Eine Eichendorff-Studie, in: Jahrbuch des Freien Deutschen Hochstifts 1962, S. 97–207.

Schivelbusch, Wolfgang: Geschichte der Eisenbahnreise. Zur Industrialisierung von Raum und Zeit im 19. Jahrhundert, München 1977.

Schulhof, Hilda: Eichendorff und das Auswanderungsproblem, in: Der Oberschlesier, 7. Jg. August 1925, Eichendorff-Sonderheft, S. 289–299.

Sengle, Friedrich: Biedermeierzeit. Deutsche Literatur im Spannungsfeld zwischen Restauration und Revolution 1815–1848. Bd. I. Allgemeine Voraussetzungen, Richtungen, Darstellungsmittel, Stuttgart 1971. Bd. II. Die Formenwelt, Stuttgart 1972.

Steinsdorff, Sibylle von: Eichendorffiana im Privatnachlaß des preußischen Kultusministers Freiherrn von Stein zum Altenstein, in: Aurora 40, 1980, S. 35–51.

Stöcklein, Paul: Joseph von Eichendorff in Selbstzeugnissen und Bilddokumenten, Reinbek bei Hamburg 1963.

Storm, Gertrud: Theodor Storm. Ein Bild seines Lebens, Bd. 1. Jugendzeit, Berlin 1912, Bd. 2. Mannesalter, Berlin 1913, Reprint: Hildeshein / Zürich / New York 1991.

Stutzer, Dietmar: Die Eichendorffschen Güter in Oberschlesien und Mähren. Betriebsgeschichte, Betriebsaufbau und Ursachen ihres Zusammenbruches. 1630–1831, Diss. München 1974.

Stutzer, Dietmar: Die Eichendorff-Herrschaft Tost 1791–1797, in: Aurora 36, 1976, S. 70–74.

Thaer, Albrecht: Grundsätze der rationellen Landwirtschaft, Berlin 1809/1810.

Uhlendorff, Franz: Studien um Eichendorffs Berliner Nachlaßhandschriften, in: Aurora 14, 1954, S. 21–41.

Uhlendorff, Franz: Neue Eichendorffiana, in: Aurora 24, 1964, S. 21–35.

2. Kataloge

Bayerische Akademie der schönen Künste (Hg.): Joseph Freiherr von Eichendorff. Ausstellung zum 100. Todestag. München, Prinz Carl-Palais. 12. November bis 10. Dezember 1957, München 1957.

Döhn, Helga: Der Nachlaß Joseph von Eichendorff. Bearbeitet von H. D. Deutsche Staatsbibliothek, Berlin 1971. (= Handschrifteninventare der Deutschen Staatsbibliothek. 2, hg. von Hans-Erich Teitge).

Stiftung Haus Oberschlesien, (Ratingen-Hösel), Landschaftsverband Rheinland, Rheinisches Museumsamt, Eichendorff-Gesellschaft (Ratingen-Hösel) (Hgg.): Joseph Freiherr von Eichendorff 1788–1857. Leben – Werk – Wirkung (Ausstellungskatalog). Rheinland-Verlag, Köln; Verlag Laumann, Dülmen, 1983 (= Schriften des Rheinischen Museumsamtes. Nr. 21).

Steinsdorff, Sibylle von und Eckhard Grunewald im Auftrag der Eichendorff-Gesellschaft (Hgg.): „Ich bin mit der Revolution geboren ..." Joseph von Eichendorff 1788 – 1857. Katalog zur Ausstellung im Ernst-Moritz-Arndt-Haus Bonn (1.–31. Juli 1988) und im Oberschlesischen Landesmuseum Ratingen (20. September – 23. Oktober 1988), Eichendorff-Gesellschaft 1988.

Eichendorff-Gesellschaft Ratingen-Hösel (Hg.): Joseph von Eichendorff. Handschriften und Dokumente im Besitz der Eichendorff-Gesellschaft, Ratingen-Hösel. Katalog bearbeitet von Detlef Haberland, Trier 1992 (= Ausstellungskataloge Trierer Bibliotheken. Nr. 23, hg. von der Universitätsbibliothek und der Stadtbibliothek Trier).

3. Periodika

Aurora. Ein romantischer Almanach, hg. von Karl Freiherr von Eichendorff und Adolf Dyroff (ab 1933 mit Karl Sczodrok und dem Untertitel „Jahresgabe der Deutschen Eichendorff-Stiftung", ab 1935 von Karl Sczodrok; 1943 mit dem Untertitel „Eichendorff-Jahrbuch"), Oppeln 1929–1940; Breslau/Oppeln 1941; Breslau/Oppeln/Kattowitz 1942; Prag/Amsterdam/Berlin/Wien 1943.

Aurora. Eichendorff-Almanach. Jahresgabe der Eichendorff-Stiftung e.V. Eichendorffbund, hg. von Karl Schodrok, Neumarkt/OPf (ab 1958: Würzburg) 1953–1969.

Aurora. Jahrbuch der Eichendorff-Gesellschaft, hg. von Franz Heiduk (ab 1978 mit Wolfgang Frühwald und Helmut Koopmann, ab 1984 dazu mit Peter Horst Neumann, ab 1989 ohne W. Frühwald), Würzburg (ab 1985 Sigmaringen) 1970 ff.

Eichendorff-Kalender. Begründet und hg. von Wilhelm Kosch, Regensburg 1910.

Eichendorff-Kalender. Ein romantisches Jahrbuch. Begründet und hg. von Wilhelm Kosch, Regensburg 1911–1917; München 1918–1925; Zürich/Leipzig/München 1926; Aichach 1927/28; Graz 1929/30.

Eichendorff-Kalender. Ein romantisches Jahrbuch. Begründet und hg. von Wilhelm Kosch, München 1918–1925; Zürich, Leipzig.

Eichendorff-Kalender. Ein romantisches Jahrbuch. Begründet und hg. von Wilhelm Kosch, München 1918–1925.

Personenregister

Abraham a Santa Clara 74, 77, 327
Aischylos 440
Altenstein, Karl Freiherr vom Stein zum 234
Andreä, Johann Valentin 417
Ansbach, Markgraf von 416
Ariost 161, 447
Arndt, Ernst Moritz 366, 414
Arnim, Achim von 68, 105, 106, 157, 158, 159, 170, 171, 200, 201, 254, 326, 327, 358, 362, 439, 440, 442, 443, 444, 445, 449, 456, 457
Arnim, Bettine 158, 444
Ast, Friedrich 449
Augustinus 432

Bach, Johann Sebastian 172
Baczko, Ludwig von 416
Baggesen, Jens Immanuel (Pseudonym: Danwaller) 171, 451, 455, 456
Bahrdt, Carl Friedrich 417
Balsamo, Giuseppe s. Cagliostro
Basedow, Johann Bernhard 130, 390, 420
Beethoven, Ludwig van 172
Behrisch, Ernst Wolfgang 390
Behrnauer (preußischer Beamter) 231
Bernadotte, Jean Baptiste 442
Bertuch, Friedrich Johann Justin 38, 262, 438
Besserer von Dahlfingen, Maria Therese Alexandrine, geb. von 294, 295
Betz, Werner 207
Biester, Johann Erich 318
Biester, Karl 68, 100, 318, 359

Bischoffwerder, Johann Rudolf von (Oberhaupt der Rosenkreuzer in Berlin) 417
Blücher von Wahlstatt, Gebhard Leberecht von 207, 208, 318
Bodmer, Johann Jacob 411
Bohlen, Peter von 105, 106, 390, 392
Böhme, Jacob 417
Boisserée, Melchior 459
Boisserée, Sulpiz 172, 459
Bonaparte, Jérôme 315
Bräker, Ulrich 406
Braunschweig, Friedrich Wilhelm von 100, 386
Breitinger, Johann Jacob 411
Brentano, Clemens 17, 68, 105, 106, 154, 157, 158, 159, 201, 224, 235, 239, 248, 249, 265, 313, 322, 327, 440, 442, 443, 441, 444, 445, 447, 452, 453, 456
Brockhaus, Heinrich 316
Budde, Heinrich Wilhelm 449, 450
Bünting, Karl Wilhelm von 297, 409
Bürger, Gottfried August 456

Cagliostro, Alexander Graf (Pseudonym für Giuseppe Balsamo) 126, 416
Calderón, de la Barca 84, 92, 132, 154, 161, 294, 361, 375, 441, 447
Campe, Joachim Heinrich 67, 130, 310, 312, 313, 385
Cardano, Girolamo 216, 224
Chamisso, Adlbert von 406
Ciupke, Paul (Kaplan in Lubowitz) 296, 327
Claudius, Matthias 67, 312, 313
Clemens XIV., Papst 421

Cornelius, Peter 172, 458
Cotta, Verlag 226, 455
Cramer, Carl Gottlieb 98, 112, 413
Creuzer, Friedrich 148, 160, 436, 446

D'Alembert, Jean le Rond 431
Dabelow, Christoph Christian 150, 351, 439
Danwaller, s. Baggesen
Deroy, Bernhard Erasmus Graf 280
Descartes, René 388, 389
Diderot, Denis 120, 418, 431
Dordogne, Aymon de 408
Dreves, Lebrecht 352, 419
Dürer, Albrecht 458

Eichendorff, Adolf Theodor Rudolf von 53, 61, 65, 66, 201, 222, 223, 290, 366
Eichendorff, Antonie von 282
Eichendorff, Caroline von, geb. Freiin von Kloch 61, 66, 222, 223, 225
Eichendorff, Hermann von 204, 210, 239, 289, 317, 318, 348, 368, 372, 384, 401, 404, 425
Eichendorff, Johann Friedrich von 226
Eichendorff, Karl von 282, 407
Eichendorff, Louise von 202, 204, 225, 289, 348
Eichendorff, Luise von, geb. von Larisch 186, 210, 211, 225, 226, 363, 368, 440
Eichendorff, Maria von 301
Eichendorff, Rudolf von 189, 222, 272, 301, 318
Eichendorff, Wilhelm Freiherr von 67, 84, 93, 186, 187, 197, 200, 203, 204, 205, 206, 207, 208, 209, 210, 211, 212, 255, 269, 312, 316, 368, 449
Eichhorn, Johann Albrecht Friedrich 432

Eichstädt, Heinrich Karl Abraham 456
Enfentin, Prosper 359
Engels, Friedrich 418
Euripides 440, 441

Ferdinand II. 76, 331
Fichte, Johann Gottlieb 106, 171, 385, 428, 436, 463, 464
Follen, Karl 462
Fontane, Theodor 279
Förster, Heinrich 371
Fouqué, Friedrich de la Motte 101, 112, 185, 186, 187, 206, 407
Franz II., Kaiser 431
Frey, Karl Otto 444
Friedrich der Große 421
Frommann, Verlag in Jena 454
Froriep, Ludwig Friedrich 149, 437
Fuglar, August von 84, 279, 347
Führich, Joseph 458

Galilei, Galileo 388
Gall, Franz Joseph 86, 351
Gaudy, Franz von 250, 424
Gedike, Friedrich 359
Geibel, Emanuel 362
Gentz, Friedrich von 278
Gervinus, Georg Gottfried 310, 384
Geßner, Salomon 116, 272, 410
Gleim, Johann Wilhelm Ludwig 415
Gneisenau, August Wilhelm Anton Graf Neidhardt von 255
Goethe, Cornelia 390
Goethe, Johann Wolfgang von (37), 86, 126, 130, 148, 152, 153, 154, 157, 161, 172, 216, 224, 225, 237, 260, 261, 278, 285, 292, 350, 351, 361, 373, 412, 413, 416, 423, 440, 441, 445, 447, 448, 455, 456, 459, 461

Personenregister

Görres, Joseph von 68, 105, 106, 148, 156, 157, 158, 170, 174, 201, 316, 408, 421, 436, 442, 443, 444, 445, 456
Gottschall, Rudolf 299
Gottsched, Johann Christoph 411, 412
Götz, Johann Nikolaus 415
Grabbe, Dietrich 440
Gries, Johann Diederich 160, 161, 447
Grimm, Friedrich Melchior Baron von 127, 388, 418
Grimm, Jacob und Wilhelm 207, 432, 440, 445
Grimm, Ludwig 445
Grimmelshausen, Hans Jakob Christoffel von 216, 252, 453
Grotius, Hugo 433
Günther, Anton 338
Gustav II. Adolf 76, 77, 331, 337
Gutzkow, Karl 224

Hamann, Johann Georg 147, 148, 271, 421, 435
Händel, Georg Friedrich 172
Häusle, Hugo 230
Hébert, Jacques René 420
Hegel, Georg Wilhelm Friedrich 385
Heine, Heinrich 357, 358, 463
Heinke, Bernhard 61, 84, 297, 312
Heinse, Wilhelm 415
Hengstenberg, Ernst Wilhelm 339
Hensler, Karl Friedrich 422
Herder, Johann Gottfried 130, 147, 148, 159, 271, 385, 390, 413, 421, 432, 435, 459
Hesiod 286
Hillach, Ansgar 301
Hofbauer, Clemens Maria 338, 391
Hofer, Andreas 386
Hoffbauer, Johann Christoph 351
Hoffmann, Ernst Theodor Amadeus 216, 263, 279, 311

Holberg, Ludwig von 233
Hölderlin, Friedrich 385
Holtei, Karl von 440
Homer 85, 390
Horstig, Carl Gottlieb 444
Hottinger, Johann Konrad 458
Hoverden, Julie Gräfin 225, 226
Hoym, Graf (Minister für Schlesien) 309
Hufeland, G. 438
Hugo, G. 432, 434
Hugo, Victor 357
Humboldt, Wilhelm von 389, 432, 464

Iffland, August Wilhelm 121, 153, 413, 423, 441
Immermann, Karl Leberecht 153, 311, 327, 347, 358, 414, 440

Jacobi, Johann Georg 415
Jahn, Friedrich Ludwig 68, 80, 100, 264, 317
Jarcke, Karl Ernst 324, 333, 371
Jean Paul (d. i. Johann Paul Friedrich Richter) 216, 250, 260, 264, 310, 385
Jung-Stilling, Johann Heinrich 390

Kant, Immanuel (104), (150), 413, 429, 432, 437
Karl V. 434
Karl der Große 408
Karl, Erzherzog 255
Karl Theodor, bayerischer Kurfürst 417
Kayßler, Adalbert 86, 150, 417, 437, 438
Keller, Gottfried 207
Kepler, Johannes 388
Kerner, Justinus 159, 298
Kersting (Kamerad im Lützowschen Korps) 100, 318, 385

Kleist, Heinrich von 279
Klinger, Friedrich Maximilian 415
Kloch, Caroline von, s. Eichendorff, Caroline von
Kloch, Karl Wenzel von 61, 65, 96, 222
Kloch, Maria Eleonore von, geb. von Hayn, verwitwete von Studnitz 61, 65, 297
Klöden, Karl Friedrich von 406
Klopstock, Friedrich Gottlieb 99, 385, 455
Knauth, H. 350
König, Heinrich Johann Otto 150, 439
Körner, Theodor 391
Kosch, Wilhelm 280, 353
Kotzebue, August von 68, 86, 132, 153, 171, 233, 251, 315, 441, 449, 450, 455, 457, 462
Krabiel, Klaus-Dieter 301
Kron, Wolfgang 344
Krüger, Peter 407
Krummacher, Gottfried Daniel 339
Kugler, Franz 279
Kunisch, Hermann 301, 324, 353
Kürnberger, Ferdinand 358

Lafontaine, August 121, 152, 411, 413, 440, 449
Lamprecht, von (Präsident der Königlichen Bank in Berlin) 231
Lange, Dr. (Anwerber beim Lützowschen Korps in Breslau) 202
Leibniz, Gottfried Wilhelm 428
Lenau, Nikolaus 358
Leonhardshoff, Johann Scheffer von 458
Lessing, Gotthold Ephraim 120, 147, 368, 412, 413, 430, 431, 435
Lewis, Matthew Gregory 321
Lobeck, Christian August 160, 446
Locke, John 429

Loeben, Otto Heinrich Graf von 54, 106, 161, 162, 186, 199, 200, 201, 202, 204, 205, 206, 207, 208, 211, 213, 274, 280, 311, 317, 348, 367, 448, 450, 451, 447, 452, 453
Lorinser, Franz 375
Louis Philippe („Bürgerkönig") 340
Luden, Heinrich 462
Ludwig I., König von Bayern 292, 459
Ludwig XIV. 411
Ludwig XV. 416
Ludwig XVI. 66, 311
Lützow, Adolf Freiherr von 68, 84, 92, 93, 100, 202, 207, 317, 318, 361, 367, 385

Madlener, Johannes 333
Mahler Müller (d. i. Friedrich Müller) 116, 292, 410
Mahlmann, Siegfried August 86, 171, 350, 457
Mansfeld, Peter Ernst Graf von 405
Manuel, Don Juan 342
Marbach, Gotthardt Oswald 386
Marwitz, Friedrich August Ludwig von der 255
Megerle, Johann Ulrich 327
Mendelssohn, Moses 430, 435
Mendelssohn-Bartholdy, Felix 459
Menken, Gottfried 339
Menzel, Wolfgang 226
Mercier, Louis Sebastien 423
Merkel, Garlieb Helwig 171, 455
Metternich, Clemens Wenzelslaus Fürst von 409
Meyer, Conrad Ferdinand 207
Miller, Johann Martin 321
Moczygemba, Johannes 296
Molière (d. i. Jean-Baptiste Poqueline) 463
Moritz, Karl Philipp 321
Moser, Willi 295

Personenregister

Mozart, Wolfgang Amadeus 172
Müller, Adam Heinrich 93, 106, 207, 366, 391, 419, 448, 461
Müller, Jacob 85, 349
Müller, Wenzel 422
Müllner, Adolf 450
Mundt, Theodor 359

Nänny, Johann Conrad 410
Napoleon I. 68, 74, 75, 100, 103, 255, 386, 413, 442, 443, 455
Neander, A. 339
Nettelbeck, Joachim 254, 255
Newton, Sir Isaac 388
Ney, Michel, Herzog von Elchingen 254
Nickel, Daniel 26, 36, 38, 61, 73, 84, 249, 327
Nicolai, Friedrich 171, 248, 251, 359, 430
Niebuhr, Barthold Georg 432, 438
Niedziela, Ignatz 263
Novalis (d.i. Friedrich von Hardenberg) 148, 162, 171, 174, 225, 270, 351, 385, 391, 436, 448, 451, 457
Nowack, Alfons 282, 300, 319, 301

Olivier, F. 458
Oresme, Nicolaus 389
Otto, Louise 359
Overbeck, Christian Adolf 67, 313, 458
Overbeck, Johann Friedrich 172, 458

Passavant, Johann David 318
Pecqueur, Constantin 358
Pforr, Franz 458
Pius VII., Papst 421
Platen, August von 414
Plotin 446
Pöhlein, Hubert 295, 300, 301
Porembsky, Karl von 297
Pörnbacher, Hans 226

Proklus 446
Pückler-Muskau, Hermann Fürst 251, 415, 424
Pufendorf, Samuel 432, 433

Raffael 458
Reichardt, Johann Friedrich 86, 105, 152, 350, 351, 439, 440, 461
Reichardt, Johanna 86, 152, 440
Reichardt, Luise 86, 152, 440
Reichardt, Minna (Stieftochter) 86, 152, 440
Reichensperger, August 364, 371, 372, 373
Reil, Johann Christian 86, 149, 437
Reimarus, Hermann Samuel 430
Reinhard, Christian 458
Reuter, Christian 224, 251
Richelieu, Armand Jean du Plessis 331
Ronge, Johannes 330
Roschmann, Leopold von 312
Rotteck, Carl von 429, 433
Rousseau, Jean-Jacques 120, 130, 216, 271, 412, 418, 420, 421, 429, 433
Runge, Philipp Otto 322, 443, 445

Sand, George (d.i. Aurore Dupin) 359
Sand, Karl Ludwig 462
Sander, Johann Daniel 449
Sander, Sophie 449
Savigny, Friedrich Carl von 142, 366, 432, 433, 434
Schaeffer, Carl Albert Eugen (91), 212, 343, 344, 353, 361
Schaffner, Amalia 68, 315
Schelling, Wilhelm Joseph 105, 106, 148, 171, 385, 428, 436, 437, 442
Schenk, Eduard von 461
Schenkendorf, Max von 173, 460
Scherenberg, Christian Friedrich 356
Schill, Ferdinand von 100, 255, 386

Schiller, Friedrich 99, 133, 148, 153, 154, 174, 263, 337, 385, 416, 441, 447, 461
Schlabrendorf, Gustav Graf von 127, 388, 418
Schlegel, August Wilhelm von 148, 154, 160, 331, 432, 440, 441, 447, 448, 456, 457
Schlegel, Dorothea von 318, 391, 458
Schlegel, Friedrich von 105, 148, 154, 171, 174, 206, 255, 263, 318, 331, 385, 390, 391, 432, 435, 441, 461
Schleiermacher, Friedrich Daniel 149, 432, 437, 438, 440
Schmaltz, Anton Heinrich Theodor 150, 351, 438
Schnabel, Johann Gottfried 414
Schneider, Eulogius 417
Schnorr von Carolsfeld, Julius 458
Schodrok, Anneliese 189
Schöll, Adolf 444
Schön, Theodor von 231, 252, 262, 276, 294, 310, 340, 341, 390, 460
Schöningh, Ferdinand 371
Schröder, Friedrich Ludwig 315, 441
Schrötter, Friedrich Leopold von 173, 460
Schücking, Levin 327
Schulhof, Hilda 301
Schütz, Christian Gottfried 150, 438
Schwarzenberg, Friedrich Fürst von 395
Shakespeare, William 410, 412, 453, 456
Sivers, Jegór von 343, 344, 353, 383
Soult, Nicolas Jean, Herzog von Dalmatien 254
Spieß, Christian Heinrich 98, 112, 413, 422
Stadion, Friedrich 255
Steffens, Henrik 68, 86, 105, 148, 149, 152, 156, 351, 436, 437, 440

Stein, Karl Reichsfreiherr vom und zum 416, 460, 464
Sterne, Laurence 216, 260
St. Germain, Graf von 126, 416
Stolberg, Friedrich Leopold Graf zu 99, 461
Storm, Theodor 279
Strauß, Gerhard Friedrich Abraham 211, 449, 450, 453
Strøm, Henrik Christian 68, 100, 318, 385
Sturtz 86
Stutzer, Dietmar 387
Sutter, Josef 458

Tasso, Torquato 161, 447
Thadden-Trieglaff, A. von 339
Thibaut, Anton Friedrich Justus 142, 160, 433, 434
Tholuk, August 339
Thomasius, Christian 433
Tieck, Ludwig 68, 121, 148, 159, 170, 171, 174, 196, 263, 270, 279, 286, 316, 326, 385, 387, 391, 408, 414, 435, 439, 440, 445, 448, 461
Tilly, Johann Tserclaes 331
Treitschke, G. Fr. 315

Uhland, Ludwig 23, 159, 216, 224, 226, 228, 230, 246
Uhlendorff, Franz 353

Varnhagen von Ense, Karl August 418
Veit, Philipp 68, 100, 106, 172, 202, 204, 317, 318, 385, 458
Veith, Johann Emanuel 77, 333, 338
Venedinger (Schwimmlehrer Eichendorffs in Breslau) 350
Vischer, Friedrich Theodor 418
Vogel, Ludwig 458
Voigt, Johannes 390

Personenregister

Voltaire, François-Marie 297, 429, 455
Voß, Heinrich 457
Voß, Johann Heinrich 60, 106, 171, 285, 291, 293, 445, 453, 456, 457

Wackenroder, Wilhelm Heinrich (174), 385, 460, 461
Wagner, Heinrich Leopold 423
Wall, Anton 315
Wallenstein, Albrecht von 331, 405
Weber, Carl Maria von 172
Weichberger, Konrad 353
Weimar, Bernhard von 76, 331, 405
Weishaupt, Adam 417
Weiße, Christian Felix 68, 315, 422
Welcker, Karl Theodor 429, 433
Werner, Abraham Gottlob 148, 436, 437
Werner, Johann 65, 310
Werner, Zacharias 451, 461
Werther (Werthersches Kürassierregiment) 297
Wieland, Christoph Martin 250, 260, 413, 415, 438, 447, 455

Wigand, Otto 322, 327
Wilhelm I. 347
Wilhelm I. von Hessen-Kassel 347
Willkomm, Ernst 358
Wintergerst, Josef 458
Witowsky, Andreas Iwan von 53, 54, 277
Wolf, Friedrich August 149, 351, 432, 437
Wolff, Christian Freiherr von 86, 428, 429, 432
Wöllner, Johann Christoph von 417
Woltaer, Johann Christian 150, 351, 439

Xenophon 440

Zachariae, Just Friedrich Wilhelm 415
Zedler, Johann Heinrich 431
Zelter, Karl Friedrich 459
Zimmer, Johann Georg 362
Zöllner, Johann Friedrich 408
Zölmer, Wilhelm 297

Faksimiles

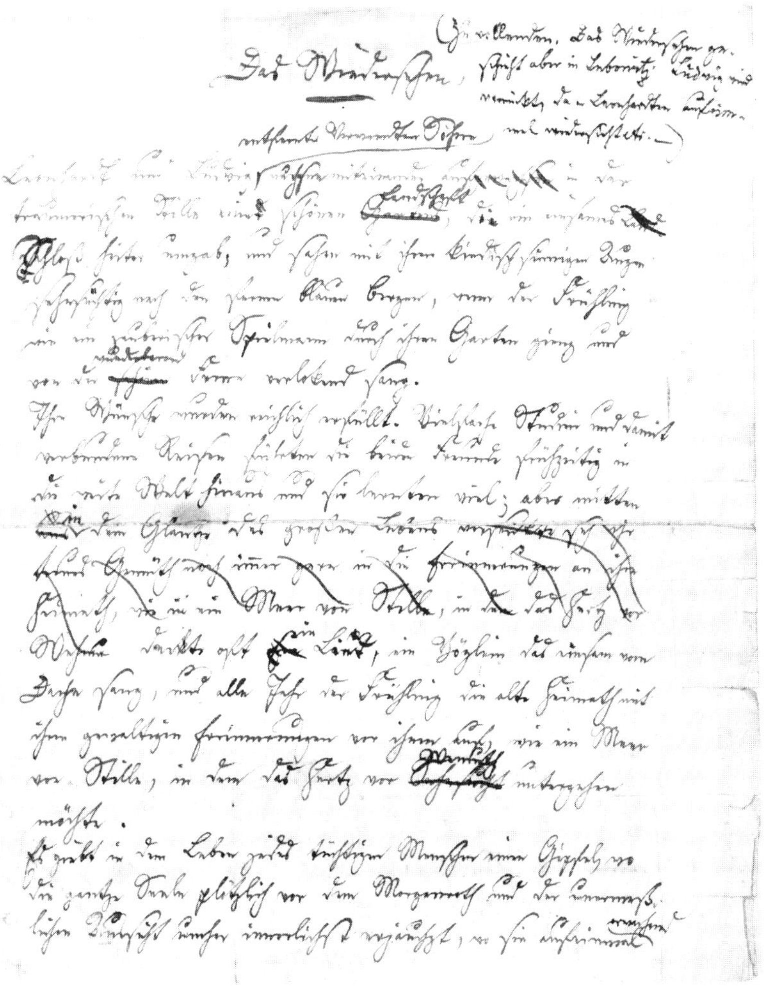

Abb. 1: Eichendorff-Gesellschaft Ratingen-Hösel, im Besitz der Stiftung Haus Oberschlesien: „*Das Wiedersehen*" (Text I., 3,1–23).

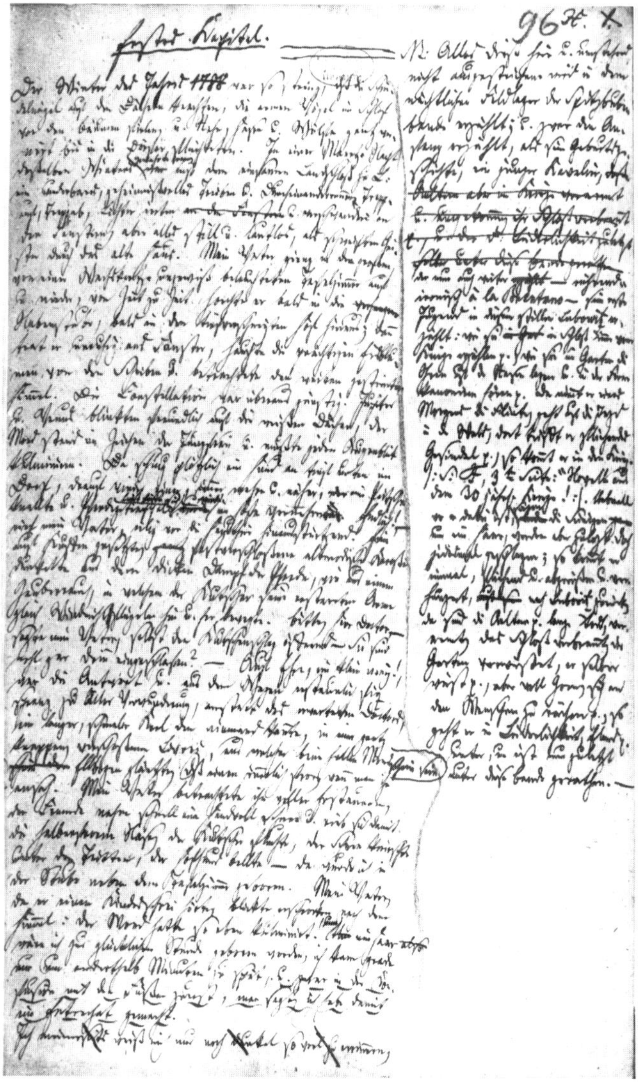

Abb. 2: Nachlaß Eichendorff, Staatsbibliothek zu Berlin – Preußischer Kulturbesitz, Bl. 96ʳ: „*Erstes Kapitel*" (Text II.1., 17,1–19,3).

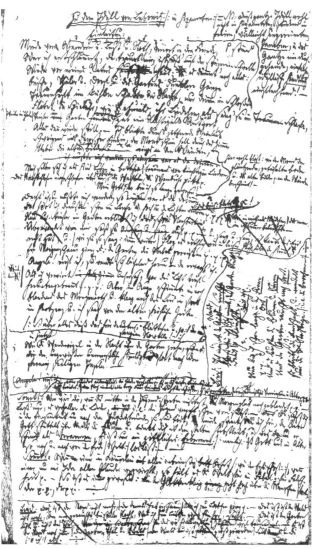

Abb. 3: FDH Frankfurt a. M., Hs-13413ᶠ: „Zu dem Idyll von Lubowitz" (Text IV.2.).

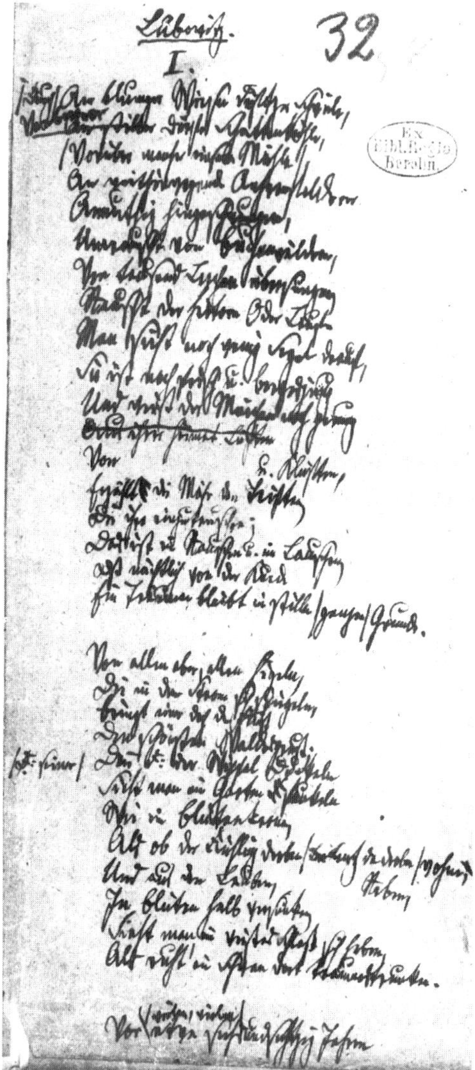
Lubowitz.

I.

32

Ex Bibl. Regia Berolin.

Abb. 4: Nachlaß Eichendorff, Staatsbibliothek zu Berlin – Preußischer Kulturbesitz, Bl. 32: „*Lubowitz. I.*" (Text V.2.).

Abb. 5: Nachlaß Eichendorff, Staatsbibliothek zu Berlin – Preußischer Kulturbesitz, Bl. 99r: „Trösteinsamkeit; aus dem Tagebuch eines Einsiedels" (Text VI.2., 77,1–80,20).

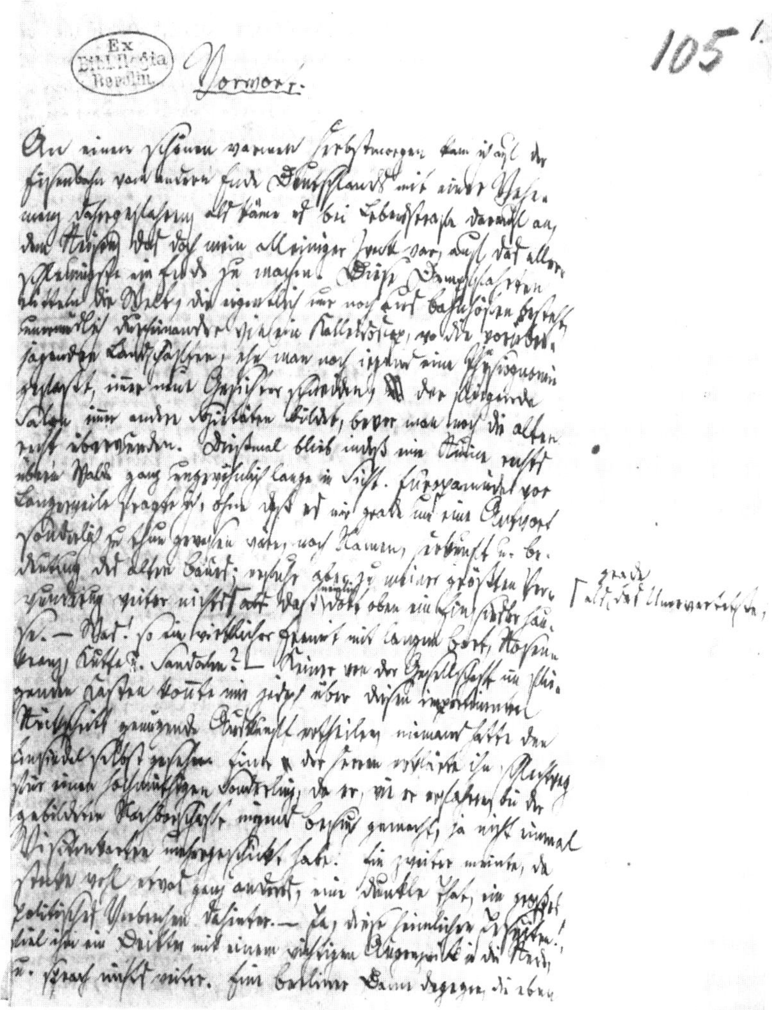

Abb. 6: Nachlaß Eichendorff, Staatsbibliothek zu Berlin – Preußischer Kulturbesitz, Bl. 105ʳ: „*Vorwort.*" (Text VI.4., 88,1–89,1).

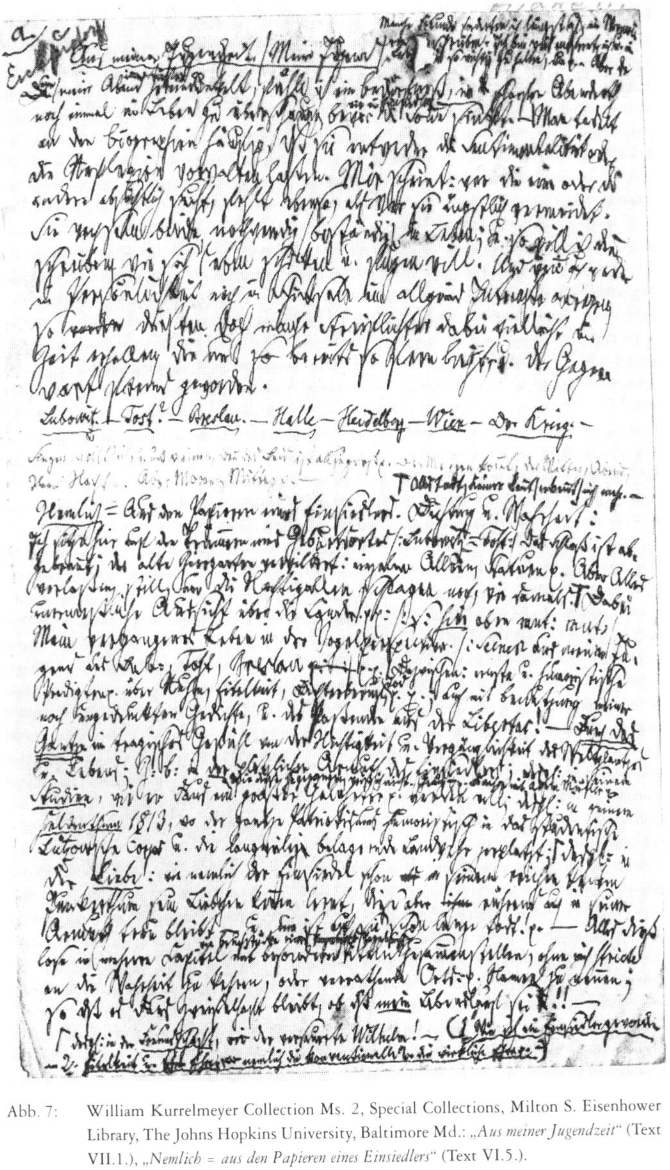

Abb. 7: William Kurrelmeyer Collection Ms. 2, Special Collections, Milton S. Eisenhower Library, The Johns Hopkins University, Baltimore Md.: „*Aus meiner Jugendzeit*" (Text VII.1.), „*Nemlich = aus den Papieren eines Einsiedlers*" (Text VI.5.).

Abb. 8: Nachlaß Eichendorff, Staatsbibliothek zu Berlin – Preußischer Kulturbesitz, Bl. 100ʳ: „*Titel vielleicht: Erlebtes.*" (Text VII.2., 98,1–102,29).

Danksagung

Die Texte des vorliegenden Bandes stammen zum größten Teil aus dem handschriftlichen Nachlaß Eichendorffs. Daher ist es naheliegend, den Institutionen zu danken, die die Autographen aufbewahren und ihre Veröffentlichung ermöglicht haben: Staatsbibliothek zu Berlin (SB) – Preußischer Kulturbesitz; Eichendorff-Gesellschaft e. V. (Ratingen-Hösel); Freies Deutsches Hochstift (FDH) / Frankfurter Goethe-Museum (Frankfurt am Main); Deutsches Eichendorff-Museum und -Archiv (Wangen im Allgäu); Milton S. Eisenhower Library, The Johns Hopkins University (Baltimore, Md., USA). Großes Verdienst um die Grundlagen dieser Ausgabe haben sich auch Professor Dr. Wolfgang Kron (†) und Frau Dr. Sibylle von Steinsdorff erworben, die durch ihre Recherchen verschollen geglaubte Eichendorff-Manuskripte wiederentdeckt und zugänglich gemacht haben.

Die langjährigen Bemühungen um die Edition der autobiographischen Fragmente hat Frau Maria-Stephanie Kemmerling (ehemals Eichendorff-Arbeitsstelle, Universität Augsburg) behutsam begleitet und gefördert. Ihr gilt mein besonderer Dank.

Der Band war fertig, als sich aufgrund von jüngeren Erfahrungen mit Eichendorff-Handschriften, besonders bei den Lyrikbänden, neue Richtlinien ergaben, die es notwendig machten, die Edition zu überarbeiten. Diese Arbeit hat Frau Dr. Ursula Regener (Eichendorff-Arbeitsstelle, Universität Augsburg) übernommen. Wie schon an anderer Stelle gewürdigt, hat sie die Editionsmethode neu formuliert und entsprechend die Text- und Variantenwiedergabe übertragen und neu gestaltet. Darüber hinaus hat sie das Register und (dabei unterstützt von Frau Birgit Böhm) die umfassende Bibliographie erstellt. Viele dieser Recherchen sind zusammen mit Dr. Franz Heiduks Hinweisen auf aktuelle Forschungsergebnisse zur Biographie in die Erläuterungen eingegangen, die so biblio- und biographisch auf den neuesten Stand gebracht wurden. Ohne das überaus sorgfältige und kompetente Engagement von Frau Dr. Regener wäre der Band so nicht erschienen. Dafür gilt ihr mein besonders herzlicher Dank.

Ich widme diesen Band dem Andenken meiner Eltern.

Iffeldorf, im März 1998 D. K.

Inhaltsverzeichnis

Zur Edition V

Verzeichnis der Abkürzungen,
Siglen und diakritischen Zeichen XI

I.   Das Wiedersehen 1816–1817 1

II. ⟨Kapitel von meiner Geburt⟩ 1830–1839
1.   Erstes Kapitel. 17
2.   Novelle = Anfang 22
3.   Unstern. Novelle. ⟨Entwurf⟩ 24
4.   Erstes Kapitel.
     ⟨Unstern. Novelle. Fragment⟩ 37
5.   (Ich denke = Die Lubowitzer Erinnerungen 46

III. Ein Mährchen |:in Prosa:| 1839 47

IV. ⟨Idyll von Lubowitz⟩ 1839–1844
1.   Novelle = Winterabend in Lubowitz 53
2.   Zu dem Idyll von Lubowitz.
     |:in Hexametern:| Einleitung: 55
3.   Zu dem |umstehenden| Idyll von
     Lubowitz: |:o Lied in Reimen? –:| 58
4.   In ungereimten Jamben 60
5.   Idyll von Alt-Lubowitz und meiner
     Kindheit in ungereimten Jamben 61

V.   ⟨Bilderbuch aus meiner Jugend⟩ 1843–1854
1.   Bilderbuch aus meiner Jugend.
     Auch (?) Bilder aus meiner Jugend.
     In gereimten Versen! 65
2.   Lubowitz. I. 69

VI. ⟨Aus den Papieren eines Einsiedlers⟩ 1841–1856
1. Tröst=Einsamkeit. 73
2. Trösteinsamkeit; aus dem Tagebuch eines Einsiedels ... 77
3. ⟨Errinnerungen aus der |meiner| Jugendzeit⟩ 83
4. Vorwort. 88
5. Nemlich = Aus den Papieren eines Einsiedlers 93

VII. ⟨Titel vielleicht: Erlebtes⟩ 1856–1857
1. Aus meiner Jugendzeit. |Meine Jugend|. 97
2. Titel vielleicht: Erlebtes.
   Ansichten, Skizzen u. Betrachtungen 98
3. Der Adel u. die Revolution. 110
4. Halle und Heidelberg. 139

Kommentar 183

Anhang
Bibliographie 467
Personenregister 509
Faksimiles 517
Danksagung 527

Erzählungen: Dritter Teil: Au

9783484155299.4